图书在版编目（CIP）数据

乌江流域民族传统体育文化通融性考论/张世威著. —北京：
中国社会科学出版社，2018.9
ISBN 978 - 7 - 5203 - 3190 - 6

Ⅰ.①乌…　Ⅱ.①张…　Ⅲ.①乌江—流域—民族形式体育—
体育文化—研究　Ⅳ.①G852.9

中国版本图书馆 CIP 数据核字（2018）第 214931 号

出　版　人	赵剑英	
责任编辑	陈肖静	
责任校对	赵雪娇	
责任印制	戴　宽	

出　　　版	中国社会科学出版社	
社　　　址	北京鼓楼西大街甲 158 号	
邮　　　编	100720	
网　　　址	http://www.csspw.cn	
发 行 部	010 - 84083685	
门 市 部	010 - 84029450	
经　　　销	新华书店及其他书店	

印　　　刷	北京明恒达印务有限公司	
装　　　订	廊坊市广阳区广增装订厂	
版　　　次	2018 年 9 月第 1 版	
印　　　次	2018 年 9 月第 1 次印刷	

开　　　本	710×1000　1/16	
印　　　张	24.5	
插　　　页	2	
字　　　数	339 千字	
定　　　价	99.00 元	

凡购买中国社会科学出版社图书，如有质量问题请与本社营销中心联系调换
电话：010 - 84083683

目 录

前　言

　　《乌江流域民族传统体育文化通融性考论》这本书，是我主持的第一个国家社会科学基金项目"乌江流域民族传统体育与区域文化的通融性研究"（项目编号：12XTY006）的最终成果。从项目立项到书稿草成，历时5年之余。

　　乌江流域历史悠久，文化荟萃，40余个少数民族在生产生活和繁衍生息中创造传承了丰富多彩的传统体育文化，造就了乌江流域独具民族和地域特色的文化、文明与发展，谱写了乌江流域别具一格的人文画卷和美丽音符，保护好乌江流域少数民族传统体育这一人类文化遗产功在当代，利在千秋，时不我待。虽然我深知自己才疏学浅，对少数民族传统体育才略知皮毛，但受之于学校服务乡梓之要务和后人传承文化之责任，遂鼓足勇气，怀着一种情怀与担当，靠学术前辈之肩和时贤之助，携笔奔走田野于乌江流域湖北、湖南、贵州、云南、重庆等民族地区的少数民族村落，通过访谈咨询、文献查阅、观摩体验等手段，力图真实、科学地描摹与勾勒乌江流域少数民族传统体育的存在与发展镜像。

　　"宝剑锋从磨砺出，梅花香自苦寒来"，历经五年磨砺与奋进，翻山越岭，走村串户，行程2万余里，终于将乌江流域少数民族传统体育与区域文化的通融性进行了较为深入和全面的阐释与呈现，也庆幸其成果被全国哲学社会科学规划办公室同行专家鉴定为"良好"等级。而今完稿成书，虽我不想甚至没有资格来评判这本书有没有价值、有多大的价值，但我深感有很大的收获和启发。特别是让我更加坚信地提出"少数民族传统体育文化与她与生俱来、朝夕相处、同根同源、相互依存的区域（村寨）里的自然生态文化、民俗文化、物态文化和民族人口文化是分不开的，可以说这既是少数民族传统体育生发存续的本质理论与规律，也是保护发展的根本方法与要求"这一论断。在此未羞于启齿而明道，是希望我所提交的这份答卷能是一块引玉之砖，不求被人叫好和喝彩，但求读者认同和指点。

乌江流域少数民族传统体育文化蕴含着丰富深厚的人文内涵，也鞭策着我不得不感谢贵州师范大学冯胜刚教授，给予我在完成本研究学术理论上的极大贡献与帮助；感谢重庆市酉阳县后溪镇政府公共文化服务中心彭开福主任，在我田野考察中给予我极大的帮助与配合；感谢那些地方政府部门的领导及工作人员，以及村干部，为我的研究提供宝贵的资料和方便；感谢那些当地的居民，一次又一次地接受我的采访，还以我宾客相待。

苦于学识浅薄，所以坦言做不了真正意义上的一名学者，但我拥有做好一个后学者的姿态，我敬畏学术、崇尚学术、热爱学术，学术永远在路上。正如在将书稿提交给出版社之前我是犹豫彷徨的，因为我害怕别人看到我研究的肤浅甚至错讹。而今既然是著草成并得以出版，我应该坦然面对并呈现给读者敬望得到批评与指正，以便更好地将少数民族传统体育文化持续研究开去，并不断开拓创新。

感恩，乌江流域！

感谢，读者！

张世威

2018 年 2 月于长江师范学院弘毅体育馆

绪　论

一　选题缘由

我国有着五千多年的文明史，也有着丰富多彩、风格迥异的民族传统体育文化资源，并以其独有的民族文化特色和内涵融入了中华文化的血脉。如今，民族传统体育文化遗产资源在促进我国民族和谐、文化繁荣、地区稳定、旅游经济发展等方面仍然具有非常重要而又特殊的现实功能和潜在价值，保护和利用好这一人类文化遗产资源意义重大。特别是随着2003年第32届联合国教科文组织大会通过的《保护非物质文化遗产公约》以后，我国也掀起了体育非物质文化遗产保护的研究与实践浪潮，很多研究者和实践者曾经或正在为中华民族传统体育文化遗产资源的保护与发展付出艰辛和努力。特别是近年来国家及地方政府出台了相关制度文件，并采取了相应的措施、手段来予以保护和发展，但纵观我国民族传统体育文化遗产资源保护现状却依然很不乐观，很多民族传统体育文化遗产资源仍旧处于一种被破坏、濒危和消失的境地，一些被保护的文化遗产要么是昙花一现，要么是"见闻不见物""见物不见人""见形不见魂""见势不见意"。这到底是实践上的问题还是理论上的问题？是方法上的问题还是认知上的问题？是政策上的问题还是管理上的问题？是经验上的问题还是思想上的问题？等等，都值得我们去探讨、审视和反思。当然，这些问题也是当前我国体育研究领域的热点和难点问题，很多研究者也针对以上问题进行了不同程度的研究和解答，为我国民族传统体育文化的保护与发展作出了巨大的贡献。

　　而本书认为，民族传统体育文化的保护与发展应该从文化事象所依存的生态环境、文化空间着眼，民族传统体育文化的保护与发展离不开文化事象所处和所依存的区域环境为载体、为平台、为氛围，特别是与民族传统体育文化与生俱来、朝夕相处、同根同源的区域文化是分不开的，可以说这既是一种本质理论也是一种根本方法。也就是说，民族传统体育文化的保护与发展离不开区域文化这一生存环境，离不开与区域文化的融合互动。因为从生态学理论来看，民族传统体育文化是区域文化生态系统中的一个重要组成部分，关注民族传统体育文化的保护与发展必须把民族传统体育文化事象置于区域文化生态系统中进行考量。正如一些研究者所指出的那样，民族传统体育文化的保护与发展与区域内的民俗时令、宗教信仰、民族精神、民族心理、山脉水文、器物场地、自然生态等，以及政治、经济、文化等是极其相关的，缺少任一环节的关注与保护都有可能诱发文化的"蝴蝶效应"，保护民族传统体育文化要保护区域里的民族历史、社会关系、生产生活、民间信仰、风俗习惯、地理环境等[1][2][3]。

　　就国外而言，如俄罗斯对塞梅斯基文化空间的保护、哥伦比亚对帕兰克－德－圣巴西里奥文化空间的保护、几内亚对尼亚加索拉的索索－巴拉文化空间的保护、科特迪瓦对塔格巴纳横吹喇叭音乐及文化空间的保护、摩洛哥对吉马－埃尔弗纳广场文化空间的保护、爱沙尼亚对爱沙尼亚基努文化空间的保护、多米尼加对梅拉镇孔果圣灵兄弟会文化空间的保护、乌兹别克斯坦对博逊地区文化空间的保护、约旦对佩特拉和维地拉姆贝都人文化空间的保护、越南对铜锣文化空间的保护等，都反映出在文化遗产保护中对文化事象相关环境物、载体物进行整体性、相关性、全面性保护的观点、理念与事实。而综观我国

---

　　① 吉灿忠、邱丕相、李世宏：《传统武术"文化空间"所遭遇的抵牾及其理论调适》，《天津体育学院学报》2010 年第 6 期。

　　② 吉灿忠、邱丕相、闻一鸣：《传统武术"文化空间"委顿与雄起》，《武汉体育学院学报》2011 年第 9 期。

　　③ 孙庆彬：《民族传统体育文化保护与传承的基本理论问题》，《西安体育学院学报》2012 年第 1 期。

民族传统体育文化的保护现状，却普遍呈现出一种只重视文化事象本体而轻相关环境物、载体物的保护镜像，是一种"只见树木，不见森林"的做法。也由此在一定程度上造成了我国很多民族传统体育文化事象的生存空间越来越小、依存载体越来越匮乏、生存根基越来越微弱，进而是孤芳自赏、孤立无援。

乌江流域是我国西南地区和长江上游最富有鲜明区域文化个性的民族地区，其地域涵盖黔、滇、鄂、渝三省一市 56 个区（县），有 40 余个少数民族。长期以来，乌江流域各少数民族在繁衍生息中创造和传承了丰富多彩、风格迥异的与本民族生存发展相适应的传统体育文化，并在促进和维护乌江流域区域稳定、民族团结、文化繁荣、民族交流、人类文明中发挥着重要而特殊的作用。但随着文化全球化的扩张和区域的日益开放，乌江流域各少数民族传统体育文化的存续发展受到了来自文化全球化的巨大冲击和影响，再加上人们对民族传统体育文化的保护与发展存在着思想准备不足、方法经验欠缺、理论基础薄弱等问题，导致很多民族传统体育项目仍旧处于一种濒危和消失的境地，保护和抢救乌江流域民族传统体育文化势在必行，同时也任重而道远。借此，本书以"乌江流域民族传统体育文化与区域文化的通融性研究"为命题，意在为促进乌江流域民族传统体育文化的保护与发展贡献新的理论与方法，当然也希望为保护我国民族传统体育文化起到抛砖引玉的作用。

二　文献综述

我国是一个民族传统体育文化资源极为丰富的国家，在文化全球化下我国民族传统体育一方面迎来了学习、交融的机会和平台，但更多的却是面临着诸多挑战、困境甚至是一种灾难，可以说很多民族传统体育文化在人们还没有来得及反应时就早已被遗忘、濒危和消失了。所以说，我国民族传统体育文化在文化全球化的今天，人们所关注的话题或者所担心的问题就是如何进行保护和抢救，这无论在国家层面还是在研究领域都得到了普遍的关注和体现。也由此，很多研究者从不同的视角和方法，以及借助人类学、文化学、民族学、社会学等多学科理论基础知识和学科前沿，对我国民族传统体育文化进行了多维分析与研究，丰富发展了我国民族传统体育理论，以及促进民族传统体育学学科发展，初建了我国民族传统体育文化保护与发展理论和方法体系。特别是进入20世纪80年代以来，我国民族传统体育研究势头就日渐高涨，乃至今天依然是我国体育领域研究的热点和难点问题。

本书通过对全国哲学社会科学规划办公室网站的查阅整理，发现在2005年至2015年的立项课题中，体育类项目达到891项，民族传统体育类项目达到185项。并且民族传统体育在立项总数中的比例基本保持一种平衡，特别是2012年和2013年民族传统体育项目立项数最多，分别占立项总数的31.4%和28.3%。通过整理发现，《中国—东盟民族体育文化差异与融合发展研究》（2012）、《吴越文化与民族体育文化融合研究》（2012）、《武陵山区域文化与民族传统体育发展研究》（2012）、《新疆民族传统体育文化融合与发展研究》（2012），这几个课题与本研究的相似度最大，而本书也是在2012年立的项。由此看来，民族传统体育与区域文化的通融性研究，是一个非常具有现实性、必要性和紧迫性的研究课题。

本书进一步以"民族传统体育""互动""融合""地域文化""区域文化""地方文化""通融"等为核心关键词，通过CNKI等资源库进行文献资料搜索检阅，发现近年来有不少研究者对民族传统体育与区域文化或地域文化之间的关系进行了研究。如王亚琼、徐宜芬认为，民族传统体育与民族节日是交融互动发展的，二者在伴随社会发展，以及人们生产生活方式的改变中而交融互动发展，这是一种文化的共性。民族传统节日能够为民族传统体育提供展现平台和连接载体，而民族传统体育又能够丰富民族传统节日的内容，只有正确认识二者的互动发展关系，最大限度地实现二者的交融互动发展，才能促进民族传统体育的大众化、科学化、高效化发展①。程仕武、姚志辉揭示了水族民俗节日中

---

① 王亚琼、徐宜芬：《民族传统体育与民族传统节日互动发展的研究》，《贵州民族研究》2008年第6期。

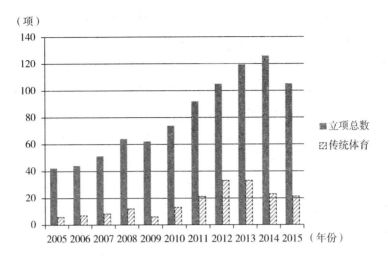

（项）

■ 立项总数
☒ 传统体育

图 1　2005—2015 年国家社科基金项目体育类及民族传统体育类
立项数量统计

有着丰富多彩的传统体育项目，强调传统体育能够增添水族节日气氛，而水族民俗节日是传统体育传承保护的重要路径，但民俗节日中定期开展民族传统体育项目过少，不利于传统体育的保护、传承。同时，民俗节日中的传统体育项目参与面小，应该增加一些广泛参与的传统体育运动项目，提高互动性和拓宽参与面①。黎年茂、刘一认为，少数民族传统体育和民俗节庆都是民族传统文化的重要组成部分，各少数民族在自己的民俗节日里有着许多少数民族传统体育项目，民俗节日因传统体育而热闹和有了新鲜血液，而民俗节庆活动为少数民族传统体育活动的开展提供平台，因此政府应该为民俗节庆和民族传统体育交融互动发展创造条件，以及通过经济发展、思想意识引领为民俗节庆和少数民族传统体育的交融互动提供平台和保证②。杨占明指出，由于民俗节日文化与传统体育文化共性的存在，在很多民俗节日文化

①　程仕武、姚志辉：《论贵州水族民俗年节与传统体育的互动发展》，《搏击》（体育论坛）2014 年第 10 期。

②　黎年茂、刘一：《广西民俗节庆与少数民族传统体育互动探析》，《宜春学院学报》2010年第 12 期。

中都掺入着各种形式的民族传统体育，传统体育应民俗活动而生，二者在节日娱乐中实现了嫁接，民族传统节日为民族传统体育提供了可展现的平台，民族传统体育丰富了民族传统节日的内容①。饶远从云南彝族体育与民俗文化之间的渊源和互动关系入手，分析认为原始生产方式、宗教祭祀活动等民俗生存方式对彝族体育形态有铸塑的作用，彝族民间传统体育活动与彝族地区的自然环境、生产特点、生活方式、民族风情，以及民俗的节令、集会、婚俗等有着密切联系。强调民俗活动是民族传统体育产生的重要源泉，民族传统体育对民俗活动的开展起着支持和补充作用，民族传统体育与民俗活动水乳交融般地互动发展②。张有平、柳倩月认为，民族节日与传统体育是分不开的，传统体育多在民族节日中开展，传统体育是民族节日中最为活跃的文化因素，民俗节日因传统体育而丰富，传统体育因民俗节日而传承和发展，必须大力拓展传统体育和民俗节日文化产业发展③。田祖国从地域文化的视角，分析了地域文化与民族传统体育文化之间的关系，强调和揭示了民族传统体育文化与地域文化之间的一种相互依存、相互促进的关系。认为地域环境空间中的山水、动植物、地形地貌、地理气候等影响民族传统体育的发生发展，而民族传统体育活动能够繁荣、发展地域文化，地域性民俗文化节日又为人们提供民族传统体育活动的组织开展、参与和欣赏的机会，应该加强民族地区地域文化旅游开发，鼓励、支持当地群众开展岁时节庆活动和民族传统体育活动，促进民族传统文化传播和规范民族传统体育发展④。

田祖国、钟海平、白晋湘认为，少数民族传统体育文化与节日文化在上古时代是模糊交融在一起的，民族传统体育文化从不同侧面和

① 杨占明：《民族传统节日与民族传统体育互动式发展探索》，《曲靖师范学院学报》2003年第6期。
② 饶远：《民俗中的体育与体育中的民俗——以云南彝族传统体育文化研究为例》，《体育文化导刊》2005年第1期。
③ 张有平、柳倩月：《民族传统体育与节日文化探析》，《湖北民族学院学报》（哲学社会科学版）2004年第2期。
④ 田祖国：《地域文化视阈下我国民族传统体育的发展研究》，《武汉体育学院学报》2010年第9期。

角度反映和表现了各民族的历史、政治、经济、文化、宗教、民俗习惯以及心理状态等，是各民族物质文明与精神文明交融发展的结果。通常情况下民族节日文化与民族传统体育文化是分不开的，民族节日为民族传统体育文化的展示提供平台，民族传统体育文化活动是民族节日文化活动中的重要内容①。买力开木、张爱民认为，促进民族传统体育与地域多民族文化的融合，有利于民族传统体育文化的继承和发扬②。黎晓勇认为巴蜀武术是传统体育与地域文化结合的产物，地域文化是造就巴蜀武术拳种多样化，以及技术风格特色和文化内涵的主要因素。巴蜀武术与地域文化交融互动使得巴蜀客家武术本土化，巴蜀武术与地域文化之间的联系性已经形成了一种广泛共识③。温佐惠、陈振勇认为，地理环境决定民族传统体育的产生及多样性特征，民族种类决定民族传统体育的内容布局与发展格局，传统体育项目具有天然的民族和地理依赖性。同时，民族传统体育与原始祭祀、宗教相关。民族传统体育是地域文化在体育层面上的一个反映，汇集着该地域民族居民的精神风貌和文化特点。民族传统体育反映和透视着区域文化或地域文化，传统体育与区域文化或地域文化交融互动，传统体育和地域文化具有"同源性"，但二者是包含种属关系，即区域文化或地域文化包含传统体育文化④。郭庆霞、张学忠从传统体育文化与地域体育文化之间的关系，指出"与地域体育文化的融合促进了体育的发展。其中，与地域其他民族体育文化之间的融合推动了体育项目资源的开发；与体育旅游业的融合打造了独具魅力的体育旅游特色；与全民健身活动的融合为继承和发扬民族体育文化提供了良好的机遇"⑤。

---

① 田祖国、钟海平、白晋湘：《西部地区少数民族传统体育文化与节日文化研究》，《西安体育学院学报》2002 年第 3 期。

② 买力开木、张爱民：《哈萨克族传统体育文化与新疆地域文化之间的融合性》，《四川教育学院学报》2009 年第 1 期。

③ 黎晓勇：《论巴蜀武术与地域文化的互动发展》，《成都体育学院学报》2008 年第 3 期。

④ 温佐惠、陈振勇：《西部民族传统体育发展的地域体育文化理论探微》，《成都体育学院学报》2008 年第 2 期。

⑤ 郭庆霞、张学忠：《东北朝鲜民族传统体育文化及其与地域体育文化的融合》，《山西师大体育学院学报》2008 年第 2 期。

以上研究都强调和论证了民族传统体育的形成与发展与区域文化或地域文化是极其相关的，民族传统体育文化并不是游离于区域文化或地域文化之外的文化活动，这在很大程度上，呼应和铺垫了民族传统体育文化与区域文化"通融性发展"这一本质理论和方法诉求。而区域文化是一个结构复杂、要素多元的文化系统，民族传统体育文化事象与区域文化之间的交融互动关系可以说包罗万象、错综复杂。但惜于以上研究都并未对民族传统体育文化事象与区域文化交融互动的元素变量及逻辑关系进行详细、深入、系统的专门研究和梳理，但还是给予了人们在保护与发展民族传统体育文化的思想和方法上很大的启发与引领。

而就乌江流域民族传统体育文化研究而言，近年来有许多学者也做了不少研究。如杨爱华认为，乌江流域民族传统体育具有民族宗教、礼仪、军事、歌舞和民俗节日的文化属性，在地方的传统文化体系中占有一席之地，一些传统文化和现代文化对传统体育的现代发展既产生积极作用，也产生阻碍作用①。张红坚、王希辉认为，应该开展对乌江流域传统体育的历史源流、哲学思想、文化内涵、社会功能、健身价值等的研究，并充分利用教育文化部门将其引进校园及课堂，以及结合农时节令、民俗节日和乡村文化站的活动开展其活动；将乌江流域民族传统体育文化资源开发成为一种旅游文化，产业文化，全民健身文化，突出和体现其文化价值与功能②③。笔者曾研究发现并指出，乌江流域民族传统体育在与传统文化和现代文化的交融与碰撞中，出现了不安全现象，应该加强与文娱活动、企业文化、节日庆典、影视剧作等相结合的多元化实施途径④；将民族传统体育项目融入全民健身运动、与乌江流域旅游产业相结合，

---

① 杨爱华：《巴渝舞的演变与流派》，《体育学刊》2003 年第 3 期。
② 张红坚：《国内体育旅游兴起动因的社会学探析》，《西南民族大学学报》（人文社会科学版）2005 年第 4 期。
③ 王希辉：《论乌江流域少数民族文化的开发与保护》，《黑龙江民族丛刊》2008 年第 4 期。
④ 张世威：《我国民族传统体育文化发展的安全审视——以重庆酉阳土家族摆手舞为个案研究》，《北京体育大学学报》2011 年第 12 期。

以及参加大型体育比赛活动、加强城乡体育文化交流、利用民族传统节日、通过学校体育校本课程开发等方式，保护与发展乌江流域民族传统体育文化①。从这些研究成果来看，大多数是对乌江流域民族传统体育文化的资源价值、保护与发展现状以及保护措施进行了研究，也呼吁了传统体育文化的保护与发展要充分利用传统节日、民俗活动等。但并没有将与区域文化的通融性发展视为保护与发展乌江流域民族传统体育文化的一种本质要求和根本方法进行系统深入研究，乃至作为一种观点见解和学术思想予以明确提出和引领。

三　研究概述

（一）研究思路与方法

1. 研究思路

一般而言，研究思路就是课题研究的思想、思维和方法路线图或轨迹图，是对研究命题主旨表达、问题阐释、决策构建的一种谋篇布局。本课题以保护我国非物质文化遗产，挖掘、阐释和运用民族传统体育文化的社会主义核心价值观为宏观背景和指导思想，以探究我国民族传统体育文化如何保护为核心命题展开研究。同时，针对这一核心命题，结合文化空间理论、文化生态理论、系统科学论，以及社会学相关理论、文化进化论、文化结构论，并结合运用社会学、民族学、逻辑学等多学科的视野，提出了"民族传统体育文化与区域文化通融性发展"这一研究命题，意在通过民族传统体育文化与区域文化的通融性发展来促进对民族传统体育文化的保护。在研究过程中，选取乌江流域具有代表性的土家族摆手舞为研究个案，同时选取了中国文化部命名的"中国摆手舞之乡"——重庆酉阳后溪镇为深度田野考察地，来对乌江流域民族传统体育与区域文化通融发展的相关问题进行实证研究。

---

① 张伟：《乌江流域民族传统体育文化发展途径探究》，《科技信息》2009 年第 29 期。

2. 研究方法

本书介于体育社会学研究范畴，而从社会学角度来研究民族传统体育已是近些年来民族传统体育学领域里兴起的一大研究范式和亮点。所谓体育社会学研究方法，"是把体育作为一类重要的社会现象，在一定社会学理论的关照下，使用社会学的方法论，以及具体的收集、处理资料的研究方法对体育社会现象进行详细深入的阐释，以期获得进一步指导体育实践的理论的经验"①。就民族传统体育的社会学研究方法而言，文献资料法、田野调查法、个案研究法等仍是一些常用的必要方法，本书也主要采用了以下方法。

（1）全面考察与重点田野相结合的方法

田野考察是本书所采用的主要方法，在实际操作过程中采用了全面考察与重点田野相结合的办法。因为该书是针对乌江流域的民族传统体育，在田野考察的地域范围上理应是整个乌江流域，在文化事象的样本量上最理想的当然就是实现全面考察。但是乌江流域地域广阔，民族众多，民族传统体育文化资源丰富且分布广泛，要对乌江流域的每一个区域、每一个地方及其每一个民族的传统体育文化事象都进行详细的田野考察研究是很难完成的，也是没有必要的。于是，在有关专家的建议下，采用了以乌江河流水体为地理主线的人类学流域研究法，沿着乌江流域水线的上、中、下游选取了几个特别具有民族传统体育文化事象代表性的地方进行了全面考察研究。但由于研究的是民族传统体育文化事象与区域文化的通融性问题，很多专家建议必须选取一个具有代表性的地方进行重点田野考察研究，这样才能够将课题研究深入和全面进行下去。于是选取了在乌江流域具有浓郁民族风情和人文历史，土家族民族历史悠久、数量众多、分布广泛、民族文化丰富，特别是具有典型民族传统体育文化事象代表性——摆手舞的重庆酉阳后溪镇河湾村为重点田野调查地，对该地的土家族摆手舞是如何与这里的区域文化进行通融性发展的来做详细认真的"解剖麻雀"

---

① 卢元镇：《体育社会学》（第三版），高等教育出版社 2010 年版，第 318 页。

式的微型研究。

据不完全统计，本书共计考察了乌江流域贵州、湖北、重庆、云南等省市的 20 多个县（市、区），行程达 1 万多公里，深入田野考察的民族村落和村寨近 40 个。每到一个地方，都对该地的自然生态环境、民族人口、人文历史、族群分布、民族风情，以及人们的生活方式、行为习惯、宗教信仰、社会交往等进行考察，对当地及附近的民族传统体育项目文化进行深度、全面研究。特别在民族村落和村寨考察中还与当地居民同吃同住，体验民族居民的生活方式，积极参与当地居民的民俗文化活动，并通过录音录像、笔录、日记等方式对考察进行记载记录。共计观看当地民俗文化活动 20 多场，收集与地方民俗文化相关的文献资料、光盘、录像视频 100 多本（部、项），图片1000 多张，项目器材 50 余样，电子文本（文档）近 100 个。

（2）文献资料与访谈述译相结合的方法

文献资料与咨询访谈也是本研究所采用的主要方法，力争获取第一手资料。在贵州的遵义、贵阳，重庆的酉阳，湖北的利川、恩施，云南的镇雄等地的图书馆、出版社、书店等，通过多种方式查阅、收集了相关史实史话、古籍文献资料和现当代研究成果近 200 项，通过深度阅读、分析、整理、归纳和演绎，为该研究做了较为扎实的理论铺垫和支撑。同时，通过与当地有名或公认的民族文化、传统体育等专家学者，以及普通百姓进行深入访谈，然后将所获得的访谈述译资料进行整理、归纳、提炼和演绎，并最终形成第一手资料。据统计，共访谈了 300 余人次。

（3）历时性探究与共时性分析相结合的方法

从本质规律出发是社会学研究的基本要求。探究民族传统体育产生、形成与发展的本质规律，从本质规律中探寻和建构民族传统体育的保护、传承和发展之道，这既是一种本质性要求，也是一种根本性方法。基于课题研究内容和主旨，对研究个案——摆手舞与区域文化的历时性通融发展进行了深入剖析，厘清摆手舞文化事象与区域文化通融性发展的内容要素、特点特质、流变轨迹和逻辑机理，为当下建构民族传统体育与区域文化的通融性发展奠定理论基础。同时，就民族传统体育在特定时期里是与哪些区域文化要素进行通融性发展的进行了剖析，为当下民族传统体育与区域文化的通融性发展提供方法指导和内容理据。

（二）研究内容与主要建树

1. 研究内容

为了紧紧把握研究主旨，一是针对"流域""乌江流域""传统体育""区域文化"和"文化通融性"几个核心概念进行了界定和梳理。二是描述与梳理了乌江流域各少数民族传统体育项目的源流变迁、本源特质、人文内涵、时代价值，以及保护与发展现状、生存困境等，并通过个案进行了升华。考察与整理乌江流域民族人口、自然生态、民俗制度等区域文化，整体展示和呈现出了乌江流域民族传统体育和区域文化的现状与概貌。三是从乌江流域生态环境、人文历史、生活方式、民族分布特征及其变化，探索乌江流域民族传统体育的文化本源、流变过程，及其所蕴涵的如人本理念、创新精神、思想价值、知识物态、风俗信仰、道德规制、艺术技能、社会关系等文化特质、形式及内容，建构和呈现出乌江流域民族传统体育文化的一般理论。四是透视乌江流域民族传统体育与区域文化互动与和谐、冲突与博弈、认同与调适的过程、机理、形式和内容，以及正面效益和负面影响，探索乌江流域民族传统体育与区域文化通融发展的现状、生发逻辑和一般规律。五是揭示了当下乌江流域民族传统体育与区域文化通融发展的重要性、必要性和可行性，及其相互提供的贡献力、积淀力和辐射力，以及由此对区域政治稳定、经济发展、社会和谐和文化繁荣等的影响。六是探索了乌江流域民族传统体育与区域文化通融发展的模型框架、运行体系、长效机制和实施对策，为促进我国民族地区民族传统体育与区域文化的通融性发展，保护民族传统体育文化资源提供理论参考和方法借鉴。

2. 主要建树

其一，丰富拓展了民族地区民族传统体育与区域文化关系研究的方法视野和领域内容。虽然近年来有很多学者都在潜心研究和辛勤耕耘着民族传统体育文化的保护、传承与发展问题，也对民族传统体育文化与区域文化之间关系的有所关注，但真正专注于研究和论释民族传统体育文化与区域文化之间关系的却并不多见、深入和系统，总体还显得非常薄弱，更多的还是一种"一笔带过"而已，可以说还存在着很多盲区。借此，笔者捕捉和跟随着前人的研究身影、足迹和视点，将民族传统体育与区域文化之间的关系定义在"通融性"上予以深入、系统研究。采用个案研究方法，并结合民族学、人类学、社会学等学科前沿知识，以及文化空间理论、文化合成理论、文化变迁理论等，研究民族传统体育与区域文化之间的通融性关系，厘清民族传统体育文化与区域文化之间通融性发展的轨迹、特征、规律和机理，从民族传统体育文化保护本质要求和根本方法上，强调民族传统体育文化保护通过与区域文化的通融性发展予以整体关照。

其二，揭示出了民族传统体育文化与区域文化之间的通融性关系和机理，呈现出了民族传统体育文化与区域文化冲突与博弈、互动与和谐、认同与调适的通融性关联脉络和印迹，为人们认知民族文化、民族传统体育文化乃至民族发展等提供了一种新的视角和方法。同时，也丰富发展了民族传统体育文化理论，为我国民族传统体育文化研究领域初步构建和贡献了民族传统体育通融性发展新型"理论"或"学说"。

其三，构建了民族传统体育与区域文化通融性发展的"文化空间体"模型。近年来，很多专家学者在研究民族传统体育文化的保护、传承与发展上，都提出了一些有益的措施建议和观点见解，可谓是见仁见智、百家争鸣、百花齐放。而本书将民族传统体育文化与区域文化的通融性发展关系置于"文化空间体"中进行定义、考量、认知和操作，为民族传统体育与区域文化的通融性发展提供了有的放矢、有条不紊的理论支持和方法指导，丰富、发展了民族传统体育文化理论。

（三）主要创新和学术价值

1. 主要创新

（1）尝试了一个新的视角——文化通融性

所谓文化通融性，是不同文化之间相互接触、相互影响、相互作用、相互交流、不断创新适应和双向融会贯通的过程。文化通融性强调文化之间相互交流与学习、相互借鉴与融合，是一个双向融通、互动的现象和过程，这是文化事象存在的一种必然。任何一种文化的繁荣与发展都需要从其他文化中汲取养分，区域文化能为民族传统体育的繁荣发展提供深厚土壤和创新活力，民族传统体育又能为区域文化的繁荣发展着色添彩。因此，应该发挥民族传统体育固有的兼收和融合的潜质，以及特有的动态肢体符号和通约互动潜能，促进民族传统体育与区域文化的相互交融和涵化、繁荣与发展。同时，"探本质——找规律——建方法"，即方法必须从本质、规律中来，这是一个很重要的方法论问题，而通融性是民族传统体育文化的本质所在。借此，本书以文化通融性为研究视角，将民族传统体育与区域文化之间的关系定义在"通融性"上，提出了民族传统体育与区域文化的通融性发展，这既是民族传统体育文化产生与形成、保护与发展的一个本质性规律，也是一种根本性方法。

（2）初创了一个新的观点——民族传统体育通融性发展

民族传统体育与区域文化通融性发展呈现出"互动与和谐、冲突与博弈、认同与调适"三种关系，这种通融性关系的发生基于文化的共生一体、文化的自我吸附和文化的相互契合等文化内质机制；民族心理的载现和强化、人们生存空间的移换与开放、民族居民的杂居同构、民族惯习的束成、人们"融"与"和"的本真等文化主体机制；地理区域的整体性和通道性、节日信仰的同态等文化环境机制。并呈现出多元性、互通互融性、互利性、适应性、持续性等特性。民族传统体育与区域文化的通融发展，需要建立责任主体的多元自觉、信仰习惯的制度维继、人文法制的双驱治理、场域方式的多元开放、杂居同态的生态保持、内外空间协调趋衡等保障机制。

2. 学术价值

将民族传统体育与区域文化之间的关系定义在"通融性"上予以深入、系统研究，探究民族传统体育与区域文化之间的通融性关系，撩开民族传统体育文化与区域文化之间冲突与博弈、互动与和谐、认同与调适的通融性发展关联脉络、印迹、特征、规律和机理，从民族传统体育文化保护本质要求和根本方法上，强调民族传统体育文化保护通过与区域文化的通融性发展予以整体关照。并主要通过对乌江流域民族传统体育与区域文化通融性发展的实证分析，揭示和阐释了民族传统体育文化与区域文化之间的通融性发展关系，强化了民族传统体育文化与区域文化通融性发展的理论本质和方法诉求，在一定程度上初步创建和贡献了民族传统体育通融性发展新型"理论"或"学说"，丰富发展了民族传统体育文化变迁和互动理论，以及族群关系认同理论。同时，深化了民族传统体育文化学、区域文化学相关理论。另外，对于人们认知、了解乌江流域民族传统体育的文化史及特质特性，保护、传承、发展乌江流域民族传统体育资源提供一定的理论指导和方法视野。特别是为地方政府促进民族传统文化保护、维护地区和谐稳定发展有着重要的现实意义和理论意义。

第一章 基本概念

第一节 流域

流域是一个地理学、水文学上的概念。在《辞海》中，流域是指"地表水及地下水分水线所包围的集水区域的统称。习惯上往往将地表水的集水面积称为流域"[1]。在《中国百科大辞典》中，流域是指"供给河流水源的地面集水区和地下集水区的总称。如果地面集水区和地下集水区一致，称为闭合流域；不一致则称为非闭合流域，一般所指的流域都是地面集水区。流域与集水区通常是一致的。但集水面有时也会小于流域面积。这种现象发生在流域内存在内流区域或完全不产生径流的地区。流域可分为外流域和内流域。注入海洋的河流的流域称为外流流域，流入内陆湖泊或消失于沙漠中的河流的流域称为内流流域"[2]。流域面积是流域的重要特征，所谓流域面积，在水文学上，是指由流域地面分水线和出口断面所包围的面积。"水"是流域定义的核心要素，无"水"不成为流域，流域也因为水线或水体的连接而形成一个有机整体。因此，也有人指出，"流域是一个从源头到河口的完整、独立、自成系统的水文单元，在地理上有明确的边界范

---

[1] 辞海编辑委员会编：《辞海》（缩印本），上海辞书出版社1980年版，第952页。
[2] 中国百科大辞典编辑委员会、中国百科大辞典（普及版）编选组：《中国百科大辞典》（普及版），中国大百科全书出版社2005年版，第596页。

围。"① 流域以水体为媒介，将流域中的自然要素、社会要素，以及社会风俗习惯、文化背景、社会人口状况等联系在一起，并因为流域的动态开放和有机联系而相互影响着流域的生态性。流域也因为不同的自然环境、社会环境、人文环境及人类活动等，而呈现出不同的特点和特征，并形成一定的外部性影响。

流域的一个显著特征是整体性。就流域中的文化而言，因为流域的边界和流域的存在而形成一个流域文化整体。而在一个流域中的文化，通常指地域文化、乡土文化、民族文化。这些文化在一个相对比较独立的流域中自成体系，并形成一定的文化特征和文化范式，影响着流域的发展和特性。也因此，我们在关注流域中的文化时，要关注流域中文化的整体性、特殊性和生态性。

第二节　乌江流域

乌江是长江流域右岸最大的支流，古时称巴江、延江、黔江、涪水等。乌江南源于三岔河，北源于六冲河，通常人们以南源三岔河为乌江的主干流。三岔河发源于贵州省西部高原乌蒙山脉东麓的威宁县盐仓镇营硐村石缸洞，流经水城、纳雍、织金、六枝、安顺、平坝、清镇、黔西、修文、金沙、息烽、遵义、开阳、瓮安、湄潭、余庆、凤冈、石阡、思南、德江、沿河、酉阳、彭水、武隆、涪陵等县（市），于涪陵汇入长江，全长 1050 公里。根据流域概念，乌江流域是指由乌江及各支流的地表水及地下水分水线所包围的集水区域，流域总面积达 8 万多平方公里。其中，流域面积在 1000 平方公里以上的支流有 16 条，占整个乌江流域面积的 57.5%②。这 16 条大支流分别是六冲河、野济河、猫跳河、偏岩河、湘江、清水江、余庆河、绿池河、石阡河、印江河、甘龙河、唐岩河、洪渡河、郁江、芙蓉江、大

---

① 陈湘满：《论流域开发管理中的区域利益协调》，《经济地理》2002 年第 5 期。

② 《新华网重庆频道—千里乌江画廊》，http://www.cq.xinhuanet.com/subject/2005/2005 - 12/06/content_ 5754266. htm，2005 - 12 - 06。

溪河。在行政区域上，乌江流域主要包括"三省一市"的 55 个县（自治县、自治州、州、区、市），即贵州省的威宁、赫章、水城、水城特区、纳雍、六枝、安顺、普定、平坝、织金、清镇、毕节、大方、黔西、南明、云岩、乌当、花溪、白云、修文、金沙、息烽、遵义市、遵义县、开阳、瓮安、湄潭、余庆、凤岗、石阡、思南、印江、德江、沿河、龙里、贵定、福泉、施秉、镇远、务川、正安、道真、绥阳、松桃；湖北省的咸丰、利川、恩施；云南省的镇雄；重庆市的酉阳、石柱、彭水、武隆、涪陵、黔江、南川。

第三节 传统体育

传统体育是生活在特定环境中的人们在长期的繁衍生息中为了适应本民族生存而发明创造的一项民俗文化或地方文化，它综合反映了民族居民的习性、心理、性格、信仰、智慧和创造等，以及特定生存环境中的自然、山水、气候、生产方式等，是一个民族长期发展的历史积淀和智慧结晶。要给传统体育下定义，关键是对"传统"二字的理解和把握。"传"是一个历时性概念，具有延续性、不间断性和发展性，即是活在现在的过去的一种存在物。"统"是一个共时性概念，强调事物的全面性、延续性、逻辑性和稳定性，"传统"是一个"共时性"和"历时性"的辩证统一。"传统"也是一种具有"遗产"属性的文化现象，其内容包括精神、风俗、道德、思想、艺术、制度等社会因素，涉及人们的劳动、生活、思维、行为，以及政治、经济、意识等领域，并通过社会心理结构及其他物化媒介得以世代相传。① "传统"是人类活动的创造成果，其创造的主体是某单一民族或民族群体。综合以上分析，本研究将传统体育的概念界定为："是由特定民族或民族群体在漫长的社会实践中业已创造和积累的，以增进人的身心健美为目的，以各种身体运动

---

① 李宗桂：《优秀文化传统与民族凝聚力》，《哲学研究》1992 年第 3 期。

和游艺为手段，集健身、教育和娱乐为一体并世代沿袭相传的一种身体文化现象。"

　　由于我国民族众多，各民族历史悠久，且地理特征多样各异，孕育和造就了丰富多彩、风格迥异的传统体育文化项目，成为中华民族优秀传统文化的重要组成部分，在维护和促进民族发展、进步、文明等方面发挥着巨大的作用。据资料显示，我国已收集到传统体育项目977 项，其中少数民族传统体育项目676 项，汉族传统体育项目301项①。另外，有244 项传统体育项目被列入了国家级非物质文化遗产名录②（见表1-1）。

表1-1　　　　　**我国传统体育项目类国家级非物质文化遗产名录**

第一批国家级非物质文化遗产名录			
三、"民间舞蹈"类中的体育项目			
序号	编号	项目名称	申报地区和编号
105	Ⅲ-2	昌黎地秧歌	河北省昌黎县
		鼓子秧歌	山东省商河县
		胶州秧歌	山东省胶州市
		海阳大秧歌	山东省海阳市
		陕北秧歌	陕西省绥德县
		抚顺地秧歌	辽宁省抚顺市
107	Ⅲ-4	铜梁龙舞	重庆市铜梁县
		湛江人龙舞	广东省湛江市
		汕尾滚地金龙	广东省汕尾市
		浦江板凳龙	浙江省浦江县
		长兴百叶龙	浙江省长兴县
		奉化布龙	浙江省奉化市
		泸州雨坛彩龙	四川省泸县

---

　　①　周争蔚：《浅论普通高校的民族传统体育发展》，《湖南城市学院学报》（自然科学版）2011 年第6 期。
　　②　此表内容引自崔乐博士在"国家体育总局体育文化建设与提升中国体育软实力高级研修班"的授课资料（内部资料）《中国体育非物质文化遗产的保护与研究》。

续表

序号	编号	项目名称		申报地区和编号
108	Ⅲ-5	狮舞	徐水舞狮	河北省徐水县
			天塔狮舞	山西省襄汾县
			黄沙狮子	浙江省临海市
			广东醒狮	广东省佛山市
				广东省遂溪县
				广东省广州市
110	Ⅲ-7	傩舞	南丰跳傩	江西省南丰县
			婺源傩舞	江西省婺源县
			乐安傩舞	江西省乐安县
112	Ⅲ-9	高跷	高跷走兽	山西省稷山县
			海城高跷	辽宁省海城市
			辽西高跷	辽宁省锦州市
			苦水高高跷	甘肃省永登县
113	Ⅲ-10	永新盾牌舞		江西省永新县
115	Ⅲ-12	泉州拍胸舞		福建省泉州市
116	Ⅲ-13	安塞腰鼓		陕西省安塞县
118	Ⅲ-15	兰州太平鼓		甘肃省兰州市
120	Ⅲ-17	土家族摆手舞		湖南省湘西土家族苗族自治州
126	Ⅲ-23	苗族芦笙舞	锦鸡舞	贵州省丹寨县
			鼓龙鼓虎—长衫龙	贵州省贵定县
			滚山珠	贵州省纳雍县
128	Ⅲ-25	木鼓舞	反排苗族木鼓舞	贵州省台江县
			沧源佤族木鼓舞	云南省沧源佤族自治县
129	Ⅲ-26	铜鼓舞（文山壮族、彝族铜鼓舞）		云南省文山壮族苗族自治州
133	Ⅲ-30	湘西苗族鼓舞		湖南省湘西土家族苗族自治州
134	Ⅲ-31	湘西土家族毛古斯舞		湖南省湘西土家族苗族自治州
139	Ⅲ-36	彝族葫芦笙舞		云南省文山壮族苗族自治州
141	Ⅲ-38	基诺大鼓舞		云南省景洪市
六、"杂技与竞技"类中的体育项目				
285	Ⅵ-3	天桥中幡		北京市
286	Ⅵ-4	抖空竹		北京市宣武区

序号	编号	项目名称		申报地区和编号
287	Ⅵ-5	维吾尔族达瓦孜		新疆维吾尔自治区
289	Ⅵ-7	少林功夫		河南省登封市
290	Ⅵ-8	武当武术		湖北省十堰市
291	Ⅵ-9	回族重刀武术		天津市
292	Ⅵ-10	沧州武术		河北省沧州市
293	Ⅵ-11	太极拳	杨氏太极拳	河北省永年县
			陈氏太极拳	河南省焦作市
294	Ⅵ-12	邢台梅花拳		河北省邢台市
295	Ⅵ-13	沙河藤牌阵		河北省沙河市
296	Ⅵ-14	朝鲜族跳板、秋千		吉林省延边朝鲜族自治州
297	Ⅵ-15	达斡尔族传统曲棍球竞技		内蒙古自治区莫力达瓦达斡尔族自治旗
298	Ⅵ-16	蒙古族搏克		内蒙古自治区
299	Ⅵ-17	蹴鞠		山东省淄博市

十、"民俗"类中的体育项目

序号	编号	项目名称	申报地区和编号
459	Ⅸ-11	景颇族目瑙纵歌	云南省陇川县
475	Ⅹ-27	傈僳族刀杆节	云南省泸水县
509	Ⅹ-61	壮族铜鼓习俗	广西壮族自治区河池市

第二批国家级非物质文化遗产名录

三、"民间舞蹈"类中的体育项目

序号	编号	项目名称		申报地区和编号
639	Ⅲ-42	鼓舞	花钹大鼓	北京市昌平区
			隆尧招子鼓	河北省隆尧县
			平定武迓鼓	山西省平定县
			大奏鼓	浙江省温岭市
			陈官短穗花鼓	山东省广饶县
			柳林花鼓	山东省冠县
			花鞭鼓舞	山东省商河县
			八卦鼓舞	山东省栖霞市
			横山老腰鼓	陕西省横山县
			宜川胸鼓	陕西省宜川县
			凉州攻鼓子	甘肃省武威市
			武山旋鼓舞	甘肃省武山县

续表

序号	编号	项目名称		申报地区和编号
641	Ⅲ-44	竹马	东坝大马灯	江苏省高淳县
			邳州跑竹马	江苏省邳州市
649	Ⅲ-52	肉连响		湖北省利川市
656	Ⅲ-59	朝鲜族长鼓舞		吉林省图们市
657	Ⅲ-60	瑶族长鼓舞		湖南省江华瑶族自治县
				广东省连南瑶族自治县
				广西壮族自治区富川瑶族自治县
658	Ⅲ-61	傣族象脚鼓舞		云南省潞西市
				云南省西双版纳傣族自治州
661	Ⅲ-64	瑶族猴鼓舞		贵州省荔波县
662	Ⅲ-65	高山族拉手舞		福建省华安县
666	Ⅲ-69	彝族铃铛舞		贵州省赫章县
672	Ⅲ-75	彝族三弦舞	阿细跳月	云南省弥勒县
			撒尼大三弦	云南省石林彝族自治县
674	Ⅲ-77	布朗族蜂桶鼓舞		云南省双江拉祜族佤族布朗族傣族自治县
675	Ⅲ-78	普米族搓蹉		云南省兰坪白族普米族自治县
676	Ⅲ-79	拉祜族芦笙舞		云南省澜沧拉祜族自治县
六、"传统体育、游艺与杂技"（杂技与竞技）类中的体育项目				
790	Ⅵ-18	围棋		中国棋院
				北京棋院
791	Ⅵ-19	象棋		中国棋院
				北京棋院
792	Ⅵ-20	蒙古族象棋		内蒙古自治区阿拉善盟
793	Ⅵ-21	天桥摔跤		北京市宣武区
794	Ⅵ-22	沙力搏尔式摔跤		内蒙古自治区阿拉善左旗
795	Ⅵ-23	峨眉武术		四川省峨眉山市
796	Ⅵ-24	红拳		陕西省
797	Ⅵ-25	八卦掌		河北省廊坊市
798	Ⅵ-26	形意拳		河北省深州市
799	Ⅵ-27	鹰爪翻子拳		河北省雄县
800	Ⅵ-28	八极拳（月山八极拳）		河南省博爱县

序号	编号	项目名称		申报地区和编号
801	Ⅵ-29	心意拳		山西省晋中市
802	Ⅵ-30	心意六合拳		河南省漯河市
				河南省周口市
803	Ⅵ-31	五祖拳		福建省泉州市
804	Ⅵ-32	查拳		山东省冠县
805	Ⅵ-33	螳螂拳		山东省莱阳市
806	Ⅵ-34	苌家拳		河南省荥阳市
807	Ⅵ-35	岳家拳		湖北省武穴市
808	Ⅵ-36	蔡李佛拳		广东省江门市新会区
809	Ⅵ-37	马球（塔吉克族马球）		新疆维吾尔自治区塔什库尔干塔吉克自治县
810	Ⅵ-38	满族珍珠球		吉林省吉林市
811	Ⅵ-39	满族二贵摔跤		河北省隆化县
812	Ⅵ-40	鄂温克抢枢		内蒙古自治区鄂温克族自治旗
813	Ⅵ-41	挠羊赛		山西省忻州市
814	Ⅵ-42	传统箭术（南山射箭）		青海省乐都县
815	Ⅵ-43	赛马会	当吉仁赛马会	西藏自治区拉萨市
			玉树赛马会	青海省玉树藏族自治州
816	Ⅵ-44	叼羊（维吾尔族叼羊）		新疆维吾尔自治区巴楚县
817	Ⅵ-45	土族轮子秋		青海省互助土族自治县
十、"民俗"类中的体育项目				
982	Ⅹ-75	苗族独木龙舟节		贵州省台江县
第一批国家级非物质文化遗产扩展项目名录				
三、"传统舞蹈"类中的体育项目				
105	Ⅲ-2	秧歌	济阳鼓子秧歌	山东省济阳县
			临县伞头秧歌	山西省临县
			原平凤秧歌	山西省原平市
			汾阳地秧歌	山西省汾阳市

续表

序号	编号	项目名称		申报地区和编号
107	Ⅲ-4	龙舞	易县摆字龙灯	河北省易县
			曲周龙灯	河北省曲周县
			金州龙舞	辽宁省大连市金州区
			舞草龙	上海市松江区
			骆山大龙	江苏省溧水县
			兰溪断头龙	浙江省兰溪市
			大田板凳龙	福建省大田县
			高龙	湖北省武汉市汉阳区
			汝城香火龙	湖南省汝城县
			九龙舞	湖南省平江县
			埔寨火龙	广东省丰顺县
			人龙舞	广东省佛山市
			荷塘纱龙	广东省江门市蓬江区
			乔林烟花火龙	广东省揭阳市
			醉龙	广东省中山市
			黄龙溪火龙灯舞	四川省双流县
108	Ⅲ-5	狮舞	白纸坊太狮	北京市
			沧县狮舞	河北省沧县
			小相狮舞	河南省巩义市
			槐店文狮子	河南省沈丘县
			席狮舞	广东省梅州市
			丰城岳家狮	江西省丰城市
			布依族高台狮灯舞	贵州省兴义市
110	Ⅲ-7	傩舞	寿阳爱社	山西省寿阳县
			祁门傩舞	安徽省祁门县
			邵武傩舞	福建省邵武市
			湛江傩舞	广东省湛江市麻章区
			文县池哥昼	甘肃省文县
			永靖七月跳会	甘肃省永靖县
112	Ⅲ-9	高跷	盖州高跷	辽宁省盖州市
			上口子高跷	辽宁省大洼县

序号	编号	项目名称		申报地区和编号
112	Ⅲ-9	高跷	独杆跷	山东省泰安市
			高抬火轿	河南省沁阳市
120	Ⅲ-17	土家族摆手舞	恩施摆手舞	湖北省来凤县
			酉阳摆手舞	重庆市酉阳土家族苗族自治县
126	Ⅲ-23	苗族芦笙舞		贵州省雷山县
				贵州省关岭布依族苗族自治县
				贵州省榕江县
				贵州省水城县
127	Ⅲ-24	朝鲜族农乐舞		辽宁省铁岭市
129	Ⅲ-26	铜鼓舞	田林瑶族铜鼓舞	广西壮族自治区田林县
			雷山苗族铜鼓舞	贵州省雷山县
六、"传统体育、游艺与杂技（杂技与竞技）"类中的体育项目				
285	Ⅵ-3	中幡	安头屯中幡	河北省香河县
			正定高照	河北省正定县
			建瓯挑幡	福建省建瓯市
292	Ⅵ-10	沧州武术（劈挂拳、燕青拳、孟村八极拳）		河北省沧州市
293	Ⅵ-11	太极拳（武氏太极拳）		河北省永年县
第三批国家级非物质文化遗产名录				
三、"传统舞蹈"（民间舞蹈）类中的体育项目				
1087	Ⅲ-98	仗鼓舞（桑植仗鼓舞）		湖南省桑植县
1090	Ⅲ-101	老古舞		海南省白沙黎族自治县
1092	Ⅲ-103	棕扇舞		云南省元江哈尼族彝族傣族自治县
1093	Ⅲ-104	鄂温克族萨满舞		内蒙古自治区根河市
1096	Ⅲ-107	陈塘夏尔巴歌舞		西藏自治区定结县
1097	Ⅲ-108	巴当舞		甘肃省岷县
1099	Ⅲ-110	萨玛舞		新疆维吾尔自治区喀什市
六、"传统体育、游艺与杂技"类中的体育项目				
1139	Ⅵ-56	拦手门		天津市河东区
1140	Ⅵ-57	通背缠拳		山西省洪洞县
1141	Ⅵ-58	地术拳		福建省精武保安培训学校

序号	编号	项目名称		申报地区和编号
1142	Ⅵ-59	佛汉拳		山东省东明县
1143	Ⅵ-60	孙膑拳		山东省青岛市市北区、安丘市
1144	Ⅵ-61	肘捶		山东省临清市
1145	Ⅵ-62	十八般武艺		浙江省杭州市余杭区
1146	Ⅵ-63	华佗五禽戏		安徽省亳州市
1147	Ⅵ-64	撂石锁		河南省开封市
1148	Ⅵ-65	赛龙舟		湖南省沅陵县镇远县
				广东省东莞市
				贵州省铜仁市
1149	Ⅵ-66	迎罗汉		浙江省缙云县
1150	Ⅵ-67	掼牛		浙江省嘉兴市南湖区
1151	Ⅵ-68	高杆船技		浙江省桐乡市
1152	Ⅵ-69	花毽		山东省青州市
十、"民俗"类中的体育项目				
1210	Ⅹ-135	尉村跑鼓车		山西省襄汾县
1211	Ⅹ-136	独辕四景车赛会		山西省平顺县
1218	Ⅹ-143	柯尔克孜族驯鹰习俗		新疆维吾尔自治区阿合奇县
第二批国家级非物质文化遗产扩展项目名录				
三、"传统舞蹈"类中的体育项目				
105	Ⅲ-2	秧歌	小红门地秧歌	北京市朝阳区
			乐亭地秧歌	河北省乐亭县
			阳信鼓子秧歌	山东省阳信县
107	Ⅲ-4	龙舞	浦东绕龙灯	上海市浦东新区
			碇步龙	浙江省泰顺县
			直溪巨龙	江苏省金坛市
			开化香火草龙	浙江省开化县
			龙坎门花龙	浙江省玉环县
			龙灯扛阁	山东省临沂市
			火龙舞	河南省孟州市
			三节龙	湖北省云梦县
			地龙灯	湖北省来凤县

续表

序号	编号	项目名称		申报地区和编号
107	Ⅲ-4	龙舞	芷江孽龙	湖南省芷江侗族自治县
			城步吊龙	湖南省城步苗族自治县
			香火龙	广东省南雄市
			六坊云龙舞	广东省中山市
108	Ⅲ-5	狮舞	马桥手狮舞	上海市闵行区
			古陂蓆狮	江西省信丰县
			犁狮	江西省信丰县
			青狮	广东省揭阳市
			松岗七星狮舞	广东省深圳市
			藤县狮舞	广西壮族自治区藤县
			田阳壮族狮舞	广西壮族自治区田阳县
			高台狮舞	重庆市彭水苗族土家族自治县
110	Ⅲ-7	傩舞（浦南古傩）		福建省漳州市
113	Ⅲ-10	盾牌舞（藤牌舞）		浙江省瑞安市
639	Ⅲ-42	鼓舞	万荣花鼓	山西省万荣县
			土沃老花鼓	山西省沁水县
			稷山高台花鼓	山西省稷山县
			乌拉陈汉军旗单鼓舞	吉林省吉林市
640	Ⅲ-43	麒麟舞	麒麟采八宝	山西省侯马市
			睢县麒麟舞	河南省睢县
			坂田永胜堂舞麒麟	广东省深圳市
			大船坑舞麒麟	广东省深圳市
			樟木头舞麒麟	广东省东莞市
641	Ⅲ-44	竹马（蒋塘马灯舞）		江苏省溧阳市
642	Ⅲ-45	灯舞（无为鱼灯）		安徽省无为县
655	Ⅲ-58	鹤舞（三灶鹤舞）		广东省珠海市
657	Ⅲ-60	瑶族长鼓舞	小长鼓舞	广东省连山壮族瑶族自治县
			黄泥鼓舞	广西壮族自治区金秀瑶族自治县
693	Ⅲ-96	赛乃姆	若羌赛乃姆	新疆维吾尔自治区若羌县
			且末赛乃姆	新疆维吾尔自治区且末县
			库尔勒赛乃姆	新疆维吾尔自治区库尔勒市

续表

序号	编号	项目名称		申报地区和编号
693	Ⅲ–96	赛乃姆	伊犁赛乃姆	新疆维吾尔自治区伊宁县
			库车赛乃姆	新疆维吾尔自治区库车县
六、"传统体育、游艺与杂技"类体育项目				
292	Ⅵ–10	沧州武术（六合拳）		河北省泊头市
294	Ⅵ–12	梅花拳		河北省威县
793	Ⅵ–21	摔跤	朝鲜族摔跤	吉林省延吉市
			彝族摔跤	云南省石林彝族自治县
			维吾尔族且力西	新疆维吾尔自治区岳普湖县
797	Ⅵ–25	八卦掌		北京市西城区、河北省固安县
798	Ⅵ–26	形意拳		山西省太谷县
801	Ⅵ–29	心意拳		山西省祁县
805	Ⅵ–33	螳螂拳		山东省栖霞市、青岛市崂山区
十、"民俗"类体育项目				
451	Ⅹ–3	端午节	蒋村龙舟胜会	黑龙江省黑河市
			石狮端午闽台对渡习俗	福建省石狮市
			大澳龙舟游涌	香港特别行政区
458	Ⅹ–10	火把节（彝族火把节）		贵州省赫章县
978	Ⅹ–71	元宵节	豫园灯会	上海市黄浦区
			上坂关公灯	江西省南昌市湾里区
994	Ⅹ–87	抬阁	海沧蜈蚣阁	福建省厦门市海沧区

第四节　区域文化

要给区域文化下定义，首先应搞清楚什么是"区域"。"区域"通常有两个范畴。一个是由行政区划所形成的地理区域，是政府主体基于社会管理而人为以地理标志、土地疆域所划定和设立的管辖范围，因此是一个基于行政管理的行政地理区划或行政管理区域。而另一个是指由于一定地理范围内的自然、地理、社会、经济、文化、民族、人口等因素的相似性、同源性等，使得这个地理范围或地理区域自成为一个具有一定整体性样貌和特性的地理单元体，并与周边其他地方或地理区域有较大差异性，因此它是一个纯属由自然地理因素所决定的自然地理区域。本书所指的区域也是指后者即自然地理区域。显然，在自然地理区域中，完全或不完全包含一定的行政区域，在一个行政区域中也完全或不完全包含一定的自然地理区域。

而关于"文化"的概念就比较丰富了，据统计，至今不同学者对于"文化"概念的不同定义方式有 260 余种之多。本书结合文化的有关定义和以上区域的界定，将区域文化定义为："是世代居住于一定区域内的人们在长期的社会实践过程中所创造的与区域生态环境相适应的思维、精神、行为、制度、物质方式的总和。"

区域文化因为区域独特的自然因素、社会因素、人口因素而形成一个相对比较独立的文化体，综合反映区域里的地理、自然，以及人们的思想、观念、心理、行为、性格、信仰等特征与文化。区域文化具有明显的地域特征、乡土特色和民族韵味，具有典型的如建筑器物、自然风貌、山水田土、日照气候等器物文化；人们的各种行为礼仪、生活生产方式、家族关系、家庭组织、信仰宗教、风俗习惯等制度文化；人们的价值理念、道德伦理、思维方式、民族心理和性格等精神文化①。

区域文化具有几个核心关键词。1. 传统性。即区域文化是经过世居于此的居民在长期的生产生活中所积淀和形成的一种文化习惯，并得以世代传承。2. 地理性。即区域文化与区域里的自然地理极其相关，具有典型的自然地理特性。3. 生活性。即区域文化是世居于此的居民在日常生产生活中产生的，与人们的日常生活紧密联系。4. 自然性。即区域文化是世居于此的居民在长期的繁衍生息中所自然形成的一种心理、习惯、行为等。5. 多元相关性。即区域文化是一个层次结构、形式内容、特征关系极为复杂、多元的文化生态系统，总体表现为多元性、相关性和生态性。民族传统体育文化只是构成区域文化的一个专门的子系统文化，但民族传统体育文化也是一个结构完整的独

①　何志芳：《土族传统体育文化研究》，硕士学位论文，青海师范大学，2010 年。

立的文化体系。在访谈中 FSG 就认为，民族传统体育文化也有着价值目标、道德观、民族情结、审美情趣等核心层次的诸多文化因子；也具有对客观世界的理解和认知，从而具有利用包括人的肢体在内的某些客观存在的，诸多理论与方法的、中间层次客观意识的文化因子；更有在上述主观意识和客观意识支配下产生的具体的、作为外层次文化的行为方式。同时，不仅区域体育文化的全部内容都是区域母体文化的组成部分，都是不可或缺的内容之一，而且这些区域传统体育文化总是深刻地表现着区域母体文化的某些重要特征，总是受控于区域母体文化，当然也会反作用于区域文化。

第五节　文化通融性

文化具有广泛的社会性特征，文化之间相互融合、相互贯通、相互碰撞、相互调适，具有"动"的特性，总体表现为"在对立中求发展，在冲突中求融合，在和谐中求生存"[①]，在融会中求共存，进而实现"美美与共、各美其美"的生存发展局面。通融不是一个简单、机械地杂糅、掺和在一起，而是一个有机的、有序的整合、融合过程。本研究将文化通融性表述为"是不同文化之间相互接触、相互影响、相互作用、相互交流、不断创新适应和双向融会贯通的过程"[②]。文化的通融性是文化存在的必然属性和根本要求，文化总是在与其他文化的通融中形成、发展和传播的，文化的通融是绝对的，但其通融的程度和层次却是相对的。文化通融性主要强调文化之间的相互融会与贯通，在质、形、意、式上发生和形成动态的交互迁移与融合通约，是文化得以存在与发展的一种内在必然和根本要求。

---

① 郭琼、王刚强：《文化融入与疏离语境下我国民族传统体育文化发展的思考》，《成都体育学院学报》2013 年第 9 期。

② 胡兆晖：《文化冲突和融合与体育文化发展的关系》，《北京体育大学学报》2010 年第 1 期。

第二章 乌江流域民族传统体育现状

第一节 乌江流域民族传统体育项目简介

乌江流域地域广阔、历史悠久、民族众多,各少数民族在长期的繁衍生息和生产生活中创造了丰富多彩、风格迥异的民族传统体育文化,并以其独特性、民族性、地域性成为中华五千年文化史的光辉一页,并灿烂于今。很多民族传统体育文化至今仍是一个民族、一个地方、一个村寨的特色和象征,是当地民族居民至今也无法超脱的一种民族信仰、民族传统和民族习惯,仍旧滋养着这个民族、这个地区的文明、发展与进步,彰显着民族制度文化对人类健康行为、心理、观念、价值的约束、教化和引领,维系着民族居民的和谐关系和血脉亲情。特别在当今建设和谐社会、小康社会、幸福社会、美好生活以及促进民族政治、经济、文化、社会、生态文明发展等方面发挥着不可替代、不可或缺的价值和作用。

通过大量的资料收集和田野考察,发现很多民族传统体育项目被当地人们通过文字书籍、光盘影像、数据库等方式进行了记录,包括民族传统体育项目的起源、动作方法、动作内容、文化内涵等。为此,基于研究需要,决定只是对乌江流域民族传统体育项目作一个简单介绍而已,为本研究以及读者作一个必要的铺垫和引领。同时,为了能够更加清晰地将研究内容呈现出来和反映乌江流域民族传统体育项目概况,本书以民族名来进行分类介绍,这也便于读者的认知、理解与把握。

一 苗族传统体育项目

苗族在乌江流域是一个古老的民族。据资料显示，在东汉以前，苗族先民就成为乌江流域湘鄂渝黔边境的主要居民，到了隋代苗族成为乌江流域的单一民族，在唐宋时期，分布广泛，遍及川鄂湘黔滇等地方。因此，苗族是乌江流域分布最广、民族人口最多的少数民族。现主要居住在乌江流域的中下游一带，如彭水县、黔江县、秀山县、酉阳县、南川市、恩施市、利川县、咸丰县、松桃县、沿河县、德江县、印江县、思南县、石阡县、道真县、务川县、正安县、绥阳县、凤冈县、湄潭县、余庆县、施秉县、红花岗区、遵义县、福泉县、瓮安县、都匀市、贵定县、龙里县、贵阳市、清镇市、修文县、开阳县、平坝县、安顺市、普定县、六枝特区、水城县、关岭县、镇宁县、金沙县、黔西县、大方县、毕节市、织金县、纳雍县、赫章县、威宁县等地①。苗族的居住分布最为分散，绝大多数居住在高山和县与县、地区与地区接壤的偏僻地区，形成与其他民族杂居相处的局面。

苗族是一个民族性极强的少数民族，至今在一些边远偏僻地区还明显可见苗族人穿着他们的传统苗族服饰，人们还普遍保持着他们最具有代表性的民族信仰——五显坛。苗族一些传统节日、婚丧嫁娶等传统习俗与周围其他民族有较大差异，是一个民族意识、民族感情、民族性格十分强烈和刚烈的民族。苗族居民以大杂居小聚居村寨为主，其村寨常常连绵百余里，或者整个村寨都是苗族而没有其他民族，即"杂村不杂户"。苗族居民喜欢在传统春节或农闲时开展各种体育活动，其种类颇多。据不完全统计，乌江流域苗族传统体育项目主要包括射箭、射弩、摔跤、脚踢架、扭扁担、拉鼓、做女红赛跑（穿针引线赛跑、穿花衣裙赛跑、搓麻线赛跑）、跳芦笙、踢毛菌、过独木桥、走竹竿、芦笙拳、划龙舟、舞龙、舞板凳、磨秋、八人秋、斗牛、爬

---

① 李良品、莫代山、祝国超：《乌江流域民族史》，重庆出版社 2009 年版，第 14 页。

坡杆、板凳龙、跳鼓、打毛毽、打花棍、爬花杆、上刀梯、掷鸡毛球、接龙舞、舞狮、跳狮子、打泥脚、打禾鸡、布球、打草蛇、织麻赛跑、踢枕头、芦笙刀、金钱棍、武术、木鼓、打猴鼓、打花鼓、打毛毽、斗鸟、射背牌、拉鼓、踢毛菌、舞吉保、赶春、赶秋、跳花等。

（一）赛马

特别在传统农耕时期，由于生产生活的需要，苗族村寨几乎家家都养有马匹，在生产之余，苗族人也经常举行赛马活动。赛马活动多在节日、集会举行。过去为男子项目，在 20 世纪 80 年代后也允许女子参加。赛马活动有固定的场所，叫"端坡"或"年坡"，但没有固定的场地和竞赛规则与方法，主要采用同时出发，先到达目的地者为胜。他们赛马的目的不是比赛的胜负，而是群体欢乐。赛马活动不仅是人们取悦的竞赛表演娱乐活动，还通常是男女青年物色情侣的好机会。

（二）射弩

射弩项目在乌江流域的苗族居民中开展较为普遍，处于乌江流域贵州地区的织金县实兴乡海马冲有"射弩之乡"的美誉。射弩活动是苗族居民用于打猎生产和御敌的工具或武器。随着其他工具的发明，射弩逐渐被其他工具所取代，转而发展成为苗族居民健身娱乐的一项传统体育项目。从生产、武器色彩发展成为玩具、游戏色彩，并在民间广为流传和开展。射弩比赛有竞技型和非竞技型，都以射中为目的。非竞技型射弩在民间广为开展，可以是多人也可以是单人，靶有专门做的，也有以身边随处某一自然物为对象的，通常以方便即可。而在正式的竞技比赛中，有比较严格的比赛规则和方法，射弩工具也是特制的（见图 2－1）。

（三）上刀梯

上刀梯可以说是苗族人的一大绝活儿，以惊险、刺激、高难度为主要特征，通常在节日和集会上表演，但现在也在很多旅游地区作为一项吸引游客的表演项目而经常化。上刀梯主要是表演者沿着竖立的刀梯向上攀爬以速度或距离而取胜，表演时要求赤脚赤手。从很大程

图 2 – 1　当地居民自制的射弩

（本图片由当地民宗局提供）

度上来讲，该项目是一个难度极高的表演项目，不仅仅要求参与者有过高的胆识和心理素质，还要求有一种冒险、犀利的精神品格。基于大众而言，人们主要是观看，不适合广泛地参与。该项目主要流行于乌江流域贵州地区的松涛和道真地区。而这两个地方的上刀梯在器材和形式上有很大相异之处。如在松桃地区，是在地面固定一根 8 米高的木桩，然后在木桩上每隔 30 厘米打一个洞用于安装刀刃向上的砍刀。而在道真地区，是在地面上竖立一根长 4—10 米的木桩，然后四角用绳子固定防止晃动或摇摆，然后在木桩上安装砍刀 12 把，或 36 把，或 72 把。

（四）坐秋千

坐秋千项目在乌江流域民族地区比较常见，因为该项目易开展，场地器材简单，不受季节、人群限制，玩法又比较简单。同时，该项目特别对小孩具有很强的吸引性，在家里、在院坝、在树林等地方，可以随意搭建一个坐秋千的场地。坐秋千是用两根比较粗的长绳各系在一块木板的两头（通常是在木板的两头凿一个孔，绳子穿过孔并系紧确保安全），绳子的另外一端系在离地面较高的横木或树桩上，总体高度是保证人坐在木板上能够安全、自由晃动为准。坐秋千主要是利用人坐或站在木板上悬空后利用弧形摇摆的惯性而忽高忽低地晃动为游戏目的，摇摆的弧度可高可低，可远可近。让人感受到在空中的悬体运动感、愉悦感、惊险感和刺激感。

（五）打磨秋

在乌江流域苗族地区较为流行，通常情况下是在一块比较平坦的草坪上支立起一根约为 2 米高的木桩，用刀将木桩的顶断削尖，然后将一根横木的中间打一个孔，再将这根横木套在立柱端上，孔的大小使横木能够左右、上下或圆周自由转动为宜。打磨秋时，在横木的两端各伏上重量基本相等的人，使横木能够平衡地自由转动。横木可以上下起伏和圆周旋转。

（六）打跷跷板

这个项目也比较流行。在院坝、草坪等地就可以进行。器材要求很简单，在人们生活休闲之余，随意找根木凳做支撑物，然后再找一根横木放在木凳中央，两头坐上人就可以玩。

（七）打毽

打毽可以说是乌江流域喜闻乐见的一项体育项目。在农村地区，一般在春节期间比较盛行，因为过年的时候一般都要杀鸡，于是人们就把鸡身上比较柔软的羽毛摘下来用线捆在一起，然后用布包上，用针线缝包后和铜钱包扎在一起，然后采用脚踢、木板拍等方式进行。可以单打或单踢，也可以对踢或对打。

（八）独脚鸡

这是一项游戏项目，以一只脚为支撑腿进行跳动，以速度快或距离长者为胜。

（九）翻竿脚

以竹竿、扁担或木棒为器械，器械一头触地，然后双手分开扶住器械，以头、身体扭转后站立为成功者。该项目的难度以手离地面越近为难度越大，当然也就是挑战越大，通常情况下练习者的手以渐次下移进行挑战练习。

（十）爬竿

常在竹林中或在树枝上吊一根竹竿为器械，练习者以爬的速度或距离为取胜标准。

（十一）试力

试力也称为较力，就是比较双方力量的大小和巧力的使用，这既是一项体力的运用，也是一项智慧的较量。试力分为持器械类和非持器械类，主要是用腰、手、额头、下颌、膝、髁等多种部位的力，以扭、抵、推、扳等为发力方法。持器械类以板凳、扁担、粑棒或木棒为器械，双方以按照自己的想法而改变对方的状态为取胜，通常有扭（抵）扁担、木棒、板凳等。非持器械类有掰手腕、掰手劲等。

（十二）摔跤

该项目又被称为抱腰，有两种形式。一种形式是双方各一只手搭或挽在对方的左膀或右膀上，互相搂住，双方同时用力将对方摔倒在地为胜利者。另外一种是不拘于形式，可以采用搂、抱、摔、拌、甩、扳等方法用力或技巧将对方摔倒在地为胜者。

（十三）打花棍

这是苗族女子常玩的一个项目，以木棍为主要器械，长约5尺。每人各持一根进行分组对打，采用灵活的脚步进退和手上的变化进行攻防对抗。

（十四）花棍

也叫"打连响"。是用一根长约1.2米，直径在2—3厘米的竹竿，在竹竿的两头分别凿一个孔，然后在孔里面放上铜钱，使运动过程中发出"哗哗"的响声。活动中手持竹竿的中间，便于对竹竿进行使用，活动时主要通过手的变化用竹竿的两头敲打自己的腿、肩、背等，使竹竿和铜钱在音乐的伴奏下能够有节奏地变换敲打。在敲打过程中，人可以唱歌、跳舞及做一些全身性的动作。该项目一般以团队表演为主，队形多样，可以原地站着，也可以走着打，整个场面欢快。

（十五）芦笙刀

是一项武术类体育项目，练习者手握长把环首刀，在芦笙、鼓的伴奏下，通过砍、劈、斩、挡等动作进行拼杀练习。

（十六）芦笙拳

在芦笙音乐的伴奏下，练习者以芦笙动作为主要基础，再结合跳、踢、打等形成一套攻防技术动作，主要以武术动作为主要特征。练习过程中有徒手对抗，也有持刀、棍、枪、耙等器械进行，该项目男女皆可参与。

（十七）打猴鼓

又称猴鼓舞。主要是一项模仿猴子动作并具有武术动作特征的击鼓体育活动，由8名小伙子捧鼓，8名姑娘击鼓，边击鼓边模仿猴子动作跳，有单打、双打、男女混合打，一套动作完成后男女互换继续进行，场面较为热烈、壮观。男子单打时以猴子动作为主要内容组成为武术套路，而女子则以日常生活中的纺纱织布、挥刀播种、摘花收果为主要动作内容。

（十八）打花鼓

每年的农历六月初六、腊月二十至正月十五，在乌江流域贵州地区的松桃地区都要举行打花鼓活动。传说打花鼓是一项祭祀活动，是苗族人为了纪念领导苗族起义的领导人石柳邓而发明的一项集体性鼓舞，具有宏大的气势和热烈壮观的场面。打鼓时，先是指挥者用鼓槌使劲在鼓面上重击一下，霎时万籁俱寂、寂然无声。接着其他鼓点急促响起来，鼓声由小到大、节奏由慢到快，整个场面是鼓声越来越大、节奏越来越快。然后男女青年踩着鼓点节奏跳着舞蹈进入会场。同时，每一个男女青年都手握一个鼓槌按照次序敲打打鼓的鼓面或鼓边，边打鼓边跳舞。

（十九）划龙舟

是一项历史悠久的传统体育项目，一般在江河资源比较丰富的地区开展比较普遍，如清水江、乌江、松江、酉水河等一带，多在端午时节或五月下旬举行。划龙舟是一项水上集体项目，不仅要求运动员要有良好的身体素质，还要有良好的协调配合能力，当然也需要一定的划桨技术。划龙舟一般以村寨为集体参赛单位，在人数相等的条件下在鼓声的统一指挥下参赛选手一齐划桨，使龙舟能够以最快速度朝前行驶，以最短时间到达目的地者为胜者。

（二十）跳芦笙

这是一项结合芦笙器械及发出美妙音乐的传统体育活动。人们在吹奏芦笙时，常常伴以各种身体活动姿势和运动技巧动作，以及舞步等。这些动作中具有一定的难度和技巧，具有很强的运动量，在芦笙音乐的伴奏下，人们做着如滚球、踩蛋、倒立、滚翻、爬杆等动作，场面优雅热闹。在乌江流域跳芦笙又称为"矮步""滚山珠"。跳芦笙有的地方还结合武术创编了踢、打、进、退等主要动作。也有单人表演、集体表演、徒手对抗、器械对抗等多种形式。

（二十一）木鼓舞

木鼓舞有长木鼓舞、鱼式木鼓舞等多种形式。表演时，一人击鼓其作用是进行指挥和对场面进行渲染。然后多人按照鼓点节奏跳起欢快的舞步和变换着各种身体活动动作，如迎祖舞、祭魂舞、闹堂舞、马刀舞等[1]。鱼式木鼓舞跟长木鼓舞的区别不是很大，只是这种舞蹈要求的是手脚同边，反映了人们适应山区崎岖险恶的自然环境的生存智慧，这种舞蹈主要是在贵州地区的台江县反排村，所以现在很多人称为"反排木鼓舞"。而今，通过课题组的田野考察，反排村仍旧具有很浓厚的原生态气息，因为木鼓舞而成为一个旅游休闲之地。

（二十二）板凳舞

所谓的板凳舞就是以长、宽、高分别不超过 30 厘米、20 厘米、25 厘米的小板凳为器械，通过板凳的凳面相碰撞为目的和发出的声音作为指挥节奏，然后在这种碰撞声音的指挥和渲染下，人们跳着欢快的舞姿和动作，如转身、下蹲、高位翻身等击凳动作，达到一个群体

---

[1]　冯胜刚：《贵州少数民族传统体育理论与方法》，贵州民族出版社 2011 年版，第 109 页。

就活动器材而言便于取材，该项目也利于常年开展。但由于乌江流域经济比较落后，一般在春节期间农村才杀鸡，所以该项目尤其以春节期间比较流行。踢毽技术一般分为三种，即落脚式、悬脚式、反脚式，这三种方式一般都是以左脚为支撑脚，采用右脚踢毽子，双手自然下垂于体侧并自然摆动，以连续踢毽时间长、个数多者为胜。败者要向胜者供毽。供毽时，败者向距离1.5米左右的胜者抛毽，胜者用脚把毽踢回后，要求败者用脚把毽接住，否则供毽继续，直到败者接到毽为止。所谓落脚式，是指踢毽脚在踢完一次毽后，等毽子在空中向上运动时，迅速下落到地面稍停后及时抬脚再接着踢下一次，反复进行，这样有利于控制身体的平衡和节省体力。悬脚式是指踢毽脚不着地连续踢毽。反脚式是指利用脚的外侧面踢毽子，要求踢毽脚不着地。

（六）打鸡毛毽

这是一项类似于现代羽毛球运动的隔网对抗性体育娱乐活动，以鸡毛毽子、拍板为主要器械，于竞技、健身、娱乐为一体，适于各种人群，一般在生活之余和节日期间举行。毽子由公鸡鸡毛扎于一个一端有节的竹筒制成，拍板一般由质轻的沙木为材料，做成一端有把柄的长方体拍板。比赛时，在场地中央画一条线（通常称为界河），比赛双方各站一方。首先决定一方为发球方，比赛开始时，发球方通过拍板将毽子拍向对方，对方接毽子抽拍回来。

（七）打包谷壳手拍球

这是一项与打鸡毛毽玩法相类似的隔界运动，器材制作比较简单，是用一种叫"双戛勾"或包谷壳等的草本植物卷裹成为一个直径约为10厘米的球后，再在外面用麻线或其他细线将其均匀缠绕裹紧，使球不散并保持良好的弹性。然后在球体上任意选择一点并插上几根鸡毛，使插鸡毛部分的球体始终朝运动的后方，也保证球在飞行过程中速度和路线比较均匀和稳定。在玩打中不用拍板，直接用手掌拍击，所以叫作手拍球。其打法：在一块平地上画上一条线，称为界或河，然后参赛选手各站一边，发球者用手将球拍击过线，而对方要将球拍回，直到球落地为一个回合，总体要求是参赛选手不得使球掉在本方区域，否则为输。参赛人数没有限制。

（八）打篾球

这通常是一种集体娱乐项目，历史久远，在南宋时就有关于打篾球的记载。参赛选手围成一个圆圈，人数不受限制，追求的是一种群体欢乐和集体逗趣。篾球是用竹篾片或竹篾丝编织而成的，直径在10—15厘米。比赛时，一人用手将球托至空中，其余人依次轮流"接球——抛球"重复进行，以比赛中谁托得准、托得高、托得多者为优胜，否则为负。也可以两人或多人两队对抗，相互向对方推托球，若不能够将球推托向对方或未能触及球，则为负。在这项比赛中，负者要通过唱歌、跳舞、地上打滚等接受惩罚。

（九）蛇孵蛋

这是一项运动强度和攻守技术要求较高的竞技项目。比赛时，一人蹲下保护放置于胯下的"蛇蛋"或称为"鹅蛋"，此人也称为守蛋人。守蛋人为了扩大防守范围，通常采用双脚和双手着地保护球，这一来是增加了防守范围，和便于灵活转动进行周围防守，还在一定程度上节省了体力。比赛中，守蛋者周围的人采用各种方法干扰守蛋者，然后趁守蛋者不备或来不及保护好蛋时将蛋夺走，但夺蛋者要保证不被护蛋者的手、脚触及。而护蛋者要采用手、脚等来攻击夺蛋者，若夺蛋者被守蛋者触及，则被触及者轮为守蛋者，如此循环下去。

（十）护小鸡

在现代学校体育中经常有类似的游戏活动。这是一项集体游戏活动，人数不受限制，但至少得3人才能够玩。活动时，先指定一人来扮演母鸡，一人来扮演老鹰。其余人成为一个纵队依次站在母鸡的后面，后面的人拉住前面人背后的衣服下沿，以此成为一个整体，要求在整个活动中队伍不能被断。活动中母鸡的职责就是通过展开的双臂、身体，以及积极跑动和变换身体位置，来阻止老鹰越过自己而捕捉位于最尾端的小鸡。老鹰的目标就是通过积极跑动、变换方向等，来越过或躲过母鸡的保护而捕捉到位于最尾端的小鸡。而位于母鸡后面被连成一起的小鸡们，要根据老鹰所处的位置和整个所处的危险状态而跟在母鸡后面左右摆动，以此躲避老鹰对最末端小鸡的捕捉。若活动中最末端的小鸡被捕捉，则小鸡被轮换成为母鸡。活动中，母鸡、老鹰等可以通过自己商量进行轮换。整个活动有趣，要求具备一定的反应、躲避、奔跑、灵活、耐力等能力。

（十一）金儿棍

这是一项难度逐渐升级的体育活动，共分为三级，一般孩童比较喜欢，参赛者分为甲和乙。第一级比赛时，选择一块较大的平整场地为宜，先在场地上放两块比较平整的石块，然后在石块上横放着一根长约 30 厘米的木棒。接着甲手持同样的木棒敲打横放的木棒，使其木棒飞得高、飞得远。最后乙通过准确的判断，敏锐的反应和快速的启动、奔跑，将其空中的木棒接住。如果接住，则为胜，本局结束并轮换角色。若未接住，则进入第二级。

在第二级中，发棒方将其木棒斜置在石头上，然后用手中的木棒击打木棒的斜上方，即高出石头的那端，使其木棒腾空翻起。然后再用手中的木棒将其腾空的木棒击出，越远越高越好。然后接棒方通过自己最大的努力将其棒接住。若在空中将其棒接住，本局结束并轮换角色。若未接住，则进行第三级。

第三级中，要求双方相距而站，双方事先商定或指定相距的距离。双方都站位并准备好后，发榜者将一根木棒向空中抛起，然后在下落到一定位置时，用手中的棒将其空中下落的棒朝对方的高远处击出。要求乙将击出的空中棒接住。若接住，本局结束并轮换角色。若没有接住，乙用单脚连续跳回发棒点，本局结束并轮换角色。

该项比赛可以两人或两队进行竞技。在两队比赛中，各队各派一人进行两两对赛，决出胜负后再互派一名队员进行比赛，直到双方队员全部比赛完毕，轮换接发球角色，再按照前述方式继续比赛。最后，按照比赛中以接棒次数多、被罚单跳回次数少者为胜。

（十二）板凳龙

这是由板凳拳演化而来的一项体育活动，多为集体表演项目。表演中，通常情况下是选手双手握住板凳腿或板凳腿之间的横木，有时也单手抓住板凳面,在各种队形变换中表演一些具有架、挡、挑、劈、拦、推、撞等攻防动作,并伴以一定的步法。整个表演具有明显的武术格斗特征,场面壮观,气势高昂,对表演者的力量、耐力、柔韧性等都有一定的要求,当然也因此具有较高的健身娱乐价值和观赏价值。

(十三) 铁链械

是一项技击性强的攻防表演项目。铁链由两节直径约 10 厘米、总长度约为 1 米的木棒制成,一般是一长一短,整体与双节棍极其相似。表演时,表演者通常手握较短一节的末端,通过各种步法步型,以及手腕、手臂和身体的用力与变化,使铁链做如架、拦、冲、撞、挡,以及体前"摇头"、体后"摆尾"、头顶"平遥"、胯下"扫堂"等多种棍法①。

(十四) 猪崽棋

这是一项类似于跳棋的体育活动。方法是:在一块较为平整的地面上或石板上画若干圆圈作为棋格,两人或两方对阵。棋格中有一格被称为"猪窝"的主格,对阵双方各方有一块小石板称为"母猪",12 颗小石子称为"猪崽"。"猪崽"按照规定的棋格路线进行进攻和阻截,主要的原则就是在避免自己的"猪崽"被对方"猪崽"拦截的同时,又想法将其对方的"猪崽"拦截到。拦截成功的一方将所拦截的对方"猪崽"捡到本方"母猪"辖格内,最后看谁的"母猪"将对方的"猪崽"全部截获,即为优胜者②。这是一项智力加体育的传统体育活动。

(十五) 舞龙

舞龙运动在乌江流域的少数民族地区有着悠久的历史,一般在春节、节日庆典,以及一些喜庆的日子举行。布依族的龙头、龙身和龙尾多以竹子为材料编织而成,其玩法都是龙宝带动龙头,龙身随着龙头进行翻滚、绕游、穿腾等。

---

① 冯胜刚:《贵州少数民族传统体育理论与方法》,贵州民族出版社 2011 年版,第 121 页。
② 贵州省地方志编辑委员会:《贵州省志·民族志》(上册),贵州民族出版社 2002 年版,第 250 页。

（十六）舞狮

舞狮也是布依族人在节日庆典、喜庆之日，特别在年节期间及大型娱乐活动中举行得比较多。舞狮由人扮成，头罩狮头，身覆狮身，两人表演的称为大狮、一人表演的称为小狮，表演时分为文狮和舞狮。表演时，由扮武士者手持彩球在狮子前面进行逗引，狮子在彩球的逗引下做各种如摇头、摆尾、翻滚、纵跳，以及挠痒痒、舔毛须、抖毛毛、打地滚（这些通常为文狮表演动作）和跳跃、登高、腾转、彩球（这些通常为舞狮）等表演动作①。

（十七）竞侃丫

这是一项棋牌类项目，也称为"草杆棋"。方法是：选定一块平整的地面或一块比较平滑的大石板，然后在上面画上棋格，对阵双方各用 12 根一根比一根短的草杆为棋子。草杆按照规定的路线，按照以长吃短、最短吃最长的规则进行跳下，草杆先被吃完者为负。

（十八）石子棋

这是一项孩童比较喜欢玩的棋牌类项目，特别是孩童在放牧或放学回家途中喜欢玩这种游戏活动，有的地方称为"走五猫"。其方法是：在一块平整的地面或光滑的石板上画上棋格，对阵双方各有 5 颗颜色不同或有其他差异的小石头、短木棍等为棋子。开始时，从棋盘底部摆成为三角形阵式向前推进去攻击对方的棋子，攻击方式有"挑吃""夹吃""连夹带挑"等几种方法，将对方棋子吃完为胜②。

（十九）竹铃鼓

这是一项具有生活情趣的集体活动，以布依族人日常生活中用于盛酒、盛水的竹筒为主要器械，然后舞者用小木棍或竹棍敲打竹筒而发出有节奏的鼓声，人们便随着有节奏的竹筒声而跳着欢快的舞步。若在大型活动中，有时还在场中央架起一个大型的木鼓，并通过木鼓的节奏带动舞者击打竹铃鼓的节奏，通常要求舞者击打竹铃鼓的节奏

① 贵州省地方志编辑委员会：《贵州省志·民族志》（上册），贵州民族出版社 2002 年版，第 251 页。

② 同上。

和木鼓发出的节奏一致。

（二十）铜鼓刷把舞

这是一项集体性体育项目，以铜鼓和刷把为主要器械。铜鼓在布依族中具有重要的民族文化色彩和信仰特征，是布依族人至高无上的一种神器，而刷把就是布依族人日常生活中用的一种洗刷炊具，在每年的四月八、七月半、过新年，以及重要的聚会或民俗活动时，布依族人都有可能跳这种舞。活动中，把铜鼓放在场地的中间，并一人敲击，使铜鼓发出具有民族特色和文化个性的鼓声，并具有鲜明的节奏感。然后每人手持一把刷把围着铜鼓和着铜鼓声而舞之蹈之。这种舞蹈一般参与的人会在 10 人以上[1]。

（二十一）抵杠

这是布依族人在生活之余常举行的一种健身娱乐活动。其方法是：在一块比较平整，周围环境也比较安全的地面上画上两个直径分别为 2 米和 3 米的双环圆圈，对阵双方在圆圈内部成半蹲位姿势，相互面对面共抵一根木杠，在规定的时间内看谁被逼出圈外则为负。当然此活动也有比较复杂的规则，如不得用手向自己身后拉木杠、不得站起、不得使木杠向自己的左边摆、膝关节不得着地等，违规者将被罚分[2]。

三 侗族传统体育项目

侗族是一个历史悠久的民族。据资料显示，在宋代时期乌江流域就有侗族居民居住，但总体分布不广泛，民族人口数量不多，现主要分布在彭水县、秀山县、恩施市、石阡县、福泉县、都匀市等。虽然侗族人口数量不多，但侗族居民在长期生产生活和繁衍生息中依旧创造了丰富多彩、独具民族风格的民俗文化。侗族人非常崇拜自己的祖先，供奉"祖母""萨岁"女神。主要节日有过侗年、吃新节等。同时，侗族居民也创造了丰富多彩的摔跤、月牙镋、勾林等民族传统体育文化项目，在促进民族自身发展和与其他民族交往融合中发挥着重

---

① 冯胜刚：《贵州少数民族传统体育理论与方法》，贵州民族出版社 2011 年版，第 127 页。
② 同上书，第 128 页。

要而特殊的价值作用。

（一）勾林

这是一项用侗族人民生产生活中使用的砍柴刀（称为勾）和收割庄稼及杂草用的镰刀（称为林）为活动器械的一种集舞蹈和武术为一体的传统体育项目，相传距今已有 400 多年的历史。该项目男女都可以参与，一般男性使用"勾"，女性使用"林"，表演动作多为生产生活及防御性动作，如砍、劈、撩、钩等，并辅以一定的步法步型和身体动作。其中，男性刀法有樵夫问路、将军看榜、饿虎扑食、猛虎回头、猿跃南岭、猴跳西川、金龙出海、猛虎出山、南山开路、公鸡回头、直劈云岭、惊鹿回顾、金鸡独立、拨草寻蛇、推窗望月、金猫捕鼠、左右逢源、怒视南山、莲花山、莲花刀、巨蟒翻身 21 式。女性刀法有麻姑拜寿、美女探刀、南山挑刺、北坡打柴、白鹤飞天、劈山开路、鲤鱼下河、燕子觅食、鸳鸯戏水、美女纺花、回头望月、莲花盖顶、丁树盘 13 式[①]。勾林舞动作粗犷、奔放狂野，体现一种山野之美（见图 2 - 2）。

图 2 - 2　当地居民在进行勾林项目表演

（此图片摘自贵州非物质文化遗产网）

---

① 《贵州非物质文化遗产网—勾林》，http：//www. gzfwz. com/WebArticle/ShowContent？ID = 129，2012 - 05 - 11。

（二）月牙镋

这是一项以形状与侗族人生产生活中所使用的钉耙相似的月牙镋为活动器械的武术类传统项目，主要表现出一种攻防性的格斗技击动作，整个场面和架势显得威猛、刚劲。其动作招式源于对生产生活动作的提炼，如"水中练塘""雄鹰叼鸟""金箭离弦""神猴捞月"等，极具模仿性。在表演中的动作招式主要有两人间镋与尺、镋与棍、镋与镋的对打，单人咬镋、抛镋、扫镋，以及集体混打等十余种，其动作方法主要有击刺、架隔、扑、拍、拿、遮、握、转、支、拦等动作①（见图2-3）。

图2-3　当地居民在进行月牙镋项目表演

（此图片由当地民宗局提供）

（三）摔跤

摔跤是侗族人的一项两人对抗的传统体育项目，相传侗族摔跤形

---

① 《贵州非物质文化遗产网—侗族月牙镋》，http://www.gzfwz.com/WebArticle/ShowContent? ID=130，2012-05-11。

成于明代。经过发展，这项运动至今仍然较为盛行，并形成了一套较为严谨的竞赛规则，在每年的农历二月十五（在坑洞）、三月十五（在四寨）为传统的举行日，常伴以其他如斗鸟、斗鸡、跳芦笙等传统活动。场面比较热闹和壮观，是一项集体性、娱乐性、观赏性，以及技术性、技巧性和身体素质比较强的一种健身娱乐活动。活动中，常常以村寨为单位进行比赛，但比赛时，是两两分别对抗，即一人对一人。其方法是：参赛选手按照各寨寨老拟定的次序形成一个纵队后依次进入比赛场地，走到赛场中央时两队相互施礼，施礼完后两队队员在赛场两端按照进场顺序相对席地而坐。比赛开始时，由寨老点出参赛选手，被点到的选手迅速出场并拾起一根事先由寨老放置于队伍前面的青布带。参赛选手走到场地中央后，弯腰俯身、右肩相抵，然后右手插过对方左肋将布带两头交叉置于对手的腰椎部位，并使劲抓牢。待主持人发出"起"或"开始"的口令时，双方各自用力和一些技巧性动作，通过摔、绊、拉、提等方法，使对方失去身体平衡或失去支点而将对方摔倒在地为最终目标。侗族摔跤胜负判断极为简单，将对方摔倒在地即为胜（见图 2 - 4）。

图 2 - 4　当地居民在进行摔跤项目表演
（此图片摘自贵州非物质文化遗产网）

（四）拍打纱球

这是侗族儿童以及青少年男女比较喜欢的一项传统体育活动，一般在男女青年聚会以及日常的游戏活动中会玩这种活动。纱球用棉花等软纤维物为球的填充物，然后在棉花团的周围用棉线或麻线缠绕，要求缠绕要紧、均匀，保证纱球具有良好的弹性，纱球的周长在30厘米左右。纱球的拍打方法犹如篮球中的原地运球，只是手掌接触球时是用拍打的方式，用力向地面拍打纱球，而纱球又借助地面的反弹力反弹回来，如此循环往复地进行。活动中，男子的比赛方法和女子是不相同的。女子拍打纱球，以连续拍打个数的多少来决定胜负，其动作有双脚站立式手拍、脚踏拍、跷脚单手拍、跷脚双手拍、转身拍等，可以单人之间和集体组别之间进行竞争。而每一种拍球方法都有一定的规则限制。如在双脚站立式手拍中，有要求指定一只手拍球而另外一只手不得触球，有允许任意手拍球的等。男子拍球多以抛砸的方式进行。抛砸的比赛方式有两种。一种是比抛砸的远度。即选手在指定的位置（通常在起抛点画一条直线）将纱球抛向事先规定的有效区域里，看谁抛砸得最远则为胜。另外一种是比抛砸的准度。即选手同样在一个指定的起抛线后将纱球抛向具有一定远度的目标物，看谁抛砸得准即为胜者。在集体活动中，把每个参赛选手抛砸的远度或准度进行累加，就可以判别团体之间的比赛胜负。

（五）抢花炮

抢花炮是侗族男女青年比较喜欢，且非常具有影响力的一项传统体育项目，每年农历的三月三为抢花炮的传统节日。传统比赛时场地的大小和地点不受限制，在田坝、河滩等地就可以进行。在现代正式的抢花炮比赛中，受场地影响比较大，要求场地长60米、宽50米，因此，这项运动的现代式并不利于很好的开展。同时，这项运动对抗激烈，火爆刺激，有"东方的橄榄球"的美誉。人数较多，传统比赛中，参赛人数在10—20人。在现在的正规比赛中，一般要求每队16人，上场比赛的队员为8人，比赛中可以换人。比赛的时间比较长，至少需要10余分钟，多者需要1个多小时。花炮所用的器械主要包括花炮、发炮器（送炮器）、花篮架和花篮。花炮是用周长约为 20 厘米的圆形硬木环或铁环制成，在环上用五色的花线缠绕，每次比赛使用三枚，依次称为头炮、二炮和三炮，其寓意为吉祥如意、风调雨顺、五谷丰登。在考察访谈中，很多老年人把这三炮依次誉为福禄寿喜、升官发财和人丁兴旺。

传统比赛中，参赛选手由各村寨选出，凡是抢得头炮者即为下一年比赛的东道主，作为一种鼓励和荣誉。比赛时，以放鞭炮为开始的信号，各队队员选取场上最佳位置以便进行及时有效的进攻和防守，不管队员多少，凡是报名并经过寨主同意的都可以登场比赛。花炮的发球采用发炮器或裁判员手抛，花炮发出的高度，通过发炮器发出的球可以达到 20 米左右，手抛球以最大力上抛为佳。双方队员待球发出后，通过判断花炮飞行的方向、下落的地点，自己尽力或为同队其他队员创造机会首先抢得花炮。在争抢时，可以通过挤、扳、护、拦、钻、拉等方式和对方队员进行对抗和抢占有利位置，但不准用脚踢对方、用手打和拳击对方，更不准带利器上场伤及任何人。抢得花炮的一方通过长传、短距离交接，或制造假象迷惑对方等，最终将球送到评判台验证，即为胜。然后又开始第二炮比赛，如此重复进行，直到最后结束。没有抢得花炮的一方，要积极防守，并通过合理的方式将对手中的花炮抢夺过来，然后按照同样的方式想法将球送到评判台验证，争取比赛的胜利。

目前，抢花炮已被列入全国少数民族传统体育运动会项目，其发展也走上了规范化、竞技化、科学化。而民间传统抢花炮却因为多种原因几近消失。

（六）游泳

游泳是侗族人一项具有悠久历史的传统体育项目，深受男女青年的喜爱，相传在古代侗族人就掌握了一定的游泳技术和形成了一种生活习性[①]。特别是处于乌江流域沿河两岸的侗族人，有着丰富的水资源，大多具有游泳的兴趣和技能。侗族人游泳的方式有自由泳、潜水、

----

①　贵州省地方志编辑委员会：《贵州省志·民族志》（上册），贵州民族出版社 2002 年版，第 329 页。

蛙泳、踩水等，但在游泳过程中，并不是很讲究动作的规范性，而是追求一种欢乐和舒适。当然也存在一些竞争，比如看谁游得快、游得远、游得长，但并没有比谁游得好看、游得规范。这反映出了侗族人追求自由、快乐的生存理念。

（七）芦笙舞

芦笙舞也是侗族人一项有着非常悠久历史的传统体育舞蹈。侗族芦笙舞以模仿生产生活动作和动物动作为动作内容，以芦笙发出的声音为音乐节拍和舞蹈节奏，具有鲜明的生活性，也具有一定的艺术性、娱乐性。侗族芦笙舞有独舞（一人表演）和群舞（多人表演），但无论是哪种形式都是舞者自己边吹芦笙边跳起舞步。侗族人通过长期的提炼，并经过艺术化、抽象化处理，形成了一些规定的动作，如鱼妖、采花、斗鸡、猫旋柱、鹰翔、伴草、滚车、盘龙等①。

（八）武术

侗族的男女青少年都比较喜欢武术，在古代时候，每个侗寨都有武艺比较高超的人。农闲之时，每个侗寨的侗族人都会聚在一起教练拳术、刀术、棍法等武术，因此侗族武术主要有拳术和器械术。由于各侗寨之间相对比较阻隔，交往交流很难，导致各侗寨形成和传承着具有本寨特色的传统武术，因此各侗寨之间的武术是有别的，各有各的套路，各有各的刀法、棍法等。如同是拳术套路，在一些地区有蛤蟆跳水、猴子打滚、花满堂、正满堂、黑虎点穴，有的地方有美女梳头、莲花盖顶、双龙出洞、古树盘根等，有的地方有八步八升、嗦步、三扳手、五马破槽、九牛造塘、雄鸡点头、鲤鱼上滩、猛虎跳岗、一炷香、荷叶棍、侗家棍等②③。在棍术上，有的地方有四门、八卦、三十六步、老下山等，有的地方有岩鹰闪翅、金鸡拖尾、懒汉挑水、三脚架等④。

---

① 冯胜刚：《贵州少数民族传统体育理论与方法》，贵州民族出版社 2011 年版，第 145 页。
② 贵州省地方志编辑委员会：《贵州省志·民族志》（上册），贵州民族出版社 2002 年版，第 329 页。
③ 冯胜刚：《贵州少数民族传统体育理论与方法》，贵州民族出版社 2011 年版，第 146 页。
④ 贵州省地方志编辑委员会：《贵州省志·民族志》（上册），贵州民族出版社 2002 年版，第 329 页。

四　土家族传统体育项目

土家族人口数量在乌江流域少数民族中仅次于苗族，同样是一个历史悠久的古老民族，与古代巴人有很深的渊源关系。而早在春秋战国以前，巴人就活动在乌江流域的如沿河、德江、务川、思南、印江、江口、铜仁等地方。并在宋代以后逐渐形成，历经魏晋南北朝的大迁徙、大融合后，在乌江流域现今的彭水县、黔江县、秀山县、酉阳县、恩施市、利川县、咸丰县、松桃县、沿河县、德江县、印江县、思南县、石阡县、道真县、务川县、凤冈县、余庆县、黄平县、遵义县、贵阳市等分布居住。土家族居民人口众多，分布广泛，特别在五代时期就形成了诸多称雄和独霸一方的大姓政权，统治着乌江流域的苗族、侗族等少数民族居民。土家族人在乌江流域极其恶劣的自然环境中，养成了刚烈、率直的民族性格，是一个极其富有创造力的民族，在生产生活、军事劳作等中创造了丰富多彩的传统体育文化活动，比如巴渝舞还曾经作为一种宫廷宴舞而被国君所喜爱。据不完全统计，乌江流域土家族的传统体育项目有摔跤、扁担劲、斗角、搭撑腰、耍陀、石锁、石担、肉连响、跳红灯、打飞棒、划龙舟、踢毽、撒尔嗬、板凳龙、花棍、骑竹马、踩脚马、抢贡鸡、抱磨盘赛跑、抵扛、拉头巾、踏木桩、潜水游泳、漂滩、滚坛子、滚环、捡子、舞草把龙、茅古斯、地龙、脚踩独龙穿急流、攀藤、撑杆跳远、拔地功、倒挂金钩、高脚马、跳马儿、摆手舞、荡秋千、武术、玩抱姑、射箭、抱蛋、打粉枪、对顶木杠、独木桥、人龙、打猎、打长鼓、打陀螺、花灯舞、鹿子灯舞、铜铃舞、掰手腕、撒尔荷、跳红灯、摇旱船、滚龙莲萧、舞花棍等。这些民族传统体育文化是乌江流域独具特色的民族文化、区域文化、传统文化、地方文化，在促进乌江流域文明发展、民族团结、区域和谐稳定等方面发挥着积极的作用。

（一）摆手舞

史料表明，乌江流域土家族先民有他们自己的民族语言但并没有创造出属于本民族特有的一套文字符号，可以说他们用言传身教的方式通过摆手舞这一体育活动艺术形式记录和演绎了本民族的文化和发展历程，用"摆手"这一独具特色的身体语言形式艰难地记载、传承、载现和诠释着自己的民族文明和生存智慧，也创造了土家族特有的民族文化。所谓摆手舞，是土家居民主要通过"摆手"这一独特动作形式，并辅以头、脚、腿、腰、髋等身体部位动作及队形变化演示和讲述本民族的生产、生活、宗教、礼仪、祭祀等民族文化的一项体育活动或舞蹈形式。经过世代相传，时至今日依旧是土家儿女最具代表性和标志性的民族文化之一。由于乌江流域土家族分布较广，也比较分散，而聚居地之间相对比较阻隔和距离较远，所以各地土家族摆手舞的动作内容不尽相同。如居住在酉阳一带的土家族摆手舞，其动作内容主要是单摆、双摆、抖蛇蚤、叫花子烤火、螃蟹上树、磨鹰闪翅、状元踢死府台官、播种、栽秧、薅秧、割谷、打谷、挑谷等①。而在贵州沿河一带则主要是三礼三参拜四方（4/4 节奏）、犀牛望月（2/4 节奏）、亮肘同边摆、单手同边摆（2/4 节奏）、回旋摆（4/4 节奏）、踏步同边摆（4/4 节奏）、撒种、纺棉花、砍火渣、种苞谷、擦背、打糍粑、水牛打架、打蚊子等动作②。

（二）磨磨秋

这是土家族流传已久的一项传统体育项目，特别深受孩童的喜欢，当然也有青少年男女参与到这项活动中。磨磨秋因为器材及操作方法简单，易开展，趣味性强等而得到普遍开展，并世代延续相传至今。器材制作比较简单，首先在一块比较平整、宽敞的土地或草坪上挖或凿一个坑，然后将一根长约 1.5 米的木桩塞入坑中，并通过石土回填将木桩竖直、稳固。然后用刀或锯子将木桩的顶端削、砍或锯成为锥

___

① 酉阳县文化体育局和县文化馆组织编写的《酉阳土家摆手舞》（电子文稿，由酉阳文广新局李化提供）。

② 《贵州非物质文化遗产网—土家族摆手舞（沿河县）》，http://www.gzfwz.com/WebArticle/ShowContent? ID = 434，2012 - 05 - 15。

形或刀把粗细的木柄。再取一根长约 5 米的木棒，木棒的大小要考虑承载的重量来选取。然后将木棒的正中间用绳子将其固定在竖直木桩的木柄上，防止木棒下滑，或者在木棒中间凿一个孔，并套于木桩的锥端里。不管怎样，最终确保横着的木棒能够凭借埋在坑里的木桩为支点进行上下翘动和旋转。这个横木棒常被称为"磨手"。

玩磨磨秋有两种玩法。一种是两个或两组练习者分别骑在木棒的两端，双手扶住木棒以保持身体的平衡和不被摔下来，要求两边练习者与支点的距离基本相等。同时，要求坐在木棒两端练习者的总量基本相当，以便保持木棒能够处于一个相对平衡的状态。开始时，一端的人先骑上去，另外一端的人先用手将自己一头降下来，而翘起另外一头。然后再骑上去并采用向下蹬地的方式使自己获得一个向上的速度，也减轻本方木棒所承受的重量，而使得本方木棒上升，对方木棒下降。对方下降时保持一种屈膝，以便在脚触地时能够迅速蹬地，使自己获得上升的动量，而对方又处于一种下降，如此往复交替进行，这和玩跷跷板是差不多的。但磨磨秋在上下翘动的同时，还可以使得磨秋进行旋转，即人在磨秋上上下下翘动时，又能够在空中进行旋转。

另外一种方法是，练习者分别等距离伏在木棒的两端，然后两边通过腿向一方蹬地，使得磨秋能够有一个平移的动量，让磨秋平移上下起伏地做圆周运动。然后人伏在磨秋上享受空中旋转的乐趣。在旋转中，练习者要根据磨秋旋转的速度而决定腿蹬地的力量或跑动速度，以防掉下来。

磨磨秋是一项集体合作对抗项目，即既可以是一种集体合作项目，也可以是一项对抗项目。但不管怎么样，这项运动的进行必须以相互之间的合作为基础、为前提，缺乏同伴的合作与信任是无法进行下去的。所谓集体合作项目，是练习者不以竞技为目的，而是要求相互要积极配合与信任，以求相互获得最大快乐为目的。所谓对抗性项目，是可以比谁在磨秋上玩的时间长、谁可以翘得高、谁可以旋得快。

（三）抵牛角

这是一项不需要任何器械的身体对抗活动，土家族孩童或青年男女比较喜欢玩这种活动，因为这项活动不受场地器材、技术方法、季节气候等的影响。通常只要在一块10米见方的平地上就可以玩这种活动。活动前，先在平地上用石灰或其他方式画一条中线，然后比赛双方双脚等距站于中线两侧，俯身头顶相抵，双手下垂但不能够着地。待骑跨站于中线处的裁判发出比赛开始的信号后，双方头顶用力相互抵触，若任一方手掌着地，或胸着地，或被对方抵退而对方双脚越过中线时，即为负。此项活动既可以是个人之间的对抗赛，也可以是团体之间的集体赛，非常具有趣味性、方便性、易操作性，所以十分便于开展。

（四）抵腰杆

这是土家族男女青年比较常见的一项健身娱乐竞技活动，具有趣味性强、易开展等特点。其方法是：在一块比较宽敞平整且不滑湿的地面中央画一根中线，比赛选手等距站于中线的两侧，然后两人同时用腰或腹部抵上一根扁担或木棒。待骑跨站于中线处的裁判发出比赛开始的信号或口令后，双方使劲用力对抵。若一方被对方抵退且扁担全部越过中线或前进方的身体越过中线时，或者主动放弃抵触导致扁担或木棒落地时，则为负。

（五）划龙舟

居住在乌江和锦江两岸的土家族人，由于近水而居的地理环境和长期在江河上打鱼捞虾、运输拉纤等的生活方式，造就了土家人流传已久的一项水上文化或水上活动——划龙舟。这一活动至今仍然得到土家族人的喜爱，特别是端午节，土家族人都要举行划龙舟大赛，每个寨子都要派遣10—20人，甚至更多的人来进行比赛，当然也引来了各村寨居民的观赏，并为本寨队员加油助威。其场面之壮观、比赛之激烈、参与人数之多，成为乌江流域一项很有影响力的传统体育活动。

龙舟的做法有两种方式，一种是将事先单独做好的木质龙头和龙尾安装在一个木质船上而成，比赛完后又将木质龙头和龙尾拆卸下去进行单独保存，而木船可以继续生产和作业。另外一种是在比赛时，临时在木船的两头分别用一些铁质、竹质或木质等材料装制成为龙头和龙尾。

比赛时，1人站在船头的龙头处握住龙角使其竖立，1人在龙尾掌稍，并用力有节奏地敲锣击鼓，划船手分别坐在船的两边，并在锣鼓声的指挥下整齐地用桨划水，使龙舟能够以最快的速度前进，以船头最先到达目标线或终点线为胜者。到达终点后，全体船员迅速跳到水中争抢由"组委会"抛在水中的鸭子，抢得的鸭子归为己有，以此进行奖励或鼓励（见图2-5）。

图2-5 当地居民在进行划龙舟项目表演

（此图片由当地民宗局提供）

（六）打飞棒

打飞棒是一项要求技术、判断、观察、运动等综合能力比较强的竞技运动，在乌江流域的土家族居民中具有悠久的传承历史，也因为活动所需场地器材和方法简单，不受季节气候，参与人的性别、年龄等限制而开展得比较普遍。一般是男女青年参与的人比较多。其比赛主要是通过发棒、接棒轮换进行。

打飞棒的场地,一般在一块宽度在 5 米以上、长度不受限制(但保证有足够长)的较为平整的地面或草坪,然后在场地的一端挖出一个菱形的坑,坑的长宽和深度以便于飞棒飞出和打棒横置为宜。所需的棒分为打棒(一般由杂木做成,其长度在 70 厘米左右,直径在 3—4 厘米)和飞棒(也是由杂木做成,其长度在 20 厘米左右)。

打飞棒共分为三棒。第一棒,称为挑飞棒。甲将飞棒横置于首先挖好的菱形坑上,乙站于距离菱形坑 50 米左右的距离处。等双方都准备完毕、站好位后,甲用手中的打棒将横放于坑上的飞棒向前上方挑出。然后乙根据飞棒飞行的路线、高度及时判断将会下落的大概位置,然后及时跑动将飞棒接住。若乙接住棒,则发接棒双方互换角色进行比赛。若乙接棒失败,乙捡起飞棒站在飞棒落地处,甲将打棒横放于坑上,然后乙用手中的飞棒抛击甲的打棒,若击中则为成功,两人互换角色。如没有击中,则为负,并进行第二棒的比赛。

第二棒,称为打飞棒。乙同样站立于距离发棒者 50 米左右的区域里,甲一手向上抛起一根飞棒,待下落到一定位置时用手中的打棒在空中将飞棒向前上方击出。乙同样及时做出判断并尽力将飞棒接住。若乙接棒成功则为胜,两人互换角色继续比赛。若没有接住,乙将拾起地上的飞棒并走到飞棒落地的地方。然后乙将飞棒扔回小坑处。甲再用手中的打棒将其飞棒向乙的方向击回,争取击得越远、越快越好。然后乙想办法再次接住飞棒,若接住则为胜,两者互换角色继续进行比赛。如没有接住,则甲以打棒为量尺,丈量出飞棒落点与小坑的距离,并记下。然后进入第三棒。

第三棒,称为宰鸡头。甲将飞棒斜放于小坑沿上,使得飞棒的顶端能够凸出地面一小节。乙同样站立于一二棒相同的位置处。发棒时,甲用手中的打棒击打飞棒的顶端,使飞棒能够飞弹起来,然后甲用打棒再次击打在空中的飞棒,使飞棒飞得越远、越快为好。乙及时判断飞棒下落的位置并力争将其接住,若接住则为胜,两人互换角色继续比赛。若没有接住,甲用同样的方法测量出距离,两次丈量的距离之和为甲所取得的成绩。待轮换比赛结束后,计算和比较两人的最后距离，长者为胜。

（七）肉莲花（有称肉莲湘）

肉莲花是起源于光绪年间的一项传统体育活动，在乌江流域土家族民间中具有非常悠久的传承和发展历史。但该项运动受到季节气候和参与人性别的限制。因为表演者一般是光着上身和下肢、打着赤膊、张开五指，用力拍打身上肌肉和关节，以及摇晃、扭动身体部位等为表演动作内容，因此表演者都为男性，表演时间也多为春、夏、秋季节。但该项活动不受场地和人数的限制，在田间地头、土坎河床、院坝广场等都可以进行。可以集体跳，也可以一个人跳。是一项极易操作、简便易行的健身娱乐活动。

据介绍，肉莲花活动具有一定的节律节拍性，一般是四四拍或四二拍。基本动作主要包括"拍左右肩、拍头、拍左右肘、拍左右腕、击掌和拧腕，称为'上九响'；拍左右胸、拍左右膝、拍腹部、拍左右脚背、拍左右腿，称为'下九响'；扭臀部、晃小腹等'下动上不动'和肩、头和臂动等'上动下不动'动作"、"在活动中，也融合了地方花灯中如'水牛闪杆''穿花步''嫩狗仔扒灰''慢大步''外八字脚'等"①。

（八）茅古斯

这是土家族流传已久的传统体育舞蹈项目，动作内容主要反映土家先民渔猎时代的生存情境。表演时，表演者为了表现出原始的野性，常进行赤身裸体式表演，在肩背部、胯部、头上等披上和戴上一些用毛皮、稻草、麻线或茅草等做成的衣服和帽子，看起来就像一个"茅草人"。表演中，表演者手中拿着如锄头、梭镖、木棍等器具，通过如进退、抖身、屈膝、摇头、耸肩、晃动等活动方式，并伴以各种吼声，表演如"扫堂""祭神""打猎""挖土""钓鱼""示雄""打露水""修山""打铁""犁田""播种""收获""打粑粑""迎新娘"等生产生活动作。该活动项目场面壮观，常和摆手舞交叉融合表演，

---

① 贵州省地方志编辑委员会：《贵州省志·民族志》（上册），贵州民族出版社 2002 年版，第 402 页。

参与人数较多，是一项集体项目，极富感染力和观赏性，当然也有极强的健身性、娱乐性和趣味性。

（九）扭扁担

扭扁担是土家族人常玩的一项体育活动，因不受场地、器材、天气和气候等条件，以及技术能力的限制，再加上趣味性、竞争性强而普遍受到年轻人的青睐，在生产之余、茶余饭后、喜庆节日里，土家族的男青年都会较上劲而玩上一阵。扭扁担的方法很简单，就是两个人分别用单手紧握住扁担的两头，然后同时用力使劲扭转扁担，若一方主动放弃或出现扁担脱手或在手中松动，或者扁担扭转达到了90度，则为负。研究发现，以扁担为器械的传统体育项目还有抵扁担、扁担上扳手劲等。

（十）绕棺

是流传于土家族中的一种丧葬祭祀性舞蹈，具有浓郁的宗教法事色彩。绕棺在传承演绎过程中通过后人的逐步改编，已成为土家族文化中的一枝奇葩，同时也成为乌江流域特别是利川地区各民族健身娱乐的一种民间舞蹈。传统的绕棺舞分为起灵、绕棺、散花和盖灵四部分，人数至少3人，通常情况下5—7人表演，多则十几人，但要求必须是单数。伴奏乐器为击乐，包括鼓、锣（大锣、小锣）、钹、叽啦子。绕棺舞的动作内容具有反映土家人渔猎生活的动物形态色彩、农耕农事生产色彩、植物形态色彩、神话故事色彩、宗教信仰色彩、杂耍武术技巧色彩。如"动作名称有弯弓射箭、鲤鱼上滩、黄龙缠腰、黄狗连裆、插秧、裹晒席、犀牛望月、观音坐莲、懒龙翻身等，动作具有古朴、自然、协调等特征，以及含胸、屈膝、碎步、大八字步下沉、用内劲、大幅度扭腰、顺便顶胯富有弹性、由缓入急、节奏变换多样等特点"[①]。而根据访谈得知，绕棺在现代的祭祀活动中仍然被流传了下来，同时，在一些表演、健身娱乐中也有很多人跳绕棺舞。

---

① 徐开芳：《恩施土家族苗族自治州民间舞蹈集》（上册），湖北人民出版社2006年版，第3页。

（十一）端公舞

是土家人的一种祭祀性舞蹈，是一种独具民族特色和地方特色的法事文化。在过去，土家人凡是遇到三病两痛、三灾六难，人们都要一起跳端公，祈求神灵的保佑，主要流传于利川一带的土家族。但由于每个地方师传、习俗、习性等的不同，各地方所传承下来或所跳的端公舞略有差异。在田野调查中发现，这种舞蹈在现在几乎已经销声匿迹，处于濒危和消失的境况。

传统的端公舞，有挽诀舞、花枪舞和长短步舞，表演者在击乐的伴奏下边唱边舞边做各种动作。在挽诀舞中，通过手指手腕的相互勾、靠、搓、翻、并等，表演如金鸡光、银鸡光、日月二光、柳匹金光、万里豪光、阳武虎、阴武虎、金丝猫儿、停马、车马、黄斑卧虎、一郎明印、二郎总印、三元将军、四元家考、五路苍兵、六丁六甲、七里孔照、八平等、九字连环、十元将、上马经、罡步等动作。花枪舞以花枪为主要道具，其寓意是借神枪驱邪恶、除妖怪。花枪舞场面壮观，有打鼓锣、吹笛号、吹唢呐、放鞭炮等。动作内容主要有梭镖步、犀牛望月、水波浪、火镰圈、翻豆腐等。长短步舞主要是一种脚步舞，分为走三步半转身和走三步不转身两种，手里拿着师刀和排带。舞蹈动作主要有丁字步、长短步尖、黄龙缠腰、雪花盖顶等。

（十二）莲花灯舞

是土家族流传下来的一项法事祭祀性舞蹈，舞者要求为男性，且为群舞，边唱边舞，主要是在"做斋"中跳，然后就是在"打专教"中跳，时间是在夜间进行，天数在3—49天。莲花灯舞的道具主要是莲花灯、引导灯和铙，其动作内容主要有单手对舞、双手对舞、对花、蹲花、转顶、单滚龙、双滚龙等。整个舞蹈以变换队形为主，其队形设计有表现生产生活文化的如挽链子扣、编篾芭篓，有表示祈福祭祀的如拜升子弟等。

（十三）打土地舞

传统的打土地是土家族一项祭祀性表演性舞蹈，一般在春节期间表演，以反映土家族人的宗教信仰和对美好生活的向往。打土地舞最主要的形式和内容是"打新春土地",表演者由 3 人组成,1 人表演土地,1 人表演旦角,1 人表演丑角,道具为面具、茶树拐杖、棕叶蒲扇、印花毛巾。其次还有如由 9 人表演的"打寿星土地"、由 3 人表演的"打财神土地"、由 7—8 人表演的"打隐魂土地"、由 3 人表演的"月河老人架鹊桥",整个舞蹈是边歌边舞。舞蹈动作有跨杖转身、打扇、旦角步、绕手蹲、丑角步、鸭子步等。打土地舞通过多年的演变发展,现在已经成为人们健身娱乐的民间舞蹈。

(十四)地龙灯

地龙灯舞在乌江流域已经流传有 300 多年的历史,传说是楚霸王不忘母亲之恩而令人玩龙戏凤而表演的一种怀情之舞,时间是在正月初五至十五以及五月十五,其场面龙翻凤翔,极为壮观热烈。在考察中很多人认为,地龙灯舞既可以说是一种龙舞,也可以说是一种灯舞。龙身由 9 节组成,每节由 1 个人手抓龙身内的竹篾或用头、背托住龙,然后后面的人用右手抓住前面人的腰带,将整个龙身形成为一体。要求表演者上身隐藏在龙身内,双腿用龙衣遮挡住,看似为龙的脚。地龙灯舞的动作有龙戏珠、龙盘饼、龙走太极图、龙过桥、龙盘树、龙瞒滩、飞凤凰等。

(十五)靠灯舞

靠灯舞是一项主要兼容道教,其次是佛教和儒教文化的传统祭祀性表演舞蹈,是丧葬活动中的一项法事文化项目,具有 2000 多年的传承历史。靠灯舞逐渐在发展演变中由双人表演的祭祀性舞蹈发展成为如今十几人乃至几十人一起参与的集体性民间健身娱乐舞蹈项目,在发展过程中还融合了武术中"六合拳"的部分内容和风格,也保持了下沉、屈膝等的土家族舞蹈风格特点。主要舞蹈动作有"背对背靠、面对面靠、二龙戏水、苏秦背剑、龙虎斗,队形变换有单穿、双穿、滚柱头、梅花路、进退步、双马破槽等"①。

① 徐开芳:《恩施土家族苗族自治州民间舞蹈集》(上册),湖北人民出版社 2006 年版,第 205 页。

（十六）八宝铜铃舞

八宝铜铃舞是乌江流域酉水一带土家族独有的一种传统舞蹈，相传比土家摆手舞起源和形成时间还早，但也有传说比摆手舞要晚。通过对当地人的访问和一些资料反映，传统的最初的八宝铜铃舞并不是一整套独立体系的舞蹈内容，只是土司在祭祀或做法事活动中所穿插的一些舞蹈动作。在发展变迁中，后人们将一些舞蹈性、意义性比较强的项目进行选择、组合与编排，才形成了现在的八宝铜铃舞，其道具主要是八宝铜铃和司刀。八宝铜铃舞的动作内容主要有"'转半边月''拜神''进退步''莲花步''点地转''转圈''蹲地拜''转铃''前后顺摆''勒马''敲铜铃''内外挽刀''平司刀''划铃'"①。

（十七）莲湘舞

这是乌江流域来凤地区土家居民比较盛行的一项传统舞蹈，当地居民及研究者认为这项舞蹈起源于唐、宋年间，相传是当地土家族人被一个名叫莲湘的姑娘和一个土家族的小伙子的人生悲情和爱情故事所感动而跳的一种舞蹈。其道具主要是莲湘，一般用竹竿做成。即取长为1米多长的小竹竿，在竹竿上打8个或6个小孔，然后将24枚或18枚铜钱塞入竹竿中，然后在竹竿上画上红绿或红黑相间的斜条纹，在竹竿两头各系上一朵小花或饰上花穗彩绸，再加上一个坠绦，一根莲湘就做成了。

打莲湘可1人单打，也可以双打，现在发展成为一种多人同打的群舞。表演时，用莲湘敲打肩、背、脚、腿等，铜钱和竹竿碰撞也由此而发出"哗哗"的声响，通常是一人执一根莲湘，但有的也一手执一根。传统的莲湘舞表演的时间是在每年的正月初一到十五，现在已经发展成为红白喜事、舞台表演、全民健身等的活动内容，不受时间、气候、地点和场合的限制。莲湘舞的动作内容主要有黄龙缠腰、雪花盖顶、古树盘根、走纱扒子、抛鞭转花、转指花、拖地对打等，要求表演者微屈膝、略下蹲、稍颤动。

---

① 徐开芳：《恩施土家族苗族自治州民间舞蹈集》（上册），湖北人民出版社2006年版，第215页。

（十八）花灯舞

相传花灯舞起源于唐代，是一种集歌、舞、戏剧和民间吹打于一体的表演性体育舞蹈，至今仍受当地人喜好。特别在湖北来凤、重庆秀山一带流传盛行，但各地的花灯舞存在一些表演内容上的差异。如湖北花灯舞动作内容有"男女走纱扒子、摆巾进退步、左右扇凉、叫花子扫堂步、小碎步摆巾、男女擦背转身、踮步摇扇退、十字步披腿摆巾、十字步腰侧翻巾、十字步提巾扭腰半遮面、摇扇踩四角、仙鹤伸腿等"①。表演时间从正月初一到十五，表演的地方主要是民居的堂屋内，一般为六人表演。而秀山花灯舞的动作内容有"身法——黄莺展翅、双凤朝阳、犀牛望月、观音坐莲等；扇法——和扇、滚扇、齐眉扇等二十四扇；步法——叮叮步、悠悠步、绞绞步等三十六步"②。表演时间是每年的正月初二至十五，所跳的地方在堂屋、院坝以及河边坝子，一般为二人表演，与东北二人转相似，有称"秀山花灯二人转"。

（十九）火麻舞

又称麻舞，是记录土家人用麻制作布匹的一个生产过程，也是一项宗教祭祀性舞蹈。整个舞蹈记录了土家人砍山、烧山、撒麻、打雀、剐麻、洗麻、破麻、绩麻、钉桩、牵麻、织布等全过程。整个舞蹈动作简单、原始、仿真、古朴，舞乐器伴奏，表演者自唱自演。

五　彝族传统体育项目

彝族是一个历史悠久和尚武的民族，相传氏羌是今乌江流域彝族的先民，因此彝族与古代的氏羌有密切的族属渊源关系。彝族在乌江流域分布比较广泛，现主要分布在石阡县、福泉县、瓮安县、贵阳市、普定县、六枝特区、水城县、关岭县、金沙县、黔西县、大方县、毕节市、织金县、纳雍县、赫章县、威宁县等。彝族居民通常居住在地

---

① 徐开芳：《恩施土家族苗族自治州民间舞蹈集》（上册），湖北人民出版社 2006 年版，第 256 页。

② 《重庆市秀山自治县人民政府公众信息网—秀山花灯二人转》，http：//xs. cq. gov. cn/z fxx/news/2013 - 11/66_ 13427. shtml，2008 - 02 - 14。

处高原的过渡斜坡地带，乌江流域贵州境内的毕节地区和六盘水市是彝族的两个集聚点。根据资料显示，在唐宋时期彝族人就善于骑马、携刀、射弩箭。同时，彝族人在长期的生产生活中还创造了如摔跤、射箭、射弩、射击、扎大路、秋千、跳火绳、阿细跳月、互布吉则、跳花鼓、爬竿、磨秋、跳脚、古蔗、打火药枪、蹲斗、棕球、皮风子、陀螺、跳牛、跳板凳、跳小单门、小包团、皮球窝、弹豆、叶子球、跳鸡毛球、吉菠基伸、设渡比拉、抓石子、跳大海、耍龙、耍狮子、老虎抢蛋、赶老牛、杠术、跳公节、祭公节、顶斗、对手拉、抵肩、扭扁担、顶扁担、三雄夺魁、祭山会、拔萝卜、跳高脚马、舂谷子、火把节、斗鸡、武术等传统体育文化项目。

（一）秋千

这是彝族男女青年和孩童喜欢玩的一项传统体育项目。场地器材简单、便利，玩的方法也比较简单而有趣，所以普及较广，在树林里、草地上、院坝里和房屋内都可以简单地进行。秋千的做法和玩法都大同小异，由于前面已述及，在此就不赘述了（见图2-6）。

图2-6　当地居民在进行荡秋千项目表演

（该图片由赫章县民宗局提供）

（二）磨磨秋

磨磨秋在彝族语中被称为"着处"，即"腰处的运动"[1]，其方法和土家族的玩磨磨秋是差不多的（见图2-7）。

图2-7　当地居民在进行磨磨秋项目表演

（该图片由赫章县民宗局提供）

（三）铃铛舞

铃铛舞在彝族中又被称为"跳脚"，是彝族流传已久的一项传统体育项目，传统的铃铛舞只能是在祭祀、丧事活动中进行表演，表演者均为男性。而现在表演的时间和场合已经发生了改变，在农闲或大型活动时都有表演，已经成为彝族的一张文化名片。器材、服饰等都发生了变化（见图2-8、图2-9、图2-10）。

原始的铃铛舞，其所用的器材或道具主要是彩带、铜铃、鼓、唢

---

① 贵州省地方志编辑委员会：《贵州省志·民族志》（上册），贵州民族出版社2002年版，第470页。

图 2 - 8　当地居民在进行原生态铃铛舞项目表演

（此图片由当地民宗局提供）

图 2 - 9　现在当地彝族人跳的铃铛舞

（此图片由当地民宗局提供）

图 2 - 10　这是现在用的铃铛

（此图片由当地民宗局提供）

呐等，在彩带的一端系上相距十余厘米的两个铜铃，两个铜铃之间的彩带部分就是表演者手握的地方。表演时，表演者腰部系上一根白色的彩带，双手各握上一副铜铃，在鼓点的指挥和唢呐的伴奏下做各种动作。通过手臂、手腕的抖动，使铜铃发出美妙、悦耳的声音。铜铃舞的动作内容主要是反映打猎、生产性等动作，如猴儿吊岩、鸡啄食、相互体贴、撒种等。动作幅度有大有小、有张有弛，凸显出彝族人的彪悍、勇猛、顽强、勤劳的民族性格。

（四）打鸡毛

打鸡毛是彝族民间男女老少皆宜的传统体育竞技运动。所用的场地器材方便、简单，也不受场地、气候、人群、技术等的限制，是一项易推广、易参与的娱乐性项目。器材主要是鸡毛、竹筒和木板。即用一小茅竹筒插入 3—5 根鸡翅羽毛，并剪成锯齿状，再在中间插一小竹签用以固定竹筒中的鸡毛即可制成。比赛时，两人相距一定距离并面对面站立。比赛开始时，其中一选手将鸡毛抛向空中，然后用另外一只手中的木板击打空中的鸡毛，使鸡毛能够飞向对方前上方并伸手可回击为最佳。然后两人相互对打，尽量使鸡毛筒不触地，触地者为输。在农闲、春节、喜庆节日等开展。该活动可以两人对打，也可以两队对打，人数数十人或上百人皆可（见图 2 - 11）。

图 2 - 11　当地居民在进行打鸡毛项目表演
（此图片由当地民宗局提供）

（五）野暑才（采韭菜舞）

野暑才（采韭菜舞）是乌江流域彝族人的一项抒情性传统舞蹈。通常习俗中，彝族的青年男女在如春节、元宵节、端午节、十月彝族年等节日里，都要到附近的野外山坡上进行对歌约会，并表达相互的真情和爱意。因为当地的彝族人把韭菜视为一种坚贞爱情和美好未来的吉祥物和象征物。于是，在对歌约会的同时就跳上了包括"采韭菜""扛韭菜""赞韭菜"等的舞蹈性动作，并逐步演变成现在的抒情舞蹈"野署才"即采韭菜舞。跳舞时人数不受限制，但要求男女人数的比例要相等。活动中，有流畅抒情的音乐伴奏，人们边歌边舞，动作形象、朴实、逼真、简单，整个场面显得欢快、激情、热闹和温馨。

（六）黏苔舞

黏苔舞在彝族语中被叫着"阿丸带"，是反映彝族生产劳动的一种传统性舞蹈，讲述的是当地彝族人把野生的黏苔培植在道路两旁或五旁四埂，作日常生活中的副食品享用。黏苔舞的动作内容主要是一些生产劳作性动作，没有音乐伴奏，也没有鼓点进行指挥，主要是一种自唱自演的集体性舞蹈。传统黏苔舞由 12 人平均分成甲乙两队进行表演，要求每队男女混合组成。在唱词中："甲队问道路上方及道路坎脚栽黏苔，一天栽多少，乙队答一天栽一片。甲队又问道路两旁挖收黏苔，一天挖多少，乙队回答：一天挖一块。用问答方式：一天一块，两天两块，三天三块等，一直问到 12 天歌舞才完结。"① （见图 2 - 12）

图 2 - 12 当地居民在进行黏苔舞项目表演

（此图片由当地民宗局提供）

---

① 本资料引自贵州赫章县民宗局提供的调查报告材料。

（七）采杜鹃花舞

采杜鹃花舞在彝族语中被称为"玛伟才"，是彝族人流传已久的一项抒情性舞蹈。在彝族人中，彝族人把当地的杜鹃花当作一种吉祥和幸福的象征，由此也将杜鹃花称为自己民族的族花。在传统习俗中，每到春天，彝族各家的青年男女都会身着节日的盛装，三五成群地上山采杜鹃花。在采花的过程中，青年男女们会不由自主地唱起歌、跳起舞，并逐渐形成一种传统性的民族舞蹈。舞蹈基本动作主要是采杜鹃花、双手采荡等。伴奏音乐反复进行，其旋律以 3/4 度音程跳进为特点。整个舞蹈显得流畅抒情，轻盈跳跃，动作刚柔形象逼真，表现了彝家山寨美丽的杜鹃花，以及男女青年倾吐爱恋之心的美幻场景。

（八）赛马

赛马在彝族语中被叫"姆乍"，是彝族人流传悠久的一项传统体育活动，具有很大的影响力。在每年的端午节，彝族人都要举行盛大的赛马活动，以乌江流域贵州省的威宁地区规模最大，参赛选手和围观者成百上千，场面非常壮观、热闹、火爆。比赛时，没有参赛人数和年龄的限制，但有性别之分。同时，参与比赛的马不准配马鞍，马必须是自家养的。所以，该项活动不仅是比骑手的骑马的竞技能力，还比马的优劣和主人饲养马的技术和水平。因此，彝族的赛马可以说是一项综合性的展示活动或展示方式，参赛者为自己、为马匹赢得荣誉和自豪感（见图 2 – 13）。

（九）摔跤

摔跤俗称抱腰，在彝族语中被称为"只能吉"，是彝族人特别是男青年在节庆日，或聚会时，或茶余饭后，或农闲放牧时等，在田间地头、山坡草地或专门的场地上开展的一项传统体育竞技活动。彝族的摔跤按摔法分为软腰和硬腰两种，软腰选手各系有腰带，两人岔花抓住腰带而摔，可以使用绊脚、碰膝盖、踩脚尖等技巧。硬腰则不论任何技巧，硬把对手放倒即为获胜。通常情况下，以三个回合定输赢，以一方被摔倒或除脚以外其余身体任何部位着地为负。彝族摔跤没有规定的场地，也没有裁判，也不分体重级别，只

图 2 – 13　当地居民在进行赛马项目表演

（此图片由当地民宗局提供）

要双方愿意，都可以摔上几跤。是一项较为普及的健身娱乐活动
（见图 2 – 14）。

六　仡佬族传统体育项目

仡佬族是乌江流域最古老的少数民族之一，在春秋战国时期乌江流域的贵州地区就有仡佬族居住，仡佬族在贵州地区是各族居民公认的最古老的民族。仡佬族分布广泛，人口众多，素有"百濮"之称，现主要分布在武隆县、彭水县、南川市、松桃县、思南县、石阡县、道真县、务川县、正安县、绥阳县、凤冈县、遵义县、贵阳市、清镇市、平坝县、安顺市、普定县、六枝特区、水城县、关岭县、镇宁县、金沙县、黔西县、大方县、织金县、纳雍县等地方，其中平坝县大狗场村和大方县红丰村是仡佬族的聚居点。仡佬族也是一个极其富有创造力的民族，在长期的生产生活、劳作休闲中创造了丰富多彩的传统体育文化，在维护民族内部团结以及与其他民族的和谐关系，促进本

图 2-14　当地居民在进行摔跤项目表演

（此图片由当地民宗局提供）

民族文明发展中发挥着重要的作用，也构成了古老仡佬族的文明史、文化史、发展史。据不完全统计，仡佬族的传统体育文化项目主要包括打篾鸡蛋、游泳、抱鹅蛋、摔跤（抱腰）、跳远、拔河、捉迷藏、打鸡、射弩、打陀螺、放风筝、跳拱背、扭扁担、扳手劲、踩高跷、跳竹竿、高台舞狮、舞龙、武术等。

（一）打篾鸡蛋

打篾鸡蛋是乌江流域贵州地区道真、平坝等仡佬族居住较为集中地区的一项传统体育项目，在南宋的《溪蛮丛笑》中就有关于类似于打篾鸡蛋活动的记载①。打篾鸡蛋又称为打篾绣球，因为所用器材——篾鸡蛋是用细薄的竹篾穿插编织而成的，然后在绣球内部填充上适当的稻草、瓦片、棉花、铜钱等，有时在绣球上涂上不同

———————————

① 《贵州非物质文化遗产网—仡佬族打篾鸡蛋》，http：//www.gzfwz.com/WebArticle/ShowContent? ID=586，2012-05-15。

的颜色，其大小如鸡蛋形状似绣球。该活动不受场地、气候、人数、性别等的限制，在农家小院、牧场山坡、田间地头等都可以叫上三五人玩上一阵子。其打法灵活多变，可用手抛或托，可用脚踢，可用木棒赶逐等，有"过河""进缸""换窝""打盘子""打呆子"等。

（二）打磨磨秋

通过调查发现，乌江流域很多民族都有打磨磨秋这项传统体育活动。但就仡佬族的打磨磨秋而言，场地器材的制作和玩法都大同小异，但更具有特点的是，仡佬族的打磨磨秋是和仡佬族人很多祈愿联系较为紧密的一项祭祀性活动。如有祈求神灵保佑的打神秋、祈求平安吉祥的太平秋、祈求无病安康的寿秋、祈求未生育或未生儿子的悔儿秋，其中打太平秋要连续打 3 年。仡佬族打磨磨秋的时间都在每年的正月进行，具体的天日要根据当月的吉日来定，打磨磨秋的地点也通常在住宅地的附近。根据当地人介绍，在传统的打磨磨秋活动中，开始之前仡佬族人要在现场摆设一些白酒、猪肉（在祭祀性活动中被称为刀头）、纸钱和香等以示对祖先的祭奠和神灵的祈求。然后请祭祀先生立秋杆、挂秋，请老人开秋，然后办席宴请客人，尔后仡佬族青年男女才可以磨秋取乐，因此是一项具有一定流程且比较严谨的祭祀性活动。

（三）传统武术

仡佬族有着历史悠久的传统武术活动，深受仡佬族特别是男青少年的喜爱。仡佬族的武术有拳、棍、棒、铛、铜等，青年人常在月夜中聚在院坝、山坡或大树下一起教练武术。

（四）打鸡

这是仡佬族男女青年比较喜欢玩的一项传统体育项目。器材制作比较简单方便，即将雄鸡毛插在一个有节，长度在 1 寸左右的竹筒中（整个在仡佬族语中被称为"肖"），鸡毛的数量以插满竹筒为止（即竹筒在空中飞行和被拍击时，鸡毛不会掉落为好），然后取一块质量较轻、有把的木板为拍子。在竞技活动中，一方用拍子将

"肖"击向对方,另一方通过准确判断并及时跑动,尽力使"肖"不在规定的区域里落地而同样用拍子击回对方,并尽量使对方接"肖"失败。如果在一般的健身娱乐中,也可以通过两人的配合与默契,尽量使对方好接,以此增加打"肖"的来回,达到健身娱乐的目的。

（五）高台舞狮

高台舞狮是乌江流域仡佬族人流传悠久的一项集"高""难""险""巧""绝""美""活"为一体的惊险、刺激的表演性体育项目,极具观赏性、挑战性而受到人们的青睐,也由此并不易于在人们的日常生活中作为一项健身娱乐性项目进行普遍性开展,一般是由专业的舞狮队进行专场表演,也不是平时都可以表演的。仡佬族的高台舞狮演绎的是一则被称为"目连救母"的神话故事情节,因此整个活动充满一种故事性、情节性、文化性、精神性,因而被世代传承了下来。仡佬族传统的高台舞狮一般在春节期间举行,舞狮队通常从正月初一开始挨村串户地进行舞狮表演。每到一处,户主都要放鞭炮,并迎接"狮子"到堂屋中"参香",其意是驱邪避恶,保吉庆祈平安。正月十五日晚上十二点之前舞狮队必须收队。

高台舞狮活动中的"高台"桌,是由民间普通饭桌搭建而成的,其整个造型分为"宝塔式"和"一炷香式",通常取7张、9张或12张搭建而成,其最顶端桌子四脚朝天进行放置。表演人员主要包括4名配乐者（乐器分别为鼓、锣、钹、马锣）、1名孙猴扮演者、1名笑和尚扮演者、2个雄狮扮演者（合扮）及1名"打牌灯"者（联系者）组成。高台舞狮活动中的"狮子",是用当地产的一种金竹编织插扎而成,然后在表面裱糊上12层皮纸,再蒙上一层淡黄色的布,并在布上涂缀出一道道比较耀眼的金黄色线条,同时给狮头进行彩绘,整个"狮子"道具就算制作完成,其长度在8尺左右。扮演笑和尚与孙猴子的人,也都要戴上相应的面具进行表演。

高台舞狮的动作非常复杂和惊险，技巧性、娴熟性、协同性，以及力量素质、柔韧素质、灵敏素质、反应能力等，都要求比较高。舞狮动作根据扮演者不同的角色而有各自的一套动作内容。如"孙猴子"和"笑和尚"开始在地面上的表演动作有"'靠台桩儿''捧手桩儿''观音捧手''跳四桌角''桌上三根桩儿''平台对角桩儿''鲤鱼跳龙门''过平台''滚绣球''杨道拐''打马赶路''鳌鱼吃水''蛤蟆拖猴'"，在台上的动作有"'蜘蛛牵丝''太公钓鱼''黄鹰展翅''猴子捞月''攀岩观景''下岩摘桃''鲤鱼摽滩''鹤立峰顶''金龟驮碑''双鹤饮水''宝塔冲天''悬空立柱'"①。狮子在开始时地面上的动作有蹦跳、摇摆、翻滚、腾跃等。在台顶上的动作主要有抖毛、搔痒、踢腿、舐脚、望月等，整个表演完毕需要3小时左右。

（六）舞毛龙

舞毛龙是仡佬族流传已久的一项传统体育项目，其缘起可以追溯到盛唐时期。经考察发现，仡佬族的舞毛龙活动源于仡佬族人对生产生活中所依赖的"竹"的"竹王"崇拜和"求子"的生殖崇拜所演绎的一项祭祀性活动。但和其他民族的舞龙活动一样，依旧是一项以"龙神"信仰为主的民俗活动。

仡佬族传统舞毛龙时间是在每年的大年三十夜至正月十五或正月十六。所玩的"龙"是用四五百根火草秆编扎而成的，看上去形如蛇，尾似鱼，满身是毛，故称为"毛龙"，这与其他民族的制龙有很大的独特之处。

整个活动分为起初的"化公德"，即由当年"堂主"带领2—3人到各户集资，采集"扎龙"的原材料。然后是烧纸"破竹"、设立"灯堂""扎龙"。"毛龙"扎好后，举行开光、请水仪式，尔后开始走村串寨进行"玩龙"表演。到正月十五、正月十六时，进行"烧龙"活动，确定新的"堂主"，本年玩龙就算结束。"烧龙"时要敲锣打

---

① 《贵州非物质文化遗产网—高台舞狮（务川县、道真县）》，http://www.gzfwz.com/WebArticle/ShowContent? ID=588，2012-05-15。

鼓、燃放鞭炮、焚烧疏文、放路烛等，乞求神灵对全寨人的保佑①
（见图 2 - 15）。

图 2 - 15　当地居民在进行舞毛龙项目表演

（本图片截自贵州非物质文化遗产网）

（七）跳拱背

这是仡佬族男性青少年比较喜欢的一项趣味性传统体育项目，一般是在放牧时，3—5 个人经常玩的一种体育游戏。该项活动不受场地、器材、气候、天气等的影响，只要有两个人就可以在院坝、田间地头、路上、山坡等处玩上一阵。同时，因为该项目具有挑战性而富有趣味性，所以被广为流传和普及。

跳拱背非常简单，一般分为三级。其方法是：一人俯身成拱背姿势，另外一人通过原地或助跑起跳后，双手用力撑住对方的背，同时双腿尽量外展伸直，从而安全地从对方的身上跃过。如果没有跃过就为失败，交换角色继续进行。所谓一级，是指原地站立俯身成拱背的人，双手指尖触底或扶住踝关节处，称为一级；双手扶在膝关节处称为二级；双手扶在腰胯处称为三级。级别越高，难度越大，也越具有

_____

① 《贵州非物质文化遗产网—仡佬族毛龙节》，http：//www.gzfwz.com/WebArticle/Show-Content？ID＝89，2012 - 05 - 04。

挑战性。

七　水族传统体育项目

水族是我国少数民族之一，具有悠久的发展和迁移历史，相传水族是由古代南方"百越"族群中"骆越"的一支发展而成的单一民族。最初由于战乱原因，水族先民沿龙江溯流而上迁移至乌江流域一带，并逐渐发展和形成单一民族[①]。特别在汉至魏晋时期、隋唐之际，乌江流域水族居民居住区的社会秩序稳定，社会经济发展良好，水族居民在地域、语言、经济、生活、心理、文化等同一性下，促进了水族单一民族的正式形成。总体来看，水族在乌江流域人口数量不多，分布范围不广，现主要分布在都匀、凯里、福泉等地。而水族是一个有着丰富宗教文化和习俗文化的文明民族，在这些宗教、习俗文化中深深地打上了水族先民迁徙的印迹。同时，水族也是一个依水而居的民族，比如在水族"鬼师"祭祀习俗中的"纸船"，就反映了水族在依江、河、湖、海等生存中所发明创造的重要交通工具。长期以来，乌江流域水族居民创造了丰富多彩的民族传统体育文化，成为推动水族文明发展，以及与区域民族和谐相处的重要文化力。据不完全统计，水族传统体育文化项目主要有武术、水棋、赛马、杂技、打毛毽、打陀螺、跳子门、点帕子、扯萝卜、老鹰抓小鸡、丢石子、游泳、杂耍、环刀舞、扭扁担、抢花灯、捡子、芦笙舞、斗角（牛）舞等[②]。

（一）武术

水族的武术主要是流传于谭氏的家传拳术，由于水族人居住地环境、生活习惯及民族性格的综合影响，水族拳术在长期世代流传发展中形成了一些鲜明的特点。如水族拳术动作幅度小、巧妙灵活、古朴刚劲；强实避虚，以近身短打攻击为主，招招式式攻防兼备；出拳多用腿少，实步多跳跃少，以求步稳和后发制人。其综合步法

---

① 《贵州民族文化网—水族（族源）》，http：//www.gzmzwhw.cn/CulturePalaceC. jspe？sp＝35&sp＝S4028e486ec6f6c1400ec71488c840030，2007－11－24。

② 冯胜刚：《贵州少数民族传统体育理论与方法》，贵州民族出版社2011年版，第180页。

以十字路线往返、四方开合、左右对称为主要特点和风格。研究表明，水族拳术有如"八步追拳、猴拳、板凳拳、水族拳、拐子拳、鱼拳、虾拳、双铜等徒步套路和器械套路，以及正桩、侧桩、戏水、盘肘等功法"①。

（二）赛马

水族和其他一些民族一样，在长期发展过程中形成了具有自身民族特性的赛马活动。因为乌江流域特殊的地形地貌和生产生活以及交通工具的需要，水族人也家家户户养马，成为日常生产生活、走亲串户、赶集托运等的必要工具。长期以来，水族人在一种自然而然的交往、聚集中也就逐渐形成了一种生产生活之余和传统节日中的一项娱乐竞赛体育活动——赛马。通常情况下，水族大型、正规的传统赛马活动多在水族的端节举行，也是水族端节的重要活动内容之一。所谓端节，是水族人辞旧迎新、祭祀祖先、庆祈丰收的一个具有悠久历史、独具特色、规模宏大的传统年节，亦可直译为"吃年"。端节在水历年终、岁首阶段欢度，首批、末批相间50余天②。

水族赛马的地方水族人称为"端坡"，之所以这样称呼，这似乎与比赛的时间和赛道特点有一定的关系。因为水族的赛马道是由一段较为宽敞的平直赛道和一段逐渐缩小至能容下2匹马并行的上坡赛道构成的，且上坡段较长较陡，坡度可达50度，其赛道总长度在200—300米，依比赛地的实际情况而定。水族传统赛马与一定的祭祀活动联系紧密。在比赛之前，要举行"开道"仪式，赛道的起终点由"开道"的长者决定，长者"开道"完后方可进行比赛。在比赛中，参赛选手不分年龄、体重，自由参赛，马匹不配鞍。在比赛过程中，不仅要比速度，还要在比赛中相互挤马。因此，水族的赛马不仅是比技术，还比勇气和精神。因此整个赛马活动非常激烈、精彩和壮观。

---

① 冯胜刚：《贵州少数民族传统体育理论与方法》，贵州民族出版社2011年版，第186页。
② 《贵州非物质文化遗产网—水族端节》，http://www.gzfwz.com/ WebArticle/ShowContent? ID = 101，2012 – 05 – 07。

（三）走草绳

水族的走草绳可以说是一项杂技类项目，但也可以是一项传统体育项目，有着悠久的历史。草绳是用当地生产的一种农作物——糯谷的草，通过人工编搓而成的，其长度在7米左右、直径3厘米左右。然后选定一个较为平坦、宽敞的地面，在地面的两处或两头固置两幅三脚架，其架高2米左右。然后将草绳的两头固定在三脚架上，绳子的倾斜度约为15度，保持草绳中间有3米左右的长度处于一种平行悬空状态。表演者技术水平比较高超者，手中分别拿一把扇子，赤脚在草绳上走，并做各种惊险性动作。如果是初学者或者技术水平还不够娴熟，就手拿一根两头系上相同重量石块的竹竿，横放在体前，以此保持身体的平衡。走草绳的动作有单腿站立、俯身前倾等，具有惊险性、刺激性、挑战性等特点，当然也具有健身娱乐性、观赏性等。此项活动可以多人进行比花样、比技巧、比速度等。

（四）打手毽

打手毽是水族青少年男女和孩童都喜欢玩的一项传统体育项目，由于该活动不受场地器材、时间气候、人群技术、规则方法等的限制，因此该项目较为普及，易于开展、推广和传承。打手毽活动的主要器材是手毽的制作，其方法是取有小孔的铜钱一枚，然后用稻草或棉布将其包裹，使成球状。球状的大小以铜钱正面部分易于插稳雄鸡毛为宜。然后取数片雄鸡毛插于球体上，用彩色绒线扎成小花朵，再将鸡毛下端用细线捆绑紧，整个手毽即做成。在活动开始时，一方将球抛向对方，然后双方用手你来我往地将球打击向对方即可，不用拍子拍击。该项活动既是一项健身娱乐项目，还是一项男女双方表示爱意的一种手段或方式，因此深受人们的喜爱和参与。

（五）扭扁担

水族人也有扭扁担这项以生产生活用具为主要器具的传统体育项目，是一项典型的农耕文化的提炼、发展和运用。水族人扭扁担富有极强的竞技性，选手各握住扁担的一头（通常要求双方的手与扁担头距离相等），相互使劲朝对手的反方向扭动扁担，在保持自身手不松动的情况下，通过力量大小、时间长短的控制，使对方握扁担的手发生松动或自动放弃为目标，也即为胜者。在扭扁担时可以根据双方的约定，进行选择双手、单手、左手或右手等，以及局数。

（六）翻桌子

这是水族人流传已久的一项技巧性体育表演项目，具有"惊""灵""险""巧"等特征，其主要器材就是普通农家吃饭所用的桌子。在大型、正规的表演中，一般要用到桌子十几张至二十几张不等，并将它们按照一定的步骤、方法和要求进行重叠搭建，其高度可达十几米。表演者从地面开始，一张一张地往上钻，并表演一些惊险、刺激性动作来取悦观众。

（七）登高耍狮

水族人喜欢具有挑战性的高空表演，也具有玩耍狮子的习俗和喜好，于是登高耍狮就成为水族人流传悠久的一项传统体育技巧表演类活动。水族人登高耍狮所用的桌子，也是普通农家吃饭所用的饭桌，少则五六张多则10张以上。将这些桌子按照一定的规律、方式和技巧搭建成为可高达10余米的狮台。狮台顶端的桌子要求四脚朝天、桌面朝下进行放置，以便耍狮者在高空表演最惊险、最刺激的动作。当然，耍狮者在顶端所表演的部分，也是整个活动的高潮部分，是整个活动的最大看点。

（八）环刀舞

这是水族人流传下来的一项武术类表演项目，其所用器具就是环刀。环刀舞所表演的内容就是环刀的一些所用方法，水族人通过对动作方法、动作内容等的提炼和编排，将其发展成为一种健身娱乐项目。当然，由于是一项武术类项目，整个表演动作和招式突出攻防含义，也使得环刀舞具有趣味性、价值性和观赏性而得以流传。

（九）铜鼓舞

水族人将"铜鼓"视为民族的一种神器，因而水族人的铜鼓舞无疑是以"铜鼓"为精神纽带和核心的一项祭祀性集体舞蹈，在水族人的重要年节、重要活动或族民聚会时会经常举行跳铜鼓舞活动。铜鼓舞主要是表演者或参与者在铜鼓声的指挥下进行手舞足蹈。舞蹈内容主要是一些农事生产、生活起居、战争、庆祝等活动，具有浓烈的生产生活气息。动作幅度大，善于展示和彰显力量，但强弱分明、变换有序，全身协调配合，具有极强的健身娱乐价值。

八 白族传统体育项目

白族是乌江流域一个历史悠久的古老文明民族。据资料显示，在秦始皇统一中国后的乌江流域的云南、贵州一带就有白族先民僰人的活动。在魏晋南北朝时期已经成为一个先进的民族，其人数之多，分布之广，并大多居住在平坝、集市和发达地区①，现主要分布在织金县、普定县、水城县、金沙县、黔西县、大方县、毕节市、织金县、纳雍县、赫章县、威宁县、安顺市等地。白族在乌江流域创造了丰富多彩的民族民间文化，如白族姑娘的头戴凤凰帽传说、白族服饰、白族三道茶等都是很有民族特性的文化。同时，白族居民也创造了丰富多彩的传统体育文化，至今得以原生态流传。如传统武术、荡秋千、摔跤、捉迷藏、贡鸡、踩高跷、夺阵地、磨磨秋、蹉茅栗、追山羊、打"鹞子翻身"、拔河等，深受人们的喜好。一些项目特别是在民间地区还能够活态化开展，为展示白族民族精神、民族心理、民族文化，维护民族内部团结和与外民族的和谐相处，仍旧发挥着重要的作用。

（一）蹉茅栗

这是白族人流传已久的一项传统武术体育项目，也是白族男性青年比较喜欢玩的一项竞技表演项目和一项较劲娱乐活动，不受场地、器材、气候等影响。其方法是：整个身体的预备姿势与武术中的马步相似，只是要求两肘上曲，整个身体姿势呈阿拉伯数字"5"形。活动开始时，以左脚或右脚为支撑脚，右脚或左脚顺着地面用力向前踢出，然后迅速收回。在收回的过程中，左脚或右脚稍向上、向前用力

---

① 《贵州民族文化网—白族（族源）》，http：//www.gzmzwhw.cn/CulturePalace/ThreePageC.jspe？sp＝37，2007－11－24。

并快速顺着地面向前踢出。在踢左脚时向前伸出右手，踢右脚时向前伸出左手，整个动作过程都是如此交替重复进行，到达终点线后以同样的动作进行转身，继续做相同的动作。要求整个动作过程身体始终呈蹲式跳跃，用鼻腔呼吸，以坚持时间长，动作协调、连贯、潇洒者为胜。该项运动要求腿上力量、身体平衡能力、柔韧素质、耐力素质等都要强，当然该项运动的参与也能促进人体以上素质的综合提高。

（二）贡"鸡"

贡"鸡"是白族男性青年玩的一种传统体育项目，该项目一个最大的特征就是能够与现场观众形成一种互动。贡"鸡"项目的主要器械是用玉米壳捆扎而成的犹如足球大小和形状的"鸡"，这个"鸡"按照现代体育术语就叫"比赛球"。比赛前，要用泥土或木料搭建一个高约3米的贡台。比赛时，要首先指定或商议由谁来最先当台主。比赛开始，由台主在贡台上用脚将"鸡"踢向场内的其他人员，然后场内人奋力将球抢到手后迅速追捕台主，其目的是将"鸡"强行塞给台主。然后登上贡台作为新的台主，并接受事先台主的"进贡"，接到"鸡"后便用脚踢出，若"鸡"没有被人接到而掉落在地上，则"进贡"继续，直到有人接到"鸡"为止，然后轮换台主。在整个活动中，要求台主不能够用手接或持"鸡"，只能用脚，否则违例并被轮换角色。

该活动之所以能够与现场观众形成一种互动，就是场内人将"鸡"接住后，可以在现场临时抓一人去当进贡者，所以现场观众常常会因此而害怕，在一边观赏的同时还要有逃跑的准备，生怕自己被抓去作为进贡者而虎视眈眈。所以该项活动是一项集身体素质、反应能力、勇敢精神、智力活动为一体的群体性娱乐活动①。

（三）捉迷藏

捉迷藏也是白族孩童喜欢玩的一项传统体育项目，特别是在放牧、放学路上以及自家院子里等，三五个小孩经常玩的一种游戏。该项活

---

① 贵州省地方志编辑委员会：《贵州省志·民族志》（下册），贵州民族出版社2002年版，第712页。

动不受场地、器材、气候等的影响，只要具有一定的遮挡物就可以玩上一阵。同时，这种活动还经常是家里人一起玩的一项游戏。捉迷藏活动反映的是一种智力与身体奔跑、感觉、柔韧等素质相结合的体育活动游戏。

（四）夺阵地

这是白族人流传已久的一项集体性传统体育项目，是一种团队与团队之间的较量。场地的设置，是用石灰在一块较为平整、宽敞的平地上画出一块具有两个半场的长方形场地，然后在场地中线上的中点处用石灰进行明显标注，整个场地即设置完毕。比赛中所用的器材称为"毛绣球"，是用稻草、玉米壳等捆扎而成的。比赛开始前，两队通过商议或抓阄的方式确定本方阵地和开球权，并各自选出一名队长，然后双方队员各自在本方区域内选定一个位置站好，位置的选择以全队能够整体控制区域和最大努力保证对方无论朝哪里开来球都能够接住为原则。同时，把毛绣球放在中点处。

比赛开始时，开球一方的队长跑到中点处捡起毛绣球用力向对方阵地投去。投的目的就是不能够让对方队员接住球而落在对方阵地的场地上。因此，该项目的规则为，若对方接住球，则接球队员迅速跑向中线处向对方回掷毛绣球；若对方没有接住毛绣球而落在场地内，则对方为负，开球队员就到对方阵地选择一个有利地形进行站位，直到一方阵地被占完为止，即比赛结束，阵地全被占的一方为负。同时，球不能够掷出场外，开球队员不能够过中线，否则为违例并改为对方开球。开球时，接球方队员可以用手阻挡，以此干扰、破坏对方的有利开球，造成对方失误或违例，从而为自己赢得开球权或者获得一次胜利。另外，进入对方阵地的队员，可以用手推、拦、阻等方式干扰、破坏、阻止对方队员的接球，造成对方失误，为本方队员赢得占位①。

因此，该项目在团队协作方面，观察判断反应能力方面，身体素

---

① 贵州省地方志编辑委员会：《贵州省志·民族志》（下册），贵州民族出版社 2002 年版，第 781 页。

质方面等要求较高，当然也是一项深受男女青年喜好的一项趣味性、竞技性都比较强的健身娱乐项目。

九 瑶族传统体育项目

乌江流域的瑶族是一个历史悠久的少数民族，是在明、清时代外地居民因灾荒和战乱而迁徙于乌江流域贵州一带逐渐繁衍生息所形成的。整体来看，乌江流域的瑶族民族支系多，各支系在服饰、习俗等上差异比较大，居住不集中，是一种典型的点状式分布，现主要散居于铜仁、安顺等 16 个县中。瑶族具有丰富多彩的民族文化，如瑶族新年、瑶族药浴、瑶族特殊婚俗（凿壁谈婚）、瑶族风情、瑶族风俗、瑶族赶鸟节、瑶族的蜘蛛图腾与传说、瑶族猴鼓舞等都很有特色。同时，瑶族居民也创造了丰富多彩的民族民间体育文化，如人龙、毛莱球、踩独木滑水、打陀螺、打铜鼓与打长鼓、摔跤、打猎舞、打猎操、射击（射箭、射弩、射枪）、放木排、放竹排、武术（拳术、剑术）、打尺寸、游泳等，至今很多项目依然在一些瑶族地区还盛行①。

（一）打猎舞

是瑶族人流传已久的一项祭祀性活动，随着瑶族人的文明进步与发展变迁，瑶族人将这一文化进行了传承、演绎和发展，目前已发展成为一项健身娱乐性体育项目。瑶族人传统的打猎舞常用于瑶族人在丧葬仪式中进行表演，其意是驱赶野兽，以求死者在阴间得以安宁。表演人员均为男性，人数多少没有限制，但要求必须是偶数。该活动持续时间最少在三四天，多者长达一个多月，并且是通宵达旦。打猎舞全舞分为"上山围猎""打熊""打野猪""打猴""生产舞"五部分，其身体动作姿势主要有跳、蹲、跑、挫、含胸、屈膝、前俯、后仰等，具有力度强、跨度大、粗犷剽悍、模仿性强等特点。表演时，舞者手持荆棍，在铜鼓、皮鼓的指挥和伴奏下表演如"打猎""春地""击棍""打猴"等动作。同时伴以队形变换，

---

① 《贵州民族文化网—民族文化》，http：//www.gzmzwhw.cn/CulturePalace/app，2013 - 01 - 24。

以及舞者的呐喊声，荆棍相击和舂地声，整个场面壮观、热闹①。

(二) 打陀螺

打陀螺也是瑶族青少年及儿童喜欢玩的一项传统体育竞技项目，在每年的春节一些地方的瑶族人还要举行"陀螺节"比赛活动。打陀螺运动可以分为竞技和非竞技。陀螺制作比较简单，选择当地不易破裂、具有一定硬度的如青冈木为材料，用锯子锯下一小节。然后用柴刀或斧头将一头削尖，并在顶尖处钉上一颗小钉子，使钉帽正好触及陀螺尖。同时，将另外一头削平，在中部刻下一些凹槽，整个陀螺就简制而成了。然后取一小棍作为鞭子，将麻绳或树皮的一端系在鞭子有凹槽的一端。旋动陀螺时，一手拿住陀螺，一手将鞭子上的绳子缠绕在陀螺上，然后选择一块较为平整的地面，将陀螺尖放置在地面上，或悬空使陀螺尖对着地面。然后一只手用力拉动鞭子，另一只握陀螺的手及时松开，就这样陀螺就可以旋动起来，然后用鞭绳进行抽打就可以加快陀螺的旋转或者维持陀螺的旋转状态。陀螺旋转越快，陀螺就越稳定。

在竞技活动中，打陀螺比赛分为比准和比旋。所谓比准，是比赛一方将陀螺旋放在一块事先指定的区域里，然后另一方在距离3—5米远的地方将旋动的陀螺击向对方旋动的陀螺。若击中则为胜利，反之为负。交替进行，比赛局数可以双方自行约定。所谓比旋，是指比赛双方同时旋动陀螺，看谁的陀螺最先倒地，即为负。

在非竞技活动中，就是一种纯粹性的健身娱乐活动。随意选择一块平地独自一个人就可以玩。事实上，这项活动无论在竞技上还是民间健身娱乐中，开展得较为普遍，成为一项公共项目。

(三) 猴鼓舞

瑶语俗称为"玖格朗"，是瑶族人一项流传久远的传统体育舞蹈，也是一项丧葬祭祀性传统舞蹈，在传统的传承中是传男不传女。所谓猴鼓舞，是瑶族人为了纪念祖先迁徙及在迁徙过程中得到猴子的成功

---

① 《贵州非物质文化遗产网—瑶族打猎舞》，http：//www.gzfwz.com/WebArticle/ShowContent? ID = 779，2012 – 05 – 24。

护送而缘起并逐渐发展所形成的，体现了瑶族人分别对祖先、对神猴、对逝者的崇拜、感恩和缅怀。猴鼓舞是男性舞者在铜鼓、木鼓声的伴奏和指挥、牛角的吹奏下，模仿猴子"攀爬跳跃护送祖先"而做各种动作，表演的阵势有单人舞、双人舞和集体舞。整个舞蹈动作模仿性强、粗犷敏捷、刚劲有力，其场面壮观、气氛热烈①。

（四）传统武术

瑶族人的传统武术主要是棍术、刀术和拳术，以攻为主，攻防兼备，着重强调动作的简单实用、干脆利落、刚劲有力。如套路有"么构舍（瑶语）、么贾干（瑶语，即两头打）、么嘎亚方（瑶语，即打四角）、么贾细（瑶语）、么不榜（瑶语，即打三方）、么敌酿（瑶语，即打四方）、么巴酿（瑶语，即打八方）、么该（瑶语，打登子）、么多（瑶语，即耍刀）、么嘎朴（瑶语，即打拳）等"②。

（五）打猎操

是瑶族人记录祖先狩猎生活的一项传统体育表演活动，相传已有1600余年的历史。据当地人介绍，传统的打猎操共分为3段，每段有4个套路，段与段之间要休息1分钟。整个动作古朴彪悍、刚劲有力、模仿性强，节奏和幅度由慢到快、由小到大，期间还有一定的队形和步法变换。打猎操以6尺左右长的木棍为主要器具，由12名男女队员组成表演队伍，在铜鼓指挥及牛角声的伴奏下分别举行4人、8人、12人的对比，整套动作集手、脚、脑、身、腿等身体运动及跑、跳、击、劈等动作方法为一炉，模仿围熊、打虎、放牧、生产、打猴等动作，是一项具有民族特色和富有健身娱乐价值的传统体育项目。

（六）板凳舞

瑶族传统的板凳舞主要是在年节（即农历冬月第一个寅日）时间跳，在平时的婚礼、喜庆之日也有这样的活动表演。瑶族板凳舞是一

---

① 《贵州非物质文化遗产网—瑶族猴鼓舞（荔波县）》，http：//www. gzfwz. com/ WebArticle/ShowContent？ ID＝429，2012－05－15。

② 贵州省地方志编纂委员会：《贵州省志・民族志》（下册），贵州民族出版社 2002 年版，第 775 页。

个传统体育舞蹈项目，表演者为女性。表演时，由一名女性领唱酒歌，然后其他表演者每人各拿 2 个小板凳边敲击、边舞蹈、边合唱、边跺脚（有单跺、双跺、单三跺、双三跺），表演者可随时加入和退出，整个舞蹈欢快、自由、热烈。该舞蹈的主要规则就是跺脚不能够出现有误或乱拍，否则整个舞蹈活动就得停止下来，等违例者被罚喝完一碗酒后，舞蹈又从头开始。因此，该舞蹈不仅能够健身娱心，还培养人的合作协同能力。

第二节　乌江流域民族传统体育的本源及特质

一　乌江流域民族传统体育的本源

所谓本源，一般指源头、根源、起源、根本等，哲学意义上的"本源"，指事物的来源和存在的根据。亚里士多德认为，一切存在物都由本源构成，本研究称之为"根据性"本源。而马克思的物质本源论认为，存在于某一客观事物之中的各种元素是该事物的本源，本研究称之为"存在性"本源。借此，民族传统体育文化本源的研究，可以从民族传统体育文化的"根据性"本源和"存在性"本源两个层面来进行研究，以此全面揭示民族传统体育文化的本源性问题。所谓"根据性"本源，是基于哲学意义上的"本源"而论的，即民族传统体育文化形成与衍化、发展与变迁的根源性因素与机理。而"存在性"本源，是基于马克思的本源论，即民族传统体育文化到底蕴含和依存着哪些文化因子。

（一）"根据性"本源

1. 人类生物进化机制

这里的人类生物进化机制，主要指史前人类的生物学进化机制。民族传统体育文化萌发于原始社会的最早阶段，并伴随着人类从人科生物到现代人、到人类社会成熟的发展变迁而逐渐从一种纯动物性、自然性、无序性的动作发展成为一种有目的、有意识、有计划、有秩序的身体活动或专门技能活动，而这种活动的本能趋势是基于当时人类一种简单的生存需要、生命安全、生活维持而产生的①。总体来看，凡是以棍、棒、石、镖、剑、刀等持器械的大多数项目，都是萌发于人类的以上内容。比如在原始社会，人们在求生中捕杀动物、防御猛兽等，从一种自然的、随意的、本能的动作反应而发展成为一种专门的、有意识的身体活动。特别是这些活动在进入有意训练、传习以后，这种身体活动或者说体育活动相对比较独立和自成体系，并在人们的一种自觉中形成一种人类身体专门活动。

就乌江流域而言，由于该地区地形复杂、重峦叠嶂、沟壑横生、土地贫瘠，生存条件恶劣艰苦，给最初居住和进入此地的人们在生存生活以及生命安全带来极大的挑战和困苦。但乌江流域是一个气候整体比较温和、全年雨水资源丰富的地方，所以适宜多种生物和动物生存，为原始居民提供了生存的果子、野生动物、鱼类等生活资源。而当时人们迫于生存压力，摘果子、捕杀野生动物、捕鱼捞虾等成为一种主要的生活方式和生活技能。也正是在这种生活方式的长期熏陶和生活技能的长期习惯化下，导致如投石、投枪、射箭等动作技能日益成为一项专门的技术技能，这其实就是今天乌江流域很多投、掷、抱、射，以及跑、跳等类传统体育文化项目的前身。因此，乌江流域民族传统体育文化随着人类生物进化机制的发展而发展，同时这也是世界体育文化发展的一般规律。

2. 集体传习机制

很多民族传统体育文化项目是通过如专门的集体传习所形成的。如土家族摆手舞项目，摆手舞有"巴渝舞"起源之说，而"巴渝舞"曾是一项重要的战争文化，在"巴渝舞"中有"矛渝""弩渝"等表演形式，其表演者均手持兵器或齐眉短棍而舞，这说明"巴渝舞"受战争文化的影响而促成、发展和传承，其中摆手舞就是主要以反映战争为题材的舞蹈内容和舞蹈形式。而当时摆手舞用于战场无论是用来鼓舞士气还是用于拼杀格斗，其都是受到专门训练而成

---

① 崔乐泉：《中国古代体育文化源流》，贵州出版社2011年版，第7页。

的，长此以往也就形成了一种专门的身体运动文化、战舞文化和舞蹈文化。

另外，比如侗族摔跤，相传原本是先民为了抗匪防盗而举行的一项选拔比赛，即选出德高望重、武艺高强的公蛮、公柳来做首领所进行的比武活动。由此通过比武活动产生了民族英雄，并在英雄的带领下，出了很多武艺高超的奇兵，也有效地铲除了盗贼，给族民保了平安。尔后，族民们为了纪念公蛮、公柳这两个民族英雄，便在每年的二月十五和三月十五分别在坑洞、四寨举行摔跤活动，并成为一项固定的传统习俗节日活动。从这个项目而言，这既是一项通过集体传习所形成的民族传统体育文化活动，也是一项祭祀活动。而另一种说法是相传侗族祖先有一个叫都囊的打虎英雄，其邻近的四寨、坑洞等一带的侗族群众都争相来跟他学摔虎的招数。于是都囊确定每年二月十五和三月十五分别在坑洞、四寨两地集体进行传教、学习，并举行摔跤比赛，长此以往便形成了传统的摔跤节。但不管哪个传说都有一个共同点，那就是都是通过"集体传习"所形成和传承的。

3. 生产生活机制

乌江流域很多民族传统体育文化项目都是在人们的生产生活中逐渐形成的。如土家族摆手舞，乌江流域的土家族人在"改土归流"以前一直用自己的语言即汉藏语系（藏缅语族）来交际，但土家族没有形成本民族的文字，民族文化的传承靠口传身授。因此，生活于乌江流域的传统土家族居民在一种传承方式极为有限的情况下，要把自己的民族文化进行代代相传，在更多的情况下他们只好通过和借助摆手舞等身体活动来对本民族的文化进行传承和传播、来对本民族的心理进行表达和再现、来对本民族的文化进行身体符号式地记载和抒写。长此以往，摆手舞等民族传统体育文化便发展成为乌江流域土家族居民讲述、表达自身心理、历史、生活的一种有效方式和必要载体。同时，也正是这种民族居民的生存需求和智慧创造，以及摆手舞的生活化、自然化、习惯化演绎，赋予了摆手舞强大的生命力和生命源。

另外，乌江流域由于特殊的气候和季节，呈现出明显的如农历的冬月、腊月和正月的农闲季节，再加上与春节时间的临近，是村寨人们一年中最能够团聚和聚集的时间，这无疑为摆手舞活动的开展提供了必要的时间、空间和人群。摆手舞活动也因此得到常年开展，并形成一种固定式、习惯式和传统式的文化活动，呈现出传承与发展的节律化、节日化、风俗化态势。摆手舞文化也展现了土家族先民丰富多彩和独具特色的生产生活文化，如单摆、双摆、抖虼蚤、叫花子烤火、螃蟹上树、磨鹰闪翅、状元踢死府台官、播种、栽秧、薅秧、割谷、打谷、挑谷等动作①。

再如土家族板凳龙，相传是很久以前的元宵节，人们带着自家的小板凳坐在院坝很兴致地观看龙灯会时，突然三个土家族年轻人受到现场气氛的感染，于是起身顺手拿着板凳而手舞足蹈，模仿龙灯舞动作并跟着龙灯舞节奏舞耍了起来，现场显得格外壮观和热闹，就这样逐渐形成为一种传统体育活动，深受土家人的喜欢并传习了下来。所以，像这类传统体育文化活动就是在人们的生活娱乐激情中所自然产生的。再如侗族的月牙镋，相传是在清道光年间，武术大师龙大正为御敌、擒兽、健身而根据自己习武多年的经验创造的一项传统武术活动，所以此项活动也是本源于人们的生产生活。

4. 宗教礼仪机制

民族传统体育文化项目大多与人们的宗教信仰、祭祀等有很强的关系，很多民族传统体育文化项目是在祭祀活动中逐渐形成发展的，如巴渝舞在汉高祖定三秦以后成为宫廷乐舞。但摆手舞活动常在摆手堂或土王庙前举行，还伴以粑粑、豆腐、团撒、刀头等为祭品②，主要祭祀彭公爵主，是一种典型的宗教祭祀文化。因此可以说，摆手舞文化是随着民族居民的宗教礼仪而逐渐形成和发展起来的，当然摆手舞本身也是一种宗教文化、祭祀文化和民俗文化。

另外，土家族的"玩龙灯"，亦叫"舞龙""耍龙灯""龙灯舞"，也是一种祭祀文化本源，反映出土家居民用舞龙祈祷神龙保佑而求得

---

① 田阡、安仕均：《彭水土家族摆手舞探究》，《四川戏剧》2010 年第 3 期。
② 同上。

风调雨顺的一种民族心理。比如舞草把龙，即用稻草扎成的"龙"，据传其意义是驱瘟、防火。因为农历五六月间当地稻田病虫多发，其中有一种被称为毁灭性的病虫害——"稻瘟病"，人们无法进行防治，于是土家族先民以舞草把龙来驱逐稻瘟病，久而习之为所谓的舞草把龙活动。而在稻谷即将成熟期为了防治火灾又举行舞草把龙活动，寓意拜请龙把火焰神迁出村寨，以免火灾保平安。毛龙也是土家族后人纪念夜郎王的一项祭祀活动。

（二）"存在性"本源

民族传统体育文化是与区域里一定的自然生态环境、人文历史、生活方式、民族性格等极其相关的，蕴含着区域里的自然生态文化、民族文化、民俗文化、精神文化、行为文化等，是区域文化因子的缩影①。比如巴人文化内容体系中就渗透着丰富的如巴人生存的地理文化、生活生产文化、民族性格文化。特别是在古代，一个地方有什么样的自然生态环境、人文历史、生活方式、民族性格，就会产生相应的一种地域文化或民族文化。也会折射出这种文化所蕴含的某种人本理念、创新精神、思想价值、知识物态、风俗信仰、道德规制、艺术技能、社会关系等。以此教化人们的思想，引领人们的行为，陶冶人们的情操，促进民族的文明、进步与发展。

而根据文化生态学理论，民族传统体育文化是一个集自然环境、社会环境、文化环境，或物质系统、制度系统、精神系统、行为系统等为一体的文化生态有机体。有研究者就指出，"民族传统体育的形成与发展，主要取决于民族共同体的地缘关系、经济方式、民族文化等各方面的影响和作用"②。还有研究者指出，"我国少数民族传统体育生存环境包括生态、地貌、地质、气候等自然背景；民族、行政归隶和其他跨族性社会机构等社会背景；自然生境产物及加工工具和能

---

① 张世威：《基于文化空间理论的体育非物质文化遗产保护研究》，博士学位论文，北京体育大学，2014 年。

② 邱世海：《从要素禀赋论视角讨论民族传统体育发展策略》，《体育与科学》2011 年第 3 期。

力的物质背景；传统思维方式、知识、信仰、习俗、思想意识等精神背景"①。本书通过以摆手舞为个案，结合文化合成理论、文化空间理论、系统理论等，发现民族传统体育文化的"存在性"本源要素主要包括以下内容。

1. 自然地理要素

任何一种民族传统文化都与地理环境有很强的关系，特别是在民族传统体育文化内容体系中自然地理文化是一个不可或缺的文化因子，这主要是因为民族传统体育文化的生存发展与地理环境有很强的根源和依赖关系。根据地理环境决定论，诸如地形地貌、气候水文、日照土壤等地理环境因素对文化基因、文化素质、文化结构与文化样式具有决定性影响。每一个民族文化事象都与该地域的自然环境、文化宗教、传统信仰、生产生活、习惯习俗等有很强的关联性。这些要素综合影响和决定其文化事象的特点和传承，文化事象离开了该地域或地域环境要素，无疑将失去赖以存在和传承的土壤和条件。正如"属于特定文明的人们既然与特定的地缘——自然环境不可分割地结合在一起，他们的历史记忆和情感投注就必然与他们生活其中的地缘——自然环境不可分割地联系在一起。可以说，他们的'文化身份'在很大程度上产生于地缘——自然环境，产生于他们与地缘——自然环境的有机结合，产生于他们与特定自然和人文地点如山脉、河流、平原、谷地、城市、广场、教堂和庙宇等的有机结合"②。著名学者钱穆也曾说过："各地文化精神之不同，穷其根源，最先还是由于自然环境之区别，而影响其生活方式，再由生活方式影响到文化精神。"③ 说明自然环境对文化的产生和形成具有非常重要的决定性作用。

民族传统体育文化作为一种人类文化形态，同样与地理环境相联

---

① 李玉文：《我国少数民族传统体育生存环境的分析与优化》，《文史博览》（理论）2010年第9期。

② 阮炜：《地缘文明》，上海三联书店2006年版，第5页。

③ 袁学敏：《对中国希腊创世纪神话产生的反思》，《重庆师范大学学报》（哲学社会科学版）2007年第6期。

系①，从某种意义上说，传统体育活动是人与自然的互动，任何传统体育活动的生存与发展都离不开对地文、水文、气候、生物、地理区域等自然资源的依赖②。就摆手舞而言，酉阳后溪镇摆手舞蕴含着丰富的自然地理环境文化，如摆手舞中的"顺摆"，就是当地土家人对自然环境特别是对山区环境适应的结果。特别是这里的山与河，与土家人摆手舞具有较为密切的渊源和情结关系，如原始摆手舞中所展现的"围山狩猎""捕鱼捞虾""民族迁徙""农事生产""祖先祭祀"等场景，是土家人对这里山水情结的艺术展现，也折射出摆手舞中浓厚的山地文化元素。可以说，后溪镇的自然地理环境赋予了土家族文化的"根"和"源"、"脉"与"魂"，尤其以摆手舞最为代表。

LZH（受访者）：

后溪的三嵋山（实际上就是三座山，分别称为田、彭、白的祖山）和一棵黑獭子树即"三尖一黑"成为后溪田、彭、白三姓寻根问祖、代代相传的地理标志。所以，后溪摆手舞与后溪的自然地理，特别是与后溪的酉水河和三嵋山是都有关系的，怎么没有关系呢？

TJM（受访者）：

我们这里的杯子岩、八面山、青龙山、白虎山是我们的祖山，原来寨子里的三棵天杉树（当地人称为天虫树），以及附近的五龙洞、肖洞、龙洞、青冈林等都与我们土家人具有一定的渊源，保护这些那肯定是对保护摆手舞是有用的。

2. 价值理念要素

民族传统体育文化表面上看是一种生物性的活动或身体活动，但

---

① 郑勤：《地理环境与体育文化》，《华中师范大学学报》（自然科学版）1994年第3期。
② 邱世海：《从要素禀赋视角讨论民族传统体育发展策略》，《体育与科学》2011年第3期。

这种文化所反映的其实是一种民族精神、民族心理、民族理念。同时，民族传统体育文化之所以能够形成、发展，能够被人们自觉不自觉地参与和传承下去，特别是在古代宗法制度下是一项重要的宗法制度内容，就是因为本民族要通过这样的一种身体活动形式来彰显、展现和传承自己民族的心理、精神和理念。或者我们可以说，民族传统体育文化必须依存民族居民的一种精神、价值、心理、理念而得以存在和发展。不言而喻，价值理念是民族居民公有的价值观念、伦理道德、思维方式、行为准则，是民族传统体育文化存在的精髓和核心，承载着对民族传统体育文化事象集体记忆的维持和民族身份的认同。事实上，每一个民族在长期的生产生活和繁衍生息中都会产生这样那样的一些价值观念、伦理道德、思维方式和行为准则，而这些内容常常蕴藏在人们的内心深处，而人们要把这些价值理念进行外化和表现，需要通过宗教仪式、身体活动等表现和表达出来。所以根据这一现象可以认为，一定的民族情感、民族心理是民族传统体育文化产生的根源。而反过来，一项民族传统体育的活动方式又完全体现了一个民族的精神和情感。因此，民族传统体育文化蕴含着和折射出浓烈的民族价值理念，而这种民族价值理念又推动着民族传统体育文化的存在和发展。如摆手舞所蕴含的诸如人与自然和谐、敬重祖先长辈、热爱劳动和生活、勇于斗争、品行高尚、平等和谐，以及不忘先人创业艰辛和冲出大山、歌颂和敬畏生命的道德观念和伦理约束，构成了摆手舞的核心价值观体系，也正是这些价值观要素引导着摆手舞的健康发展，为土家民族的繁荣发展提供文化力和正能量。

3. 建筑器物要素

文化是符号表征的集合，是文化事象呈现的形式或载体，文化通过各种内隐和外显的符号得以存在和表达，并借助符号的运用得以学习与传播①。所谓文化符号，是指文化事象体系中指代、传达、表征一定意义的意象物质，如图形图像、文字箴言、建筑型态、思想文化、

---

① 田夏彪：《〈原道〉与〈人论〉之于民族教育启示及比较》，《教育文化论坛》2014 年第 6 期。

时事人物等，文化就是文化符号集聚的系统①。通常情况下，文化的表征性即通过符号的意指性实践来表现和生产意义②。比如时令、节气、时间、庙会等具有公共性，是人们表达祝愿、祈求、虔诚，联络感情、增进友谊、加强团结的非常状态，是一种集体的文化认同、公共价值观念和和谐的社会环境③，是人们文化认同的主要形式，具有时间节律性、场所定点性、自组有序性、文化传承性等。研究发现，民族传统体育文化是一个有形文化、无形文化的整合体，特别是在有形文化中其器物建筑要素是一个重要的符号要素，是民族传统体育文化的重要载体物和媒介物，是民族传统体育文化事象中最具表征意义的符号要素。

就酉阳后溪镇的摆手舞而言，摆手舞蕴含着后溪镇的古村落、古建筑（吊脚楼）、摆手堂、祠堂、寺庙（土王庙、八部大王庙遗址、三抚庙、三抚宫、彭公爵主宫、土王神堂、三王庙）、河湾山寨等文化。这些文化要素和文化物都可能会反映出人们已经看不见的过去的摆手舞。也即是说，人们可以通过这些古村落、古建筑、遗址、物态、饰品等及各种图文资料，来对摆手舞的文化元素进行解读，探究、发现摆手舞过去生存与发展的形态与范式。同时，所有这些，都为摆手舞的生存与发展营造了良好的环境和提供一个活动空间。假如没有这些，很难想象和体会到那古色古香、原汁原味的土家摆手舞，也将失去摆手舞那深邃别致、让人流连忘返的文化底蕴。特别是后溪镇的山歌、图腾、阳戏、傩戏以及哭嫁跳丧等民族风情与摆手舞交相辉映。另外，土家族穿斗房、吊脚楼、祠堂群、摆手堂等建筑文物；石板街、码头、小河坎、邱家拐、禹王宫、水井旁、高碑脚等遗名遗址；旗杆、旗帜（龙旗、凤旗、虎旗、小旗、彩旗）、白鹤、乐器（八仙、三眼跑、长号、牛角号、莽号、大鼓、大锣、鼓槌、锣槌、唢呐）、面具、

---

① 朴松爱、樊友猛：《文化空间理论与大遗址旅游资源保护开发——以曲阜片区大遗址为例》，《旅游学刊》2012 年第 4 期。

② Hall S.，*Representation：Cultural Representations and Signifying Practices*，London：SAGE，1997：15 – 74.

③ 陈虹：《试谈文化空间的概念与内涵》，《文物世界》2006 年第 1 期。

木鱼、八卦铜铃、摆手舞男女服饰（服装、鞋帽）、梯玛服饰（服装、凤冠、八幅罗裙）、祭品、司刀、太师椅等器物饰品；记录、描绘和反映摆手舞文化事象的各种图文资料和声像制品等，都直观、生动地烘托出摆手舞厚重、古朴的民族文化气息和地域色彩。

4. 制度文化要素

民族传统体育文化本身就是区域里一项重要的制度文化，同时，民族传统体育文化也蕴含和折射出区域丰富多彩的民族民间制度文化，比如民族服饰、民居、传统节日、饮食、风情、文学、工艺，以及人们的生产方式、宗教信仰等。如在后溪镇的土家摆手舞中，出现了自然崇拜、祖先崇拜、图腾崇拜、土王崇拜、土司崇拜等宗教祭祀活动，以及如《赶年节》《八部大王》《白云姑娘》等神话故事和传说①。

摆手舞所蕴含的制度文化，主要表现于时令节气、传统节日、婚丧嫁娶、庙会等。如三月八日为大节，是土家人一个重要的祭祀之日，此日的祭祀活动中，要伴以摆手歌、摆手舞。"正月堂""二月堂""腊月堂"，土家人都要在摆手堂或院坝跳摆手舞。正月初三至十五，土家族都要到摆手堂举行祭祀活动，摆手舞就是其中最重要的祭礼活动内容。正月初九"舍巴节"、三月三"祭祖节"、"冬至会"，土家人都要在摆手堂举行摆手舞祭祀活动。可以说，这些时间节律是摆手舞制度文化的代表，是人们对摆手舞集体追忆、认同、坚守的重要方式。不仅仅是让人们记住摆手舞一个简单和周而复始的节律时间，记住了摆手舞文化，更是能够唤醒和升华人们对传统文化的一种民族心理，使摆手舞的保护与发展呈现一种规律性、自发性和自觉性态势。

二　乌江流域民族传统体育的文化特质

（一）自然和谐的人本理念

人既离不开自然的眷顾，也逃不脱自然的惩罚，必须与自然和

---

① 酉阳县文化体育局和县文化馆组织编写的《酉阳土家摆手舞》（电子文稿，由酉阳文广新局李化提供）。

谐相处与发展。乌江流域摆手舞文化是土家先民对自我生存行为和生存境遇的形象编撰和情怀彰显，充分表现了土家居民与自然相存相依并认知、征服和改造自然的民族情结。土家人用摆手舞这一传统体育文化形式，在音乐的伴奏下，用形象生动的"摆手"动作和队形变化诠释着对自然的眷顾和感恩，演绎着自然赋予他们的民族情怀，并在一种自娱自乐中与自然融为了一体。土家人用摆手舞的方式承认自然的内在价值，并将与自然的和谐关系上升为一种伦理关怀的哲学范畴，主张人与自然的协调共处以求得平安、幸福与快乐。

摆手舞反映人与自然和谐的这一人本理念，一是反映自然塑造了土家民族，人们必须以尊重和保护自然为本；二是反映人必须坚持以自然的合理需要为本。众所周知，马斯洛需要层次理论中的最底层需要，就是所谓的衣食住行。而摆手舞的主要内容就是反映土家人与自然和谐相处所提炼出来最淳朴的衣食住行文化。通过这种文化形式，鞭策着土家人在以不破坏生态平衡为前提下求得以自身生存与发展的合理需要为本。同时，人要适应自然，如"单摆"动作就是反映土家人为适应山区行走而创编的一个动作。

另外，摆手舞通过生活内容的艺术化创作建构了一个开放的群体场景，通过如与神灵对话、与自然交流等虚拟创造以此获得心灵的慰藉、释放和宣泄，获得思想的启迪和升华，获得美好生活的臆想和灵感。通过对生活体验的艺术化创造，引导土家儿女对生活中真善美的感悟、审视与塑造，体验着人本真的快乐和幸福，实现人在自然环境中的和谐。摆手舞中的"同心圆"队列，并行不悖，凝聚人心，凸显和合精神。参与者可以随时加入而并不影响队列的整体组织结构，形成一个全方位、立体式、动态的开放自组织体系，彰显个人与整体、个人与部分、个人与群体、个人与个人之间的和谐基因和理念[1]。同时，土家人用摆手舞这一艺术形式和内容记录着他们与这里的山、水、

① 周永平、杨昌勇：《论土家摆手舞的教育学意蕴》，《民族教育研究》2010 年第 1 期。

路、土等自然环境的和谐依存关系。

　　PKF（受访者）：

　　土家居民有一种自然生死观，通常将死了人说成是白喜。在丧葬活动中有一个打绕棺，有的又称为丧葬舞，就是一个传统体育项目。

　　说明摆手舞的自然和谐观、自然生态观已经深深地印记在了土家居民的内心深处，成为土家居民的一种品质、性格和素养。

　　（二）生活本真的艺术创造

　　我国著名社会学家费孝通先生曾说过："文化最后、最重要的追求就是要进入一个艺术的世界。我认为，如果人吃饱穿暖了，就要进入一个艺术的境界，文化里面的最高一层领域就是追求美，追求艺术。"[①] 同样，西阳后溪镇土家人将生活中简单的生产劳作和敬仰之情，通过自己的创新贴上了艺术文化的标签，使摆手舞文化得以流传千古并在当今重新得到人们的发扬光大，实不乏现代艺术文化之魅力，显示出西阳后溪镇土家人有着悠久的文明开化史。摆手舞文化可以说是土家人的一大艺术创举，动作的创新与编排，反映了土家先民的生活智慧和创新精神。土家人模仿生活中的打渔和农事劳作，通过条理化、有序化、艺术化的简单加工和串联后转化为艺术性的身体动作，并构成和反映土家人生动而完整的生活故事情节，在长期的固化下成为土家人在生产劳作之余放松身体、宣泄情绪的一种体育文化活动形态，展现土家人对获得生活资料的喜悦、对劳动成果的庆贺、对生活艰辛的表达[②]，将文化来源于生活并高于生活的文化生存哲学诠释和演绎得淋漓尽致。同时，土家人用生活艺术化的创造，促成土家儿女生存能力和技能的习得、良好品质的养成，也通过生活的艺术化形式，

---

　　①　费孝通：《谈西部人文资源的保护、开发和利用问题》，《文艺研究》2000 年第 4 期。
　　②　李万虎：《体育文化学视角下土家族摆手舞的起源及文化意蕴管窥》，《当代体育科技》2011 年第 3 期。

促进群体组织的运行与稳定，民族心理的认同，自我个性的培养与展现①，折射出土家人祈福消灾以求繁衍生息、风调雨顺、五谷丰登、人丁兴旺的生命现实性和功利性②。总之，摆手舞成为世代土家人表现生活美、外化生活美的一种艺术形式，同时集土家儿女的形态美、动作美、音乐美和服饰美于一体③。这不仅是土家民族随着历史的发展编织的一幅生活艺术画卷，更是土家儿女留给人类社会的一大艺术创作遗产。

特别是土家摆手舞舞中有歌、歌中有舞、舞中有乐、舞中有艺，具有鲜明的民族舞蹈风格。既充分展示了土家民族文化的艺术个性，又兼容了外来文化的优秀元素，整个舞蹈动作是既不缺古朴又不乏现代、既不缺民族又不乏大众。摆手舞有规定的舞蹈步法和动作规范，如要求一进一退；以身体的律动带动手的甩动，手脚同边，舞动手臂时上不过肩，下不过膝，摆动线条流畅、自然、大方；屈膝时膝盖稍曲，要求上身正，脚掌稳；颤动时脚与双臂小幅度抖动；身体下沉时沉稳。在音乐歌曲方面，原生态摆手舞采用打击乐为主，通过锣、鼓的节奏来控制队形和动作的变换，其音乐节奏为"咚咚喔｜咚咚喔｜咚喔咚喔咚咚喔"和众人发出的"嗬吔吔嗬"和唱声，重复进行。而现代摆手舞运用土家山歌民歌的旋律，有时配以现代音乐，形成了本土打击乐和民族乐曲、现代歌曲的共存性艺术特征。原始摆手舞在节拍方面有团圆手（四次）、车轮手（二次）、抖格子（四次）、拜观音（四次）、双摆（八次）、缠腰（三次）、大团圆手（八次）、打浪（四次）、舍巴等。在现代摆手舞中，土家人用生活式的舞姿、用具有民族韵味的古现代乐谱和唱词，演绎着土家人的文化瑰宝，让人流连忘返，妙趣横生。

另外，摆手舞是土家族人演绎先民起源迁徙、农桑绩织和饮食

---

① 李海清、李品林：《鄂西土家族舍米湖村摆手舞田野调查——兼论民俗体育在村寨人社会化中的社会功能》，《武汉体育学院学报》2012年第11期。

② 邹明星：《浅析土家摆手舞的民族特色》，《涪陵师范学院学报》2003年第6期。

③ 杨聪林：《从土家族"摆手舞"看少数民族舞蹈的教育功能》，《湖北民族学院学报》（哲学社会科学版）2008年第4期。

起居本真文化的一项载现艺术。可以说，酉水河流域的土家人是一种迁徙式的繁衍，由于在迁徙过程中土家人与恶劣的自然环境作斗争，长期形成了适应于野外荒山的生存方式，也逐渐积累和形成了土家人的迁徙文化。如在摆手舞动作中出现的"刀耕火种""单摆""双摆""回旋摆""抖虼蚤""叫花子烤火""磨鹰闪翅"等动作，反映了土家人垦荒造地、行走崎岖山涧小道的迁徙辛酸和苦难，以及模仿岩鹰预示渴望展翅飞翔、冲出大山、搏击蓝天的美好迁徙愿望。同时，土家人用"摆手"记录了他们的农桑绩织文明，特别是农事渔猎文化表现得极为丰富，这或许一是土家先民由于没有文字传承选择了摆手舞这一文化形式便于后人代代相传和相互交流，二是向后人述说先民们的生活艰辛，让后人不忘吃苦耐劳的生存品格和精神，三是先民基于民族自信和文明而把自己的生存劳动过程创编为一种艺术文化。如在摆手舞中有如"扫地""打蚊子""挖土""打粑粑""撒种""纺棉花""砍火渣""栽秧""割谷""打谷""种包谷""烧灰积肥""薅秧""抖虼蚤""织布""挽麻坨""水牛打架""擦背"等动作，以及如"赶野猪"、"赶猴子"、"拖野鸡尾巴"、"犀牛望月"、"跳蛤蟆"等表现打猎、模拟禽兽姿态的猎渔文化活动。表现了土家人热爱生活、战胜自然的朴素信念和智慧，真正用"生活"为题材演绎了土家人一幅极为朴实，但又不乏磅礴气势和浓郁风情的生存舞动画卷。

（三）质朴敬畏的民族情感

民族文化的思想价值在于民族文化所赋有和彰显的民族情感。民族情感是民族认同的情感力，是民族归属的主要参照系和发生界面。民族情感是个人或群体基于同一民族属性的情感体验的心理表达，增进了人们的民族情感和族群意识，规范、传承和发扬了人们的族群伦理和民族情操。但作为一个族群而言，民族情感更强调的是族群成员的一致性。而要实现民族情感的一致性，就必须得对自己民族的发展史有一个清楚的认识和了解。如是说"摆手舞作为土家文化的重要载体，是土家族群体心理认同的肢体语言符号，这种原生态的文化形态在民族共同心理素质的形成上起到了决定性作用"①。

可以说，摆手舞就是土家人记录本民族发展史的一部史书。土家人通过摆手舞这一"手之舞之、足之蹈之"艺术形式，将祖先的生活场景编织成一幅壮观奇异的艺术画卷，以此追忆祖先的生存艰辛，缅怀祖先的丰功伟绩，祈求祖先的赐福保佑。彰显着土家人崇拜祖先、热爱生活、牢记历史、勇于斗争的民族情感。并向世人进行传诵，给人一种深邃、自然、古朴、敬重的民族情怀。

同时，摆手舞成为土家儿女共同的审美情感和民俗体验，能够把土家儿女聚集在一起进行教育和激发、交流和沟通，产生民族认同感和亲和力。这些情感品质，对于促进土家人的崇拜观、劳动观、价值观、思想观，以及族群认同、族群和谐、族群自信、族群威信等方面都有很强的教育意义和激发能量。教育人们要敬重列祖列宗，要懂得感恩，要热爱劳动和生活，要勇于和困难作斗争。如在摆手舞中的"单摆""双摆""回旋摆""抖虼蚤""叫花子烤火"，看似违反了生活中的现实逻辑和丑陋并具有讽刺意味，但仔细研究发现，这正是土家先民在强大的生存生态压力下为适应山涧小道的行走和肩挑背磨式的劳作生产下的真实反映和艺术创造②。既反映了土家先民在困难面前的乐观和浪漫，也反映了土家先民的艰辛和苦难，时刻教育土家儿女不忘先人的创业艰辛和冲出大山、热爱生活、寻找浪漫和幸福人生的追求。

特别是摆手舞具有浓厚的祭祀宗教文化，而这种祭祀宗教深刻反映了土家族人的一种民族情怀和民族情感。如西阳后溪土家人宗教信仰经历了从"白虎图腾崇拜"→"祖先崇拜"→"土王崇拜"→"土老司崇拜"的演变过程。由于"白虎图腾崇拜"的祭品是血祭即人祭，其崇拜形式极为残酷，因此被"祖先崇拜"形式所替代。在"祖先崇拜"中的一项重要内容就是祭拜"八部大王"或"八部大

---

① 刘彦、袁革：《土家族摆手舞的综合保护与开发》，《湖南社会科学》2007 年第 6 期。

② 《西阳县公众信息网—土家摆手舞的艺术特色》，http：//www. youyang. gov. cn/ yyly/tjb-sw/10374. Htm，2009 – 06 – 17。

神"。尔后由于中央推行土司制度，又产生了以姓氏为纽带的"土王崇拜"祭祀形式，具有明显的宗族色彩。由于在土司制度下，土老司（土家语称为"梯玛"）常在土家人婚丧嫁娶、祭祖敬神、治病驱邪、消灾祈福等活动中承担着重要的职能，并被土家人寄予"神"的力量和威望，成为土家人信奉本民族的"巫师"，因此后"土王崇拜"又演变为"土老司崇拜"。

另外，酉阳土家摆手舞具有浓郁的祭祀宗教文化色彩。舍巴日是土家人的重要祭祀性节日，舍巴原意为摆手，故舍巴日又称为摆手节。舍巴分为大摆手和小摆手，每隔三五年举行一次的称为"大摆手"，其规模大，套数多，历时七八天，在土王祠的"摆手堂"前举行。"小摆手"规模小，套数少，历时一至三天，多在氏族祠堂举行。通常情况下，农历腊月之后，土家人都要在"梯玛"的组织下聚拢在摆手堂前跳摆手舞，祭祀祖先。据史料记载，酉水流域的土家人在摆手堂跳摆手舞时，在"梯玛"（又称土司老）组织下唱摆手祭祀歌，跳摆手舞，祈求神灵庇护和祭祀先祖。同时，还必须长跪在彭公爵主画像前举行隆重的祭祖仪式。在现代的摆手舞中，无论从唱词，还是动作如"拱手作揖""拜四方""拜天地""吹牛角"等，也都显示了土家人祭祀祖先、祈求保佑的宗教色彩。

（四）丰富严谨的文化体系

后溪土家摆手舞在土家人的创作下，形成了包括动作技术、动作路线、动作韵律、音乐歌词、场地、道具、规则、服装以及传承体系、组织方式、展演形式、习俗礼仪、情感心理、价值观念、精神品质、宗教意识等特征的体育文化。所有这些，构成了土家摆手舞一个比较完整的文化内容，形成了比较严密的文化体系。如在"大摆手"活动中，龙凤旗队、祭祀队、摆手舞队、小旗队、披甲队伍的设立及出场顺序的设置，旗帜颜色、形状、大小的设计，使得场面宏大而不紊乱、严肃而不乏欢快、典雅而不显得粗俗、庄重而不显得死沉。这些不仅仅融汇了土家人的聪明智慧，更为后人提供了思维方法。其次，原始摆手舞的音乐伴奏是用纯打击乐式，其声音和节奏就是"咚咚喤｜咚咚哐｜咚哐｜咚哐｜咚咚哐"。然而看似如此简单的旋律，却把动作单一的摆手舞点缀得有声有色，让亲历摆手舞表演和观看的人有情有感。特别是在祭祀性的摆手舞中还配以牛角、土号、长号等乐器，声音洪亮、节奏鲜明、轻重缓急，通过鼓点节奏调整动作和队形变换，呈现出视觉和听觉效果的完美结合，不乏一种内容丰富、结构严谨的艺术文化。

摆手舞有着自己的歌词。摆手歌歌词分为祭祀歌和伴舞歌，通常祭祀歌由土司领唱，有问有答、领和相映、委婉肃穆，伴舞歌由表演者自己唱。如"纪念八部大王"歌词：拿洞杰了格拨也，捏洞杰了克者也，拿洞捏洞杰了哩，业坡我坡巴莫嗯至谢，业路我路巴莫扎的谢！意思是：列祖列宗啊！我们请了一遍又一遍，请你们看着挂着金斗银斗的地方走过来，看着放有金钱银钱的路上踩过来啦！反映民族迁徙的《古根歌》："讲古根来唱古根，讲起土家有原因，想起土家过去事，土家人哟泪淋淋。……为了感谢先祖恩，土家人呀唱古根，山寨修建土王庙，摆脚摆手进庙庭……"回答了跳摆手舞的由来；表现农事劳作的《农事歌》："利古嘛写昔岔也，私里子媚结嘎也……"其汉语意为："秧子嘛栽得好，大米饭吃得饱。"这些歌词质朴简单，但能够充分表述土家人豪爽、质朴、开朗的民族性格。

摆手舞有着规定或约定俗成的艺术风格和律动特点。要求舞动手臂时手脚同边甩，上不过肩，下不过膝，重拍下沉，双腿屈膝，全身颤动。如"岩鹰闪翅"动作（见图 2-16），要求"1—2 拍左脚向左侧迈出，左手伸向同一方向，掌心向下，略高过头，身体略向左倾斜，右手向右下伸出，掌心同左，手腕上下闪动。3—4 拍动作与前相同，方向相反。5—7 拍动作与上相同，唯有脚以双脚跟为轴，脚尖与手同步，先向左一拍、右一拍，再向左一拍。第 8 拍右脚向左脚靠拢还原"①。在表演队伍动作的编排上，"时而双摆，时而单摆，时而回旋

① 酉阳县文化体育局和县文化馆组织编写的《酉阳土家摆手舞》（电子文稿，由酉阳文广新局李化提供）。

摆，其动作连贯有序、优美逼真。具有摆手和颤膝、同边和顺拐、直立跳摆、环圈而舞的形态特征"①。

图 2 - 16　摆手舞"岩鹰闪翅"动作
（此图片由酉阳文广新局李化提供）

　　总体而言，摆手舞具有丰富的文化内涵和人文价值。如在摆手舞中，祭祀活动传达给孩子的是一种信仰和品德，"迁徙定居"教给孩子们的是民族历史和人类繁衍，"螃蟹上树"教给人们团结和奋发向上的精神，战争舞让孩子学会了勇猛和顽强，农事渔猎舞教给孩子们的生产技术和生活技能，舞蹈自身教给孩子们的便是艺术和人格的张扬，伴奏音乐歌教给孩子的便是音乐和艺术欣赏。②

　　（五）文明教化的道德规制

　　民族文化本身就是一个民族长期积淀下来的优秀道德规制艺术。摆手舞以质朴的生活体验为活动内容，教育土家儿女牢记祖德、尊老爱幼、勿忘历史、热爱劳动、走出大山、追求幸福生活的这样一种朴素的道德观念和社会文明。对那些好逸恶劳、行为不检、无理无德的人具有约束和教育作用。如在跳摆手舞中，规定那些游手好闲、行娼为盗、忤逆不孝的人不得参加。摆手舞不仅仅是体现和蕴含着一种良好的道德规制，而且摆手舞这一集体活动，容易强化族群的共同道德，形成族群和社会的整体文明。人们通过摆手舞这一共同的仪式来表达他们的思想和态度时，不但使这些思想和态度得以表现出来，而且使

---

①　谭建斌：《论土家族摆手舞形态特征》，《北京舞蹈学院学报》2009 年第 4 期。
②　陈才：《土家族摆手舞的文化学内涵》，《毕节学院学报》2012 年第 7 期。

这些思想和态度得到加强和升华，最终达到一种高度自觉的状态，形成一种共同的道德规制体系和标准。摆手舞活动就这样对于社会和族群赖以取得团结一致的那些情感，起着确认、增强和升华的作用。另外，摆手舞体现了土家人严密的寨规族约，有如图腾禁忌、语言禁忌等，特别在摆手舞祭祀活动中忌讳说如"死""病""杀""血"等不吉利的字眼或话语①。

（六）开放有序的社会关系

在传统时期，族长或寨老负责对整个族群或村寨进行管理，族长或寨老都是族群和整个村寨中具有一定威望的人，他们既是摆手舞的传承人和创造者，也是摆手舞的组织者和管理者。所以，摆手舞具有浓郁的家族文化色彩，反映出土家人个人利益服从族群利益，个人利益通过族群利益而实现，强调民族的整体性和秩序性。当然，摆手舞是土家族社会认同身份与社区结构的仪式性象征表达，也存在一定的社会分层。如族长或寨老在活动中处于前列，他们也是有一定物质财富和精神财富的族群结构中的上层人物。在日常生活中负责对本民族内部关系的调和和救济服务，同时要保护本民族不受到外来民族的侵犯，保护本民族的利益。如大摆手队伍中梯玛队、龙凤旗队、祭祀队、摆手队、乐队、披甲小旗队、炮仗队等的设立及出场顺序，男女位置的安排和不同活动内容的设置，行进列中最前面的"导摆者"（梯玛），中间的"示摆者"（梯玛），最后的"压摆者"（各姓氏的掌堂师或有威望的长者），通过在表演中不同的分工和身份的确立，展现了土家族的社会阶级与社会结构②。另外，摆手舞舞场队形为同心圆，这种组织结构具有开放性、有序性，体现了土家人讲究群体、整体和对称均衡原则。在这种组织结构中，"重要他者"的功能和作用显得淋漓尽致，一些技艺娴熟、热情奔放的"重要他者"充当领头羊，自

---

① 李海清、李品林：《鄂西土家族舍米湖村摆手舞田野调查——兼论民俗体育在村寨人社会化中的社会功能》，《武汉体育学院学报》2012 年第 11 期。

② 彭曲：《土家族摆手舞蹈的礼俗精神》，《湖北民族学院学报》（哲学社会科学版）2007年第 1 期。

然地在队列前头和同心圆的内圈，而后来者或动作不熟悉者则自然地在后边或在外圈。在这种组织结构中，人们既处于一种平等的参与地位，也自然体现出一种优势差异和时空的自然占有。参与者可以自由加入和退出，却不影响他人及整个活动的队列队形。同时，在这种结构组织中，参与者特别是初学者可以以任何人为参考对象进行自主模仿学习，没有负向评价，没有矛盾冲突，具有高度的开放性和充分的自我主体性表现空间①。在动作的设计上也有单双、上下、左右、前后的完整对称性②。

（七）本真乐观的生命表达

"以人的生命为本是民族立身的根本。"③ 土家摆手舞是土家先民自编自演、自娱自乐的体育活动，其动作形式粗犷健美、动作编排多而不乱、运动强度循序渐进、运动效果通达全身肌肉和筋骨，其运动量达到"负荷量价值"水平，具有有氧锻炼的效果。同时，具有陶冶人的情操、净化人的心灵、强健人的体魄、提高人的活动技能，达到愉悦身心、强身健体、交流沟通的现代体育文化特征。以摆手舞的战舞说而言，通过摆手舞可以提高士兵的体能、耐力和作战技能，可以改善士兵的生理素质，提高士兵的野外及恶劣环境下的生存能力。特别在现代摆手舞活动中，运动员有跑、跳、投、推、摆、抱、抛、伸、踢、戳、踹等动作，有弯腰、俯身、甩腰、摆臂、回环等身体运动，表演动作轻重缓急、循序渐进，遵循了心率和肌肉工作原理。特别是摆手舞中的"同边同手"动作，对参与运动者的协调能力和大脑都有一种特殊的锻炼效果。有人在考察中就对跳摆手舞的人员进行了脉搏测试，结果表明，在一趟完整摆手舞活动下来后，其脉搏次数可以达到 100 次左右（见图 2-17）。另外，土家摆手舞还突出地表现了先民的"生殖崇拜"文化现象，即"男根"崇拜，彰显了人们对身体生命

---

① 李海清、李品林：《鄂西土家族舍米湖村摆手舞田野调查——兼论民俗体育在村寨人社会化中的社会功能》，《武汉体育学院学报》2012 年第 11 期。
② 谈相东：《三峡库区土家族歌舞艺术中审美文化学研究》，《大众文艺》2010 年第 19 期。
③ 聂元松：《生命的吟唱与舞蹈——摆手舞与传人张明光》，《民族论坛》2010 年第 2 期。

本真的回归与表达①。

图 2 - 17　课题组人员对跳摆手舞人员进行脉搏测试

特别是大摆手浩大的场面和舞者齐声合唱的"嗬吔吔嗬""哟嗬吔""吔嗬嗬"等，这种浩大的声势似乎有种山鸣谷应、地动山摇的感觉，让人心潮澎湃，以排山倒海的群体力量之势，驱散对自然灾害和神灵的恐惧，彰显了土家人的群体力量和生命礼赞，激发人们以满腔热血对生命的歌颂和敬畏。无论是从音乐的唱词、韵律还是动作表述上来看，都不乏人们是在对人世和人性的赞美，看似娱人的体育活动或舞蹈艺术，而实质则是一项育人的传唱活动。

摆手舞将长期生活在自然和社会相当封闭的酉水河流域土家儿女聚集在一起，成为土家人社会交往、消除烦恼、释放沉闷、述说艰辛、调整心情的纽带和桥梁，使土家人的身体与灵魂得到洗礼与净化②，促进土家人的心理健康和对生命的教育。强调身体与手脚的配合，音乐切合土家人豁朗、开放、豪迈的性格，极易引起土家人情不自禁地跟上节拍，尽情跳动，体悟生命的快乐。同时，栩栩灵动地彰显出土

---

① 苏丹：《立一教一演：重庆酉阳县土家族摆手舞的田野观察与研究》，硕士学位论文，中央民族大学，2011 年。

② 黄兆雪：《摆手舞的社会功能及发展趋势》，《中南民族学院学报》（哲学社会科学版）1994 年第 6 期。

家族人忠诚、博爱的性格特点，乐观、豁达的人生态度，刚劲、勇猛、豪放的心理特征，热情大方、团结合作的集体主义特性①。闻一多先生就曾这样评价过原始舞蹈的特点，即"以综合性的形态动员生命，以律动性的本质表现生命，以实用性的意义强调生命，以社会的功能保障生命"②。由此可以说，土家族人在平凡的生活场景中用优美浪漫的摆手舞，尽情地诠释着善良淳朴、积极乐观、热情开朗的生活态度，演绎着生命的意义和对生命的礼赞。

第三节　乌江流域民族传统体育文化保护与发展现状

一　乌江流域民族传统体育文化的整体发展现状

（一）健身娱乐化

乌江流域少数民族传统体育文化已形成为一种健身娱乐化发展现状，很多地方都将传统体育文化项目作为一种健身娱乐和旅游休闲的手段和方式。人们在别有一种传统和民族文化韵味和氛围中手舞足蹈以此来锻炼身体和愉悦身心，成为城市街区、传统农村的一道美丽风景线，可以说这也是我国很多地方保护地方文化、传统文化的一种普遍做法。比如重庆的酉阳、黔江，贵州的威宁、沿河，湖北的恩施、利川、来凤等地方，人们已经将一些有代表性的传统体育项目创编为群众性广场舞。在乌江流域具有代表性的就是土家族摆手舞，在重庆、湖北、贵州等很多地方凡是有大量土家族居民的区县，在现在非常流行的广场舞中都有摆手舞这一民族传统体育文化活动项目内容。如湖北的来凤，还将摆手舞创编为三套，每天晚上都有很多居民聚在一起跳上一阵子摆手舞（见图2-18）。

---

① 李海清、李品林：《鄂西土家族舍米湖村摆手舞田野调查——兼论民俗体育在村寨人社会化中的社会功能》，《武汉体育学院学报》2012年第11期。

② 孙党伯、袁謇正：《闻一多全集》（全十二册）（第2卷），湖北人民出版社1993年版，第209页。

图 2 - 18　来凤居民傍晚在县政务服务中心和县政府办公楼前广场跳摆手舞

就酉阳摆手舞而言，酉阳县城的桃花源广场就是县政府划拨专款 1400 万元，于 2001 年 3 月修建落成的占地上万平方米、供数千人同时跳摆手舞的民族广场，当地的人们俗称为摆手舞广场。只要不是雨雪天气，每天晚上就有不少居民在领舞人的组织和带领下随歌而舞，人们在民族与现代的交响乐中欢快地跳起摆手舞。他们时而摆动双手时而抬腿轻跳、时而扭动身躯时而俯身探肩、时而左右转动时而前进后退、时而随歌附和时而深情吟唱。由于距离桃花源广场不足 20 米就是酉阳久负盛名的堪称世外桃源的国家 5A 级旅游景区"桃花源"，因此很容易被他们的欢舞场景带进那世外桃源的感觉，让人如痴如醉、心旷神怡，勾起人们穿越时空并陶醉于那悠然自得的田园式生活思绪中。据观察，来这里跳摆手舞的人以中老年女性为主，主要来自教师、公务员、公司员工、个体商人等各行各业的人。如今人们在桃花源广场跳的摆手舞被称为广场摆手舞，是在原始摆手舞的基础上经过三次创编再配上土家族的一些山歌民歌而形成的，偶尔也融入少许现代歌曲。从整套动作来看是古今结合，给人的感觉是既不失传统又不乏现代元素，在服装上，除了领跳的人外，其他的人一般都穿便装，昔日祭祀性的歌舞色彩不再那么明显，只是隐约可见。

在农村地区，由于近几年年轻人都外出务工和求学，留守在家的主要是一些不善于、不便于或不能跳摆手舞的老年人、妇女和小孩。

再加上后溪镇人们的生产方式主要还是农耕生产，这些人也没有多少时间和精力自发地组织和参与到跳摆手舞活动中来。再说，这些人也没有这方面的健身娱乐意识，他们的娱乐方式是看电视或打牌，只有极少数人在附近的学校或镇政府院坝偶尔跳一下摆手舞。但尽管如此，摆手操、摆手舞还是早已广泛分布于酉阳的各个乡镇，普及率达80%以上①。

（二）艺术表演化

乌江流域很多少数民族传统体育项目走上了"舞台化""表演化""旅游化"的生存之道，很多传统体育文化项目已经被视为一种民族文化表演艺术。

> PKF（受访者）：
>
> 后溪镇土家摆手舞的传承与发展必须借助旅游为载体和平台，同时起到宣传、开发和保护的目的。
>
> 在后溪镇已经组建了几个文化艺术团，这些艺术团的组建和成立不受政府的管理和干预，属于一种自发的民间组织。其艺术团的主要任务就是通过对土家摆手舞的开发和设计，为旅游团的旅游者提供旅游需求，以及为政府、企事业提供接待表演，或者代表村或镇参加各种比赛、交流活动。旅游团或政府给予一定的资金支持，每年艺术团的收入在5万元左右。

另外，酉阳土家摆手舞得到了艺术化的创编和发展。1982年，酉阳政府把土家摆手舞列为重点收录集成项目，开始对原始资料进行了全面的普查、摸底和采风工作。1993年，编创了土家族特色浓郁大型乐舞《摆手祭》，并于1994年在四川省第二届少数民族艺术节上摘取"特别奖"；1996年，根据"打绕棺"和摆手舞打击乐为基本素材而创作《欢乐的毕兹卡》，并在重庆首届民间吹打乐比赛中荣获二等奖；

---

① 《酉阳政府公众信息网旅游—土家摆手舞》，http://www.youyang.gov.cn/yyly/tjbsw/10374.htm，2009-06-17。

1998 年，以酉阳原始摆手舞动作"岩鹰展翅"为基本素材创作了舞蹈《岩鹰颂》①。如今，酉阳后溪镇土家摆手舞还拍摄成为电影《摆手舞之念》并成功上演（见图 2 - 19）。

图 2 - 19　酉阳后溪河湾村居民（农家乐）为游客表演摆手舞

（三）教育科普化

一是初步形成了学校、民间、政府等的多维主体传承机制。学校传承方面，推行摆手舞文化进校园，在酉阳、黔江、来凤等土家族民族地区，几乎校校开展摆手舞教学、训练和比赛活动，很多学校都把开展摆手舞作为打造校园特色文化的主要内容，并且每年全县还举行中小学校摆手舞比赛，为摆手舞的传承、保护与开发，以及丰富学校教学内容等发挥了重要作用。如酉阳第二中学校把"土家摆手舞"定为三个办学特色之一，将摆手舞纳入学校体育进行校本课程开发，编写了校本教材，授予学生摆手舞的一些相关理论知识和动作内容，动作的选取一般都是以现代的"广场摆手舞"为题材。据考察，每天中午的大课间活动，学校都要组织学生进行文体活动，其中少数民族传统体育项目占据大部分时间。场面非常热闹有序，学生活动积极性高，问其摆手舞，几乎每一个学生都能够说出一些感想和知识。民间传承方面，酉阳摆手舞早在 1982 年就有如唐腾华、彭开福、胡长辉、裴万峥等一批人担任摆手舞的挖掘、开发和保护工作。特别是随着各文化

---

①　苏丹：《立—教—演：重庆酉阳县土家族摆手舞的田野观察与研究》，硕士学位论文，中央民族大学，2011 年。

艺术团的成立，酉阳摆手舞的传承形成了一种比较活跃并具有规范性的民间组织局面，并呈现一种良好的区域均衡状况。政府方面，主要是要求文化局、体育局、教委等相关部门组织和举办培训班，把摆手舞等民族传统体育文化的挖掘保护、传承创新、宣传推广等作为一项重要的职责工作进行常年开展。

二是得到了新闻、网络、电视、报纸等媒体的大力宣传，几乎乌江流域所有的区县网站上都对本地区的少数民族传统体育文化进行了栏目设置和特色宣传，在贵州、湖北等地还专门规划和建设了如民族文化网（http：//www.gzmzwhw.cn/CulturePalace/app）、非物质文化遗产网（http：//www.gzfwz.com/index.asp），这其中就专门对民族传统体育文化项目进行了介绍。很多地方也借助电视平台等，对当地的民族传统体育文化项目进行科普宣传。如1998年，酉阳摆手舞在重庆电视台与香港凤凰卫视联合举办的春节联欢晚会上播出；1999年，酉阳摆手舞在香港国际旅游节、新中国成立五十周年庆典和全国第七届少数民族运动会上精彩演出；2009年，参加"建国60周年"和CCTV-3《舞蹈世界》演出；2010年，奥尔梅克文化传播有限公司拍摄电影《摆手舞之恋》并于2011年成功上演。另外，一些地方性的如《重庆日报》、重庆电视台、酉阳政府网及其他网络传媒等，也对酉阳土家族摆手舞进行了大量的宣传。在酉阳政府网中，就对摆手舞进行了详细的介绍和大量的宣传。

三是形成了如光盘视频、文字图像等资料。如酉阳土家族摆手舞做成了视频资料，并通过网络进行传播。在百度、搜狐、新浪等网络平面上输入"酉阳土家摆手舞"关键词，就有很多关于酉阳土家摆手舞的视频出现，如原始摆手舞、便于学教的广场摆手舞和简化摆手舞视频等。

四是形成了科学研究机制，很多研究者都多次、常年深入乌江流域各地对民族传统体育文化进行田野科考，并从民族学、历史学、文化学、体育学等多学科视角和理论前沿来对乌江流域民族传统体育文化进行了深入解读和剖析。从其研究成果来看，有刊物论文、研究报告、博硕论文、科研项目等。同时，乌江流域一些学校和体育主管部门，如酉阳的实验中学校和教委、彭水的一中和黄家中学等，通过与长江师范学院等地方高校合作建立民族文化研究院所、研究基地、研究中心等，其意就在于促进地方民族文化包括摆手舞等民族传统体育文化的保护、传承与发展。

（四）赛事交流化

乌江流域很多区县将少数民族传统体育文化进行赛事化交流已经是一种常态化、常年化机制。如酉阳摆手舞大赛已经形成了一种常态化机制，近年来酉阳每年都要举行大型的"一赛一节"活动，这其中的一节就是指"中国·酉阳土家摆手舞欢乐文化节"，并邀请周边的湖北、湖南、贵州等区县参加。其中，"中国武陵山区摆手舞大赛"已经成功举办了三届。如在2012年9月举行的"中国武陵山区第二届摆手舞大赛"中，有来自重庆黔江、秀山、彭水、石柱、酉阳，贵州印江、沿河，湖北利川、咸丰、来凤、鹤峰，湖南龙山、古丈等周边的13个区县、15支代表队、近1000名表演者参加了比赛。参赛的摆手舞名称有"摆手迎吉祥""叭一口""土家摆手舞""舍巴人""摆手神韵""原生态摆手舞"等20个项目，其中酉阳组建了三支队伍创编了6个项目进行参赛。在每年的摆手舞比赛中竞赛机构还制定了比较详细的比赛规则。如在"中国武陵山区第二届摆手舞大赛"中，就拟定了4项评分标准：（1）参赛队伍。每支参赛队伍人数不得少于30人，演员须身着民族服装，充分展现土家人礼赞新生活良好的精神风貌。（2）舞蹈编排。舞蹈整体编排凸显土家摆手舞浓郁的民族特色，动作连贯流畅，具有一定的表现力和技巧性，时间在8—10分钟。（3）音乐编排。音乐凸显民族特色，旋律流畅、节奏明快；可用伴奏音乐，也可用传统的打击伴舞，音乐与舞蹈形成有机统一。（4）技术感。表演者精神饱满、台风端正、表演适度，充分展现各类风格技术技巧性和整体气质。（5）传承创新。提倡在继承和发扬传统土家族摆手舞民族民间特色元素的基础上有所创新和丰富。通过对表演者及领队、教练员的访谈，他们参赛的目的，主要是想通过这种平台和方式达到展示地方民族文化风采和相互交流、相互学习的目的。

　　酉阳在县内经常举行摆手舞大赛，如早在 1994 年，县委县府就要求酉阳广场摆手舞一定要普及到全县的村村寨寨，充分利用节假日和不定期地举办摆手舞比赛。1996 年举办了广场摆手舞有奖比赛；1997 年，举办了摆手舞比赛。2001 年举办了"首届武陵山区文艺会演暨全县摆手舞大赛"；2012 年举行了"同力杯"中国武陵山区第二届土家摆手舞大赛（见图 2-20）；2013 年举办了县直机关、学校、镇属各居委会摆手操大赛。同时，还将摆手舞推向了国内外各类大小舞台，如 1999 年在香港国际旅游节、新中国成立 50 周年庆典和全国第七届少数民族运动会上的精彩演出，2009 年参加了第一届中国西部旅游产业博览会演出。

图 2-20　"同力杯"中国武陵山区第二届土家摆手舞大赛酉阳代表队比赛

（五）文物保护化

　　一是申请成为非物质文化遗产名录，这是乌江流域各区县少数民族传统体育文化保护的一种普遍做法。据不完全统计，乌江流域已经被列为省市级和国家级的体育类非物质文化遗产名录的有近100项。西阳2002年西阳被文化部授予"中国民间艺术之乡（摆手舞）"，西阳摆手舞于2007年成功申报为重庆市非物质文化遗产，2008年被列入第一批国家级非物质文化遗产名录，2009年启动世界非物质文化遗产申报工作。由中国社会科学院研究员唐际根、联合国教科文组织中国代表处杨国华、文化遗产专家宋预秦等人组成的联合国教科文组织专家团曾经对土家摆手舞的世界非物质文化遗产申报工作进行了实地考察，西阳县政府聘请中央民族大学潘守永教授为土家族摆手舞世界非物质文化遗产申报项目负责人，并形成了一个"关于推荐土家摆手舞申报世界非物质文化遗产名录的专家意见"（见图2-21）。

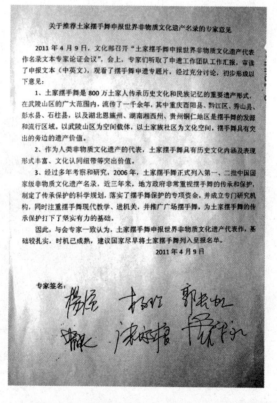

图2-21　西阳摆手舞世界级非物质文化遗产名录申报专家意见

（本图片由西阳县文广新局李化提供）

　　二是相关实物的保护和修缮。很多地方为了保护好少数民族传统体育项目，将所在村、所在地的自然生态环境、文物古迹等进行了保护和修缮，力争用仿古技术还原或再造少数民族传统体育传统生态环境。如在贵州威宁板底乡考察时发现，由于撮泰吉、铃铛舞、赛马是这里历史悠久的少数民族传统体育项目，当地政府及民族居民为了保护好这些传统体育项目，于是就在围绕政府办公区方圆几公里的沿线公路及电线杆上，以及政府办公楼、居民楼等建筑墙壁上用各种颜色图上民族文化项目图文，以此营造一种传统文化、民族文化气息。（见图 2 – 22）。

图 2 – 22　板底乡政府居民点概貌

　　同样，酉阳为了保护好摆手舞，就把与摆手舞相关的村寨、文物、建筑风格等进行了保护。如在《重庆市历史文化名镇后溪镇保护规划》中①，要求对后溪镇的建筑物、构筑物进行分类保护，即分为核心保护区和建设控制区。在核心保护区，要对后溪镇的建筑物、构筑物进行分类保护，在保持和延续原有群体格局和肌理的原则下，对建

---

　　① 《重庆市人民政府网—重庆市人民政府关于重庆市历史文化名镇后溪保护规划的批复》［信息公开］，http：//www. cq. gov. cn/publicinfo/web/views/Show！ detail. action？ sid = 1088465，2012 – 11 – 30。

筑环境进行保护更新，恢复传统建筑特征。不得改变传统建筑的街巷空间风貌、传统建筑材质和色彩。不允许拆除历史建筑物、构筑物和传统民居。除必要的基础设施和公共服务设施外，不得进行修建、扩建活动。修建基础设施和公共服务设施时，不得破坏传统风貌。在建设控制区，要求对与核心保护区风貌不协调的建筑进行风貌整饬。建筑改造应强化土家族、苗族传统建筑特征，外立面色彩、施工技术宜与核心保护区整体风貌相协调，建筑高度控制在1—5层，高度为4—18米，同时控制建筑尺度、体量、色彩，不得破坏建筑风貌。控制高层建筑或体量过大的建筑，保护历史文化名镇所依存的山水格局，保护酉水河和大江河沿线水体，沿岸严格控制新建建筑物，不得进行山体开采等破坏周边山体的活动，要重点保护后溪镇的总体风貌、建筑特色、街巷尺度、民风习俗和自然环境。当前后溪镇的原始风貌、河湾村古寨、摆手堂、摆手碑、族谱等都得到了一定程度的保护，具有地方传统文化生态气息和土家民族文化韵味（见图2-23）。

图2-23　桃花源广场石栏杆上的摆手舞素描图及遗址建筑物

特别是在河湾山寨，至今较为完整地保留着象征土家摆手舞的建筑文物遗址——"爵主宫"，是重庆地区现存唯一的与宗祀为一体的土家"摆手堂"建筑遗址。据资料记载，"爵主宫"始建于清代咸丰年间，为清代建筑风格，是当地土家人为祭祀湘西溪州刺史彭世愁而得名。过去因一年一度的祭祀和摆手活动在此举行，所以习惯上又把"爵主宫"称为"摆手堂"，成为当前人们研究当地土家居民繁衍生息、文化生存变异的重要物证。另外，湖北来凤舍米糊村摆手堂也得到了保护留存（见图2－24）。不难发现，这些摆手堂的存在和呈现，为当地居民保护与发展摆手舞文化提供了重要的民族自信、自豪与自觉感，为人们研究、传播摆手舞文化提供了重要的物证。

图2－24　北来凤舍米糊村摆手堂

二　项目群数量存续现状

所谓项目群数量，是指一定地理区域里或一个民族群体的传统体育项目种类和数量。就该研究而言，主要是指乌江流域整个地域或地区少数民族传统体育项目的种类和数量。由于乌江流域地域广泛，民族众多，且历史悠久，因此，要全面、准确地统计、考究出这个区域里的所有少数民族的传统体育项目的存续状况几乎是不可能的。但还是通过广泛的田野调查、文献查阅、网络搜索等手段，最大限度、最大可能地来对乌江流域民族传统体育项目群存续现状进行了调研。

乌江流域40多个少数民族在长期的生产生活中都创造了丰富多彩的传统体育文化项目，在前面的内容中已进行了简单的罗列和介绍。但随着历史的久远，民族的不断迁移，区域文化包括传统体育文化不断变迁与变化，以及资料记载和人们保护意识的缺失等，导致乌江流域各少数民族传统体育的项目群数量在逐渐减少，真正存续活态于民间的传统体育文化项目可以说还是少之又少，总体呈现出逐渐减少、消失和濒危的态势。而在一些研究者、老年人的记忆中，似乎各少数民族传统体育文化项目是丰富多样的，因此这只不过是一种"流传式""传说式"的存续现状，很多民族传统体育文化项目在民间、在人们的生活中或许已经消失了几十年甚至上百年的历史了。

在通过大量的研究后发现，各地由于自然环境、民族、经济社会发展、开放通道与程度等的不同，其民族传统体育文化的项目群存续现状是不一样的。比如在贵州、湖北等自然生态环境保持良好、地理位置及地势比较偏远、民族人口比较集中、民族遗产保护比较丰富和完整的地方，其民族传统体育文化项目存续比较好，比如贵州省台江县反排村的木鼓舞、威宁县板底乡的撮泰吉、铃铛舞，西阳县后溪镇的摆手舞等。在这些地方的学校也开设了民族传统体育项目教学训练课程，在城市广场也有人跳民族传统体育舞蹈。总体而言，在地域比较边缘封闭、人烟比较密集的村寨和开发较好的旅游景点或景区，以及被政府打造的民族村寨，其民族传统体育项目保护与发展得相对较好。

据考察统计，贵州省贵定县的苗族雷公舞；苗瓮安县的族搓梗仔采阿诗舞、草塘火龙；沿河县的土家族高台狮灯、赛龙舟；凤冈县的龙泉推推灯；普定县的铁水冲龙；龙里县的苗族跳洞；清镇市的苗族祭鼓节；乌当区的苗族跳场；绥阳县的苗族跳花节；毕节市的苗族芦笙蹉步舞；修文县的苗族斗角舞；黔西县的苗族斗鸡舞；平坝县的苗族夫妻舞；松桃县的上刀山；镇远县的赛龙舟；金沙县的长坝狮灯；花溪区的布依族铁链械；平坝县的抵杠；施秉县的玩水龙，赫章县、大方县、金沙县的苗族跳花节；安顺市的苗族跳花节。湖北利川市的肉连响；咸丰县的打土地、板凳拳、板凳龙、草把龙、地盘子、板凳龙、干龙船、摆手舞；宣恩县的薅草锣鼓、三棒鼓、八宝铜铃舞、滚龙连厢、草把龙灯、猴儿鼓、龙灯舞、狮舞；鹤峰县的打溜子、花鼓灯；来凤县的摆手舞、龙舞（地龙灯）、三棒鼓、打安庆、麻舞、靠灯舞、板凳拳；恩施市的龙舞（板凳龙）、三才板、耍耍、板凳拳、竹马（踩高跷）、地鸽子；咸丰县的板凳龙、板凳拳、绕棺、草把龙灯、地盘子、车车灯（鼓儿车）、竹马（踩高跷）、狮舞（高台舞狮）；建始县的南乡锣鼓、丝弦锣鼓、喜花鼓、武丧、车车灯（鼓儿车）、火棍；利川市的绕棺；巴东县的土家撒叶儿嗬、车车灯（鼓儿车）、花鼓子、翘旱船。重庆地区酉阳县的高台狮舞、摆手舞、薅草锣鼓、梯玛跳神、马马灯、上刀山、下火海、打绕棺、三棒鼓；武隆县的平桥耍龙；彭水县的苗山打闹、铁炮火龙、高台狮舞、甩手揖、踩花山、射弩、摆手舞；石柱县板凳龙、打绕棺、玩牛；秀山县的打绕棺、花灯；南川区的板凳龙舞；黔江区的中塘向氏武术、摆手舞等，是乌江流域保护得比较好的传统体育项目，并绝大多数已经是县级、州级、省（市）级或国家级非物质文化遗产名录。

但整体上乌江流域少数民族传统体育项目的保护与发展前景令人担忧，仍旧处于破坏、濒危和消失的境地。即使是一些被政府支持、扶持打造的传统体育项目依然面临"见闻不见物，见闻不见人"的不堪景况，这也正是当前人们所担心和忧虑的问题。

三　文化事象的整体性保护现状

民族传统体育文化的保护必须保护其文化事象的整体性，这是笔者所一直强调和提倡的一个观点，也是笔者所长期持续关注的研究内容[①]。美国人类学家威斯勒就曾认为，"文化综合体"是由文化最小的单位——文化特质所构成的，强调了文化的整体性和内部诸要素间的关联性[②]。美国学者 John B. Rehder 曾经在 *Appalachian Folkways* 一书中就创造性地提出了对非物质文化遗产的保护必须进行"全面记录"的观点。John B. Rehder 通过以阿巴拉契亚文化为例解读了什么是一种

---

① 张世威：《基于文化空间理论的体育非物质文化遗产保护研究》，博士学位论文，北京体育大学，2014 年。

② ［美］克拉克·威斯勒：《人与文化》，钱岗南、傅志强译，商务印书馆 2004 年版，第50 页。

"全面记录"的问题，认为要保护好阿巴拉契亚文化，就必须得对阿巴拉契亚的自然地理、族群徙居、风俗信仰、生产生活方式、宗教礼仪、生活语言等进行全面透视和保护①。Farrer Douglas 在 *Death scapes of The Malay Martial Artist* 一文中，指出马来武术（Silat）文化的形成和演绎必须通过如舞蹈艺术、符号象征、表征载体、宗教信仰等综合实现，强调马来武术（Silat）文化对依存要素的必要性②。

在世界非物质文化遗产的完整性保护实践中，如俄罗斯为了保护好居住在偏远的特兰斯贝卡地区的一个古老的信徒群体——塞梅斯基的文化信仰遗产，就将这一文化遗产命名为塞梅斯基文化空间，要求对这一群体的文化要素、群体意识，以及家庭崇拜、道德规范、传统服装、住所和装饰、歌曲等进行完整性的保护。哥伦比亚为了保护圣巴西里奥的帕兰克村文化遗产，将此地命名为帕兰克—德—圣巴西里奥文化空间，意在完整地保护好帕兰克村独特的社会、医药与宗教习俗，以及音乐和口头传统。几内亚为了保护尼亚加索拉村庄中多卡拉家族演奏的一种叫"索索·巴拉"室内乐，也将此地命名为尼亚加索拉的索索·巴拉文化空间，并申请成为世界非物质文化遗产。要求保护与"索索·巴拉"相关的音乐节、乐器及制作工艺，建立"索索·巴拉"的博物馆图书馆，建立"索索·巴拉"学校，保护尼亚加索拉及其周围的生态环境。越南为了保护好西原锣钲音乐，将这一传统文化命名为铜锣文化空间，并成为世界非物质文化遗产。意在完整地保护好与西原锣钲音乐相关的乐器、道具、音调、流行地域、族群，以及人们的生活传统、房屋装饰风格和类型、祭拜信仰等。

从这些事实中不难发现，民族传统体育文化事象的生存发展与相关的物质和非物质依存要素是紧密相关的，在对民族传统体育文化事象的保护与发展中，必须对相关的依存物进行完整性保护。正如王林等认为，民族传统体育文化的保护，应保护该项目全部内容和形式，

---

① John B. Rehder, "Appalachian Folkways", The Johns Hopkins University Press, 2004：7.

② Farrer Douglas, "Death scapes' of The Malay Martial Artist" Social Anaysis, Berghahn Journals, 2006（50）：25 – 50.

以及该项目所处的自然环境、生态环境、人文环境和相关的制度、习俗等①。马卫平认为，民族传统体育文化事象与一定地域里的自然文化、地域文化，以及人们的心理文化、行为文化等具有紧密的生存相依关系②。龚建林认为，体育文化由体育项目、象征符号、乡土情结、历史传承、文化认同、社会组织、体育环境等要素构成为一个有机统一体并相互依存③。娄章胜等认为，保护少数民族体育文化项目的同时要连同与它生命休戚相关的生态环境、根源和本质进行准确的认识和理解，从源头上进行一种完整性、真实性的保护④。孙庆彬认为，保护体育文化要遵循文化整体观，实施整体性保护，民族体育文化都与一定区域里民族历史渊源、社会变迁、生产生活、民间信仰、风俗习惯、地理环境等密切关联，保护与发展民族体育文化不能破坏由这些要素形成的整体性，不能斩断其文化根基和割断文化的血肉⑤。刘坚认为，在保护与发展少数民族传统体育过程中，必须重视挖掘和整理体育文化的相关物质载体，当前我国对少数民族传统体育文化传承进行系统的、整体的和深层次的研究还不足⑥。陈永辉等指出，开发少数民族民俗体育文化资源要遵循本源性、整体性原则⑦。牛爱军提出，把民族传统体育作为"非遗"进行保护，重点是保护其生存的原生态文化等⑧。

---

① 王林、陆海：《民族传统体育非物质文化遗产保护与发展路径》，《武汉体育学院学报》2011年第8期。

② 马卫平：《复杂性思维视野中的体育研究——对我国体育研究中的思维方式之反思》，《体育科学》2007年第1期。

③ 龚建林：《体育文化生态系统的结构与特性》，《体育学刊》2011年第4期。

④ 娄章胜、袁校卫、陈薇：《社会学视角下的少数民族体育文化遗产保护》，《武汉体育学院学报》2008年第11期。

⑤ 孙庆彬：《民族传统体育文化保护与传承的基本理论问题》，《西安体育学院学报》2012年第1期。

⑥ 刘坚：《云南省少数民族传统体育非物质文化遗产保护与传承研究》，博士学位论文，北京体育大学，2012年。

⑦ 陈永辉、白晋湘：《非物质文化遗产保护视角下我国少数民族民俗体育文化资源开发》，《武汉体育学院学报》2009年第3期。

⑧ 牛爱军：《非物质文化遗产视角下民族传统体育的保护、传承与发展》，《体育科研》2009年第6期。

事实上，整体性保护还是国际非物质文化遗产保护的核心思想和主要原则。追溯这一思想和原则出现的历史印迹，始于 20 世纪六七十年代的法国、英国和日本等国家，将文化遗产的保护从文化遗产本体扩大到了文化遗产周围环境及相关要素的呈现片区的整体性保护理念中。尔后，非物质文化遗产保护的"整体性"保护思想和原则在一些国际条文中得以明文规定。如《雅典宪章》就提出要充分体现文化遗产的整体性保护思想；《威尼斯宪章》提出文化遗产的保护包含对相关环境的规模性保护，突出文物的环境完整性保护；《内罗毕建议》中强调文化遗产与其相关的如自然、社会、经济、文化、思想、人类行为、空间结构等环境构成一个完整的统一体，这些环境因素在文化遗产保护中不可忽视；《西安宣言》强调文化遗产"完整性"的相关要素及逻辑联系；《奈良真实性文件》强调反映文化遗产"完整性"的方面不仅仅是形式与设计、传统与技术、精神与情感，还包括地点与背景、物质与材料、功能与用途，以及其他内在或外在的因素；《实施保护世界文化和自然遗产公约操作指南》中强调，文化遗产的"完整性"保护，必须同文化遗产产生的文化背景进行真实性考评，强调精神、感情等对文化遗产真实性的重要性；《关于乡土建筑遗产的宪章》强调了物质实体和非物质文化并重保护的观点，提出保护乡土特色的生活方式和人际生态也是文化遗产真实性、完整性保护的要求和原则，因为这些因素赋予了文化遗产的灵魂和生机。

非物质文化遗产的"整体性"保护，在我国的相关条例中也有规定。如国务院办公厅转发的《文化部、建设部、文物局等部门关于加强我国世界文化遗产保护管理工作意见的通知》中强调，文化遗产真实性、整体性保护的理念，要求端正世界文化遗产保护管理工作的指导思想，坚持"保护为主、抢救第一、合理利用、加强管理"的方针，确保世界文化遗产的真实性和整体性；《国务院办公厅关于加强我国非物质文化遗产保护工作的意见》中强调，坚持非物质文化遗产保护的真实性和整体性作为非物质文化遗产保护工作的指导方针之一；

《国务院关于加强文化遗产保护的通知》中强调，坚持保护文化遗产的真实性和整体性；《国家级非物质文化遗产保护与管理暂行办法》强调，国家级非物质文化遗产的保护，实行"保护为主、抢救第一、合理利用、传承发展"的方针，坚持真实性和整体性的保护原则；《中华人民共和国非物质文化遗产法》第四条明文规定："保护非物质文化遗产，应当注重其真实性、整体性和传承性"；《文化部办公厅关于开展非物质文化遗产普查工作的通知》中强调，非物质文化遗产普查的真实性，要求尊重非物质文化遗产的历史和原貌，确保普查的内容和成果真实可靠。

因此，研究民族传统体育文化的保护现状，不仅看这个文化活动本身还存不存在，还要从文化空间性、文化整体性的视角来关注传统体育文化事象的生存保护与发展问题。特别是地域性较强的民族传统体育文化与有形无形的如自然生态环境、文化传统、宗教信仰、生产生活水平，以及日常生活习惯、习俗等依存要素是相辅相成的，如果承载它的这些依存要素荡然无存，这一文化便失去了其赖以存在的土壤和条件，所谓皮之不存，毛将焉附，也就谈不上保护、传承和发展①。如武术受民俗、时令、价值、信仰、精神和地域、水文、道器、技术、场地等方面的影响，保护中缺少任一环节都有可能诱发"蝴蝶效应"②。因此，在由国家有关部门出台的非物资文化遗产保护政策文件中，就要求对与非物质文化遗产事象相关的如村寨乡土文化、标志性建筑、传统生产生活用具、民族服饰、乐器、民风民俗、民族记忆、民歌、民族舞蹈、传统节日等进行整体性保护③。重庆酉阳当地政府也是明文规定要求对与摆手舞等土家文化相关的自然环境、建筑风貌、民风

---

① 王文章、陈飞龙：《非物质文化遗产保护与国家文化发展战略》，《华中师范大学学报》（人文社会科学版）2008 年第 2 期。

② 吉灿忠、邱丕相、李世宏：《传统武术"文化空间"所遭遇的抵牾及其理论调适》，《天津体育学院学报》2010 年第 6 期。

③ 《中华人民共和国国家民族事务委员会官网—国家民委关于印发少数民族特色村寨保护与发展规划纲要（2011—2015 年）的通知》，http：//www.seac.gov.cn/art/2012/12/10/art_149_172616.html，2012 – 12 – 10。

习俗、民族群体、器物饰品等进行整体性保护①。

但总体看来，乌江流域少数民族传统体育文化的整体性保护并不理想，人们的一些做法是只见树木而不见森林，重文化表演艺术开发而轻文化根基的保护和培育现象普遍存在，导致很多少数民族传统体育的存续空间荡然无存②，即使当地政府对一些相关依存物进行了保护，但却是一种零散化、碎片化的保护思想和现状③。整体呈现出自然环境的持续性破坏、制度文化的边缘化和缺失、传承人匮乏和族群基础薄弱、文物资料保护不力、文化本体的失范和弱化等问题。很多即使是被国家政府命名的民族文化特色村寨，但自然生态环境整体保护没有一个科学的规划和监管，有的地方是既无保护的制度规划，也没有监管的主体和制度。有的地方即使有一些规划和制度但又缺乏监管的主体和执行，正如全国政协委员冯骥才在接受记者采访的时候说（通过视频录音整理）："我所关心的另外一个问题还是与传统村落有关系，国家领导人都在强调传统村落要保护好，可是现在有一个问题，就是我们中央很重视，提到了，但是我们下边的工作跟不上，我们底下没有动作，没有人做这个事，我们天天喊那个村子要拆了，那个村子要没了，但是没有人做。"④ 而这种无规划、无制度、无监管的保护现状，必然导致民族传统体育文化赖以生存的自然生态空间被破坏和消失，民族传统体育文化也终将缺乏这样的生存空间而自灭。比如在村寨中任意修建公路铁路、安装通信设施设备、修建水池水库等，村寨中的山体、森林、植被、河流等被任意开采、砍伐、破坏和污染，即使是上百年的古树、"神树"被卖掉、砍掉，古建筑、古遗址及文

---

① 《重庆市政府网—重庆市人民政府关于重庆市历史文化名镇后溪镇保护规划的批复（渝府〔2012〕94 号）》，http://www.cq.gov.cn/publicinfo/web/views/Show! detail.action? sid = 1088465，2012 - 11 - 30。

② 崔乐全：《中国体育非物质文化遗产的保护与研究》，《国家体育局体育文化建设与提升中国体育软实力高级研修班授课资料》2012 年第 7 期。

③ 郝国栋、石文：《非物质文化遗产视域下贵州省少数民族传统体育文化的保护与传承》，《贵州民族研究》2011 年第 2 期。

④ 中国文艺网—冯骥才：《传统村落保护需要国家作为》，http://www.cflac.org.cn/wyds/spk/201403/t20140303_ 245889.html，2014 - 03 - 03。

物资料无人看管、人为毁坏等，整个村寨原有的自然原生性和古村落整体生态风貌没有了，民族传统体育文化没有了整个村寨所给予的生存土壤和气息，渐渐失去了所赖以生存的文化空间。同时，过去人们的一些民俗风情、生产方式、生活习惯、宗教信仰、人文制度等也没有了身影，民族传统体育文化由此失去了赖以存续的文化生态基础、社会基础、组织基础和制度基础，民族传统体育文化的保护与发展落入了孤芳自赏、孤立无援的境地。但是在那些偏僻封闭、历史悠久、有大量人口居住并被政府特意命名保护的传统村寨，其生态概貌还是保存得相对较好，如贵州台江县的反排民族文化旅游村，由于被政府列为民族文化村而得以保护，传统聚居苗寨建筑、古树等都得以比较原生态的保留（见图 2 - 25）。

图 2 - 25 贵州省台江县反排村苗寨建筑风貌及古树风景

另外，很多地方出现了传承危机。一是很多民族传统体育文化项目由于出现了多代际的断裂，懂民族传统体育文化项目的人几乎没有，现在所谓传承人所传承的项目其实都是通过政府组织人员进行集体挖掘整理和创编而成的，真正从原生态沿袭下来的民族传统体育文化项目几乎是没有的。所以，特别是族群来说，就民族传统体育文化项目的技术方法是非常欠缺的。二是由于村寨年轻人群的大量外出，导致民族传统体育文化项目的参与人群出现了"真空"，留守老人和儿童又通常没有精力、时间和体能来参与民族传统体育文化活动。三是现在很多人缺失传统文化、民族文化参与保护的意识，特别是年轻人喜欢看电视、玩现代体育项目。因此，在乌江流域的很多地方都出现了民族传统体育文化"见闻不见物""见人不见物"的尴尬境况。

四 主体行为现状

民族传统体育保护得好不好，关键是看主体的"为"与"不为"。通常情况下，民族传统体育文化的保护主体有政府、社会组织和村民或族民等。而根据我国国情，民族传统体育文化保护的推动力、组织力主要来自政府，政府在少数民族传统体育保护行动中充当组织者、管理者和行动者，所以乌江流域少数民族传统体育保护得好不好，主要是看政府有没有科学、正确的规划、决策和行为。而根据调查访谈，在乌江流域特别是少数民族文化比较丰富和开展得比较好的地方，地方政府都相应地出台了很多政策与措施，这其中的原因一是基于国家以及省级政府的要求；二是自身推动本地旅游经济发展的需要。

比如在贵州遵义市考察发现，遵义市政府对保护、传承和发展少数民族传统体育文化做了很多工作①②③。一是强化相关职能部门的管理，要求把少数民族体育文化工作列入重要议事日程，纳入当地经济社会发展总体规划和年度工作计划中，加大经费支持力度。建立了主要领导亲自抓，分管领导具体抓，相关业务科室具体落实的工作责任机制，定期不定期地对各民族传统体育训练基地进行协调、指导和督促检查。同时，市财政每年落实了150万元的少数民族文化教育体育专项扶持经费，市民委还根据工作需要，每年从市级少数民族发展资金中安排一定的民族经费用于支持民族传统体育基地建设。二是以学

---

① 《遵义市人民政府办公室关于进一步繁荣发展少数民族文化事业的实施意见》（市府办发〔2012〕号）。

② 2006年，遵义市民族局、教育局、文化局联合出台了《关于民族文化进校园的实施方案》（遵市族〔2006〕11号）。

③ 《遵义市少数民族传统体育工作总结与回顾》〔遵义市民委（2012年8月）〕。

校为阵地，要求各县（区、市）结合本地区、本民族的特点，切实开展民族传统体育进校园工作，将富有民族特色的体育活动列入教学内容和教学计划，举办各类民族传统体育比赛，积极开展少数民族传统体育运动教学、训练和民族体育器材的手工制作等，并努力将"打篾鸡蛋""独竹漂"等民族传统体育的单项优势项目在各民族中学推广和普及。道真县职业高级中学在全校普及推广高脚竞速、蹴球、打陀螺、押加、射弩等民族传统体育比赛项目。还投资9万元新建蹴球场、陀螺场、射弩场，组织学生参加县、市、省级少数民族传统体育运动会。余庆县成立龙舟基地，遵义医学院常年积极开展民族健身操、毽球、板鞋竞速、高脚竞速、珍珠球、蹴球、秋千等教学、训练、比赛和科研工作。三是发挥竞赛杠杆。近年来，遵义市以竞赛为杠杆大力推进了少数民族传统体育的发展。如2006年组团参加了"贵州省第六届少数民族传统体育运动会"陀螺、押加、射弩、蹴球、高脚竞速、划龙舟六个竞赛项目的比赛和高脚跳竹竿、打篾鸡蛋、女子独竹漂三个表演项目的表演；2007年代表贵州省参加"全国第八届少数民族传统体育运动会"打篾鸡蛋、独竹漂2个表演项目的参赛；2010年参加"贵州省第七届少数民族传统体育运动会"独竹漂、龙舟、押加、蹴球、高脚竞速、陀螺6个竞赛项目和4个表演项目的比赛等。四是着力以科研为推手。近几年来，遵义市民族体育科研工作取得了有益的成果，为遵义市少数民族传统体育的发展提供了智慧和理论参考，这些成果引起了有关部门和社会各界的广泛关注，为遵义市少数民族体育的可持续发展提供了宝贵的理论经验。

在酉阳，县政府为了展示酉阳厚重民族文化底蕴，发展民族文化产业经济，举行了一系列的普查、推广和开发活动。早在1982年，酉阳县就成立了"酉阳自治县首届民族文艺调演领导小组"，组织专门人员对酉阳12个重点区（镇）乡进行摸底、普查、采风搜集工作；开展摆手舞项目培训和骨干（辅导员）培训活动。1983年，创编广场摆手舞，并亮相于自治县成立大会的受阅仪式活动中。1984年，原始摆手舞被《四川省民族民间舞蹈集成》（酉阳县卷）收录。1987年举办全县中小学摆手舞培训班，摆手舞向学校普及和推广；组织专家对摆手舞进行重点收集与整理。1993 年，特邀知名人士和专家对摆手舞进行重点提炼和打造，作为酉阳解放 44 周年和自治县成立 10 周年文艺节目。1994 年由县委、县政府亲自牵头承办了全县第一期摆手舞教学培训班，要求全县村村寨寨普及跳广场摆手舞，每个乡镇每年利用节假日不定期举办一次摆手舞比赛；创编的《摆手祭》土家摆手舞民族文化品牌在四川省第二届少数民族艺术节上摘取"特别奖"。1995 年黔江地区行署命名酉阳后溪乡为黔江地区"摆手舞"之乡。1996 年酉阳代表团创编的《摆手祭》参加了酉阳、来凤、龙山三县第二届一次民族文艺交流会文艺演出；举办县直机关及县城各界"酉阳摆手舞比赛"。1998 年创编的土家摆手舞在重庆电视台与香港凤凰卫视联合举办的春节联欢晚会上播出；黔江地区派出人员将酉阳土家摆手舞引进机关、学校、广场等。1999 年推出《酉阳广场摆手舞》；对原始摆手舞相关的如碑文、诗词、歌词、故事、传说等文字资料，摆手堂遗址资料，以及音像、图片等资料进行收集、挖掘和整理；创编的土家摆手舞赴香港参加国际旅游节展示。2000 年酉阳县向重庆市等上级有关部门递交"摆手舞之乡"请示书。2001 年酉阳县政府正式向重庆市等上级有关部门报送申请成为"摆手舞之乡"的资料汇编，并被重庆市人民政府命名为"摆手舞之乡"；修改、提炼广场摆手舞，使之易于大众接受和喜爱，也利于传授和普及推广；举办"首届武陵山区文艺会演暨全县摆手舞大赛"，以及大型摆手舞表演晚会。2002 年酉阳摆手舞队赴北京中央电视台演播室进行现场表演。2003 年《酉阳土家摆手舞》专著出版；文化部正式授予酉阳"中国民间艺术之乡"（摆手舞）称号。2009 年以各乡（镇）、县直系统、城关镇各居委会和全县各中小学为单位开办土家摆手舞传习班，实施传承计划；在重庆主城如杨家坪文化广场、大渡口区政府广场、人民大礼堂广场、解放碑等举办摆手舞"进商圈、进军营、进企业、进社区"展演活动。2011 年举办武陵山区首届土家摆手舞大赛，2012 年举办武陵山区第二届土家摆手舞大赛，2013 年举办酉阳县传统体育项目比赛、酉阳县摆手操比赛、武陵山区第三届土家摆手舞大赛等。

其次，地方政府还做了如以申遗促发展、助力旅游经济发展、作为文化和体育工作建设内容等民族传统体育建设发展工作①。在以申遗促发展方面，当地政府把申遗作为一项重要工程，如酉阳为了将摆手舞成功申报成为世界非物质文化遗产，在 2005 年制定了 5 年发展规划，规划从 2005 年起每年拨专款 2 万元用于扶持土家摆手舞的保护与传承。从 2006 年开始在酉阳县图书馆、博物馆、文化馆建立摆手舞文献档案室、实物陈列室、研究室和电子资源库；给予高龄传承人经济补贴；在学校开设《土家摆手舞》等乡土课程；在沿酉水河的乡镇（后溪镇作为重点）兴建六座摆手堂；制定《酉阳非物质文化遗产保护条例》；出版"酉阳土家摆手舞"相关理论研究文集；组织摆手舞传承人师徒大赛等②。在 2010 年，酉阳县政府又实施了"十个一"工程，其中就要求修建土家摆手舞博物馆，建土家摆手舞传习所；开发制作《中国土家摆手网》；举办"土家文化论坛"；组织 10 万人同跳摆手舞，申创吉尼斯世界纪录；将以摆手舞为题材创编的大型舞蹈史诗《梦幻桃源》打造成宣传名片，并在国内外巡回展演；积极举办"中国酉阳土家摆手舞欢乐文化节"；精心录制土家摆手舞电视专题片并推广③。

在助力旅游经济发展方面，酉阳县为推进生态旅游工程和生态文化旅游品牌，将土家摆手舞作为一项重要的"引子"和推手，如在 2010 年举办的"酉阳·中国土家摆手舞欢乐文化节"活动中，就引进资金 153.88 亿元，吸引游客 16.98 万人次，旅游收入达 6376.82 万元④。为了做大做强摆手舞品牌，酉阳在"十二五"旅游发展规划中，

---

①　张世威：《基于文化空间理论的体育非物质文化遗产保护研究》，博士学位论文，北京体育大学，2014 年。

②　苏丹：《立—教—演：重庆酉阳县土家族摆手舞的田野观察与研究》，硕士学位论文，中央民族大学，2011 年。

③　《酉阳县公众信息网—酉阳县推进文旅融合发展民俗文化旅游取得阶段性成效》，http://www.cq.gov.cn/zwgk/zfxx/196270.htm.2010.3，2014－11－21。

④　《重庆市政府网—酉阳县成功举办"一赛一节"激活旅游业整体起步》，http://www.cq.gov.cn/zwgk/zfxx/248231.htm.，2010－10－09。

就明确提出要将酉阳建设成为一个拥有土家摆手舞之乡等诸多盛誉的地方。强调加强百家祠堂、土司制度、神话传说、土家摆手舞、木叶情歌、传统习俗，以及河湾山寨、三嵝山自然风光、土家民族风情、后溪古镇、河湾古寨等旅游资源的开发和保护。明确把后溪古镇建设成为全国著名民俗古镇，将河湾山寨建设成中国"最美的土家山寨"、土家文化体验目的地。要求复建古祠堂，恢复祠堂群景观，建设土家摆手堂，复建"八部大王"庙和老土司寨，提炼土家摆手舞等土家文化的主要元素，打造酉水河土家民俗风情走廊。将土家吊脚楼、土家摆手舞（摆手堂）、木叶情歌等打造成为特色旅游项目。加强摆手舞建设和深度开发，推动以摆手舞为重点的民族文化进景区、进机关、进社区、进学校、进农村、进企业，打造土家摆手舞民俗文化风情和土家摆手舞节民俗文化风情节产品，重点开发土家摆手舞休闲性旅游产品。

作为文化和体育工作建设内容方面，在《酉阳土家族苗族自治县人民政府 2012 年文化工作意见》（酉阳府发〔2012〕15 号）中就要求，要做精做特酉阳土家摆手舞。在《酉阳土家族苗族自治县人民政府关于印发〈酉阳自治县全民健身实施计划（2011－2015）〉的通知》（酉阳府发〔2012〕33 号）中，要求充分发挥各广场、主题公园场地、健身广场的作用，大力推广群众跳摆手舞活动。开展跳摆手舞进学校、进单位、进社区、进村组、进家庭等活动，组织全县各个层次的摆手舞比赛。各机关、企事业单位要把跳摆手舞作为工间操内容进行推广和普及。各中小学把跳摆手舞作为特色体育课和课间操进行推广。力争把一年一度的"中国武陵山摆手舞大赛"打造成为国家级的少数民族特色精品体育项目。

以上这些都是政府主体的作为，而作为社会组织，由于本身我国社会组织还很不健全，因此除了一些文化旅游公司对地方性的民族传统体育文化进行资源性开发以外，以及自由式、自发式的民间表演队伍以外，还没有发现有正式注册登记的社会组织来对民族传统体育文化进行保护与发展。而作为民族传统体育文化主体的民族居民而言，人们的自觉性还不强、积极性也不高，在身份上还是一种看客，其行为还处于一种被动，缺乏文化主人所应有的自觉感、责任感、地位感和主体感。

第四节　乌江流域民族传统体育文化的生存困境

一　断"根"缺"养"及复兴认同的缺失

传统文化为民族传统体育文化事象的发展提供养分和血液，传统文化的缺失对于民族传统体育而言就犹如断"根"缺"养"。我国的传统文化在 20 世纪中期遭受"文化大革命""破四旧、立四新"等运动的严重冲击，很多包括民族传统体育在内的有着悠久历史和深厚人文意蕴的传统文化逐渐被遗弃和"糟粕"，由此，民族传统体育文化所赖以生存的伙伴和空间逐渐被化为了乌有，即所谓断"根"缺"养"。

改革开放以来，由于我国经受了传统文化缺失的洗礼和教训，传统文化保护与拯救成为我国非物质文化遗产发展的焦点和热点问题。学者及政府也极力呼吁保护我们的优秀传统文化，一时间非物质文化遗产保护的热潮被激起并延续至今。然而，我们在极力保护传统文化的同时，文化全球化所带来的西方文化和现代文化再次冲击着我国传统文化的保护与发展。由于长时间我国非物质文化遗产受到破坏和遗忘，传统文化的心理根基和土壤被破坏，再加之人们在面临西方文化和现代文化的吸引下，缺乏对本地、本民族传统文化的关注和了解，导致特别是年轻人对传统文化的不理睬、不认同、不接受。因此，在 20 世纪乃至今天兴起的传统文化保护运动中，对民族传统体育等传统文化的保护与发展可以说依旧是抱残守缺、步履维艰，并仍旧充满着危机和威胁。

乌江流域民族地区长期处于封闭落后状态，人们长期有着冲出大山、探望外界的愿望。当全球化所带来的新经济、新文化、新生活方式和思潮涌入这些地区以后，以及随着乌江流域生产力水平的提高和工业化、现代化、信息化社会的日渐形成，摆手舞等以农耕文化为生产基础的民族传统体育文化自然而然、不可避免地发生了本土与外来、传统与现代的文化抗争，乃至人们对民族传统体育文化在认同、选择上的犹豫不决，甚至是不理与漠视。同时，由于很多民族传统体育项目出现代与代之间的传承断裂，唯有少许被世代流传于城市和乡村角落或夹缝中，虽然得以一个民族文化符号的形式被保留了下来，但由于整个传统文化氛围的缺失，原先那种深入人们骨子里、血液里的文化认同感却不复存在。而传统文化的缺失，不仅是缺失一种文化，更是缺失一种思想、一种文脉、一种文化态度，以及影响到人们对民族传统体育文化的认同态度。也因此，即或后来被复兴，也很难在人们骨子里成为一种扎根式的文化心理和文化认同。

二　政府主体的失范

民族传统体育文化的保护与发展离不开政府的积极引导和强力支持。《中华人民共和国非物质文化遗产法》（2011 年 2 月 25 日第十一届全国人民代表大会常务委员会第十九次会议通过）规定，政府部门应当将非物质文化遗产保护、保存工作纳入本级国民经济和社会发展规划，制定非物质文化遗产保护规划，并将保护、保存经费列入本级财政预算。政府有关部门在各自职责范围内，负责有关非物质文化遗产的调查、保护、保存、宣传工作，收集属于非物质文化遗产组成部分的代表性实物，整理调查工作中取得的资料，并妥善保存，防止损毁、流失，并对非物质文化遗产予以认定、记录、建档，建立健全调查信息共享机制①。但有关领导还认识不到位，表现为轻管理、轻投入、轻保护的现象。在落实资金、保护规划、工作机构等方面措施不力，盲目开发比较严重。如据河湾村村长估计，目前重庆市政府、旅游局、扶贫办共投资近 500 万元，但主要用于基础设施建设，其目的还是想推动该地旅游经济的发展。而分配在摆手舞文化保护、开发、

---

① 《中央政府门户网站—中华人民共和国非物质文化遗产法（主席令第四十二号）》，http://www.gov.cn/flfg/2011 – 02/25/content_ 1857449. htm，2011 – 02 – 25。

传承方面的资金却少之又少，就连看管摆手堂遗址的人也没有得到一点劳务补偿。总体而言，政府主体在民族传统体育文化保护与发展方式上的缺陷主要包括以下几个方面。

（一）重旅游经济效益，轻文化根基培育

"旅游兴县（区）"是乌江流域很多民族区县经济社会发展的重要战略。在这一战略的指引下，很多地方都决定依托地方包括民族传统体育在内的少数民族文化打造地方民族风情旅游经济，建成全国知名的少数民族生态民俗旅游目的地和民俗文化特色县等。如酉阳为了打造渝东南生态旅游大县，决定依托摆手舞等民族风情旅游产品，大力培育文化旅游、演艺会展、文化娱乐等产业群，打造乌酉水河等土家族民俗文化保护区，大力弘扬土家摆手舞，推出"唱酉阳民歌、跳土家摆手舞"等旅游文化节目，定期举办"土家摆手节"。全力打造"中国著名的摆手舞之乡"，构建酉水河土家风情旅游走廊①，全面提高酉阳旅游的核心竞争力，建设酉水河"原生态土家文化"长廊②。县领导多次亲自带队对后溪镇、河湾村进行考察，都强调了发展该地旅游的资源优势、基础作用和价值贡献等，并决定加大基础设施建设。

不难发现，"摆手舞""摆手节""摆手堂""酉水河""后溪古镇""河湾古寨""中国摆手舞之乡"等，早已成为酉阳旅游发展的关键词。摆手舞文化等民俗文化成为酉阳旅游经济发展的生产力要素，成为酉阳发展生态旅游产业的重要资源，在很多旅游休闲地、农家乐等，都推出了摆手舞活动。事实上，酉阳旅游发展和摆手舞发展是一种双驱动效应。随着摆手舞的发展带动了地方旅游产业的发展，旅游产业的发展又推动了摆手舞文化的发展。但是从两者发展的关系来看，摆手舞发展成为被功利、被唱戏的角色。地方政府及当地居民看中的

---

① 《酉阳县公众信息网—我县旅游工作发展思路日趋完善发布》，http：//www. youyang. gov. cn/zfxx/ bmdt/8332. htm，2008 - 09 - 02。

② 《重庆市政府网—酉阳县六措并举加快推进旅游兴县战略》，http：//www. cq. gov. cn/ zwgk/ zfxx/2014/4/4/1266538. shtml，2014 - 04 - 08。

是摆手舞所带来的旅游经济资源效益，人们思考的是如何发挥摆手舞的旅游经济发展功能和形式，而缺乏对摆手舞文化根基的培育。可以说，摆手舞早已成为酉阳县旅游经济发展的招牌产品，人们对摆手舞进行了艺术化、娱乐化、舞台化的开发，但看重的是艺术形式和游客取悦效果，却忽视了对摆手舞相关文化空间载体要素的收集、整理和保护。一方面摆手舞起到了实实在在的旅游效应，但另一方面，摆手舞越来越失去了生存与发展的根基、土壤和空间，可谓是断"魂"缺"根"。或许这一点已经被很多人所认识，地方政府也正在疾呼加强摆手舞文化内涵建设①。

LZH（受访者）：

现在的摆手舞失去了原汁原味，为政府服务，强化实用主义。

总体来看，摆手舞得到了酉阳县委、县政府，以及重庆市民宗委、重庆市扶贫办等部门的重视，但呈现的却是一种重摆手舞旅游效应、轻生态保护的现状②。

YWJ（受访者）：

保护存在的问题是民众意识不强、政府支持不强、应该全方位保护，传承文化内涵，强化民族认同，防止文化的孤立发展。

（二）重文化品牌效应，轻文化内涵建设

长期以来，乌江流域很多区县为了建设民族文化大县，把民族传统体育等民族文化作为一项重要的文化品牌进行建设。如酉阳明确提出创建"中国摆手舞之乡"品牌，让土家摆手舞等民族文化走

---

① 《酉阳县政府公众网—我县部署 2013 年旅游营销工作》，http：//www. youyang. gov. cn/zfxx/lddt/21162. htm，2013 - 02 - 20。

② 《重庆市民族宗教事务委员会—区县动态—重庆市酉阳自治县酉水河镇旅游扶贫开发成效显著》，http：//wmz. cq. gov. cn/qxdt/6681. htm，2013 - 05 - 16。

出酉阳、走向世界①。还成立酉阳"中国土家族文化研究中心"，建设中国土家博物馆，实施文化精品战略，做精做特《酉阳土家摆手舞》文艺精品，打造河湾土家山寨，建设旅游文化精品景区②。以酉阳土家摆手舞为主要题材录制"土家文化专场风情毕兹卡"大型文艺节目，并在 CCTV-3《舞蹈世界》栏目隆重推出；制作影视剧《摆手舞之念》；参与国庆演出；举办很多以摆手舞为主题的赛事活动，如"2010 中国·重庆·酉阳'乌江实业杯'国际攀岩精英赛暨酉阳·中国'巨能之光'土家摆手舞欢乐文化节""2011 年重庆·酉阳桃花源国际休闲旅游文化节"。可以说，为打造摆手舞民族文化品牌，酉阳县政府及有关部门还是做了很多实实在在的工作。

不可否认，所有这些品牌措施都与摆手舞文化建设有很强的关系，但文化的品牌建设不仅仅是注重艺术品牌、舞台品牌、声誉品牌，而更为重要的是一种人文品牌、内涵品牌。有了人文品牌、有了内涵品牌，文化才有生命力、才有人气、才有来龙去脉。否则，就是无中生有、无本之木、无源之水，没有根和魂，最终会枯竭殆尽。而审视乌江流域很多包括民族传统体育文化开展得好的民族特色村寨，总是感觉这些地方的民族传统体育文化活动是"形式大于内涵""声誉大于实质"，经常是"闻而无物、形而无意"。特别是地方政府更多的是在民族传统体育的艺术形式、活动内容上进行打造和宣传，而文化事象的内涵意义却挖掘和展示得太少，民族传统体育文化似乎失去了一种厚重与色彩。

（三）重满足现代需求，轻文化生态保护

由于受到市场经济理论的影响，人们对少数民族传统体育的开发也完全遵循以市场需求为导向进行"盈利式"开发，一味地满足现代人的观赏、娱乐需求，而忽视文化生态根基的保护。如乌江流

---

① 陈勇：《以文化的大发展大繁荣推进酉阳经济社会的大提升大跨越》，《决策导刊》2010 年第 3 期。

② 《重庆市文化委员会网—酉阳县明确 2013 年文化工作思路》，http://www.cqwhw.gov.cn/Html/1/whzx/qxgz/yytjzmzzzxe/2013-01-15/10256.html，2013-01-15。

域很多地方的摆手舞虽然得以重现，但却和原始摆手舞有极大的差异，摆手舞原有的很多元素被失去。并且，在摆手舞中融入了很多现代色彩、音乐、道具等元素。把摆手舞原有的很多元素视为落后或无趣而弃之，发展摆手舞的重心就是如何更吸引游客、更能满足现代人参与的需求，而不顾摆手舞原生态元素的保护。通过调查得知，人们对摆手舞的开发，主要集中在摆手舞的动作方法和内容形式上。而在动作方法中，主要渗入了现代舞蹈元素，用现代的舞蹈艺术还原土家人原始的生活艺术，导致的结果固然是与原始摆手舞的格格不入。即使在摆手舞动作方法的创作上极力追寻原始摆手舞的生成脉络，但目的不是反映摆手舞的原始意义，而是为了无限满足现代人的娱乐需求。

（四）重艺术形式开发，轻文化载体建设

一种民族文化必有其文化形式和文化载体，也有其一定的文化内涵，并共同形成文化的有机体。特别是文化载体是文化传承与生存的土壤和根基，只有艺术形式而无根基载体的文化必然会是缺"根"乏"魂"的。对一个民族而言，若不知道自己民族文化的"根"和"魂"，就不会有一种民族的归属感和自信感。同时，真正失去"根"和"魂"的民族文化，等于是一种虚幻的文化。事实上，在《中华人民共和国非物质文化遗产法》（2011 年 2 月 25 日第十一届全国人民代表大会常务委员会第十九次会议通过）第四条就规定："保护非物质文化遗产，应当注重其真实性、整体性和传承性，有利于增强中华民族的文化认同，有利于维护国家统一和民族团结，有利于促进社会和谐和可持续发展。"①

而很长一段时间以来，重艺术形式轻文化载体可以说是我国民族传统体育文化保护与发展的普遍现状，也是普遍灾难。等于说，少数民族传统体育发展是重表失里、重标不重本、缺乏整体性思维。就酉阳摆手舞而言，从新中国成立以来，特别是 20 世纪 80 年代，摆手舞

---

① 《中央政府门户网站—中华人民共和国非物质文化遗产法（主席令第四十二号）》，http：//www. gov. cn/flfg/2011 - 02/25/content_ 1857449. htm，2011 - 02 - 25。

文化得到了重新整理和挖掘，人们花了大部分精力和时间对与摆手舞相关的如古籍文献、墓碑、石刻、道具等进行了收集。其收集的目的是为寻找关于摆手舞动作内容和方法的一些蛛丝马迹，进而创编摆手舞动作内容和动作形式。

但是，摆手舞发展的主体从土家居民移换到了当地政府，摆手舞的发展按照政府意愿得到了形式上的大量创新、宣传和推广。摆手舞的社会价值、经济价值、文化价值按照政府需求和价值取向得以凸显，摆手舞也从人们的一种生产生活文化演变为一种广场文化、舞台文化、健身娱乐文化，并不断得到延伸和开发，摆手舞文化的艺术形式得以很大的发展。但仔细研究发现，人们并没有意识到文化载体的建设和保护，即使人们在不经意间触摸和看到与摆手舞生存发展的依存要素，但并没有得到人们的注意、重视和保护。所以，当地居民对摆手舞的发展出现了很多不赞成的声音。如酉阳文化馆一位退休干部 TTH 认为，在摆手舞传承上，应该与人们的生活方式紧密相连，民族文化失去了生活文化、自然文化，就不叫民族文化。酉阳二中一位将摆手舞创编后引进课间操活动的老师 YYJ 认为，从学者的角度希望摆手舞能够得到全方位的保护，应该让人们对自己的母体文化进行了解，作为一个民族人，应该弄懂这个民族文化的来龙去脉，应该知道哪些文化值得去传承，不能够只是把动作跳了就完成传承了。

事实上，摆手舞是记录土家人生活、习俗、信仰、创造物的一幅综合文化画卷，摆手舞之所以能够传承并成为一种具有代表性的民族文化，是因为摆手舞与土家人的生活、习俗、信仰等紧密相连。摆手舞这一文化的精髓，不是她的艺术魅力，而是她包容的内涵与展现的民族精神，是对后人的教育意义，而这些都集中于摆手舞的"根"和"魂"。因此，摆手舞文化与生活、自然的结合，不仅仅是内容要反映生活与自然，而更为重要的是要在生活、自然中能够让人很轻易地找到和发现与摆手舞相关的"源"要素，而这些"源"要素恰好就是反映摆手舞文化来龙去脉的载体元素。

三 族群承载力的缺失

族群是民族文化发展的根本力量，是民族文化发展和传播的载体。没有族群的支持和理解，没有族群的自觉参与，民族文化是很难传承发展的。特别是由于乌江流域民族传统体育文化受到"破四旧"的毁坏而出现了传承断裂，再加上人们的思想受到外来文化、城市文化的洗礼，以及经济结构转型给人们生产生活带来的转变，导致该地区民族传统体育项目的现代生存和发展遇到了前所未有的族群承载瓶颈和困境。同时，乌江流域很多民族居民不了解自己民族传统体育文化的内涵，缺乏对民族文化的自觉与自信，以及欠缺传统体育项目活动技能，导致民族传统体育项目族群基础薄弱。而如前所言，民族传统体育保护要靠自己民族居民和大众的积极参与，族群本身也是民族传统体育文化空间的要素。如果族群没有相应的活动技能和参与保护的意识，民族传统体育文化活动也就等于失去了赖以依存的族群基础及族群力量，民族传统体育文化事象也就失去了保护与发展的活的载体和根本引擎，民族传统体育文化事象也就成为一种无水之舟。

就摆手舞而言，摆手舞的传承是依托口传身授的方式活态延续的，而如今后溪镇摆手舞由谁来传承，哪些人来继承出现了危机。民间传承人在逐渐减少，并且没有得到有关部门和社会的承认，处于传承的边缘境地。而通过政府审批的传承人仅1人，并且年事已高，精力不足，要带动一个地方传统文化的发展，实为艰难。其次，留守农村地区的土家人以老人、儿童和妇女居多。他们忙于农活、学习，没有心思和精力来学或跳摆手舞。所以在摆手舞"传—承"的链条上出现了断缺问题。虽然在后溪镇出现了多个文化艺术团，从某种意义上他们发挥着传承人的功能，但他们主要是为旅游和政府服务所进行的表演活动，当地居民也只是充当了"商业"演员、劳务者、看客。事实上，对于传承人和继承人而言，不能简单地把他们参与其活动就视为传承人和继承人，传承人和继承人首先是基于对文化传承的一种责任和义务，然后通过自己的身体力行传承着这种文化，其目的是继承和发扬传统文化，培养后继之人。

四 受现代文化的冲击

由于乌江流域的日渐开放、人们的大量外出和频繁的交流互动，民族传统体育等传统文化必然受到现代文化的熏陶、感染和洗礼。不可否认的是，现代文化的确比民族传统体育等传统文化更具有观赏性、审美性、艺术性和竞技性，特别是年轻人更偏好对现代文化的选择，民族传统体育等传统文化受到了现代文化的巨大冲击。而基于民族传统体育文化而言，这种冲击一方面将直接导致民族传统体育文化被人们所抛弃，并渐渐遗忘与消失；另一方面将导致其他传统文化的消失，进而导致民族传统体育文化失去生存发展的伙伴、载体与环境。

以乌江流域酉阳地区的摆手舞而言，摆手舞活动更多的是记录土家先民的生存历程，所以摆手舞文化所反映的内容也是古时的生存文化。而如今由于后溪镇的日益开放和文化全球化的扩张与传播，摆手舞文化受到了现代新文化的巨大冲击。政府部门为了保护摆手舞，曾经组织有关部门和民间艺人对摆手舞进行了三次创编，现在人们跳的摆手舞就是经过三次改编而形成的广场摆手舞。但通过观察和访谈，现在的所谓广场摆手舞已经失去了摆手舞的原汁原味，要是没有知道的人给予解释，还真是看不出动作的示意和内涵。虽然当地居民和改编者在努力解释着动作缘由，但依旧招来当地不少民族文化研究者和年老者的批评和质疑。也有人认为这些人是民族文化的罪人，把民族文化改编得面目全非，通过艺术化的渲染来迎合现代人的接受，但却失去了民族文化的本真。可以说，人们只是在一种现代民族音乐声中怀着体验先民生活或身心娱乐的心情而跳着似古非古的民族舞蹈。

五 民间自组织的缺乏

以摆手舞为例，摆手舞是土家先民的一种自发活动，并且是在一种家族式的管理中逐渐发展繁荣的。而如今家族式管理已经一去不复返了，摆手舞似乎正在从自生走向自灭。通过考察发现，后溪镇摆手舞基本上是以一种"农家乐"的方式在进行艰难发展。如今河湾村已经成为酉阳的一个"农家乐"旅游胜地。为了吸引更多的人来此旅游，很多农家乐都打出了"摆手舞"这张牌，在游客较多的时候和在游客要求的情况下，他们还会组织起来跳上一阵子或一段摆手舞。但由于受到经济利益的诱惑而出现不和谐的利益竞争，农家乐之间逐渐出现了利益偏差，为此获利少者就出现了不愿配合的情况。长此以往，就形成各家管各家的事情。但由于一个独立的农家乐不可能招聘很多的服务员，充其量就2—3人，如此就不能够形成一定的规模，摆手舞文化的发展也就受到了很大的影响。由于村委会权力和资金的有限，村委会也无法组织人们跳摆手舞。也因此，如果政府进行统一管理，通过合作社的方式把当地的农家乐整合起来，后溪镇摆手舞得以传承和发展的希望将更大。

附：

重庆酉阳后溪镇摆手舞简述

一、个案选择的理据

（一）文化事象的代表性

乌江流域民族传统体育文化资源种类繁多，本研究在有关专家的建议下和多次深入考察汇商后，决定选取乌江流域具有代表性的土家族摆手舞为研究个案，以便对民族传统体育文化事象进行"解剖麻雀式"的微型深入研究。但乌江流域里重庆的酉阳、黔江，湖北的来凤、恩施、利川，贵州的沿河、印江等地，即凡是有大量土家族人居住的地方都有摆手舞这一文化事象活动。同时，这些地方由于水同源、山同脉、民同俗，其整体性概貌和特性差异较小，摆手舞文化具有很强的同质性。但重庆市酉阳县在2002年被文化部命名为摆手舞之乡，其摆手舞于2007年被列为重庆市非物资文化遗产名录，2008年又被列为国家级非物质文化遗产名录（见图1），从2009年开始又在积极申报世界级非物质文化遗产名录。另外，后溪镇摆手舞源远流长、历史悠久，其起源史可以追溯到上古时代，至今仍旧在乌江流域、酉水河流域、武陵山区，乃至全国具有较高的声誉。特别是后溪镇河湾山寨至今较为完整地保留着土家摆手舞的核心建筑文物遗址——"摆手堂"，具有重要的历史文化价值和传承、彰显土家悠久民族历史和民族文化的功能，是当前人们研究当地土家居民繁衍生息、文化生存变异的重要物证。因此，重庆市酉阳县后溪镇摆手舞具有研究的代表性，于是选取了重庆市酉阳县后溪镇摆手舞为研究个案。

图1　酉阳摆手舞被列入市级和国家级非物质文化遗产名录

（本图片由酉阳县文广新局李化提供）

（二）地理区域的代表性

由于主要研究的是民族传统体育文化与区域文化的通融性发展，因此，在田野调查地的选择上，必须选择一个区域文化底蕴深厚、种类繁多、交流互动频繁的地方为考察地。通过多次田野考察，决定选取重庆酉阳后溪镇为田野调查地。其原因是后溪古镇坐落于渝湘鄂结合部的酉水河之滨，其历史久远，文化深邃厚重，早在3000多年前就有人居住，相传三国蜀汉酉阳城就是如今的后溪古镇。在后溪古镇有着璀璨多彩、神秘梦幻的民歌、山歌、木叶情歌、挖苦歌、苦情歌、渔歌、送郎调、扯谎歌、酉水号子、抬岩歌、打夯歌、姑娘哭嫁歌、儿歌、土家女十绣歌、薅草歌锣鼓、摆手舞、茅古斯舞、梅嫦捕猎等民间歌舞文化；游冥观花、跳神、做道场、敬牛神、打绕官、唱傩戏、梯玛跳神等巫傩文化；傩愿戏、鬼脸壳戏、三棒鼓、花灯戏、彩龙船等古代戏剧文化；春节、清明节、端午节、月半节、中秋节、重阳节、土家人十大禁忌、祝米酒——送茶、讲梁——缠梁——上梁、开财门、二十四孝、扎龙舞龙、舞狮等传统节日及风俗文化；三岊山、巴人悬棺、婆婆岩、谱石滩传说、老柏梯田、贞节牌坊、德政高碑、土家摆手堂等神奇传说文化；舞龙、舞狮、跳花灯、说评书等民间文艺；柚子龟、盆景、石木、雕刻等民间工艺；姓氏宗祠、土家吊脚楼等建筑特色文化，以及婚丧嫁娶等民族传统文化。

另外，后溪镇的酉水河被称为土家人的母亲河，从古到今居住的基本上都是土家族人，孕育和满载着土家民族的悠久历史和灿烂文化，有着厚重的文化底蕴和极富历史意义和传奇色彩的文物古迹。如里耶秦简、溪州铜柱、巴人悬棺、大溪镇笔山坝考古迹址、土庙与爵主官，后溪长潭村酉水岸富家堡就有酉水流域较大的爵主官——摆手堂、彭鼎墓、后溪上寨土司城迹址，以及编钟、虎刃锌红陶钢、（碎片）秦简、两面铜镜等文物。而后溪镇基本处于酉水河中段，酉阳后溪又自古以来就是一个重要的交通枢纽和贸易码头，后溪镇与酉水河岸及周边区县的交流频繁，人口流动集中，千百年来土家等民族文化在这里接触、集中、碰撞、融合、发展与传播，被人们誉为土家文化的摇篮，是一个久负盛名的文化集散地。所以，选择这样一个文化底蕴丰富深厚、文化交流广泛频繁、文化资源生态多彩、文化历史悠久盛名的民族居民大杂居、小聚居地，是研究乌江流域民族传统体育与区域文化通融发展不可多得的最佳田野调查地。

二、重庆酉阳后溪镇概貌

关于重庆酉阳后溪镇概貌问题，我们曾多次深入此地进行过田野考察[①]。后溪镇位于酉阳县城东部，东经109°7′，北纬28°50′，距县城89公里，海拔280米，人口2.1万多人，是酉阳土家族的发祥地，其土家族人口占90%以上。后溪建镇已有千年历史，在清之前，后溪长期沿袭土司制管理模式，如汉代时为武陵郡辖区，南宋建炎3年属冉

----

① 张世威：《基于文化空间理论的体育非物质文化遗产保护研究》，博士学位论文，北京体育大学，2014年。

土司管辖，南宋绍兴年间置酉阳宣慰使司，南宋属九溪十八洞之酉溪，明洪武年间，属流官总管管辖。到清代后，朝廷实行"改土归流"，即废除土司制，新建派官制。由于巴渝乃至酉州地区连年战乱和灾荒，人口被大量减少，为此清朝政府实行大规模的移民政策，于是江西、湖南和湖北一带的居民被移民到后溪一带，形成田、彭、白三大姓。据《酉阳直隶州总志》载："城东一百六十里，后溪河上三峰并峙，苍翠逼人，为大江里田、彭、白三姓的祖山。"据一些史料记载，在咸丰至光绪年间，后溪的大姓人家都建有祠堂，作为祭祀祖先、跳"摆手舞"的场所。逢年过节，常常能见到"红灯万盏人千叠，一片缠绵摆手歌"的景象。为此，后溪镇也是酉阳流传已久的摆手舞发源之地。现后溪镇东与湖南龙山县里耶镇接壤，南与秀山县石堤镇相连，已是巴渝地区最具有民族和生态特色的历史文化类人文风景旅游景区。其地面文物点 60 余处，县级以上文物保护单位近 10 处，如悬棺葬、土司白总管将军墓、龚氏节孝坊、万寿宫、土家族摆手堂、祠堂群、吊脚楼群、高碑夕照、无字名墓、田司令官别墅、三峿山、麻柳群、古码头、婆婆岩、红石排等。

相传位于后溪镇河湾村的河湾山寨是后溪镇摆手舞的源发地（见图 2）。河湾村地处东经 107°11′，北纬 28°50′，距酉阳县城 89 公里，据后溪镇 1 公里，有"中国最美土家山寨"之美誉，因弯曲流淌于境内的土家人母亲河——酉水河而得名。河湾村有三大古寨建筑群，即老寨、旧寨和河湾山寨，这些建筑群都是统一按照具有土家风味民居的吊脚楼修建的，反映了土家族人高超的建筑技艺。河湾村具有丰富的文物建筑及遗址资源，如距河湾村中心 200 米、占地 415 平方米的县级文物水巷子祠堂（始建于 1815 年）；距河湾村中心 350 米、占地 380 平方米的县级文物的代氏宗祠（始建于 1855 年）；距河湾村中心 200 米、长 40 米宽 80 米的乾隆桥（始建于清乾隆年间）；距河湾村中心 480 米、占地 240 平方米的县级文物土地庙（始建于清道光五年）；距河湾村中心 700 米、长 30 米宽 50 米的街心水井（始建于清道光年间）；距河湾村中心 800 米、占地 440 平方米的县级文物高家祠堂（始建于清宣统年间）；距河湾村中心 30 米、占地 450 平方米的县级文物新寨祠堂（始建于 1825 年）；距河湾村中心 100 米、占地 533 平方米的县级文物德政高碑［始建于清光绪六年（1812）］；距河湾村中心 400 米、占地 695 平方米的县级文物摆手堂（始建于清代年间）；距河湾村中心 800 米、占地 8 平方米的无字名墓（始建于明初年间）；距河湾村中心 700 米、长 30 米宽 50 米的天凯文云塔（始建于清道光年间）①。

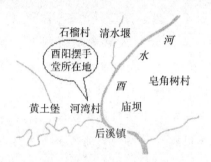

图 2　西阳后溪镇、河湾村地理位置示意图

河湾山寨历史悠久，始于上古，盛于明清。据资料记载，在 2000 多年的春秋战国时期，河湾村就普有人居。据《南阳堂族谱》记载，河湾山寨古建筑史建于明洪武三年（1370），相传是白氏先祖驱逐了世居于此的仡佬族人后，定居河湾新建吊脚楼并世代繁衍。如今是一个以土家族、苗族为主的少数民族聚居村落，民风淳朴，民俗文化氛围浓厚，已成为武陵山区具有一定代表性的民族文化旅游胜地。从西阳自治县旅游局获悉，河湾山寨 2010 年全年共接待中外游客 20 余万人次，年收入高达 2500 多万元，人均纯收入 3394 元，超过全县平均水平 10%。2012 年仅国庆、中秋"双节"期间，河湾山寨就接待游客 1.16 万人次，实现旅游收入 466.3 万元。

在河湾山寨，至今较为完整地保留着象征土家摆手舞的建筑文物遗址——"爵主官"（见图 3），是重庆地区现存唯一的与宗祀为一体

---

① 河湾村文物建筑及遗址资源均由西阳后溪镇公共文化服务中心彭开福提供的文稿整理而成。

的土家"摆手堂"建筑遗址。据资料记载，"爵主宫"始建于清代咸丰年间，为清代建筑风格。据文史资料以及当地传承人和管理者介绍，"爵主宫"是当地土家人为祭祀湘西溪州刺史彭世愁而得名。相传彭世愁是当时湘西著名的土家族酋领，公元 940 年，他与楚王马希范共立记事铜柱于会溪坪，马希范封了他爵位，后人尊称他为彭公爵主，过去因一年一度的祭祀和摆手活动在此举行，所以习惯上又把"爵主宫"称为"摆手堂"。由于修建石堤水电站，最初修建的摆手堂将被河水淹没，于是酉阳县政府及有关部门鉴于摆手堂重要的历史文化研究价值，为了能够更好地传承土家悠久的民族历史和原生态民族文化，打造酉水河民族风情旅游走廊核心和文化灵魂，经过认真考察和分析，决定将后溪库区清代摆手舞祠堂文物搬迁复建在后溪镇长潭村小地名为金鸡岩的一所老屋处，成为当前人们研究当地土家居民繁衍生息、文化生存变异的重要物证。

图 3　搬迁后即现在的摆手堂

从被迁移修建的"爵主宫"外观来看，首先是用巨大的、有规则的、呈长方体的青石条为材料砌成三层基石，然后再在上面用火高温烧成的土砖为材料砌成墙体，当地人称为封火墙，厚达 0.4 米，墙高 7 米。土砖的外面涂上石灰材料，起装饰和保护作用。然后顶部搭上木架，木架的上面再用瓦片盖上。在"爵主宫"的正面有两个大门，其右门的上方挂着横着雕刻有"彭氏宗祠"四个字的木板，喻义供奉彭氏历代先祖；左门的上方挂着竖着雕刻有"爵主宫"三个字的木板，喻义供奉"彭公爵主"。从"爵主宫"进去，呈现在眼前的就是一个成复四合院布局的木结构房子，也就是摆手堂的内部结构。摆手堂内四角天井上面为正堂，正堂上方安放彭公爵的画像，在挂像的两边是一副对联，下面摆放着一个四方形的桌子，桌子上面摆放着一个香盆，供前来供奉的人插香烛之用，其香烛头和燃过的灰烬还能可见。摆手堂主体建筑结构为前厅、正殿、供台、厢房、前后天井和侧门等。建筑占地面积为 695 平方米，广场占地面积 120 平方米，正面 3 间，大门高 3 米，宽 1.5 米，南北厢房各 10 平方米，后殿 2 间，各 10 平方米。平时由村委会领导干部或附近居民管理，主要负责打扫卫生、开关门等工作。平时这两个门都是关闭紧锁的，当有人供奉、考察时才会被打开。总体来看，整个房屋显得非常陈旧，据说有 100 多年的历史，但显得非常干净和一种古朴的文化韵味。"爵主官"的正门前是用青石板铺成的长方形坝子，可容 40 人左右一起跳摆手舞，坝子的三周用雕刻精美的石栏杆围护着。如今，经搬迁修建的"爵主官"相望于酉水河水库，陈列于优美奇异的山水间，似乎在述说着当地土家人的生活传奇，彰显着土家人的民族情怀，蕴藏着土家人的深邃文化，凝聚着土家人的聪明智慧。也不得不引起无数人对土家先民那种既险恶又休闲、既文明又原始、既忙碌又消遣等生存场景的遐想。

三、土家人的发展历程

要了解后溪镇土家族摆手舞的历史渊源和文化内涵，就有必要对土家族先民的生存状态和生活足迹进行探寻，进而揭开土家族摆手舞的形成过程。相传酉阳土家族人是巴人的后裔。所谓巴人，是长期生活在中国西南边陲地区的一支英勇善战的远古民族，关于巴人的历史记述，由于历史久远和文献记载缺失，至今也是充满着诸多神话和传说。而学术界一般认为，早期的巴人生活于现在的湖北恩施。在漫长的岁月里，巴人形成以恩施为中心，西至四川阆中、北至陕西汉中、东至宜都枝江、南至黔东北与湘西武陵山区的方圆数千里的巴人区域。尔后，巴人由于受到日渐繁盛的楚人的胁迫，因此他们曾经繁衍生息的中心区域向西进行了迁徙。一种说法认为，古代巴人沿清江经湖北西部到达四川东部，并在迁徙期间出现了分流，即一部分巴人从湖北西部沿大溪到达了巫山境内；另一种说法认为，古代巴人是沿长江经三峡后进入巫山境内，再逐渐向西扩散；还有一种说法认为，古代巴人是从湖北的清江逆流迁徙，进入乌江流域，最后到达今天的涪陵（当时称为枳）并建都，再后迁移至重庆。在迁徙期间，部分巴人在黔江、酉阳、彭水、石柱、秀山等地落脚并繁衍生息。

追溯巴人的迁移生存过程可谓是曲折艰难。公元前 1122 年，战舞皆善的巴族先民参加了由周武王领导的讨伐殷商幕君战争。在战场上，巴人边歌边舞，勇锐顽强，因此产生了"武王伐纣，前歌后舞"的历史典故和巴人世称。由于巴人的勇敢和善战，也促成了他们与中原地区在经济、社会、文化等领域的交流。巴族社会也得到了空前的发展，在汉中立为"巴国"并著称于史。巴国的成立与邻国楚国形成了抗争，于是爆发了巴楚战争。但由于初建，巴国的势力处于弱势，楚国势力又不断强大，巴国被沦为了楚国的附庸国。巴族先民由于受到楚国的压迫和不公平待遇，他们就向西南迁移进入巴蜀等地区。由于巴国与蜀国的统治者族属相同，两国关系较为友好。但与此同时，与蜀国相邻的秦国推行"商鞅变法"并很快强大起来。于公元前 316 年，秦国大举进攻蜀国，灭亡蜀国后，又顺势挥师东进灭了巴国。虽然巴国政权被颠覆，但巴族人还是顽强地繁衍生息着，势力也逐渐强大，当时给秦国在统治和管理上带来相当大的难度。秦国为稳定政权和巩固疆土，于是在巴国故地设郡，对归顺秦国的巴族首领委任为地方官职，给巴族人尤其是当时一些有势力的如贵族在税收、刑法等方面予以优待。在后来的历史演变中，由于巴族人固有的勇敢和不服输的民族性格，特别是一些平民百姓为了摆脱楚国人的统治和压迫，又逐渐向现在的武陵山区一带迁徙，回到巴人起源的地方。

武陵山区崎岖险恶、山势叠峻、谷深林茂、河谷纵横，生存环境极度恶劣，但巴族人就是在这种蛮荒凄凉、混沌未化的恶劣环境中，创造了巴人火耕水耨、渔猎山伐的生存文化。由于巴人长期受到这种文化环境的影响和熏陶，于是"巴人"一词也慢慢地被另外一个似乎更能够反映巴人民族特性的"蛮人"所取代，如五溪蛮、武陵蛮、巴郡南蛮等。据史料记载，现在酉阳的土家人就是当时五溪蛮的后裔。时至今日，人们在嬉闹玩笑中，仍旧偶有称对方为"蛮子"的说法。据史料记载，从唐代以后的梁、唐、汉、周起，原来意义上的"巴人"又被赋予了"土"字，如土司、土人、土家等。于是"巴人"被用以"土""蛮"混称或交替使用。随着人类社会文明的进步，认为"蛮"是一种侮称，"土"要文明和客气一些，于是人们就把"土"变成了巴人"蛮"的别称。公元 1206 年，由于汉族、苗族、侗族、仡佬族等人的迁入，"土"字逐渐转化成了当地巴人的专用名称，以便与其他民族进行对称和识别。经过漫长的历史岁月，被烙上"土"字的巴人就逐步形成了土家族。而土家族成为我国民族史上单一民族，我国民族学家潘光旦先生做出了巨大的贡献。潘光旦先生于 1953 年接受考察研究土家族的任务，曾于 1956—1957 年间两次深入武陵山区对土家族进行实证研究，并撰写了 15 万字的论文——《湘西北的"土家"与古代巴人》和给中央写了调查研究报告——《访问湘西北"土家"报告》。1957 年，土家族被中共中央正式确定为单一民族①。

四、后溪镇土家族摆手舞概况

（一）源流及流变轨迹

史料表明，酉阳土家族先民有他们自己的民族语言但并没有创造出属于本民族特有的一套文字符号，可以说他们用言传身教的方式通过摆手舞这一体育活动艺术形式记录和演绎了本民族的文化和发展历程，用"摆手"这一独具特色的身体语言形式艰难地记载、传承、载现和诠释着自己的民族文明和生存智慧，也创造了土家族特有的民族文化。"所谓摆手舞，是土家居民主要通过'摆手'这一独特动作形式，并辅以头、脚、腿、腰、髋等身体部位动作及队形变化演示和讲述本民族的生产、生活、宗教、礼仪、祭祀等民族文化的一项体育活

---

① 苏丹：《立—教—演：重庆酉阳县土家族摆手舞的田野观察与研究》，硕士学位论文，中央民族大学，2011 年。

动或舞蹈形式。"① 经过世代相传，时至今日摆手舞依旧是土家儿女最具代表性和标志性的民族文化之一。

关于酉阳土家族摆手舞的源流问题，由于摆手舞的传承方式本身就是一种言传身教，随着社会变迁传承人被逐渐减少，年轻人被现代文化和外界文化所吸引，再加上一段时间内摆手舞文化被视为封建活动而被抵悟和破坏，人们保护意识又不强，所以导致言传身教这一传承链条出现了既无传人也无承人的断裂现象。再加上历史记载资料的欠缺，所以关于摆手舞的起源一说也是众说纷纭，见仁见智，难以史为鉴。

1. 渔猎说

关于后溪镇摆手舞的渔猎起源说，可以追溯到约五六千年的上古时代，这可以通过在酉水河流域发现的古遗址予以考证。据资料显示②：2007 年，湖南、重庆两地的考古专家在重庆酉阳与后溪镇同属酉水河流域的大溪镇，发现了从新石器时代母系氏族晚期至父系氏族萌芽阶段的大溪文化遗迹，在遗址中首次发现了石器制造场和上千件石器，并发现 6000 年前这里就已经栽培有水稻等农作物，这些先民已有很好的纺织和建筑艺术。同时，认为在史前的大溪文化早期就有一批远古人类跋山涉水来到这里，并认为这支人是从当时具有文化强势地区的两湖流域的沅水出发，乘船逆酉水而上到达后溪一带的，这一批移民就是古代巴人中的一部分。因此，可以说距今约五六千年的上古时代酉阳酉水河流域就有巴人活动的遗迹。如湖南的《龙山县志》里有这样的记载："每冬狩猎，谓之仗，先令舍巴，头目视虎所居，率数十百人，用大网环之，旋砍其草，以大惊兽，兽奔，则鸟锐标枪毙之。"另外在《摆手歌》的唱词里有："卦子莫忘记，路上一路神要敬。王龙也尺莫忘记，路上社巴要做哩。"

---

① 张世威：《基于文化空间理论的体育非物质文化遗产保护研究》，博士学位论文，北京体育大学，2014 年。

② 《新华网—湘渝交界处发现原始社会人类石器制造场遗址》，http：//news. xinhuanet. com/tech/2007 – 07/03/content_ 6319828. htm，2007 – 07 – 03。

由于土家人称摆手舞为"舍巴日"或"社巴日",这里的"舍巴"或"社巴"就意为"摆手",再加上在现代的摆手舞动作中,依旧有抗眉棍、掷梭镖、打鸟枪等涉猎动作,说明后溪镇摆手舞产生于巴人大迁徙之前的渔猎部落时代,也正是这种渔猎的生产和生活方式造就了摆手舞活动的产生。事实上,酉水河流域的后溪镇、大溪镇在远古时候植被茂密,山环水绕,属南亚热带海洋性气候,四季如春,雨量充沛,年均温度21℃—22℃,年降雨量1600—1800毫米,很适宜水稻和一些野生动物、鱼等的生长,也适宜远古居民过着渔猎部落式的生活方式,或许这也正是摆手舞文化能够在酉水河流域得以继续流传和发展的一个重要原因。

2. 战舞说

相传是土家先民们特别是族群或部落领袖,为了维护本民族、本部落不受外族、外部落的侵犯,为了鼓舞族民特别是士兵的作战士气,提高作战技能,渲染在战场中的恐吓气氛而创造出了摆手舞。据史料记载,早在公元前11世纪中叶,土家先民组成的"巴师"加入了周武王伐纣的行列,他们在战场上载歌载舞。据《华阳国志·巴志》记载:"周武王伐纣,实得巴、蜀之师,著乎《尚书》。巴师勇锐,歌舞以凌殷人。殷人倒戈,故世谓之曰'武王伐纣,前歌后舞也'。"① 因为土家先民常在战前用跳摆手舞的方式以鼓舞士气和训练作战方式与技能,在战斗中边跳摆手舞边战斗,这既是一种搏斗方式,更是一种杀敌勇气的渲染,天生劲勇,而战后又用跳摆手舞的方式庆祝胜利或哀悼在战斗中死去的战士,所以人们称这种舞蹈为"军战舞"。由于"巴师"士兵在助周伐纣的战争中大显身手,所以这种舞蹈也很受周武王的青睐,于是便引入宫廷,作为帝王取悦、宴会和外宾接见的礼舞。事实上,这种舞蹈还广为流传于民间,作为巴人男女在日常生活或特殊日子里的一种歌舞艺术表演形式。

这种舞蹈自从被引入宫中以后,就朝着两种方式进行了分流发展,

① 杨爱华:《巴渝舞的演变与流派》,《体育学刊》2003年第3期。

即一支向着宫廷文化方向发展，一支朝着民间艺术活动形式自由发展。"军战舞"传到唐宋时，被人们称为"踏蹄之戏"。到西汉时，刘邦也把巴人的这种舞蹈作为宫廷乐舞。据《后汉书·南蛮西南夷列传》记载："至高祖为汉王，发夷人还伐三秦。间中有渝水，其人多居水左右。天性劲勇，初为汉前锋，数陷阵，俗喜歌舞。高祖观之曰：此武王伐纣之歌也，乃命乐人习之，所谓《巴渝舞》也。"① 不难发现，"军战舞"被称为"巴渝舞"，并在唐初被列为"清高乐"，到唐宋时期从宫廷舞乐中被奏罢。而唯有民间一直延续流传，从汉到唐宋都经久不衰。明清以后，在民间继续发展并成为一项重要的祭仪歌舞，也从此"巴渝舞"被人们称为"摆手舞"②。新中国成立后，摆手堂被逐渐废弃和毁灭。但摆手舞并没有消失，而顽强地生存和活跃于人们居住的院坝和广场，并演变为人们一种健身娱乐的广场歌舞。

3. 祭祀说

古代巴人非常敬重和崇拜他们的祖先，可以说他们不信什么神仙皇帝，就只相信自己的祖先。由于巴人不懂得雷电风雨、灾害旱涝、生老病死等自然规律和现象，把这些自然灾害看成是祖先对他们不孝的惩罚。同时，巴人先民认为生前势力强大的祖先其死后的灵魂也是非常强大的，因而他们常把一些已故的部落首领及在家族中具有崇高威望的人作为祭祀对象，把他们当成保护神予以祭拜，求得祖先给予他们风调雨顺、平安吉祥、人寿年丰。在访谈中PKF③就说道：

在湖北省来凤县河东乡中寨庙堡的摆手堂碑刻［嘉庆五年（1800）］上就有这样的记载："生而为英，死而为灵"，在《竹枝词》中也记载有"千年铜柱壮边陲，旧制相沿十八司；相约新年同摆手，春风先到土王祠"这些诗词，特别是每逢一些重大节日，巴人都要举行隆重盛大的摆手舞祭祀活动。

---

① 王松：《从民间舞蹈的视点追踪溯源土家摆手舞》，《天水师范学院学报》2007年第6期。

② 王松：《从民间舞蹈中探讨土家族"摆手舞"的起源》，《安徽文学》（下半月）2007年第8期。

③ 本书根据学术研究惯例和受访者意愿，对受访者姓名采用受访者姓名的第一个字母的大写为假托名进行表述（下同）。

据介绍，巴人祭祀的对象主要是敖朝河舍、西梯老、里都、苏都、那乌米、拔比也所也冲、接里会出那列也等八部大王和彭公爵主、向老官人、田好汉等土王。在每一个土家人山寨，都修建有土王庙或土司祠，供人们祭祀祖先用。祭祀时间一般为正月初三至十五。由行使巫术的巫师——"土老司"主持祭祀，祭祀的人们一般在晚上聚集在土王庙前，在鼓、钵、锣声的指挥和伴奏下，边唱神歌边跳摆手舞。如有研究者发现，在《蛮书校注》中载有"巴氏祭祖，击鼓而祭"，在《龙山县志·风俗志》中载有"土家还信奉八部大神和土王。土家人聚居地区，都建有八部大神庙和土王庙，也叫摆手堂。每年农历正月间，土家都到神堂跳摆手舞，纪念八部大王和土王"等诗词片语①。不难发现摆手舞与土家族的祭祀活动有关。

关于土家族摆手舞的起源问题还有其他的一些说法，一是舞蹈说。有学者认为摆手舞直接由巴渝舞演变而来。据史籍记载，汉时，由土家先民组成的军队在战斗中边战边舞边歌并充当先锋，在战场上势不可当、锐气凌人，当时人们称这种舞蹈为"巴渝舞"。在魏晋时期，"巴渝舞"被改为"昭武舞""宣武舞"，以后逐渐发展成"摆手舞"……僚人的羽人舞，江南一带的盾牌舞，川东巴人后裔的踏蹄舞等都是"巴渝舞"的支流②。二是民间传说。相传土家先民在沿河迁徙途中，找不到一个可以安居乐业的地方。于是一棵普舍树从天而降并飞进了河水里，土家先民们便爬到这棵树上随水漂流到现在土家人居住的地方。普舍树也在此落地生根，开花结果，土家先民们为感谢这棵神树，常常通宵达旦地围着这棵神树唱歌跳舞，慢慢地这种舞蹈就逐渐形成为摆手舞③。三是巴楚文化交融的产儿说。有学者认为土家先民能歌善舞，也创造了很具有艺术魅力的民族传统体育舞蹈文化。但土家人在长期的生活实践中，也学习和吸收楚、汉、苗等的民间舞

---

① 陈廷亮、陈奥琳：《土家族摆手舞的祭祀功能初探——土家族民间舞蹈文化系列研究之八》，《三峡大学学报》（人文社会科学版）2009 年第 6 期。

② 杨爱华：《巴渝舞的演变与流派》，《体育学刊》2003 年第 3 期。

③ 王松：《从民间舞蹈的视点追踪溯源土家摆手舞》，《天水师范学院学报》2007 年第 6 期。

蹈营养成分，把其他民族的舞蹈文化贴上土家人的"文化"标签，将自己的土家文化烙上巴楚文化的"印记"。认为现在酉阳后溪镇的土家族摆手舞含有楚、汉文化的因子，摆手舞是巴楚文化交融的产儿，并认为摆手舞成为巴、楚文化交融的奇葩①。

综上分析认为，土家族摆手舞的源流问题至今也没有一个定论，还有待于更多研究者的继续深入，但这并不影响摆手舞这一文化事象的客观存在。文化本身就是由文化的最初符号或元素在发展的历时性和共时性过程中，元素逐渐增多并通过人的主观逻辑式复合而成的。同时，文化之间本身具有一定的融合和通约功能，因此很难界定一种文化与其他文化有否或有多强的联姻关系。再者，文化的演变与发展是一个无形的过程，是研究者通过各自的理性思考和逻辑推断而赋予文化的某种产生逻辑，智者见智，所以我们也很难从主观上判断哪一种说法更有理。弄清文化的源流固然重要，但如何保护好、传承好这一文化，发挥好这一文化的价值更重要。如果只知道文化的源流而不去保护、传承和开发，这种文化只会变成一种传说，最终将被逐渐消亡。所以，应该在积极保护、传承和开发好土家摆手舞文化的问题上要多下功夫。

（二）分类及特征

原始摆手舞分为大摆手舞和小摆手舞，并表现出不同的特征内容（见图4）。

事实上，随着人类社会文明进程的加快，战争逐渐从人们的生活中消失，因此具有战争象征意义的摆手舞也逐渐被消失。而随着土家人生活画卷的续写，长期生存于民间的小摆手舞得到了流传。虽然随着岁月的洗礼和受到其他文化的冲击，原始摆手舞的发展受到了阻碍和影响，但最终还是顽强地在民间幸存了下来。如今流传于后溪镇的摆手舞，其实也不是流传下来的完整摆手舞，一是很多舞蹈动作被失传，二是现代的人们对摆手舞进行了创新与发展。

现在酉阳推广、打造的土家摆手舞有两种，一是原始摆手舞，二

---

① 邹明星：《浅析土家摆手舞的民族特色》，《涪陵师范学院学报》2003年第6期。

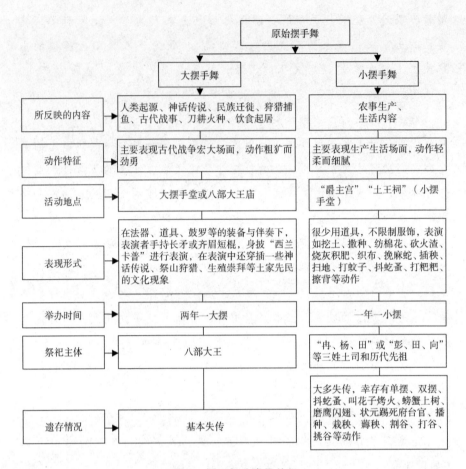

图 4　摆手舞分类及特征

是现代摆手舞（被称为广场摆手舞）。原始摆手舞和现代摆手舞在服装、音乐、道具、动作等上具有很大的区别，但也有很紧密的联系。从总体上看，现代摆手舞更注重视觉、娱乐效果，在服装、音乐、道具、动作等上融入了一些现代元素。如在音乐方面，现代摆手舞融入了现代音乐，动作创编上也变得复杂和技巧化，表演中的阵形变化也较为频繁和多样，道具也用上了现代的一些新产品，在整体效果上有着更好的视觉冲击。而原始摆手舞则主要反映土家先民的古时文化。在音乐的伴奏上依旧是用鼓、唢呐、锣、牛角等道具，乐调是"咚咚喤/咚咚喤/咚喤咚喤咚咚喤"重复进行，其动作内容是一些简单的农事、生活、信仰动作。

（三）生存竞争力

酉阳是一个少数民族聚居的地方，其民族有土家族、苗族、蒙古族、回族、壮族、彝族、藏族、布依族、满族、侗族、瑶族、白族、哈尼族、黎族、仡佬族、羌族、水族等，而每一个少数民族又都有自己的民族传统体育文化（见表1）。那既然有这么多少数民族及民族传统体育项目，为什么摆手舞能够传承下来并开展得比较好，而其他项目为什么传承和保护得不好呢？也就是说摆手舞的生存竞争力到底在哪儿？于是，本研究对这一问题进行了研究，其原因主要是：

表1　　　　　酉水河流域少数民族传统体育项目内容体系

民族	民族传统体育项目	尚存项目
土家族	摔跤、扁担劲、斗角、搭撑腰、耍陀、石锁、石担、肉连响、跳红灯、打飞棒、划龙舟、踢毽、撒尔嗬、板凳龙、花棍、骑竹马、踩脚马、抢贡鸡、抱磨盘赛跑、抵扛、抖头巾、踏木桩、潜水游泳、漂滩、滚坛子、滚环、捡子、摇旱船、舞草把龙、茅古斯、地龙、脚踩独龙穿急流、攀藤、撑杆跳远、拔地功、倒挂金钩、高脚马、跳马儿、摆手舞、荡秋千、武术、玩抱姑、射箭、抱蛋、打粉枪、对顶木杠、独木桥、人龙、打猎、打长鼓、打陀螺、花灯舞、麂子灯舞、铜铃舞、掰手腕、撒尔荷、跳红灯、滚龙莲萧、舞花棍等	摔跤、扁担劲、斗角、划龙舟、踢毽、板凳龙、抵扛、滚环、捡子、撑杆跳远、高脚马、摆手舞、荡秋千、武术、打陀螺、花灯舞、掰手腕等
苗族	射箭、射弩、摔跤、脚踢架、扭扁担、拉鼓、做女红赛跑（穿针引线赛跑、穿花衣裙赛跑、搓麻线赛跑）、跳芦笙、踢毛菌、过独木桥、走竹竿、芦笙拳、划龙舟、舞龙、舞板凳、磨秋、八人秋、斗牛、爬坡杆、板凳龙、跳鼓、打毛毽、打花棍、爬花杆、上刀梯、掷鸡毛球、接龙舞、舞狮、跳狮子、打泥脚、打禾鸡、布球、打草蛇、织麻赛跑、踢枕头、芦笙刀、金钱棍、武术、木鼓、打猴鼓、打花鼓、打毛毽、斗鸟、射背牌、拉鼓、踢毛菌、舞旨保、赶春、赶秋、跳花等	射箭、射弩、摔跤、扭扁担、跳芦笙、踢毛菌、过独木桥、划龙舟、舞龙、舞板凳、磨秋、板凳龙、舞狮、武术、木鼓、打花鼓、打毛毽等
回族	掼牛、赶木球、武术、堆人山、排打功、摔跤、皮条、杠子、石担、耍中蟠、爬山城、赶木球、滚灯、扔石锁、拔河、对棍、花式跳绳、顺风扯旗、扔包、跳格、斗鸡赛、找铆球、洒蛋蛋、踢毽、拔腰、抱小腰、打权杨、擂杆、跳皮筋、赶老牛、打砖、爬木城、滚灯、掰手腕、拎手指、排打功、耍中蟠等	武术、摔跤、拔河、对棍、花式跳绳、踢毽、找铆球、洒蛋蛋、跳皮筋、掰手腕
满族	摔跤、射柳、举重、狩猎、嘎拉哈、采珍珠、赛威呼、扔沙袋、二贵摔跤、杠子、皮条、中蟠、举石担、石锁、石刀、双飞舞跑、赶石弹、打瓦、射米团、放风筝、秋千、踢石球、踢毽、插鸡尾翎、打牛毛球、铜锣球、拉地弓、穿树林、掷子、武术等	摔跤、举重、狩猎、采珍珠、扔沙袋、放风筝、秋千、踢石球、踢毽、武术等

民族	民族传统体育项目	尚存项目
蒙古族	射箭、摔跤、打布鲁、布木格、踢牛嘎拉哈、打唠唠球、击石球、赛驴、蒙棋、赛马、马球等	射箭、摔跤、击石球等
彝族	摔跤、射箭、射弩、射击、扎大路、秋千、跳火绳、阿细跳月、互布吉则、跳花鼓、爬竿、磨秋、跳脚、古蔗、打火药枪、蹲斗、棕球、皮风子、陀螺、跳牛、跳板凳、跳小单门、小包团、皮球窝、弹豆、叶子球、跳鸡毛球、吉菠基伸、设渡比拉、抓石子、跳大海、耍龙、耍狮子、老虎抢蛋、赶老牛、杠杆、跳公节、祭公节、顶斗、对手拉、抵肩、扭扁担、顶扁担、三雄夺魁、祭山会、拔萝卜、跳高脚马、春谷子、火把节、斗鸡、武术等	摔跤、射箭、射弩、射击、秋千、跳火绳、阿细跳月、爬竿、斗牛、磨秋、打火药枪、陀螺、抓石子、耍龙、耍狮子、扭扁担、顶扁担、拔萝卜、跳高脚马、火把节、斗鸡、武术等
壮族	损力、牙力、跳桌、跳灯、投绣球、打扁担、秋千、板凳龙、斗鸟、摔牛、舞狮、抢花炮、春榔争蛙、拾天灯、搭人山、虎抱羊、扳腰、壮棋、翻歪洄、射柳、跳斑鸡、踩风车、打拐、芭芒燕、划龙船、打手毽、打陀螺、武术、板鞋竞走等	投绣球、打扁担、秋千、板凳龙、舞狮、抢花炮、划龙船、打手毽、打陀螺、武术、板鞋竞走等

1. 特殊的文化质性

文化的生存力最主要的还是取决于自身的质性。摆手舞文化具有典型的集群性、开放性、融汇性和生活性，也正是这典型的"四性"造就了摆手舞强大的生存力。（1）集聚性。摆手舞活动是一项群体活动，场面壮观宏大，热闹欢悦，具有极强的参与性、观赏性和健身娱乐性，吸引着人们去参与、去体验、去欣赏，同时适合不同人群参与。（2）开放性。摆手舞活动的队列队形主要是同心圆结构，这种结构虽然也具有一定的层次结构（通常是具有一定威望或者跳得比较好的、技术比较娴熟的在内圈，年轻人或技术不娴熟、新手等在外圈），但这种层次结构是自然和自由的。同时，这种结构便于人们自由地进入和退出，毫不影响其他人及整个队列队形，跳的好坏也不影响整个活动和其他人。并且，这种队形便于传授和学习，在技术信息上具有极强的开放性。（3）融汇性。土家族人是一个善于融会贯通的民族，不仅体现在生活习性上，还体现在文化态度上。从摆手舞文化而言，摆手舞文化融会贯通了如楚文化、汉文化，以及道教、佛教文化，不仅融会贯通了外来文化，还与当地其他文化进行了通融互动。由此可以说，摆手舞之所以具有强势的生存力，一方面是融会贯通了其他文化，而更重要的是具有这么一种融会贯通的品质。（4）生活性。摆手舞文化由生活中的祭祀文化逐渐适应变迁为人们的休闲娱乐文化，使摆手舞文化具有浓厚的生活性，摆手舞活动成为人们生活的一部分。

2. 族群承载力

族群是民族文化产生、发展和承载的主体和根本力量。族群人数、族群空间结构（村落）、族群社会关系（家族制）是酉阳摆手舞文化得以延存和发展的重要影响因素。据资料显示，酉阳县总人口 80.80 万人，少数民族占总人口的 84%。其中土家族 47.66 万人，占总人口的 60%，苗族 19.06 万人，占总人口的 24%。除此之外，蒙古族、回族、壮族、彝族、藏族、布依族、满族、侗族、瑶族、白族、哈尼族、黎族、仡佬族、羌族、水族等共计 170 人①，占总人口的 0.02%。由此可以看出，酉阳县是以土家族为主要民族的少数民族聚居地区。由于土家族人数占地区总人口的绝大多数，所以在一定范围内该民族对民族文化的承载力相对就比较大一些，文化势能和影响力也势必将更大。第二，酉阳土家族居民是一种村落聚居式，村落聚居有利于摆手舞文化的组织和保护，便于土家居民形成一种民族文化共识和认同。第三，土家居民长期以家族制进行发展和管理，族群文化的发展以"族长"为领袖。而"族长"通常是族群中具有一定民族威信和年老的人来担当，而这些人对传统文化有着一种坚不可摧的继承信仰和态度，也不轻易接受外来文化。至今，后溪镇的家族文化还鲜活地存在着，仍然在族群关系和社会活动中起着非常重要的作用。第四，土家族居民自豪地认为他们是酉阳的主流族群，希望树立和建构一种具有代表性的民族文化，以此建构民族自信。于是他们把发展摆手舞作为宣扬自己民族的文化代表，以摆手舞为民族文化大旗，树立民族自信和民族品牌。

---

① 《酉阳县政府公众信息网—民族人口》，http://youy.cq.gov.cn/zjyy/mzrk/。

3. 民族生活情感力

酉阳土家摆手舞包容了土家人猎渔征战、起源迁徙、农桑绩织、饮食起居、祭祀宗教、歌舞乐艺、生理体育等文化要素，全方位诠释着土家人的生存历程和民族情怀，也彰显了土家人的民族性格。通过长期的发展，由于摆手舞文化特殊的教化作用和内容特征，赋予了历代土家人浓郁的民族情感。土家人通过对摆手舞的演绎，寄托着摆手舞文化活动对神灵的触动和祖先的感恩，以此求得神灵和祖先对他们的恩赐和眷顾。因此，可以说，摆手舞文化寄予土家人生存与发展的精神依托和心理慰藉，赋予土家人神秘而伟大的生存与发展力量。另外，摆手舞文化内容源于土家人的农耕生产和生活适应技能，绝大部分内容由生活文化基因凝练而成。可以说，摆手舞文化来源于生活、讴歌于生活、载现于生活、服务于生活。因此，摆手舞文化植根于土家人的生活中，土家人对摆手舞也寄予生活般的依恋和情感。同时，摆手舞文化在土家人的生产中发展、生活中丰富，摆手舞文化从没有脱离过土家人的生活和生存历程，犹如土家人生活和生存历程的纪录片。一直以来，摆手舞文化以生活式生存得以延续至今。因此，长期以来，人们在生活的感悟中赋予摆手舞浓郁的生存情感。也正是这份情感，维系着土家人与摆手舞之间的依恋关系，给予摆手舞文化发展的力量和空间，捍卫了摆手舞文化发展的绝对领地。

4. 政府引导力

土家摆手舞得到地方政府的重视和青睐具有悠久的历史，相传西周时就受到周武王的青睐，引入宫廷作为帝王取悦、宴会和外宾接见的礼舞。因此，摆手舞在历史上就贴上了"国家文化"的标签。虽然摆手舞在后来的宫廷中逐渐被消失，但这段历史并没有被抹去，特别在当下摆手舞重新得到了政府的高度重视，并得到了大力的支持。如今，摆手舞在县政府的领导下得到了前所未有的挖掘创新和整理，并得到了快速的发展。如通过开展每年的一赛一节、万人同跳摆手舞、摆手操比赛等活动，出台一些支持、鼓励和引导性政策，组织申遗等。特别是酉阳县政府在着力打造生态旅游大县的方针指引下，把摆手舞作为一项重要的生态旅游、人文旅游资源予以打造。如今，酉阳土家摆手舞已经成为酉阳县的一张文化名片和旅游经济动力。通过摆手舞，促动了酉阳文化、经济、社会、旅游等的发展。

5. 区域优势生态力

酉阳处于武陵山区的复兴地带，大山纵横，沟壑乱生，不容易受到外界环境和文化的干扰，独特的地域优势形成一道保护该地区原生态文化的天然屏障，致使酉阳处于一个相对比较封闭的区域。也正是在这么一种封闭的环境中，与外界开放的环境形成了一种生态维持力。其次，由于酉阳是山区，土地不平，农耕生产依旧是土家人的生产方式，而摆手舞的主要元素就是反映土家人的生产生活。因此，摆手舞的文化基因并没有在随着社会生产力的提高和外界生产方式的变革中而被改变和消失，土家摆手舞的文化本源并没有出现过断裂或消失。所以，正如所说："武陵山区被当今文化学者、人类学家、社会学家、民族学家等称为中国原始文化的沉积地带，冷藏和积淀着丰厚的原始文化信息。"① 也正是这样一种独特的区域优势，使得摆手舞文化得以存续，并在当今后人们的重视、保护与发展下逐渐繁盛。

（四）后溪镇土家摆手舞的当代价值

1. 民族史的"活化石"

一个民族的兴旺发达不但取决于这个民族有良好的文化基因，更取决于这些文化基因能够在这个民族的世代繁衍生息中融入每一代人的血脉中。毫无疑问，民族史就是一个民族文化基因的自然集合，是一个民族发展的源泉和动力，是一个民族认识自己的身份和找到民族归属的最好见证。特别在现代社会中，随着人们对西方文化的盲目接受和对自身民族文化的无视抛弃，可以说民族文化基因正在以加速度的方式被西方文化或现代文化所"侵蚀"，很多民族艺术和文化被遗失，民族身份和民族归属正在走向模糊和危机。而生活在后溪镇的土家先人虽然没能用文字的形式记载和传承着自己的民族史，但他们却

---

① 屈杰、刘景：《"摆手舞"与土家族生命本体力量的展示》，《怀化学院学报》2005 年第3 期。

用摆手舞这一独特的方式在世代繁衍中记载和传承着自己的民族文化基因。因此当问及现在的人们为什么要跳摆手舞时，他们都自豪地说这是他们的祖先文化，这是他们的民族文化。后溪镇土家人就是在这种具有强烈的民族自觉意识和归属感的支配下，用摆手舞谱写和彰显自己的身份文化和民族基因。伴随着民族史的不断演变和对生产方式的不断适应，在强烈的民族生态意识下，在变与不变的博弈中，土家人虽然增加了摆手舞许多新元素，而对于传统核心内容并没有丢弃，可以说摆手舞就是一部土家族的"活化石"①。土家人通过摆手舞演绎着自己民族的发展历程，诠释着自己民族的过去，展望着自己民族的未来，勾画出土家人的生存脉络。总体而言，后溪镇土家摆手舞最终反映的是民族生存与民族繁衍两大主题②，载现了土家人如何生产生活、如何和敌人作斗争、如何与自然相适应、如何与人交往、如何对祖先英雄的崇拜等。可以说，土家人用"手舞足蹈"的方式比用文字的记录更加感人心脾、触动心扉。这不仅理性地教育了后人和传承了历史，而且更加感性地彰显了这个民族的发展历程，成为记录土家族人生活、信仰史的"活化石"。

2. 生发和谐正能量

摆手舞以表现土家民族开天辟地、繁衍迁徙、狩猎捕鱼、桑蚕绩织、刀耕火种、战事神话、饮食起居为内容题材，在一种给人以鼓舞和振奋、时而如春雷行空时而如万马奔腾的打击乐指挥下，以及在土家山歌的韵律伴奏下，以一种独特的、可以便于成千上万舞者随意加入和退出的"同心圆"队形队列形式，表现出了强烈的民族亲和力和吸引力。在一种"吨嗬嗬""嗬吨吨"的和声伴奏下，以一种气势磅礴之势、浓厚的民族情怀感染着土家儿女的自信与自豪。摆手舞是土家族群体心理认同的肢体语言符号，在民族共同心理素质的形成上起着一种决定性的作用，能够焕发人们的民族凝聚力，成为维系一个民族共同心理强有力

---

① 王龚雪：《土家族摆手舞的动态形象特征及文化内涵》，《民族艺术研究》2009 年第 6 期。

② 彭曲：《土家族摆手舞蹈的礼俗精神》，《湖北民族学院学报》（哲学社会科学版）2007年第 1 期。

的精神纽带①。这种凝聚力不仅发生在土家族民族内，对其他的民族也有一定的启示和教育作用。因为摆手舞主要是一种祭祀祖先的民族共同心理意识，是一种歌颂前人、教育后人的信仰文化，而恰好是这种共同的心理，促成人们对民族归属感和亲和力的向往与追求，促进民族凝聚行动的自行模仿和自动形成。同时，恰是这种对列祖列宗虔诚的民族信仰，教会人们对生活的科学创造，教会人们要用自己的勤劳双手获得生活的资料和源泉，对那些游手好闲、好逸恶劳、争利夺益的人们具有重要的启发和教育意义。特别在当今民族融合的大环境下，人们对民族的彼此尊重与认同在逐渐加强，在对待民族文化的学习与选择的态度上边界逐渐模糊，相互效仿和借鉴已经成为民族地区民族融合与凝聚的必然选择。而摆手舞已经成为酉阳地区融合、凝聚民族的重要载体，人们不分民族、不分地方都参与摆手舞活动，场面壮观、其乐融融。

其次，摆手舞已经成为酉阳地区重要的健身娱乐活动。通过摆手舞，增强了人们的身体素质，促成了人们的交流与沟通，放松了人们的心情，对酉阳地区民族人口健康资本的提高具有重要的作用。身体强壮、心情舒畅，这既是和谐的基础，也是和谐的核心价值。摆手舞动作以农事生产、祭祀、渔猎、战争为题材，经过初级加工和串联，集成为含有屈、蹲、扭、转、伸等简单动作体系的民族传统体育活动，现在已经发展成为一种简便易学、科学有效的体育健身方法，具有良好的健身效果。特别对于酉阳这些体育资源严重匮乏的贫困山区而言，摆手舞是一个不错的选择。有研究表明，人们跳摆手舞的高峰部分，男女平均脉搏可达 145.5 次/分②。摆手舞具有丰富的娱乐休闲价值，无论对于体验者还是观看者，都会达到放松心情、释放情怀、宣泄情绪的效果。同时，能够体会到活动中的健美与优雅、快乐与遐想。而摆手舞最为特别的休闲娱乐价值，在于能够勾起参与者对田园牧歌那种自然生活的向往与遐想。同时，也能够激起人们对美好生活的憧憬

---

① 刘刈、陈伦旺：《土家族传统艺术探微》，广西民族出版社 2006 年版，第 80 页。
② 屈杰、刘景慧：《"摆手舞"与土家族生命本体力量的展示》，《怀化学院学报》2005 年第 3 期。

和一种悠然自得的生活态度，在娱乐休闲中多一种民族情怀，使人们容易抛弃烦恼和疲劳，燃烧明天的激情火焰。

3. 打造酉阳名片

酉阳是一个民族文化集聚的神奇地方，一条涓涓不息的酉水河孕育了灿烂的中华少数民族文化，至今仍旧凸显一种难能可贵的原生态基因。早在1956年，这里的土家族文化曾深深地吸引住了我国著名的社会学家潘光旦先生，他在酉阳考察时就曾建议地方政府应该尽快抢救和保护好这些宝贵的民族文化财富。酉阳县政府为了充分展示厚重的民族文化底蕴，打造地方特色名片，于1982年把土家摆手舞列为重点收入集成项目，组织专门的研究考察队伍开始对原始资料进行了全面的普查、摸底、采风和编排创作等工作。酉阳政府陆续通过如举行和参加各种大中小型的汇报演出、摆手舞大赛、媒体（媒介）展播、电视文艺节目、拍电视剧、创编广场摆手舞、申遗、中国摆手舞之乡、制度建设、资金支持、人力培训、建筑修缮和恢复等措施，助推土家摆手舞成为酉阳地区极具影响力的民族文化品牌。可以说，如今的酉阳，通过土家摆手舞这一民族文化品牌，使酉阳这个地方享誉渝东南、闻名武陵山、蜚声大西南。摆手舞为酉阳赢得了声誉、注入了活力。

4. 带动旅游经济发展

酉阳是一个旅游胜地，2011年酉阳县荣获"国家旅游名片""中国最具国际影响力旅游目的地""中国最具投资价值旅游县""中国最佳休闲度假旅游胜地""中国最佳生态宜居旅游胜地"等荣誉称号。有桃花源、酉水河、龙潭古镇、龚滩古镇、乌江画廊、阿蓬江、大坂营等重点景点景区，旅游收入和游客人数都呈逐年上升趋势。2011年共接待游客261万人次，实现旅游收入8.34亿元，分别较上年增长157.9%和160.6%（见图5）[①]。而在很多旅游景区都有摆手舞表演活动。后溪镇的河湾村——摆手舞发源地（摆手堂遗址地）就是依靠摆手舞而带动起来的一个旅游休闲地。据河湾村村长介绍，现在河湾村有户籍人口2800余

---

① 《酉阳县公众信息网—酉阳自治县2011年国民经济和社会发展统计公报》，http://www.youyang.gov.cn/zfxx/tjfx/20310.htm，2012 - 04 - 15。

人，农家乐有十余家，平均每年整个河湾村因摆手舞吸引来的游客和研究者、参观者等30余万人次，全年毛收入达300余万元，解决就业100余人。现在河湾村已经成为"中国最美土家山寨"（见图6）并被国家民委命名为"中国少数民族特色村寨"。

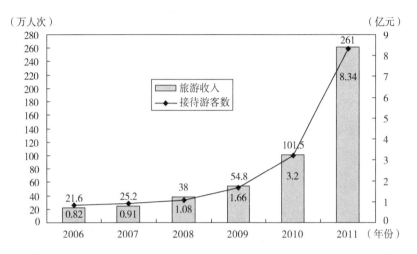

图5　2006—2011年酉阳接待游客数及旅游收入

图6　"中国最美土家山寨"——酉阳后溪河湾山寨

第三章 乌江流域区域文化内容体系

就区域而言，范围广，没有一个明确或绝对的边界和范畴。同时，"文化"的概念和内容也很复杂，所以要给区域文化内容体系进行一个准确、详尽的定位和阐释几乎是不可能的。正如在专家访谈中 FSG 所说的那样，自欧洲文艺复兴运动引发人类对"文化"问题逐步展开深入研究以来，由于不同学者学术背景不同、研究中对文化问题的主要关注点不同等众多原因，形成了众多学派和观点。据统计，至今不同学者对于"文化"概念的不同定义方式有 260 余种之多。因此，到底文化是什么，文化到底包括哪些内容还众说纷纭，难以定论。

但是 FSG 认为，在文化问题研究中，必须首先确立的、坚定不移的观点是"文化是人类的专有属性，即只有人类才有文化"。即文化是人类与其他一切事物区别的根本标志。他进一步分析认为，人类的思维方式中主要包括两个部分，即人类的主观意识和客观意识。其中主观意识包括价值目标、道德观、宗教信仰、民族情结、乡土情谊、审美观念等，主要表现为人类情感倾向，因而往往具有显著的非理性特征的文化因子。这些文化因子，对人类文化活动中的思考、对人的行为都具有最为深刻的影响，具有强力的决定性作用，支配着人们的思维和行动。因而，也将其称为"核心层次文化"。客观意识则包括了人类对自然界、人类社会、人类自己的思维规律等客观事物的认知，如各门自然科学知识、人文社会科学知识等。还包括了人类通过对上述理论和知识的内化而获得的能力、技术、技巧方法等，以及在核心层次文化的作用下，运用上述理论与知识，并受制于客观历史条件而建立起来的社会生活方式、各种社会组织结构、社会制度等，具有显著的理性特征和"逐利"性——追求效率的特征。而文化结构中的行为方式，则是指在上述处于核心层次文化的主观意识、处于中间层次的客观意识的共同作用、支配、指导下，人所采取的一切有意识的"行为方式"。并且人类文化是一个结构十分复杂的巨大系统，不仅在文化结构上，从内向外，有如上述的核心层次结构、中间层次结构、外层次结构（行为方式）；从上到下（从大到小）还可将人类文化的大系统分为形式不同、涉及范围不同的若干子系统等。由此看来，就区域文化而言，存在着复杂庞大的结构性和层次性。

另外，RY 认为，区域文化是一个具有一定自然环境与人文环境特性的地理空间概念，是现代文化生态体系构建的重要内容，包含特定的自然生态、社会生态、文化生态、生产方式、市场经济与体育文化之间的综合体系。不难发现这个定义是基于"区域"这一地理范畴而又基于文化发展变迁的运动观所下的一个结论，是一个广义性上的定义。

就本书而言，前面已经对区域文化的概念进行界定，通过进一步的研究分析认为，区域文化的内容体系主要包括区域里的民族人口文化、自然生态文化和民俗制度文化。而民俗制度文化包括传统节日、生产方式（农业、林业、畜牧业、渔业、手工业、制造业和商贸业等）、生活习惯（服饰、饮食、起居、建筑等）、礼仪交往（礼节、乡归、民约）、宗族信仰（宗族、家庭、继承、赡养、祭祀、信仰、禁忌、术数）、文娱体育（民歌、民舞）、民间文学（神话传说、民间故事、民歌民谣）等。

第一节　乌江流域民族人口文化

乌江流域是一个拥有汉族、苗族、土家族、布依族、侗族、彝族、仫佬族、回族、壮族、水族等 40 多个民族的民族文化区，共有人口

3000多万，其中少数民族人口占总人口的30%多①，是一个典型的多民族"大杂居、小聚居"民族居住区。同时，单一民族呈现出"大分散、小集中"的态势，如道真、务川等地是全国仡佬族、苗族最集中的地方，印江是全国土家族较为集中的地方，而如苗族、回族等又广泛分布于乌江流域的诸多地方（见表3-1）。在人口方面，各地区人口基数较大，但总体来看，还是汉族人口偏多，有少数地区如务川、道真、黔江、酉阳、石柱等又尤其以少数民族居民为主。但近年来，乌江流域人口主要表现出持续增长的态势，经济发达地区尤其明显。但有一些地区人口锐减（主要是人口外移），人口流动频繁，常住居民数在减少，以老人、妇女、儿童为主①。

乌江流域自古以来就是一个多民族居住的地区，再加上长期、持续的人口迁徙，导致该地区各民族居民始终处于交融、互动的发展中。各民族居民在长期的杂居生息中创造了自己的民族传统文化，并相互影响，既促进民族间文化的繁荣发展、交融互动，又促进了民族居民的相互交流、相互涵化。长期以来，各民族居民在文化态度、文化思想上逐渐形成了相互包容、相互接纳、相互认同和相互学习的态度，并共同创造出乌江流域灿烂多姿的乌江流域民族文化、地域文化。特别是如土家族、苗族、彝族、仡佬族等很多少数民族历史悠久、特色鲜明，各民族居民在繁衍生息和劳动生产中创造了丰富多彩、风格迥异的民族传统体育文化，构成了乌江流域美丽丰富的民族文化画卷，也成为中华文明文化的重要组成部分，在中华文明文化谱系中留下了非常特殊而重要的一页。也正是这样，乌江流域各民族居民形成了具有共同地域、共同语言、共同生产生活方式、共同文化范式、共同民族心理的区域民族特征。同时，也形成了各民族居民间错综复杂的民族关系，真正形成了"多元一体""和而不同""美美与共"的民族格局。但是，各民族也有自己的民族特色和民族特征，具体的内容由于前面已述及，故此不赘述。

---

① 李良品、莫代山、祝国超：《乌江流域民族史》，重庆出版社2009年版，第13页。

表 3－1　　　　乌江流域部分县（市、区）民族人口现状一览

县（市、区）	民族成分	人口数量
武隆	汉族、苗族、土家族、仡佬族	41 万人，少数民族人口占总人口的 21%
石柱	土家族、汉族、苗族、维吾尔族、蒙古族、独龙族、侗族、哈尼族、瑶族、朝鲜族、满族、回族、布依族、藏族、壮族、彝族、黎族、傣族、鄂温克族、畲族、珞巴族、佤族、白族、水族、土族、塔吉克族、门巴族、基诺族、撒拉族	53.92 万人，少数民族人口占总人口的 72.3%
黔江	汉族、土家族、苗族、回族、蒙古族、藏族、满族、维吾尔族、彝族、壮族、布依族、朝鲜族、侗族、瑶族、白族、哈尼族、哈萨克族、东乡族、黎族、佤族、撒拉族、高山族、塔吉克族、鄂温克族、普米族、水族、畲族等	4.45 万人，少数民族人口占总人口的 73.3%
彭水	苗族、土家族、蒙古族、回族、仡佬族、侗族、藏族、彝族、哈尼族、壮族、满族、汉族等	69 万人，少数民族人口占全县总人口的 59.5%
酉阳	汉族、土家族、苗族、蒙古族、回族、壮族、彝族、藏族、布依族、满族、侗族、瑶族、白族、哈尼族、黎族、仡佬族、羌族、水族等	84 万人，少数民族人口占总人口的 84%
秀山	汉族、苗族、土家族等 18 个民族	65 万人，少数民族人口占全县总人口的 52% 以上
南川	苗族、仫佬族	68 万人，少数民族人口占总人口的 0.24%
恩施	汉族、土家族、苗族、侗族、汉族、回族、蒙古族、彝族、纳西族、壮族等 30 个民族	403 万人，少数民族人口占总人口的 54%
咸丰	汉族、土家族、苗族、侗族、朝鲜族、回族、东乡族、蒙古族、畲族、满族、布依族、彝族、羌族、瑶族、高山族、壮族、傣族等	36.4 万人，少数民族人口占总人口的 85%
利川	汉族、土家族、苗族、侗族、壮族、藏族、畲族、白族、蒙古族、彝族、满族等 12 个民族	89.91 万人，少数民族人口占总人口的 59.2%
威宁	汉族、彝族、回族、苗族、布依族等 20 个民族	143.5 万人，少数民族人口占总人口的 24%
水城	汉族、苗族、彝族、布依族、水族、回族、仡佬族等 27 个民族	86 万人，少数民族人口占总人口的 42%

县（市、区）	民族成分	人口数量
纳雍	汉族、苗族、彝族、白族、布依族、回族、侗族、壮族等 23 个民族	96.0415 万人，少数民族人口占总人口的 50%
安顺	汉族、布依族、苗族、回族、侗族、彝族等 20 多个民族	282.26 万人，其中少数民族人口占总人口的 39%
普定	汉族、苗族、布依族、仡佬族、彝族、白族等	46 万人，其中少数民族人口占总人口的 20%
织金	汉族、苗族、彝族、白族、布依族、仡佬族、蒙古族、回族、水族等 27 个民族	115.26 万人，少数民族人口占总人口的 45.59%
大方	汉族、彝族、苗族、白族、蒙古族、仡佬族、布依族、满族、水族、壮族、土族、京族、回族、侗族、傣族、高山族、土家族、藏族、仫佬族、布朗族、拉祜族、纳西族、哈尼族等 24 个民族	8.51721 万人，少数民族人口占总人口的 33.02%
黔西	汉族、彝族、苗族、仡佬族、布依族、白族、满族等 19 个民族	92.63 万人，少数民族人口占总人口的 23.5%
云岩	汉族、苗族、布依族、回族、侗族、蒙古族、彝族、壮族、满族、朝鲜族、藏族、水族、土家族、白族、维吾尔族、纳西族、俄罗斯族等 49 个民族	135 万人，少数民族人口占总人口的 13%
花溪	汉族、苗族、布依族等	62.61 万人，少数民族人口约占总人口的 33%
修文	汉族、布依族、苗族、回族、侗族、彝族等 23 个民族	31.13 万人，少数民族人口占总人口的 10%
金沙	汉族、彝族、白族、傣族、壮族、苗族、回族、傈僳族、拉祜族、佤族、纳西族、瑶族、藏族、景颇族、布朗族、布依族、阿昌族、哈尼族、锡伯族、普米族、蒙古族、怒族、基诺族、德昂族、水族、满族、独龙族 27 个民族	67 万人，少数民族人口占总人口的 12%
息烽	汉族、苗族、布依族、土家族、彝族、侗族、仡佬族、白族、回族、满族、壮族、水族等 25 个民族	26.8678 万人，少数民族人口占全县总人口的 5.3%
遵义	汉族、土家族、彝族、白族、傣族、壮族、苗族、回族、仡佬族、傈僳族、拉祜族、佤族、纳西族、瑶族、藏族、景颇族、布朗族、布依族、阿昌族、哈尼族、锡伯族、普米族、蒙古族、怒族、基诺族、德昂族、水族、满族、独龙族等 37 个民族	614.25 万人，少数民族人口占全市总人口的 13.1%

县（市、区）	民族成分	人口数量
石阡	汉族、彝族、白族、傣族、壮族、苗族、回族、傈僳族、拉祜族、佤族、纳西族、瑶族、藏族、景颇族、布朗族、布依族、阿昌族、哈尼族、锡伯族、普米族、蒙古族、怒族、基诺族、德昂族、水族、满族、独龙族、侗族、仡佬族等	45万人，少数民族人口占总人口的74%
思南	汉族、土家族、彝族、白族、傣族、壮族、苗族、回族、傈僳族、拉祜族、佤族、纳西族、瑶族、藏族、景颇族、布朗族、布依族、阿昌族、哈尼族、锡伯族、普米族、蒙古族、怒族、基诺族、德昂族、水族、满族、独龙族等	约70万人，少数民族人口占总人口的10%
印江	汉族、土家族、苗族、蒙古族、回族、藏族、维吾尔族、彝族、壮族、布依族、朝鲜族、满族、侗族、瑶族、白族、哈尼族、哈萨克族、黎族、佤族、高山族、水族、羌族、仡佬族、鄂温克族、独龙族、珞巴族等	43.76万人，少数民族人口占全县总人口的73.58%
德江	汉族、土家族、汉族、苗族、仡佬族等19个民族	53万人，少数民族人口占总人口的53%
沿河	汉族、彝族、白族、傣族、壮族、苗族、回族、傈僳族、拉祜族、佤族、纳西族、瑶族、藏族、景颇族、布朗族、布依族、阿昌族、哈尼族、锡伯族、普米族、蒙古族、怒族、基诺族、德昂族、水族、满族、独龙族等	45.0109万人，少数民族人口占总人口的66.32%
龙里	汉族、布依族、苗族、彝族、侗族、土家族、壮族、水族、瑶族、毛南族、回族、仡佬族、仫佬族、满族、白族、黎族、蒙古族、藏族、傣族等28个民族	20.7万人，少数民族人口占总人口的37.4%
施秉	汉族、苗族、侗族、布依族、彝族等19个民族	16.9万人，少数民族人口占总人口的55.5%
镇远	汉族、苗族、侗族、水族、布依族、土家族、畲族、壮族、仫佬族、瑶族等29个民族	27.32万人，少数民族人口占总人口的46.82%
务川	汉族、仡佬族、苗族等	45万人左右，少数民族人口占全县总人口的96.6%
道真	汉族、仡佬族、苗族等	35万人，少数民族人口占总人口的77%

县（市、区）	民族成分	人口数量
松桃	汉族、彝族、白族、傣族、壮族、苗族、回族、傈僳族、拉祜族、佤族、纳西族、瑶族、藏族、景颇族、布朗族、布依族、阿昌族、哈尼族、锡伯族、普米族、蒙古族、怒族、基诺族、德昂族、水族、满族、独龙族等	72.6万人，少数民族人口占全县总人口的68.1%

注：以上人口总量和少数民族人口比例数据均摘自各地方政府门户官网。

第二节 乌江流域自然生态文化

由于文化的起源和形成与一定的自然环境是息息相关的，所以要研究乌江流域的民族传统体育文化，必须得对乌江流域的自然生态环境有一个比较全面和深入的了解，才能够把握住民族传统体育文化产生与发展的"根"和"源"，以及在自然生态环境中的依存性。通过对乌江流域地形地貌的多次考察，以及结合一些文献资料的阅读发现，由于乌江主流的贯通及流域地形地貌、气候日照等的相似，乌江流域的生态环境呈现一个整体化特征。特别是乌江的"两河四岸"自然奇观丰富多彩，乌江素有"神奇乌江、千里画廊"之美誉。乌江流域也在这一美誉的映射下而更加赋有生态特色和地域特色，因此在我国特别是西部民族地区里富有一种神奇的魅力，吸引着无数的研究者、旅游者前来探究、体验和旅游，也在人类的历史进程中吸引着无数的民族和人们迁徙于此。时至今日，乌江流域仍旧是我国西部民族地区最有民族特色的少数民族散杂居居住区，同时蕴藏着丰富多彩、奇异古朴的人类文化遗产资源，成为我国民族学、民俗学、人类学等研究不可多得的民族文化田野胜地。

乌江流域以山区为主要特征，具有中国典型的喀斯特地貌特征，素有"地无三尺平"的说法。其地形复杂，海拔落差较大，有寒冷的山原、炎热的平坝、绵延千里的山脉、一马平川的土地、茂密原始的森林、凄凉荒野的峡谷、直冲云霄的高山、低矮起伏的山丘、大小形态不一的江河湖等。特别是有的地方非常险恶，大山纵横、沟壑密布，可以说至今仍是人迹罕至。有的地方封闭古朴，至今仍旧保持一种原生态的自然生态环境和民族文化。当然有很多地方已经非常开放、发达，现代文化和现代文明已经将这些地方的传统文化和地方文明所湮灭，现代化气息依旧在影响着乌江流域原生态环境和气息的保持，一种包括民族传统体育在内的传统文化残弱地杂糅在强势的现代文化流中的局面正在形成。

乌江流域大部分地区属于亚热带季风气候，四季变化明显，常年降水丰富，绝大部分地区冬无严寒，夏无酷暑。生长着如马尾松、泡桐树、香樟树、银杉树等优良珍稀树种。生活着如野鸡、野猪、野兔、山羊等野生禽兽。如今，乌江流域绝大部分地区还一直沿袭以农耕生产方式为主，以玉米、水稻、薯类、豆类、烟草等为主要粮食作物和经济作物。

乌江流域地形崎岖，土地资源贫瘠，给各民族的迁徙、生存和交往带来极大的困难和挑战，在各民族的发展变迁中被打上了深深的烙印，先人们由于缺乏文字记载的能力而只好把这种经历更多地用体育活动或体育舞蹈的方式记录了下来。随着社会的进步和人类文明的推进，这种用身体活动演绎的生存烙印在流传过程中被逐渐发展成为一种民族祭祀文化、一种宗教信仰文化、一种健身娱乐文化、一种民族传统体育文化。很多民族传统体育文化所演绎和呈现的内容和主题，就是对先人在迁徙过程中所遭遇的艰辛经历的追忆和不畏艰险这一勇敢精神的崇敬。由此可以说，少数民族的传统体育文化是自然地理文化的适应产物。

第三节　乌江流域民俗制度文化

民俗文化是指当地居民在长期的生产生活中所自然约定俗成的一种制度性文化，对人们的行为习惯、心理信仰、伦理审美、道德观念等具有约束性、指导性和教化性。通常情况下，民俗文化包括传统节日、生产方式（农业、林业、畜牧业、渔业、手工业、制造业、商贸业)、生活习惯(服饰、饮食、起居、建筑)、礼仪交往(礼节、乡归、民约)、宗族信仰(宗族、家庭、继承、赡养、祭祀、信仰、禁忌、术数)、文娱体育(民歌、民舞、民体)、民间文学(神话传说、民间故事、民歌民谣)。

由于乌江流域是一个由原著居民和外迁移民共同长期大杂居、小聚居所形成的混合民族聚居区,也是一个相聚着40多个少数民族的民族聚居区,其中原著民族14个,主要是苗族、土家族、彝族、仡佬族等。由于原著居民历史悠久,相传在原始社会就有人居住,在漫长的生息发展变迁中固然产生和形成了一定的民族文化、地域文化。再加上外来民族的融合杂居,必然导致在文化上的相互学习、相互渗透和相互借鉴。在这种互动交融中,也必然会促进原始文化的发展和繁荣,也丰富发展了乌江流域的区域文化。因此,由于乌江流域这么一个特殊的民族交汇现状,必然产生和形成了乌江流域灿烂独特的民俗文化,特别是在土司统治时期和流官的统治下,各民族村寨的民俗文化朝着官俗化、交融化、约定化、同一化的方向发展。

通过对乌江流域的全面考察研究发现,由于乌江流域民族众多,虽然是一种大杂居、小聚居的局面,但由于乌江流域地势特征,各寨各地相对比较封闭,导致族群间不便于进行自由交流和交往,最终各寨各地形成自己的民族文化特征。即使在一个村寨杂居着多种民族,但传统民俗文化形成与传承的主流与主流群体有非常大的关联性,也就是说主流群体决定着某一地域的民俗文化,而这种特征在现代社会依然存在。

一 传统节日

乌江流域由于地域广阔,民族众多,且总体处于一种民族大杂居、小聚居的散杂居状态。同时,虽然乌江流域由于乌江的贯通而形成一个流域整体,但在这个整体的内部却存在诸多相互隔离、彼此封闭的区域。因此,居住在不同区域里的民族居民,即使是同一民族,也会由于各自所处环境的不同而具有不同的传统节日习俗文化。因此,本研究也由于种种原因无法将如此庞大和复杂区域里各民族的传统节日习俗文化进行一个清晰、全面的清理与剖析，只能够从整体上来做一个相对比较全面和系统的阐释。

研究表明，乌江流域各少数民族都有自己的传统节日。但由于民族间长期处于一种迁移和杂居状态，导致民族间有一些共同的传统节日习俗文化。如苗族有苗年、春节、花山节、姊妹节、爬坡节、种棉节、四月八、杀鱼节、龙船节、芦笙节、吃新节、跳场、鼓社节、水鼓节、摔跤节、赶灶节、闹冲、采菜节、串寨节、玩年、坐花场、跳花场、接龙、祭神树、赶祠堂、跳老君洞、爬虎场坡、看会、忌雷、元宵节、龙角踩桥、龙灯节、跳花节、狮子会、斗画眉、跳地戏、跳圆、跳月、牛打场、跳粑糟舞、斗牛节、翻鼓节等。布依族有春节、雅蝈节、蚂螂节、祭土地节、三月三、清明节、四月八、端午节、六月六、龙山节、七月半节、吃新节、八月十五、九月九、十月初一等。土家族有赶年、春节、四月八、六月六、吃新节、春社节、清明节、端午节、七月半。彝族有年节、火把节、赛马节、采茶节等。仡佬族有春节、祭山节、吃新节等。水族有端节、卯节、姑娘节、额节、春节、清明节、六月六、七月七、端午节等。回族有开斋节、宰牲节、圣纪等。白族有春节、正月小年节、清明节、端午节、祖先遇困节、祖先受难节、赛神节、七月半、八月十五、十月大年节等。瑶族有结婚结、跳月节、吃新节、年节、稀饭节、小年节、平安节、团年饭、陀螺节、妇女围鱼节、卯节、盘王节等。壮族有壮年、春节、清明节、过社节、牛神节、过灶节、六月十四、吃新节等。畲族有祭祖节、四月八、中秋节等。毛南族有火把节、迎春节、桥节、过小年等。仫佬族有春节、清明节、端午节、七月半、重阳节等。蒙古族有春节、三月三祭白龙节、清明节、端午节、中元节等。羌族有四月八祭牛王菩萨节、五月二祭风神、五月五祭土地神、六月十九祭观音妈妈、过羌年、腊八会等。

二　生产方式

区域生产方式主要指一定区域里的农业、林业、畜牧业、渔业、手工业、制造业和商贸业等。乌江流域由于具有明显的山地特征，可耕地面积少，所以在生产方式上主要以山区农业型生产方式为主，兼有渔业、畜牧业、林业等经济类型。但由于是山区地形，耕地方式仍然以牛耕为主，不便于大机器生产。但近年来由于科学技术的发展和农村地区交通条件的改善，在一些相对比较平整或交通便利的地区用上了小型机器进行生产，在很大程度上解决了当前农村地区由于农村劳动力大量外移导致生产劳动力短缺等问题，同时在一定程度上也提高了生产力。但总体而言，随着社会经济的发展，乌江流域的生产方式结构也在发生着一定的变化，主要是种植业得到了一定程度的发展，小型化机器被应用。在作物种子的选育上也普遍选用了高优品种，改变了原来自留种子的传统做法，提高了农产品的质量和数量。

乌江流域由于山地较多，区域封闭，再加上气候、土壤等原因，导致该地区的林业资源比较丰富。据资料显示，在明朝，乌江流域一些地区的林业就进入了市场化，林业朝着商业化的方向得以发展，在促进乌江流域经济社会发展方面发挥了积极的作用。特别是在当今时代，地方政府为了促进地方经济的发展，大量人工种植林、经济林建设得以快速、普遍发展，有的还形成一种品牌基地，成为地方经济的一大产业，逐渐改变了乌江流域整个林业产业结构和种类质量结构，林业产业也越来越被人们所关注和重视，具有明显的环保、生态和经济功能。

乌江流域各民族居民发明创造了丰富多彩、适合本民族生存发展的手工业技术和相关产品，如弯刀、斧头、锄头、犁耙、踩撬、纺车、机梭等生产器具；锅、碗、瓢、盆、勺、斗等生活器皿；铙、钵、锣、鼓、芦笙、唢呐等乐器；火枪、长矛、弓弩等武器，以及印染、卷烟、布匹等，并且都是自己制造。也涌现出了很多银匠、铁匠、木匠、石匠、瓦匠、弹花匠、漆匠、篾匠等。这既推动了本民族、本地区人民生产技术的发展和生活水平的提高，也推动了民族的文明进程和社会经济的发展。但随着科学技术的进步和商业化的高度发展，目前乌江流域一些民族传统手工业面临着失传和绝迹的困境，传统在被逐渐消失和更迭，本民族的传统生产技术、方式和作坊也被现代工业生产所淘汰。由此可以说，乌江流域的制造业从自制造转向他制造、从传统制造转向了现代制造。在商业上，传统的方式有小集镇、分场期，交易地点集中，通过这种集市贸易互通供求。但现在已经发生了改变，集贸地点和方式比较分散、灵活，交易产品的种类多样化，特别是电器产品、纺织产品、药物产品等的出现，大大改变了乌江流域各地区的商业贸易产业。

同时，随着乌江流域各地区经济社会和交通运输业的发展，乌江流域涌现出了大量的畜牧业、渔业和其他服务业，大大改变了传统单一的农业生产方式。在畜牧业上，主要是养羊、养猪、家禽、养牛、养兔、养蜂、养马等。这一方面改变了乌江流域的产业经济结构，另一方面也改变了乌江流域各民族居民的生活膳食营养结构。

三 生活习惯

主要包括各民族居民的如服饰、饮食、起居、建筑等文化。服饰文化是乌江流域各少数民族一项重要的标志或表征文化，每一个少数民族都有自己民族服饰的色彩、样式和文化符号，也汇聚成为乌江流域一个丰富多彩和独具特色的民族符号和地域文化。即使是同一个民族，其服饰的款式、色彩、装束等都不同，比如乌江流域的苗族服饰，在贵州境内就有100多种①。服饰文化具有地域个性、民族个性，当然也就形成一种民族文化。事实上，我们在田野考察时，在一些偏远、封闭的山村，还偶尔能够碰见一些居民穿着一些传统服饰，我们也自然地想到这是一种少数民族服饰（见图3-1）。由此可以说，服饰是表征一个民族的重要符号。或者说，服饰文化是反映一个民族文化的首要符号，因为他直观、真实，以实物的形式展现在人们的眼前。我们常说以貌取人，也可以说以服饰取民族文化。

---

① 贵州省地方志编辑委员会：《贵州省志·民族志》（上册），贵州民族出版社2002年版，第120页。

图 3-1　在考察途中偶遇当地居民（妇女传统发饰）

　　饮食起居主要指人们的日常生活习惯。乌江流域各少数民族都有自己的饮食起居文化，但由于居住条件的很多相似之处，又导致各民族的饮食起居文化存在着一定的相似或相同之处。各民族的饮食习惯和结构受居住地土壤、气候、日照、水源等多维因素的影响而呈现差异，如居住在水源充足、气候温和、阳光充足的低原地带，这些民族一般以吃大米为主，而在其他如水源缺乏、气候寒冷、日照不足的高山地区，这些民族就以吃玉米、土豆、红薯等旱食为主。但总体来讲，大米、玉米、小麦、高粱、荞、豆类、薯类等是乌江流域各民族居民常吃的几种粮食，并且以食杂食为主。

　　在副食上，也是受土壤、气候、日照、水源等因素的影响而不尽相同。总体而言，在蔬菜类有如南瓜、冬瓜、黄瓜、豇豆、四季豆、豌豆、胡豆、白菜、青菜、萝卜、魔芋、芹菜、莴笋等，以及一些如蕨菜、蘑菇、笋子、木耳、折耳根、野蒜、黄花等野生食用蔬菜。在作料上有辣椒、花椒、大蒜、生姜、火葱等。虽然这些看似都差不多，但在各少数民族或地区之间，其做法、工艺、味道等是不一样的，仍旧保持了一定的民族特色和地域特色。很多蔬菜除了直接鲜食以外，很多民族做成各种口味的如酸汤菜、腌菜、干菜等。在肉类上，主要有猪肉、牛肉、羊肉、狗肉、兔肉、鸡肉、鸭肉、鹅肉、鱼肉等，但兔肉、鸭肉、鹅肉、鱼肉，以及虾等水产品就只有在水资源及河湖资源丰富、气候温和的低海拔地区才能够经常吃到。但主要还是以猪肉为主，并且以春节期间宰杀为主，常做成腊肉、风肉、火肉、香肠和腌肉等进行存放，供一家人整年自食和款待客人。其次是在红白喜事中会宰一些鸡、羊和牛等。另外，乌江流域各少数民族都会酿造酒，一些民族男女老少都会饮酒，以酒、肉来款待重要的客人，特别在一些年节及祭祀活动中，酒、肉是两样重要的食品和祭祀品。

在饮食习惯上，绝大多数民族喜欢吃麻、辣、酸等味道，一些经济较为发达或农事生产较为方便的地方，以一日三餐居多，也有一日四餐。但居住在一些比较偏远和生活条件比较艰苦的少数民族还是一日两餐的习惯。在吃饭及日常生活礼仪中，乌江流域各少数民族都有自己的礼仪规则和文明礼貌，如吃饭时老人或客人要坐上席，小孩不能够上桌吃饭，筷子的摆放等，都是一个很传统、很体系、很普遍的民族文化。

乌江流域各少数民族居民的风水意识观念比较传统和普遍，在选择居住地修建新居楼房时都要请风水先生根据主人和孩子的生辰八字来进行定向，但通常情况都是依山傍水而居，如选择靠近田土、有水源、出行比较方便的地方而居。由于很多地方都是一种群居状态，所以整个居住发展概貌是向山坡、山顶延展的，形成一种层结构的大小寨子。修建房屋的材料以本地土生土长的比较硬而不易腐烂的木材料做成，以吊脚楼样式居多，在传统上还有石头和石块堆砌而成的。特别是乌江流域的吊脚楼，这可以说是乌江流域一个非常具有地域特征和民族特征的建筑文化，充满了少数民族文化风情，可以说在中国建筑领域和建筑史上都拥有很高的美誉（见图3-2）。但随着经济条件的改善，乌江流域传统的木结构、石结构房屋逐渐消失。除了一些被地方政府要求保护的以外，基本上都在被现代式的钢筋混凝土楼房逐渐替代，民族样式的民居文化正在逐渐消失。

图3-2 土家吊脚楼及堂屋神位

四 礼仪交往

乌江流域各民族都有比较丰富的礼仪传统文化，一般包括礼节、乡归、民约等。在礼仪方面，有寿礼、婚礼、丧礼、生日礼，以及起房子、移新居等，也就是我们通常所说的红白喜事，邻里乡亲都要去朝贺。在传统上，人们的礼品以如面条、玉米、大谷等农产品居多，而如今主要通过直接送现金的方式表示恭贺。在礼仪活动上，很多传统的活动方式和内容都没有了，但在丧礼上还流传着如打绕棺、坐夜、打孝礼、跳丧等活动。另外，乌江流域各民族有着自己的乡规民约，有的是成文的，有的是口头约定俗成的，主要是一些家规、族法。在行为上、穿着上都有一定的民族性规约。

在交往上各民族都体现出一种好客和尊重。比如在称呼上，即使是一些年长者或辈分高者，都要以自己的晚辈来尊称对方，总是把对方放在一个很尊重的地位。在让座、坐席、宴请时总是把客人、年老者、辈分高的人安排在所谓的上席就座。在吃菜的时候，主人要请客人或年老者、辈分高的人先挑菜吃，主人及晚辈不能够随意挑菜。这一是表示尊重，二是表示好客。这些传统还在保留，并且成为人们在日常生活中衡量一个人品德与修养的重要标志，特别在家庭环境中仍旧很好地传习着。另外，师徒关系表现得较为普遍，在传统上，有石匠、铁匠、补锅匠、篾匠、木匠等，以及医生、风水先生等师徒关系。这也在很大程度上反映了各民族居民在民族文化的传习上是一种"传内不转外"的制度。如逢年过节、过生日、有红白喜事等，徒弟都要去恭贺并送大礼，并且有时在送礼上还有一定的特殊性。

乌江流域各少数民族都有着非常严厉的乡规民约。比如苗族有苗王约法，在刑法中，当初有割鼻、割耳、断根、刺面四类。在明清及民国时期，增加了囚禁、苦役、跺脚、沉塘、活埋、绞杀、砍头、射箭、枪毙等。在民法中，当初有当面道歉、鞭打、等同伤害、对决四类，在明清及民国时期，增加有放炮赔礼、罚款、赔偿、负荆赎罪等。在刑法中，设有盗窃罪、败坏安定罪、判王罪、败坏人伦罪等。比如凡16—60岁者，男不置犁、耙等农具，刀枪箭弩等兵器，不勤习武、习战，不勤耕作渔猎，懒、赖、游、赌；女不习纺织纫绣、制作食物，不勤播种、收割、储粮、养殖，不思养育子媳，嬉戏漂流，则定位坠落罪，要受到囚禁、苦役、棒击、刺面、剁手、跺脚等惩罚；若凡丈夫丢弃妻子和妻子丢弃丈夫、晚辈不孝顺长辈、不赡养老人、生而不养、移情通奸等，属于违背人伦常理，要遭受当面道歉、放炮赔礼、罚款、赔偿、负荆赎罪等处罚；凡在交往中失礼，比武中不遵规矩、合作中过失伤害协作者等，则会被定为违背情义常理，将受到当面道歉、放炮赔礼、赔偿、受同样伤害、对决等处罚。其办案程序分为受理和执行。在受理中依次分为呈讼、查实和审判。在呈讼中要求，无论是呈讼还是辩护都须以诗的形式，呈讼必须严格凭实据、严禁诡辩。在查实中，一般使用报口查对、人证物证查对；探访、试慌；推算等，在审判中有控辩、劝其和解；量刑定罪，神判定罪等。在执行中，其刑法执行经主管区域的将官同意，本地官衙执行；将官、鼓头、法官、客民等犯罪，经王庭武事官衙同意，属地官衙执行；通师、理师、巫师、道士、和尚等犯罪，经主庭文事官衙同意，属地官衙执行。而在民法执行中，由本地官衙执行①（见图 3 - 3）。

图 3 - 3　苗王约法

五　宗族信仰

　　乌江流域各民族都有自己的宗教信仰制度，主要包括宗族、家庭、继承、赡养、祭祀、信仰、禁忌、术数等。比如在宗族关系中，最明显的特征就是由如张、王、李等姓氏所形成的神宗大族。这种大族形成的纽带关系就是依凭家族姓氏宗支或一定的血缘关系，维系神宗大族关系的法则就是靠族民在长期的相处、交往和家族事务中所形成的一种人们在心理和行为中普遍接受和认同的族规、族法。特别在姓氏宗族关系里，族规、族法对每一个族民都有很强的约束性，包括日常行为、语言心理、家族事务、宗教祭祀、红白喜事、逢年过节等活动。若一人违反了族规、族法，都要受到整个家族的谴责，乃至受到一定程度的排挤和冷落。若一个族民和一个家庭脱离了宗族环境，可以说很难生存发展。在过去，每个神宗大族里都有一个族长，就是在家族里面具有最高威望，通常由具有通情达理、知书识礼、能说会讲、家庭富裕等特征的人来担任。时至今日，这种传统宗族关系所具有的族

————————

　　①　课题组在贵州苗王古寨考察时拍摄摘录。

长权威和影响仍旧在一定的范围内发生着效用，在族民间、家庭内部等的矛盾调和中仍旧发挥着一定的作用。

乌江流域各少数民族有着丰富斑斓、梦幻奇异的民族信仰文化色彩，如很多少数民族居民有石崇拜、树崇拜、山崇拜、虎崇拜、祖先崇拜、鬼神崇拜等，相信万物有灵，祈福保佑得到好的报应、安全、健康、运气等；有如占卜、命相、缘梦、看风水、看墓地、选宅基、择期、杠神、打胎、观花、敬财神、敬鲁班、敬老君、敬华佗、敬土神等；有生产类禁忌、生活类禁忌、民族禁忌、宗教禁忌、岁时禁忌、饮食禁忌、语言禁忌等①。

六　文娱体育

乌江流域各少数民族在长期的生存发展中用自己的方式创造了具有自身民族文化个性又具有如今世人可共享的民族文娱体育文化。事实上，无论从字面意义还是本质意义上来说，文娱和体育是相类的。如玩狮灯、玩龙灯等龙灯文娱文化；有如摆手舞、地盘子、莲相、毕兹卡等舞蹈文娱文化；有如跳桑鼓、三棒鼓、喜花鼓、猴儿鼓等花鼓文娱文化；有傩戏、灯戏、堂戏等戏曲文娱文化；有号子、山歌、田歌、灯哥、风俗歌等民歌文娱文化；有鼓锣引子等鼓锣文娱文化；有棋类、牌类等棋牌体育文化；有跑步、荡秋千、扳抱滚儿、扁担劲等田径体育文化；有猜谜、划拳、玩游戏、跳绳、抽陀螺、跳皮筋、踢毽子、打水漂儿、捡子、划船等游艺体育文化；有钻幕头、水上（下）漂滩、水中倒立等游泳体育文化以及武术等体育文化。

七　文学艺术

民族文学艺术主要包括民族民间神话传说、民间故事、民歌民谣等，通过口头和书面的形式得以传播和载现。乌江流域各少数民族可以说皆是一个能歌善舞、能说会唱、多才多艺的，以及对生活、艺术

---

① 廖德根、冉红芳：《恩施民俗》，湖北人民出版社 2013 年版，第 179—198 页。

等创造性极高的大民族。各民族在长期的繁衍生息中都创造了反映自己民族生存发展、演进变迁、生产生活的具有浪漫色彩的传奇神话故事，并有其独特的押调、文体和技法，也涌现出了很多绝活、妙语、佳话、艺人等。如以反映先人创世和迁徙生息的古歌曲；用于祭祀的咒语或忌语；歌颂英雄、长寿、爱情等的古诗词；用于纪念传诵的辞赋等。如苗族的《开天辟地歌》《枫木歌》《洪水滔天歌》《祭鼓词》《神词》《仰阿莎》《玄天观记》等；布依族的《洪水朝天》《四月八》《七月半的来历》等；土家族的房屋福诗，即土家人在新修房屋时，在立房子时师傅要说福诗，都要说一些好话和祝福。如房屋堂屋脊横梁，从砍树、加工到最后的上梁都是很讲究的，师傅都必须要说福诗。另外，各民族还创造发明了丰富多彩的歌舞、歌调、乐器、舞蹈、戏曲等。如苗族的酒歌、飞歌、情歌、芦笙乐器、铜鼓乐器、木鼓乐器、芦笙舞、迁徙舞；布依族的《种棉歌》（劳动歌）、《上房歌》（习俗歌）、《愁歌》（苦歌）、《送郎歌》（情歌）。如土家房屋《上梁福诗》、山歌剧《山歌唱得妹拢来》和《苦情歌》歌词①：

《上梁福诗》

砍梁福诗

福——应——

日吉良时

天地开张

鲁班到此

与主家砍梁

弟子恭请

各路神仙让一让

待弟子大厦造成功德圆满

再请各位神仙回归圣位

---

① 均由酉阳县后溪镇公共服务中心主任彭开福提供。

我东边一斧东边亮

我西边一斧状元郎

我南边一斧财源进

我北边一斧福满堂

我八方祝福都送到

主家儿子儿孙坐高堂

福诗已毕

是砍梁大吉

大梁下料福诗

福——应——

日吉良时天地开张

鲁班到此为主家做梁

不说梁来由便可

说起梁来有名堂

此梁生在何处，长在何方

一不在悬崖边，二不在旷野山场

生在昆仑山前西眉山上

何人叫你生，何人叫你长

王母娘娘叫你生，露水珍珠帮你长

生得枝枝成对叶叶成双

树下常歇麒麟狮子

树上常栖白鹤凤凰

八洞神仙叶上现

九天玄女定阴阳

枝枝叶叶很茂盛

根基五福四海放豪光

鲁班打马云中过

慧眼观看是沉香

此树生得不长不短

正好主家做大梁

鲁班急忙传我张郎

我张郎忙拿大锯五尺一把

墨斗钺斧一双

大斧磨得风风快

小斧磨得亮光光

邀请二十四仙师来砍倒

锣鼓唢呐抬进场

木马两对似鸳鸯

斧头戳子鹦哥凤凰

鲁班忙把尺来量

大尺量得一丈三

小尺量得丈八长

一量天长地久

二量地久天长

斧头过路路成张

崩锄过路路成行

推刨推起放豪光

墨线一根弹中央

两头雕起银牙细榫

中间雕对凤凰来朝阳

墨线青龙背上弹

主家发达万万年

福诗已毕

做梁大吉

点梁福诗

福——应——

主东给我一碗酒

拿来鲁班祭梁口

主东给我五彩鸡

拿来鲁班祭天地

我掐红公鸡冠

主公儿子儿孙做高官

我一点点梁头

主东儿孙中公侯

二点点梁腰

主东儿孙步步高

三点点梁尾

主东儿孙高中举

福诗已毕

点梁大吉

缠梁福诗

福——应——

一匹红绫照四方

红绫出在何处出在何方

出在重庆府

织在苏州机匠行

出在洪平县梅葛二仙染匠行

一匹红绫缠梁头

主东儿孙中公侯

一匹红绫缠梁腰

主东儿孙做国公

一匹红绫缠梁尾

主东儿孙高中举

左缠三转生贵子

右缠三转状元郎

恭贺主东荣华富贵发万年

福诗已毕

万事大吉

师傅端茶盘上梁福诗

福——应——

日吉时良天地开张

鲁班到此与主家上梁

我鲁班脚踏云梯步步高

主家脱了蓝衫换紫袍

一上一步成名早

二上二步龙抢宝

三上三元及第

四上四季发财

五上五子登科

六上六合同春

七上七星朝斗

八上八发其祥

九上九星高照

十上十全十美

上了一川又一川

主家儿孙做高官

我今登了五川头

主家儿孙中公侯

徒弟端茶盘上梁福诗

福——应——

日吉时良天地开张

众亲到此与主东上梁

我手端茶盘把梯上

得罪老幼与高堂

脚踏云梯步步高

脱了蓝衫换紫袍

一上一品当朝

二上二龙抢宝

三上三人结义

四上四季宏盛

五上五子登科

六上六位高升

七上七星朝斗

八上八仙庆寿

九上九打黄伞

十上文武状元

我今登上五川头

主东儿孙代代中公侯

起梁比赛福诗

福——应——

一不早二不迟

正是主家起梁时

左边站的弟兄叔子

右边站的嘎公舅爷

弟兄叔子人口多

我起字出口要快拉起

嘎公舅爷劳力强

我起字出口要猛扛

两方亲朋齐努力

助力主家造华堂

自从今日华堂起

主家儿孙发四方

自从今日华堂起

亲朋好友福寿长

福诗已华

起梁大吉

抛梁福诗

福———应———

太阳出来照四方

众位老少听原章

不说糍粑由之可

说起糍粑有庚生

正月元宵灯火光

二月芙蓉好美香

三月清明早下种

四月立夏栽早秧

五月田中好看水

六月田中看禾苗

七月田中看早谷

八月田中满田黄

看见谷子好心慌

要请老少来帮忙

要请三朋与四友

就说主东要开斗

昨日主东买烟酒

邀请老少去帮忙

取来萝兜和扁担

大的选在一边

小的你自己占

就将萝兜老挽起

有人喊叫吃早饭

吃了早饭漱了口

吩咐壮年老搭斗

有的人要躲刁

直叫主东取镰刀

出门实在闹洋洋

好比点兵下教场

糯谷挞来晒干后

打成糯米来等候

择期立房上大梁

主东真的好大方

左边糍粑几大斗

右边糍粑几大筐

和上糖果和银币

任由我鲁班来抛撒

我天上一把神仙护

我地上一把万物祥

我前方一把前方亮

我后面一把儿孙长

我左边一把人缘好

我右边一把五畜旺

……

我福诗已毕

抛梁大吉《山歌唱得妹扰来》歌词

男演员3人、女演员3人、土家打扮，幕起：男演员（甲）

（吹奏木叶，做砍柴动作上）

男甲：情妹约我来砍柴

伸长颈杆等妹来

哥有情来妹有意

唱起山歌心花开

女甲：（背背篓打猪草舞蹈动作）上

女甲：情哥约我打猪草

山歌悠扬哥来早

只要能把山歌唱

哪怕回家爹娘吵

男甲：（白）仍嘎（妹子）俺

在孩都（我在这里）

女甲：（白）傻凿凿里，赫我一跳

男甲：小郎想妹想得深　想得小郎血喷心　只要阿妹答应我　就在山上好偷情

女甲：阿哥对妹有真情　快请媒人进家门　我是闺秀黄花女　婚前不做傻事情

男甲：哪个和尚不恋腥　世上哪有纯真金　岩板底下藏团鱼　泉水再清有尘尘

女甲：亏你胡乱想得出　八抬大轿才进屋　婚前就要先偷情　你自家妹子行不行

（男乙、丙，女乙、丙从相反方向上）

男乙、丙：（白）嗨、嗨！

女乙、丙：（白）噫、噫！

众：（白）谈得开心，耍得安逸啊！

女乙、丙合：你俩来得这么早　假装捞柴打猪草　悄悄迷迷搞恋爱　难怪不把我们邀

女乙、丙合：羞死人来羞死人　清早就来会情人　那些嫂嫂知道了　笑得你不敢出大门

女甲：男大该婚女该嫁　正儿八经我不怕　前年他们在后山干么子　我反转倒打她一钉耙

众合：武陵山高坡对坡　男女恋爱靠对歌　金银财宝不稀罕　就爱几首好山歌

男合：（白）妹耶！那我们唱山歌啊！

女合：（白）要得嘛！

众合：郎十八来妹十八　请个媒人也十八　我们都是十八岁　糯米打粑有几皿

男合：想姐多来梦姐多　心事想乱无着落　白天想姐打瞌睡
夜晚想姐蹬梦脚

女合：小情哥来小情哥　胡思乱想不要多　阿妹送你小手帕
贴在胸口暖心窝

男甲：下午太阳偏了西，野猫就想笼内鸡　我悄悄去你家好
几回　大门紧关房门闭

女甲：那晚你回我来得恶　躲在我家阶檐脚　我出门一盆洗
澡水　一下浇到你那后脑壳

男乙：那晚我在家睡不着　来会妹子找话说　垫脚往你房里
望　生怕你爹妈把我捉

女乙：十八九岁小帅哥　我不爱你爱哪个　好想开门会会你
筛子关门眼眼多

男丙：三月茶泡没脱皮　阿哥阿妹没作揖　猫儿跳在刀板上
看到嘎嘎不得吃

女丙：要说茶来就说茶　茶在后山没发芽　只要清明谷雨到
等郎捋来等郎掐

男合：情妹你是我的娇　好比山上的嫩茶泡　伸手摘来茶泡
吃　涩布涩布好味道

男合：天上老鹰打嫩鸡　八十老人想嫩妻

女合：你想讨妻也正常　说话还得正经些

男合：十八九岁小后生　美貌女子动我心　姑娘过路瞟两眼
你莫说我不正经

女合：小小鸡公你莫雄　一把捉你进鸡笼　三天不丢一把米
看你鸡公雄不雄

男合：要吃海椒不怕辣　要恋好娇不怕杀　刀子搁在颈杆上
眉毛不皱眼不眨

女合：为讨婆娘有骨气

男合：勇敢不怕头落地

女合：我若喊你跪到起

男合：没有命令不起立

男合：说干事业逞英雄

女合：婆娘面前当狗熊

男合：你说东来我不往西

女合：我说鸭子你不说鸡

女合：有情有志好阿哥

家境好孬妹不说

酸菜多酌猪油炒

跟吃腊肉差不多

女甲：劝哥莫嫖又莫赌

勤劳任怨不怕苦

尊老爱幼是美德

闲时去跳摆手舞

男甲：赌莫赌来嫖莫嫖

多多挖土栽红苕

管好那片果树林

后山还要栽葡萄

男乙：年轻时候我不嫖

死了难过奈何桥

再过几年年老了

勾腰驼背哪个要

女乙：玄皮寡脸眼眯眯

一看就不是好东西

好吃懒做耍风流

瞎了眼睛嫁给你

女合：风吹麻叶背面白

你郎探花又好色

好比一个吃屎狗

不得屎吃过不得

甲丙：你姐是朵鲜花红

鲜艳开放半涯中

小郎好想摘花戴

无奈山高路不通

女丙：岩上山花砣大砣

伸手哪能摘得着

砍断刺笆爬上山

从没见过你这傻家伙

（女合：哥哪！太阳快要落山了，我们回家哟）

男合：

活路做了几遍坡

山歌唱了几大箩

扯根葛藤天上甩

套住太阳不准落

女合：今天过了有明天

天天泡在歌里面

妹不见哥歌不唱

一天不见要发癫

男合：妹已许愿心放下，

天天唱歌歌里耍

明天登门拜访你

知你爹妈骂不骂

女合：客人来了打招呼

唱起山歌迎出屋

大米白饭酿豆腐

油茶烧酒老腊肉

男合：山中木叶烂成堆

女合：哥妹相交不用媒

男合：我把木叶吹得响

女合：一首山歌带妹回

众合：山歌越唱越开怀

情投意合挨拢来

山歌木叶来做媒

青杠棒棒打不开

众合：土家山歌实在多

看见什么唱什么

堆成高山流成河

轮船装来火车拖

众合：请到土家山寨来

阿妹山歌迎出来

十天十夜唱不够

去了去了你还要来

（木叶声中，男女众合：去了、去了，还要来……双手换手过场，招手致意，下）

落幕——

《苦情歌》歌词

一、倾诉生活贫困

造孽不过我造孽

擦汗帕子都没得

一双衣袖擦烂了

擦烂好多桐子叶

造孽不过缩水溪

祖辈无地财主欺

面朝黄土背朝天

稻草霸铺盖蓑衣

砍柴来到青杠林

对着青杠诉苦情

穷人为么这样苦

只怜命苦非无能

二、诉家境贫寒娶不上老婆

八面山高落大雪

穷人寒冷财主热

无吃无穿太贫穷

连个老婆都没得

月亮出来月亮黄

夜夜叹气怨夜长

家境为啥这么穷

三十几岁无婆娘

吃了夜饭洗了脚

一夜望到月亮落

堂屋房间转圈圈

没得老婆睡不着

三、诉老夫少妻

画眉吵吵要天晴

乌鸦吵吵要死人

要死死我老丈夫

莫死我外头野男人

人家丈夫像条龙

我的丈夫老毛虫

哪年哪月毛虫死

长翅飞向画眉笼

我的丈夫是老公

老得驼背像弯弓

老夫少妻不相配

莫怜我对你心不忠

四、诉丈夫小

丈夫小了我犁田

不知要等他好多年

修得庙来和尚志

白天易过夜难眠

丈夫小了难开交

吃喝拉撒靠我包

放在前面怕碰着

放在后面怕掉稍

丈夫太小抱上床

我好比寡妇守空房

睡到半夜要吃奶

我是你妻不是娘

第四章 乌江流域民族传统体育与区域文化的通融性关系

第一节 民族传统体育与区域文化通融发展的内涵

"通融"一词按《现代汉语词典》的解释为变通办法、给人方便等，而在本研究中是指一种延伸或引申意义，即是指相通、融合的意思。事实上，一定区域内的民族传统体育文化本身也是一种区域文化，是区域自然、地理、人文等文化要素综合作用的文化合成结果，因此民族传统体育从产生开始，到逐渐发展、演变过程中，都与一定区域内的文化发生着相融、相通的伴生伴存关系，具有区域其他文化因子的一般特性。文化通融性一般包括纵向和横向或者空间和时间向度，而本研究在历时性研究文化通融性的基础上，重点剖析当下民族传统体育文化与区域文化的空间向度或横向的通融性发展。

民族传统体育文化与区域文化之间的通融性发展，一是强调民族传统体育文化与区域文化之间是通过互通互融的方式而逐渐发展形成的，两者之间蕴含通融这一运动、依存和发展哲学观，强调通融是民族传统体育文化在区域文化中交流、创新与发展的基本形式和根本力量，也是民族传统体育文化在区域文化中共存的一种客观规律。

二是强调在当下二者依然要通融发展，不能孤立式、独立式、单一式发展。因为民族传统体育文化具有较大的变迁惰性，即传统文化不会因为时空的突变而即刻发生着相应的改变。再加上在区域文化中传统文化逐渐减少、现代文化极力丰富的境况下，若不强化民族传统体育文化与区域文化的互通互融，就会逐渐出现民族传统体育文化独木难支、孤芳自赏的艰难生存境地。因为从文化空间理论来看，在一个区域文化空间或某一文化空间中，特别是传统文化事象之间是谁也离不开谁的关系。也就是说，区域文化是民族传统体育文化生存发展的空间、土壤和环境，若民族传统体育文化离开区域文化将会变得无依无靠，失去伙伴和土壤，也就失去了生存的空间。当然这里需要特别强调的是，在保护区域内的其他传统文化，或者发展繁荣现代区域文化这一主题下，不仅要求民族传统体育文化要与区域文化进行通融发展，同时区域里的其他文化也需要与区域内的传统体育文化进行融合发展，或者说民族传统体育文化是区域文化繁荣发展的重要内容和手段。特别是一些文化活动的开展，需要借助民族传统体育文化作为一种手段、平台、内容、方式和载体。

三是民族传统体育文化与区域文化通融发展是文化创新发展的根本要求和根本方法。文化的创新发展是一个永恒不变的主题，文化要发展离不开创新，当然离不开文化之间在通融运动中进行丰富和发展。因为任何文化都是由最初的某一文化因子在发展过程中与其他文化因子接触而发生的递进突变结果，使其最初的文化内容得以拓展，文化内涵得以丰富，即是一种沿着时间轴的"滚雪球"式发展态势。同时，文化的发展都是文化突变融合的结果，而文化接触是文化突变融合的前提。所谓文化接触，是指不同特质的文化借助某一界面发生接近、交叉并最终发生相互联系的过程。而文化突变融合就是两种或两种以上的文化特质或要素通过某一界面发生接触并结合产生新文化结构或新文化形式的飞跃过程。也借此，对于某一新文化而言，发生突变融合前所接触的文化也即是他的文化本源，翻开人类文化史，没有哪一种文化不是通过文化突变融合的结果。

事实上，民族传统体育文化从产生之初就不乏与区域文化的通融发展，如中国传统文化中的"礼""天人合一"等传统文化思想，在民族传统体育文化中具有深刻内涵和丰富体现，并且还是民族传统体育文化的核心要素。就以摆手舞而言，摆手舞文化蕴含着丰富的重道尚义、天人合一、人地合一、人与自然和谐等人文哲学意义。摆手舞文化也正是基于这些人文精神的存在而得以存续发展，也正是当今人们抢救保护摆手舞的目的和价值所在。这里需要特别说明的是，区域里的传统文化不仅仅是指地方文化，也包括外来文化。在中国区域文化中，如道家、儒家思想可以说渗透在社会生活的每一个角落。但就乌江流域来说，道家文化、儒家文化并不是这里的地方文化，但他是乌江流域区域文化的重要内容，随着时间的积淀，当然也成为乌江流域里的传统文化、区域文化。同时，很多民族传统体育文化蕴含着丰富的道家文化和儒家思想，或许正是因为这样，才使得这些民族传统体育文化融汇在中华文化体系中并灿烂古今。由此，民族传统体育文化与区域文化的通融性发展，可以说既是民族传统体育文化发展的一种本质性要求，也是一种根本性方法。

第二节　民族传统体育与区域文化通融发展的关系表象

区域文化可以说是一个大的文化循环系统或生态系统，区域文化中的每一个子文化或子系统都时刻在这个区域文化系统中不停地博弈、冲突、互动与调适着。因为区域中的文化必然会发生接触，有接触就必然会发生着这样那样的如博弈、冲突、互动、调适等运动关系。同时，由于文化之间必然存在着质的差异性和发展的不均衡性，必然会引起文化之间的冲突或博弈，而冲突与博弈既是文化之间相互影响的普遍形式，也是促进文化之间相互融合的重要推动力。所谓诸子百家的争鸣其实就是文化之间的一种冲突，而在争鸣中的相互认同、彼此共存表明百家文化从冲突走向了融合，而这种冲突与融合的根源除了各自文化主体不同的立场、观点和价值取向外，还因为文化之间质、形、意的差异而引起。

正是存在着这些关系，才使得区域体育文化与区域文化或母体文化之间能够互相影响、互相促进，并实现着总体上的协同发展，当然这也是区域文化运动观的主要表现之一。总体而言，民族传统体育与区域文化之间的通融关系表现为互动与和谐、冲突与博弈、认同与调适。从联系的观点和运动的视角来看，其实这几个关系时刻表现在促进和伴随着文化事象的发展运动过程中，也时刻都在这种永不停止的文化通融发展运动过程中发挥着积极的作用（见图4－1）。

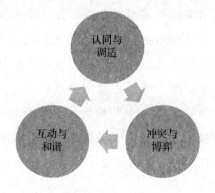

图4－1　民族传统体育与区域文化通融关系表象逻辑示意图

关于文化通融关系发生的根本原因，在访谈中FSG就对此进行了较为深入的阐释，他认为这主要有两个方面的原因：其一，民族传统体育文化是区域文化系统中的一个子文化，它们之间在结构要素或特征上客观地存在着一种包容关系，在构成因素上必然存在极大的相似性或同一性，从而引起民族传统体育文化与区域文化之间可以自然而然地发生着结构的迁移和通融。而在这种迁移和通融的过程中，必然会存在着互动与和谐、冲突与博弈、认同与调适的过程和现象。

其二，各民族居民在漫长的发展历程中，参与民族传统体育项目活动、享受民族传统体育文化的本民族大众都具有鲜明的区域文化或母体文化的文化特色。他们不仅从先辈那里继承着传统母体文化，还在一生的生存生活过程中，不断地践行和创造发展着区域文化或母体文化，而且还向晚辈传授着区域文化或母体文化。这种作为文化主体的人的同一性，以及民族传统体育与区域文化之间迁移和通融的可能性下，极易通过这些相同的人群的活动，而转变为现实性。于是，区域文化或母体文化中的包括民族传统体育文化在内的文化因子，始终在区域文化或母体文化的框架下，强有力地影响和控制着自己的产生和发展过程，强有力地制约和规定着其价值系统、活动方式方法和行为方式等。

而这种影响和控制可以具有两种形式。一是民族传统体育的产生和发展过程中，自然而然地学习和接受源自母体文化的文化因子，始终表示着文化认同、调适与和谐。二是当民族传统体育文化在运行过程中发生与母体文化的偏离时，这种影响和控制就会表现出一定程度的冲突与博弈。但就母体文化对民族传统体育文化的成功影响和控制而言，其结果是通过冲突和博弈而最终使体育文化出现了对母体文化的认同、调适与和谐。当民族传统体育文化较好地体现了母体文化的特征，在母体文化的制约和规定下有序运行时，我们说民族传统体育文化此时与母体文化之间表现了认同、互动与和谐。但是，民族传统体育文化仅是母体文化中指向体育活动的专门领域的子系统文化，它在与母体文化保持着认同、互动与和谐的基本关系的同时，总会出现某些偏离。当这种偏离不具有积极意义，只是未能成功接受源自母体文化积极而有效的文化因子时，由偏离而引发的与母体文化的冲突和博弈的结果，只能是民族传统体育文化逐步通过调整自己，而达到与母体文化的协调，即通过调适而实现对母体文化更好的认同，以达成和谐发展的关系。但当这种偏离具有某种积极意义时，所引发的冲突和博弈的结果，可能是民族传统体育文化反过来促进母体文化的调适过程，而实现某种升华和发展，最后通过这种互动，又形成两者之间的和谐相处。

譬如，随着民族传统体育活动的不断开展、不断传承，体育人文精神会逐步得到加强。尤其是产生于巫术与宗教活动从而始终与宗教活动相伴共生的民族传统体育，随着这种体育人文精神的强化，而宗教精神却逐步退让和弱化。这种原本在母体文化中是"娱神""乐神"，甚至是"媚神"的神圣的巫术与宗教活动，却随着"娱人""乐人"特征的出现，偏离了母体文化原有的特色，发生了民族传统体育文化与母体文化的冲突与博弈。在这种冲突与博弈中，随着这种方式的民族传统体育活动的长期发展，其人文精神越来越强化、宗教精神越来越退化和弱化，而且这种强化了的体育人文精神，促使了母体文化通过适度调适而使其中的广义的人文精神得到进一步的张扬，使得相关子系统文化也更为突出地向着以人为核心、一切服务于人的方向发展。所以，结构上的包容性、文化主体的一致性，使得区域民族传统体育文化与区域文化或母体文化之间始终存在着互动与和谐、冲突与博弈、认同与调适的关系。

文化与文化之间互动与和谐、冲突与博弈、认同与调适的关系是复杂多变的，就是传统文化与现代文化之间，既有对抗又有联合、既有借鉴又有否定、既有冲突又有包容。也就是说，民族传统体育文化在产生与发展变迁中始终与所处的区域文化在发生着互动与和谐、冲突与博弈、认同与调适等运动关系，但随着时代环境的发展和变化，这种关系在不同的时期所表现出来的激烈或明显程度是不一样的。比如在传统时期，酉阳后溪摆手舞是凭借宗教、祭祀活动而逐渐产生和发展起来的，也是在当时自然经济落后，人们生存环境极其恶劣的条件下，以及人们意识形态比较朴实、简单和封闭的情况下，摆手舞才得以逐渐形成发展，乃至代代相传成为维系一个民族发展的生存制度和一个民族象征的文化符号和文化标签。也因此摆手舞与区域文化之间的关系更多地表现为融合与互动、认同与调适，并且是一个自然的过程。同时，在最初，由于人们意识形态和认知水平比较低下、简单和朴实，或者还没有文化这样一种定义或说法，所以人们对文化的认知和分类是远没有今天的人们那么清晰，或者就根本没有分什么是传统体育文化、什么是区域文化。因此，各种文化是在随着人类社会的文明进程中逐渐分化和成类的。正如访谈中有不少专家所言，其实民族传统体育文化在远古或最初的时候，也不过就是一种地域文化、习俗文化、地方文化，除跟其他文化在活动类型上有着较大差别外，人们也没有把民族传统体育文化看成是一种什么特殊的文化。

在文化全球化的今天，随着经济社会的现代化发展，人们意识形态的改变和文明程度的提升，以及生存空间的日渐扩容和开放，导致区域里的传统文化逐渐受到现代文化的冲击和洗礼，区域文化结构发生了较大的改变。最明显的特征就是传统文化的消失和现代文化的膨胀，区域文化主要表现为现代文化特征，区域里曾经的主流文化即传统文化便成为所谓的亚文化、边缘文化。也因此，有不少的人们开始对传统文化安全的觉醒和担忧，人们对民族传统体育文化与区域文化的关系更多地表现为冲突或博弈的关系，即人们也在极力思考并寻找答案，民族传统体育是否应该与一些传统文化同日而语，在保护和传承过程中是与这些区域文化通融性发展还是自己独立性发展，其实这就是民族传统体育文化与区域文化冲突、博弈的表现。然而，更多的人们认为最理想的模式还是"美美与共、各美其美"，这是民族传统体育文化在与区域文化生态环境中保护与传承发展的最高境界，说明民族传统体育文化与区域文化最终又趋于认同与调适、和谐与互动的通融发展态势与格局。

一　冲突与博弈

文化是一种由多个文化基因融合突变的结果，在区域文化生态圈中，各文化因子不可避免地在特定时间、空间里发生着冲突与博弈。因此，区域里的民族传统体育文化与其他文化在发展变迁中必然表现出一定的冲突与博弈现象，也可以说是民族传统体育文化在区域文化生态圈中发展变迁的一个不可避免的重要过程和环节，当然也是区域文化生态圈中各文化因子间的一种生存表象和关系表现。

民族传统体育文化与区域文化之间的冲突与博弈，主要是指民族传统体育文化在发展变迁和文化扩散的推动下，文化主体基于或突破民族传统体育文化所原有或固有的某些边界属性而与其他文化及文化主体在交流与接触中，由于文化间质性或形式上的差异，主体在语言心理、生产方式、生活习惯、宗教信仰、礼仪交往、思维方式等方面的不同和差异，以及在争得本民族传统体育文化生存空间时而对其他文化现象在心理上所产生的怀疑、排斥、否定、对抗、甄别、选择等的文化现象。文化冲突与博弈的结果，可能导致文化之间的融合，或者是弱势文化的消亡，或者是彼此的妥协和包容。

但是我们对文化之间的冲突与博弈不能够简单地、片面地理解为一种矛盾或对抗运动，更应该理解为一种文化心理和态度。特别是文化主体在对文化进行甄别、认知和选择时，不可随意、盲目地借鉴与融合、否定与排斥，要持有一种文化冲突、文化博弈的态度、准备和思想。正如在访谈中当问及"就摆手舞的起源问题，你们和附近的区县黔江区争过，和附近乡镇可大乡也吵过，那在这种争论或吵闹过程中会不会出现一些矛盾，甚至在感情关系上受到影响"和"相互之间会不会存在一种相互学习、相互融合？"问题时：

> PKF（受访者）：
>
> 犹如有的专家说过，这个各有特色，我们不说他们搞得不好，他们也不说我们搞得不好，但在一些没有水平的老百姓当中，肯定还是存在一些矛盾和争论。我们应该彼此之间保持认同和自己的特色、特点。
>
> 我认为应该立足原来，着眼现在，远观将来。那么是不是文化的包容、是不是文化的拿来主义，是不是将这两个摆手舞融为一体，我说过这个问题，但在申遗过程中，有的专家提出各有各的原汁原味要保留，如果为了旅游的需要这个观点是正确的，为了旅游应该相互融合、相互借鉴，你融合我，我融合你，我把湖北摆手舞、可大摆手舞融入我的摆手舞中，围绕着旅游搞，那就更加健全了。

从他的话语中不难发现，单纯从民族传统体育文化而言，应该保持自己的本色特质。但基于如地方旅游经济发展等社会需求和社会效益时，民族传统体育文化又必须与区域文化融合发展，这里其实也体现了一种文化间的冲突与博弈。

就摆手舞文化而言，在区域文化生态圈中，由于不同文化在生存发展的动态过程中所表现或释放出来的诸如性质、特征、功能和力量的差异，导致摆手舞文化与其他文化之间在求得自身生存发展的过程中而引起互相碰撞和对抗。这种过程或状态其实也就是文化之间的冲突与博弈，这也是摆手舞等民族传统体育文化发展的必然过程和特殊运动形式。而梳理摆手舞文化的生存发展过程，特别是随着乌江流域汉人的移入，以及改土归流以后，摆手舞与外来文化、汉文化的冲突日益加剧，最终也因为人们在思想、意识和方法准备上的不足，导致摆手舞文化几乎销声匿迹。但我们也可以发现，在这种冲突过程中，摆手舞文化与外来文化、汉文化也在进行融合发展。摆手舞文化汲取了汉文化及现代外来文化中的有益成分并进行了创新适应性发展。同时，摆手舞文化也是区域现代文化中的重要内容，也成为外来人群的文化大餐，受到汉人的喜欢和认同。

另外，摆手舞是以前宗法制度下族民在族长的领导下所进行的一项活动，而如今区域文化里宗法制度早已不存在了，族民的日常事务管理也主要靠政府或村委会组织行使，而这种管理主体所开展的工作是日常行政管理，是一种行政手段和政府干预，由此摆手舞没有宗法制度所具有的自由性、节律性、自觉性和自主性，以及族民主体地位的缺失和主体意志的边缘，摆手舞等民族传统体育失去所固有的族民群体这一根本性保障和条件。在这种博弈中，民族传统体育文化在与区域政治文化的博弈中处于被动和弱势，为此有很多专家学者建议政府应该转变管理方式，构建族民自治的管理发展模式，还族民主体地位①②。另外，摆手舞以反映农事生产生活为主要内容，而随着科学技术的发展和生产方式的转变，人们的耕作生产工具在日益变化，传统的农耕生产用具在逐渐被淘汰，现代化、新型材料及工具层出不穷，

①　白晋湘：《少数民族聚居区传统体育非物质文化遗产保护的社会建构研究——以湘西大兴寨苗族抢狮习俗为例》，《体育科学》2012 年第 8 期。

②　张世威：《基于文化空间理论的民族传统体育保护研究——来自土家摆手舞的田野释义与演证》，《北京体育大学学报》2015 年第 8 期。

改变了传统农耕生产方式概貌。再加上生产方式的转变,包括农作物种类、耕地面积的减少等,农耕生产经济在逐渐被现代化城市经济、工业经济所代替。所以摆手舞所赖以生存的农耕文化土壤和环境在日渐消失,摆手舞在与区域生产文化的博弈中却远离了曾经所依赖的这种原生态农耕文化。表面上看摆手舞文化在博弈中更多处于被动状态,但作为文化的主人,人们既在极力思考用什么样的方式为摆手舞的生存发展营造适宜的生态环境,同时又在极力思考如何转变生产方式、提高农耕经济发展水平,零和民族传统体育文化与区域文化之间的博弈较量,促进民族传统体育文化与区域文化的通融发展,以及在积极思考融合促进民族传统体育文化在区域现代经济环境中的生存发展与适应变迁。诸如以上这些其实都是文化主体基于民族传统体育文化与区域文化的通融性发展所表现出来的冲突与博弈过程和现象。

总体而言,在文化全球化和文化张力积聚膨胀的今天,文化之间的冲突与博弈表现得更为激烈和现实。特别是传统文化、民族文化与现代文化、外来文化之间的冲突与博弈表现得最为明显,传统文化、地域文化的生存发展也是人们普遍担心和忧虑的事情。人们也似乎把传统文化与现代文化、民族文化与世界文化、乡村文化与城市文化等天然地看成是对抗的、是格格不入的,认为民族传统体育文化与现代文化之间有着很大的区别。即使当地人将民族传统体育文化与现代文化进行融合创新,在现代文化中加入了民族传统体育文化元素,在民族传统体育文化中渲染着一定的现代文化色彩,在一定程度上促进了民族传统体育文化的发展,但更多的却是引发和招来了人们对创新后的民族传统体育文化的激烈争论,甚至是一种否定、批判,认为加入现代文化色素后的民族传统体育文化成为一种似古非古、不伦不类的赝文化,甚至还犹豫和提出该不该叫民族传统体育项目或民族传统体育文化了。也因此,人们在对民族传统体育文化要不要与现代文化进行通融发展,究竟怎么通融发展而犹豫不决、争辩不休。无疑,这也是民族传统体育文化与区域文化冲突与博弈的一种过程或现象。

但我们回过头来看,或许正是通过这种冲突与博弈,才让人们更加强化了对传统文化、民族文化认知、保护的意识和态度，才让人们在保护与发展传统文化上既不能盲目借鉴，也不能盲目否定，保持和利用一种警醒、甄别、选择的态度和方法，来对待和处理民族传统体育文化与区域文化之间的和谐发展。

二　互动与和谐

互动与和谐是文化之间冲突与博弈后，由于彼此之间接触和交流的范围不断加大、频度不断加强、程度不断加深，文化、主体之间逐渐相互认同、相互包容，彼此之间对抗逐渐弱化和消失并处于和谐相处的境况。也可以说是文化与文化、主体与主体之间的另外一种相互关系。因此可以说，互动与和谐是文化之间美美与共的过程和结果，是文化与文化之间发展创新和适应变迁的诉求。互动与和谐之间具有非常重要的逻辑关系，互动是文化之间和谐的基础和手段，和谐是互动的目的和要求。文化之间要和谐，需要通过互动，在互动过程中相互学习、借鉴、包容来实现"你中有我、我中有你、和合你我、你我与共"。同时，互动的目的，就是获取文化之间和谐的基点，进而建立和谐界面，实现和谐共存。

民族传统体育与区域文化的通融发展是内因和外因综合作用的结果。首先，民族传统体育文化有自身的局限性，需要借助其他文化为载体、为氛围进行互动发展，需要在互动与和谐中从其他文化汲收养分和增添色彩。就以摆手舞而言，摆手舞文化其实就是一项以生产生活内容为动作内容的祭祀文化，但摆手舞文化要具有文化性、要发展、要推广，不得不与区域里的其他文化进行互动交融发展，如传统节日活动、民族礼仪、服饰等。同时，还必须与区域里的政治文化、经济文化相融合发展。

如在传统阶段，摆手舞文化与土司制度文化、宗族制度文化，以及农耕生产方式相融合发展。在现代阶段，与区域民主自治制度、区域旅游文化等相融合发展。特别在当今区域文化多样性、异质性表现突出，相互间交融日益激烈，人们对文化甄别、选择、消费多样化的时空环境里，以及科技的进步、文化空间的开放性和文化传播性的日益加剧，文化之间寻求融合和"搭便车"式发展显得特别重要。这就要求文化要主动地与其他文化进行互动融合，吸收其他文化的养分，丰富自己的文化内涵，满足群体的要求，以至取得生存的更大空间。其他文化也是一样，在求得自己发展的同时，必须与摆手舞等民族传统体育文化进行互动交融和谐发展，增添自身的文化色彩，促进其自身发展。

因此，区域文化中各文化因子在发展中所表现出来的内因化也是外因化的过程，每一个文化因子在内因化与外因化的过程中，就自然而然地促进文化之间的互动融合，所以文化互动融合也是区域文化的一个自然生存规律和特征。只要是文化，就必然有与其他文化互动融合的需求与发生过程。文化因子在区域文化系统中，既独立又交融、既个性又共性、既吸收又贡献。而正是这种文化特征，才保持了区域文化的不断发展与繁荣。

进一步研究发现，乌江流域土家居民以山地自然农耕经济为生产生活方式，在摆手舞等艺术文化的创造中固然受到山地自然环境和农耕生产方式的影响，所以摆手舞文化是与自然山地文化、农耕生产文化在长期的相融、相生，乃至冲突、调适、整合中所形成的一种文化积淀。也使得摆手舞文化具有典型的农事生产文化特征和属性，再现了土家先民与自然文化抗争、融合的生产生活历史，以及对祖先生存艰苦和伟绩的讴歌与崇拜，在很大程度上教育和启发了后人。同时，这种山地自然农耕生产方式以及伴随所产生的摆手舞等传统文化也塑造了土家居民朴实、坚韧的民族性格和民族特征，使得土家居民世代依存自然农耕资源而扎根生息于这片土地上、这种环境里，并在与自然农耕文化的融合中创造着至今仍具魅力的区域文化、土家文化和少数民族文化。

不仅如此，摆手舞文化还与宗族文化、宗教信仰等文化互动融合。在传统时代或原始时期，摆手舞需要借助姓氏宗族文化而使得行为主体得以自然有序集聚，进而在宗法制度下开展传统摆手舞文化活动。

这里的宗族文化包括施行宗族活动的场所、宗族活动本身、宗教活动的理念以及宗族活动的制度，宗族文化在民族事务中就是一部"民族宪法"，或者说是本民族人必须遵循和保护的具有很强约束力的"习惯法"，但通常表现为一种软控制。活动场所是摆手舞活动的物质基础，活动本身是摆手舞活动的载体，宗族制度是摆手舞活动遵循的轨迹，宗族理念是摆手舞活动应该遵循的有序制度。而摆手舞活动又是宗族活动的重要内容，是宗族活动的行为表现形式。这种"民族宪法"，规范着活动对象的资格、承办主体资格与组织体系、物质与时间保障、场所与活动规则、活动奖励与惩罚、活动仪式过程与禁忌、观众行为与活动程序、器物保护、传承法则、活动内容、动作体系等①。另外，摆手舞与万物有灵、自然崇拜等思维方式是融合发展的。由此可以说，民族传统体育是人们在宗教信仰等地域文化所具有和形成的思维方式的支配下而逐渐演绎出来的。如后溪土家先民与自然环境的适应、与恶劣自然环境的抗争等，创造出了以反映农事生产活动、刀耕火种等特征为主的摆手舞传统体育活动。如贵州侗族先民与自然河流、自然野生动物的适应和抗争创造出了游泳、划龙舟、月牙镗等传统体育活动。在区域阶级文化中，先民们为了自由、生存和人权抗争，而逐渐发展和传承了民族武术文化。

其次，民族传统体育文化在发展演变中，虽然不可避免地要与其他文化产生一定程度的矛盾，但这种矛盾必然会促进民族传统体育与区域文化的逐渐调和与融合，最后形成一定的文化共融局面。因为根据文化矛盾的互动理论，文化之间所存在的矛盾是文化存在的必然结果，也是促进文化发展所不可避免的一种力量或过程。也可以说，文化冲突是文化共存的必然现象，文化融合是文化共存的必然结果，但这种现象是同时相伴的，没有一个明显的开始，也没有一个明显的结束，就是在这种既冲突又融合的无休止、无间断的持续通融过程中，促进不同文化的共同发展。正如"文化的冲突与

---

① 顾晓艳、屈植斌：《文化生态视野下北侗村落传统体育文化变迁——以天柱县三门塘为个案》，《贵阳学院学报》（社会科学版）2013 年第 5 期。

融合，是人类文化不断发展和进步的源泉和直接动力""体育文化之间的冲突与融合，是体育文化发展过程中正常的现象，也是体育文化发展的重要过程，从系统论的角度来讲，这是体育文化发展生生不息的原动力之一"①。

三　认同与调适

认同与调适既是文化主体间的一种文化态度和文化行为，也是文化间通融发展的一种过程和结果。通常情况下，认同是调适的基础和前奏，调适是认同的发展和结果。认同与调适是民族传统体育文化与区域文化通融的最高境界，民族传统体育文化与区域文化的通融发展就是要有着一种认同与调适的发展态度，最终达成一种认同与调适的发展结果。如果一种文化一贯地否定、排斥其他文化，没有一种温和的态度来试着接触、认同、接纳和调适，特别在区域文化中是很难发展立足的。比如在湖北来凤田野调查时，当问及当地一位居民："你们这里的摆手舞与酉阳的摆手舞有什么区别，是你们的摆手舞好还是他们的摆手舞好"，她讲：

> 酉阳摆手舞摆得比较秀气，祭祀文化比较多一些，我们这里的摆手舞摆得比较粗犷，我们这里以农事、渔猎为主，我不能够说他们好或者我们的好，反正各有特色嘛。

这其实就反映出人们对文化是一种认同的态度，并且感觉是一种朴实的、真挚的、和谐的心态。当再问及"其他民族也跳你们的摆手舞吗？"她说：

> 现在摆手舞汉族也跳，苗族也跳，民族间没有说是外民族的我们就不去跳，由于在地域中的人们长期聚居，文化和心理都融

---

①　胡兆晖：《文化冲突和融合与体育文化发展的关系》，《北京体育大学学报》2010年第1期。

合和认同了，虽然民族不同，但都感觉是一个地方上的人。土家族人学苗族的传统体育文化，苗族学土家族的传统体育文化，相互融合。

不难发现，同一地域不同民族的人们在对待民族文化上是不分你我的，各个民族不但在保护、传承着自己的传统体育文化，而且还保护、学习、宣传和参与其他民族的民族文化及活动。

同时，由于乌江流域各少数民族都有着浓烈的宗教色彩，以及随着佛教、道教文化的传入，很多少数民族居民便在自然条件极其恶劣和科学知识极其落后的年代里，常常以祈求神灵的心理和方式保佑生存。借此，生活在乌江流域的各民族居民便在这么一种强烈的宗教诉求里借助一定的身体活动或身体仪式来表达自己的宗教信仰心理，于是就自然而然地产生了传统体育活动项目。同时，通过这种身体活动或身体仪式使得人们的文化心理、宗教信仰、行为规范和风尚习俗等得到了升华和彰显。而又由于这种身体活动或身体仪式的特殊性，逐渐发展和演变为一种身体艺术和文化活动，也成为一种传统节日、传统文化和自娱自乐活动。同时，还促进了人们的文化心理、宗教信仰、行为规范和风尚习俗等文化的节律性、传承性。由此可以说，民族传统体育文化以及以上这些区域文化是相互认同、相互调适的结果。

以摆手舞为例，摆手舞文化依然是当地人们的一种生活方式和信仰，是区域文化中的重要文化因子。因为他不仅存在于人们的思想、意识和信念中，不仅是一种精神文化，而且还通过一定的身体肢体动作展现在人们的现实生活中，凸显了民族的艺术文化、行为文化、生活文化和身体文化。同时，载现了民族的诸如饮食服饰、文学艺术、节庆习俗、宗教信仰、民族心理、伦理道德等文化，反映了土家居民的生活、生产、宗教、民俗、礼仪及民族精神、民族理念等。因此，可以说摆手舞等民族传统体育文化在区域文化体系中认同和调适着这些区域文化，摆手舞文化也通过认同、融合与载现这些区域文化，孕育和彰显其自身的文化内涵，使自己在区域文化系统中不被人们所隔离、疏远和摒弃。

另外，摆手舞集歌、舞、乐、巫术等为一体，体现了多元文化的融合，特别是巴楚文化与中原文化的交融。有研究表明："随着汉人的迁入和土司制度的实行，后溪土家摆手舞也从原来的土王崇拜演化为宗族祖先崇拜、土司王崇拜等，摆手舞在大场面下表演的大摆手（战前舞）派生出在祠堂前举行的小摆手（农事舞、祭祀舞），很明显地体现出摆手舞与楚、汉文化的相融相通。"① 而这种相融相通也正是摆手舞与区域文化认同与调适的现象、过程和结果，也正是这样，才可能使摆手舞文化源远流长，以及造就乌江流域区域文化的独特性、丰富性和通融性。

在田野考察中，很多访谈专家和当地居民也谈到了民族传统体育与区域文化的认同与调适问题。

> LZH（受访者）：
>
> 摆手舞的发展与形成过程是一个认同与调适的过程，可以说，在改土归流前，摆手舞的原生态性是很明显的，原生态元素是很多的。改土归流后，随着大量的移民迁徙，当地的接受外来的，外来的融合当地的，摆手舞就逐渐吸收外来文化比较多了。比如湖广填四川时期所移民进来的居民，除了和当地人进行通婚、贸易交往外，在彼此之间的文娱活动中大家还是要参与。比如吃饭，外地居民可能是习惯在桌子上吃饭，但我们这里是习惯在火盆、三脚架上吃饭，因此，移民进来的居民逐渐融合和调适着在火盆、三脚架上吃饭，当地居民也逐渐融合和调适着在桌面上吃饭。

湖北来凤居民认为：

> 大家在一起跳摆手舞可以健身，可以促进民族团结。摆手舞

---

① 覃琛：《武陵山区土家族摆手舞的文化变迁与争论》，《民族艺术研究》2011 年第 2 期。

动作幅度较大，在健身方面感觉更明显、更突出。传统体育文化的发展应该与文化进行融合发展，特别是要与传统文化进行融合。

另外，在湖北来凤考察时发现，在传统时期民族传统体育文化在民族间、山寨间的交流与融合几乎是不可能或者很少的，但在当下人们已经是主动、自觉地要求对民族文化进行通融性发展，表现出了民族居民对民族文化通融发展的价值理解与态度诉求。比如一位老年人说道：

> 但我们这里的民族就不一样，听一个老年人介绍，在过去跳摆手舞时，只是土家族的人跳，而附近的民族居民如果要看，要参与进来跳，都要经过允许后，他们才能够看和参与一起跳。
>
> 现在小孩也可以跳，主要是大人跳，小孩在边上边看边跳就学会了。民族间与不同姓氏间通过摆手舞活动可以接亲接义、男女恋爱交往。
>
> PCJ（受访者）：
>
> 村里主要是土家族、苗族、汉族。原来跳只是我们本民族，是不向外传的。特别在解放以前，老年人都比较喜欢。一般在一年跳两次，过年（我们称为赶年）和春节跳。现在就表现得活跃了，特别是政府、专家考察时，都要组织人们跳。
>
> 我们这里有三个派系，以前从来不相互学习。但现在我们是主动到外面去交流学习，因为感觉要和谐些，比如到湖南、酉阳等地进行交流学习。但是这种活动一般都是由政府组织的，政府要求我们一些村镇到酉阳后溪去参观、去看，主要是看别人怎么打造的，怎么发展的。在交流中，我们表演我们的，他们表演他们的，相互展示、相互交流。
>
> 为了保护摆手舞我就必须要保护好一些传统文化，比如祭祀等，但我一定是把它作为是一种宗教文化，把摆手舞只是看成为一种传统文化，没有看成是一种传统体育文化。过去我们这里比

较保守，如果是女子是不允许学的，因为女子长大以后是别个的人，嫁出去以后就会把我们的摆手舞教给别人，而娶进来的媳妇是必须要教会她们的。同时，本地的人也不会学娶进来的媳妇的，这就是一种文化保护主义。但现在人们还是觉得要传，因为说起你是一个土家族人，如果叫你跳摆手舞你跳不来就会觉得很尴尬，很自卑，说明人们的思想在改变，要宣传、传承我们的土家传统文化。

第三节　民族传统体育与区域文化通融发展的生发机理

一　文化内质机理

（一）文化的共生一体

民族文化的共生一体，既是民族文化的一种生存现状也是一种生存诉求。就一定区域里的民族文化而言，文化之间必然相互联系、相互支撑和相互依存，并形成"共生一体"生存态势。如祭祀崇拜是乌江流域很多少数民族的共有信仰，当然也是乌江流域里的一种或一类民族传统文化。而人们通过民族传统体育文化形式将区域里的这一民族祭祀文化强化和演绎得淋漓尽致，使得民族传统文化渗透在人们的内心世界和生活情感中。同时，民族传统体育文化也得到了吸附和涵化，强化了民族传统体育的文化内涵和作用价值，民族传统体育文化成为当地居民祭祀崇拜不可或缺的一种文化活动，并源远流长，与区域传统文化自然成为"共生一体"的生存态势。

以后溪地区为例，如今摆手舞文化是后溪地区民族传统文化的代表，但就是因为摆手舞文化的存在，使得人们都普遍认为后溪地区还是一个民族传统文化保护得比较好的地区。而同时，也正是因为人们在积极抢救、挖掘和开展其他民族传统文化，人们时常还开展一些传统文化活动，以及后溪地区具有民族传统文化的氛围，才使得摆手舞文化显得不那么孤立无援和苍白无力。可以说，摆手舞文化与其他传统文化、民族文化依旧相生相伴、共生一体。有道是"作为征服者的落后民族在吸取先进文化的同时，自身也自觉或不自觉地为先进民族的文化所同化，同时也为步入老态的先进民族注入新鲜血液，赋予其生机与活力。任何一个国家地区、民族，它的文化体系整合了越多的不同种文化特质，其文化体系就越丰富生命力越强"①。

正如在实地访谈中 FSG 所阐释的那样。首先，区域少数民族传统体育文化，是在该区域大文化背景下，由长期生存繁衍于该区域的各少数民族逐步创造和传承发展的。这一区域内的民族传统体育文化，只是区域大文化中具有鲜明的区域大文化特色的、指向专门领域的一个子系统文化。这个创造、传承和发展的过程，都是由拥有和享受着区域大文化、从而具备了鲜明的区域大文化特色的人去完成的。因而，作为母体文化的区域大文化，通过影响创造和传承这种体育文化的人，深刻地影响着其中作为子系统文化的民族传统体育文化。区域大文化的诸多特征，都会在该区域的民族传统体育文化中有所体现。而且在区域大文化系统中，作为子系统文化之一的民族传统体育文化，还和其他诸多子系统文化之间，存在着复杂、多样的关联性。民族传统体育文化与大文化在结构上的这种包容性，民族传统体育文化与该区域文化大系统中其他子系统之间的这种关联性、相通性特征，不仅决定了当区域大文化发生某些发展变化时，将会作用和影响作为子系统的民族传统体育文化，引领该区域民族传统体育文化的发展和变化。而且某些相关子系统文化的存在与发展，也会由于不同子系统之间的关联性、相通性，而影响民族传统体育文化的存在与发展。反过来也是一样，当某区域内民族传统体育文化发生变化时，也会影响区域文化或母体文化的存在状态和发展。当作为子系统文化之一的民族传统体育文化发生变化时，也会影响与之关联度较高的其他子系统文化的存在状态与发展变化。从严格的意义上来说，民族传统体育文化与其他

---

① 束锡鸿：《试论元代宁夏境内的文化融合——兼析宁夏区域文化的形成》，《宁夏社会科学》1991 年第 2 期。

关联子系统文化之间的相互影响，也是民族传统体育文化与母体文化关联影响的内容之一。总之，区域民族传统体育文化与区域文化或母体文化之间，不仅客观存在着结构上的包容性特征，更存在着在发展变化中双向互动的影响特征。通过这种通融发展既能有效促进民族传统体育文化的发展，又能促进母体文化及同一母体文化中与民族传统体育文化关联度较高的其他子系统文化的发展。既然通融发展存在着获得这种积极作用的可能，于是引导着人们将追求与实现这种积极作用当作了促进通融发展行为的价值目标，这就是它最为重要的价值基础。

其次，当共有的文化因子，不论在区域民族传统体育文化还是在区域文化或母体文化中得到发展，这种得到了发展、得到了强化的文化因子，都会分别在另一形式的文化体系中表现出来，从而促进通融发展。换种说法，也就是当区域文化或母体文化获得发展时，这种发展中强化了的某些文化因子，如果适宜于向区域民族传统体育迁移（不是所有的都能迁移，因为民族传统体育文化仅仅是母体文化中指向体育领域的文化子系统），就能促进区域民族传统体育文化的发展。反过来也一样，如果区域民族传统体育文化获得了发展，其中的部分得到了发展和强化文化因子，也会向同一母体文化中的其他子系统文化转移。这种转移也表现为区域民族传统体育文化的发展，促进了母体文化的发展。比如，随着民族传统体育文化的发展，人们会在活动过程中不断强化关爱自己、尊重自己、以人为核心，一切为了人的健康、快乐、幸福的体育人文精神，促进人性的觉醒。于是，这种人性的觉醒必然使这些共同拥有区域文化或母体文化的众多个体，在非体育生活的其他众多领域中表现出来，也必然促进区域文化或母体文化中人文精神的进一步张扬、强化和发展，以至影响到这种人文精神在同一母体文化中的其他子系统中的体现。

最后，至今及未来几十年内，由于社会和经济发展水平所限，此区域内的少数民族传统体育文化都必须主要以与宗教活动、民俗活动、节庆活动相伴而行的方式，作为最为主要的存在方式。没有这些活动，则大大减少了在少数民族的生存生活中民族传统体育活动的存在机会。这一重要而客观存在着的、近几十年内都较难根本改变的事实，使得这些宗教活动、民俗活动、节庆活动的开展，为少数民族的传统体育活动得以存在和发展，提供了十分重要的场合和机会。使得少数民族大众不仅可以在追寻体育价值目标的引领下，可能展开传统体育活动，也会在为了实现或是宗教信仰的目标，或是实现民俗的目标，或是实现节庆活动的目标，都可能会组织和开展传统体育活动，为传统体育活动在漫长的民族发展史中，获得了更多、更有力度的存在和开展的理由。同样，正是在这些宗教活动、民俗活动和节庆活动中，因为有了令人身心快乐的少数民族传统体育的存在，才进一步使得这些活动更有趣味、更为好玩、更能召唤本民族更多的民众积极参与。在通融发展中，这种不同子系统文化之间的互相支撑的逻辑结果，必然会使得相关的子系统文化同时都获得了更好的发展。

（二）文化的自我吸附

作为一种文化要形成一种文化体，总是需要不停地吸收新元素，通过自我膨胀变迁而前进式、发展式地创造和适应自我生存空间。也就是说，无论是民族传统体育文化还是区域文化总是要从生存环境中吸纳一些新的元素来丰富发展自己。就以摆手舞而言，摆手舞的内容体系本身来源于人们对生存、生产、生活以及心理的满足。在这个过程中，人们体育活动的人文意义、内容体系、活动方式等，无时无刻不都在受到区域文化的影响，也正是这些区域文化的变化导致了摆手舞人文意义、内容体系、活动方式的变化。如在后溪镇的祠堂建筑文化中，就吸纳了汉人的建筑文化，即建筑风格为徽派，而并不是土家建筑风格，当然祠堂也成为当地居民常跳摆手舞和举行宗教礼仪活动的地方。虽然这在很大程度上受到了当时区域政治文化或统治文化的影响。但不管怎么说，通过这样的文化融合，在很大程度上促进了后溪摆手舞文化的繁荣发展，也促进了后溪等民族地区土家居民与汉人的和睦相处和共同发展，也丰富发展了后溪地区的区域文化。特别是土司制度的实行，土司制度文化成为乌江流域区域文化体系中的重要内容。而土家居民为了延续摆手舞的发展，不得不适应当时的土司文化，并在土司文化的框架下进行了适应性变革。包括崇拜土司爷，在道具、服饰、仪式等方面附上土司文化色彩。另外，随着后溪地区道教、佛教文化的传入，后溪区域文化结构和环境相应地发生了一些改变，而作为摆手舞等传统体育文化也主动吸纳了道教、佛教文化。同时，道教、佛教文化也借助摆手舞等传统体育文化得以发展与传播，最终与民族传统体育等区域文化形成"美美与共、和而不同、多元一体"的生存格局。

(三) 文化的相互契合

1. 结构因素上的契合

所谓文化结构，一是指文化的秩序关系，二是指文化的因子、阶层和结构。通过对土家摆手舞研究发现，土家族很多宗教仪式、祭祀活动，乃至恋爱婚姻、家庭琐事等都或多或少地通过摆手舞呈现出来，或者说，在这些活动中都或多或少地有摆手舞活动的身影。因此，摆手舞与区域文化在因子结构上可以说是同一的。另外，摆手舞在融合其他区域文化的过程中，必须遵从民族情感、文化历史、民族精神、人文中心等秩序，以秩序规范着民族传统体育文化与区域文化之间的通融性发展。比如乌江流域土家摆手舞所主要表现的耕作、渔猎等农事活动文化，从文化基因来看，这里土家人的耕作文化、渔猎文化既是区域文化的重要内容，更是土家文化的主要基因，摆手舞与土家人耕作文化、渔猎文化融合的基点，就是文化基因、文化结构的契合。事实上，乌江流域土家居民的耕作、渔猎文化，还融合了迁入乌江流域的长江流域百越民族的稻作文化和楚国、古蜀国的渔猎文化，这也正好反映了土家摆手舞等民族传统体育文化与区域文化的融合。

FSG (受访者)：

区域传统体育文化只是区域文化中的一个结构较为完整的子系统文化。从严格意义上说来，区域传统体育文化中包含的全部文化因子，都是区域文化的构成成分。而且，从将区域传统体育文化与区域文化作为两个事物而适度对立的角度看，区域传统体育文化在创立和发展过程中，一些具有普遍性意义即不仅在区域传统体育文化中存在，也会在同一母体文化的其他子系统文化中存在的文化因子，比如说审美情趣、道德观等文化因子，就来源于区域文化。也就是在适度对立起来看的条件下，两者之间存在可以流动的、相同的文化因子。这种包容和隶属关系，这种文化因子的共有性特征，就是两者通融发展的结构因素上的契合点。

LZH（受访者）：

祭祀文化不仅仅是摆手舞，还有每年的过年过节、鬼神节等烧香拜佛，要烧香、烧纸、烧包封等，就含有摆手舞的因素在里面。反过来就是摆手舞含有我们这里平时所有的祭祀纪念活动元素。我们平时的宗教活动、民俗活动促使、产生了摆手舞这样一个音乐舞蹈。

2. 活动方式上的契合

千百年来，乌江流域内的少数民族传统体育主要是在这些民族惯成的宗教活动、民俗活动、节庆活动中所开展和存在下去的，这就使得同一身体活动在具有体育价值目标的同时，又分别具有宗教追求的目标，或是民俗活动的目标，或是节庆活动的目标，以及可以称之为体育活动的同时，又分别可以称之为宗教活动，或是民俗活动，或是节庆活动。这不难发现，乌江流域里的民族传统体育活动与宗教活动、民俗活动、节庆活动等在活动方式上是兼容一体、融入契合的，民族传统体育文化在具有多元价值目标的同时，又具有多元的活动存在方式。于是，民族传统体育借助这种多元活动方式上的契合性，一方面使得自身在这些活动中得以广泛积极开展，另一方面又促进了区域文化中多元文化的协调发展。

3. 人文内涵上的契合

这里的人文内涵，主要是指民族居民长期所形成的一种共有民族意识、心理和精神等文化内涵。摆手舞等传统体育文化与区域文化一样，都集中反映了土家居民的一种共有意识、心理和精神，摆手舞等传统体育文化同样具有区域民风习俗、生产生活、宗教礼仪等文化所蕴含的人文内涵。譬如，在土家族流行的绕棺、跳丧等祭祀文化中，人们都要跳摆手舞，这无疑反映出摆手舞与绕棺、跳丧文化的融合。而这种融合的原因，其中之一就是因为摆手舞与绕棺文化都蕴含了对先人感恩、崇敬和怀念这一人文情怀。常说物以类聚、人以群分，因此文化之间也会因为质性的相近或相似而通融聚合在一起，而文化的人文内涵是文化的根本质性。

二 文化主体机理

（一）民族心理的载现和强化

民族的发展、进步与文明主要取决于民族群体的共同诉求，或者说民族心理。而这种民族心理是人们在长期的发展过程中由民族群体集体认同和共同遵守所形成的一种高级意识形态，规范和维系着民族居民的日常行为和心理关系。然而，民族心理也常常是借助身体活动或肢体活动表达或表现出来的。就乌江流域各少数民族而言，由于长期以来恶劣的生存条件和艰苦的生活环境，养成和塑造了人们向善、求真、淳朴的民族性格和民族心理。特别是各少数民族都形成了对天地、对自然、对祖先等的和谐、感恩、崇拜的民族心理和人文意识，并逐渐形成了一种民族精神加以鼓励、推崇、传承和教育。

比如在研究中发现，很多少数民族都形成了对民族祖先迁徙的崇敬，对自然生存环境的依恋，对如牛、虎等动物的崇拜等民族心理和信仰，而这些民族心理和信仰其实就是区域文化的重要内容。但人们很难表达，于是就通过舞蹈、肢体活动等形式，将这些文化通过身体活动或肢体语言进行表白和传承于世人。即通过民族传统体育文化活动方式载现了民族心理和区域文化，也通过民族传统体育文化活动方式强化了民族心理和区域文化。如重庆酉阳土家摆手舞，相传摆手舞就是远古土家居民为了纪念民族英雄彭世愁（后人尊称他为彭公爵主）而创编的一种祭祀性舞蹈。在这个舞蹈动作里面，就反映了土家人迁徙、生产、生活等民族心理。当然也通过服装、道具、仪式等，再现和强化了区域文化和民族心理。如苗族的踩鼓舞，其动作有模拟人们翻山越岭、前行后退、左转右拐、路线选择等，其宗旨就是反映苗族先民长途迁徙跋涉的民族心理和人文历史。

（二）人们生存空间的移换与开放

随着乌江流域的日益开放和人们与外界的频繁交流与往来，导致乌江流域不断渗入着诸多外界文化，其区域文化长期处于一种持续的变动状态，文化之间的通融、杂糅与整合持续发生，自然形成了乌江流域区域文化与外来文化不断通融与整合机制①。特别是随着异质文化的不断渗入，乌江流域区域文化日趋多元和开放，再加上由于民族传统体育文化善于和易于接受外来文化，以及主动与其他文化通融性发展，并且这种通融相互传递，就自然而然地形成了区域文化相互通融的生存发展格局。而正是这种相互兼收并蓄、相互通融整合的地域文化形态格局和文化特质，形成了民族传统体育文化与区域文化通融发展的地域基础和文化基础。

特别是随着汉族等"强势"民族的移入，在乌江流域沿江沿河、平整开阔、土地自然资源相对比较好的地方居民被汉人所挤压，于是一些劣势民族和居民只得往条件比较恶劣或差的地方移居。而在这种原著居民移居的过程中，在原来居住的地方必然会留下传统性、民族性的文化基因，同时将向新居住地带去新的文化。而这种移民移居不是短期所发生的事情，而是通过几代人、几十代人的长期持续迁移。因此，民族居民的迁移与文化之间的融合是持续发生的，进而导致区域文化之间的通融界面和范围逐渐扩大和扩散。

就摆手舞而言，摆手舞文化在随着时空环境的日益开放下而逐渐通融衍化。摆手舞文化的历时性衍化大致可以分为三个时期，即原始时期、传统时期和现代时期。所谓原始时期，是指摆手舞文化所形成的最初时期，或者说当时人们还无法称这种文化活动为摆手舞的时期。而在这个时期里，土家居民的生存、生产和生活环境极为封闭和原始，

---

① 张力仁：《历史时期河西走廊多民族文化的交流与整合》，《中国历史地理论丛》2006年第3期。

人们所依存的生活环境系统几乎与外界形成隔绝，在人们的意识形态中只有当地的自然要素和氏族或部落关系要素。整个族群所形成的社会系统与外界没有物质和能量交换，人们只能够在属于本氏族或本部落所在和所有的自然环境与氏族群体关系中进行物质和能量交换。再加上当时生产力和科学技术落后，人们只能被动地去适应自然和依赖于氏族或部落，于是形成了人们原始的自然崇拜和祖先崇拜。从这个过程来看，摆手舞文化表现出了与自然生态环境、氏族或部落关系文化的融合。

在传统时期，人们的民族文化、民族心理、民族意识显著增强。特别是民族情感、民族需求得以强化和升华，人们所形成的民族系统内部的物质与能量交换形式更加复杂、内容更加丰富、场域更加活跃，促进了人们对自然适应和改造的能力，人们对自然和族群关系的适应与依赖从当初的生物适应与需求转化为一种文化适应和文化依赖，显然增强了族群系统文化的发展和文化体系的完善。而随着整个文化系统的日益形成与完善，族群共同体的文化性得以强化和突出，人们的心理、交往等活动范围加大，族群共同体所创造的文化在交流、碰撞与融合等方面明显增多和频繁，摆手舞等传统文化吸引异文化因子的强度增强，促进和加剧了摆手舞文化与区域文化的通融性共存和发展。但由于乌江流域典型的大山、沟壑、河流的阻隔，再加上交通工具、交流渠道和方式的落后，导致摆手舞文化系统与外界文化的通融通道受阻。因此，文化之间的通融性发展仍旧只能在处于自身的系统中进行，但具备一定的向外扩张、扩散和吸附的通融性倾向。所以，此时期摆手舞文化与区域文化的通融性发展，其趋势在加强、范围在扩大、程度在加深，但由于系统的稳定性，摆手舞文化与区域文化的通融性发展表现得不是很强烈和明显。

在现代时期，由于科技和生产力的巨大进步，乌江流域即使最原始、最封闭、最边远的地区也变得日益开放和通达，真可谓天堑变通途。再加上现代信息、现代思维、现代产品的日益渗入，人们频繁与外面发生接触和交流，极大地改变了人们的文化心理、文化品位。也因此传统的文化系统受到现代文化的极大冲击而变得极为不稳定、不平衡，文化与文化之间的碰撞与冲突加深加剧，文化与文化之间的交流、融合无法阻挡，势在必行。对摆手舞而言，现代摆手舞文化无论在物质层面、精神层面和制度层面等，都表现出了与区域文化不同程度的通融性，可以说摆手舞文化与区域文化真正形成了一种"多元一体"的通融格局。

由此可以这样认为，随着区域的日益开放，民族传统体育文化与区域文化的通融性表现得越为激烈和重要。比如在访谈中当问及"比如移民迁移、流管制度的实施等，摆手舞在发展过程中是否融入了其他一些文化"时，PKF就这样说：

> 但是由于在传统社会里，由于地理条件的封闭和交流通信的落后，导致特别是各个相对封闭的村寨与村寨之间保持了各自的特色，按照村寨自己的缘由和原有特色进行了发展，所以村寨与村寨之间在包括传统体育文化方面的互动、交流与融合是相对比较少的。也因为彼此之间交流甚少，所以在对待对方文化的态度上，也是各自认同各自的文化，彼此之间并不存在好坏之争。

从他的话语里不难发现，随着区域的日益开放，后溪土家族摆手舞与区域文化的融合是逐渐加强的，但摆手舞的民族传统性在现代时期却被弱化了（见图4-2）。

图4-2　土家族摆手舞与区域文化的通融性发展轨迹

（三）民族居民的杂居同构

乌江流域具有丰富的民族文化、区域文化，其中一个重要的原因就是各民族居民形成了一种多民族大杂居、小聚居的局面，即使在同一个山寨，也有多个姓氏、多个民族的居民杂居在一起。多民族长期的大杂居、小聚居形成了民族间在民族心理、民族习惯、民族文化、民族信仰上的同构现象。而这种长期的同构生存境况，塑造了各民族居民在心理、认知、行为上的认同、交流与融合，也促进了各民族居民在文化上的同构心理，促进各民族居民相互学习、相互认同、相互交流、相互共存、相互共享的文化通融心理和诉求。以后溪摆手舞来说，后溪摆手舞其实是一个"携来"文化，即相传是土家族远古先民沿着酉水河迁徙于此而留下的一种移民文化，并在与原著居民长期的杂居过程中所逐渐传承、发展的。而后，又逐渐有其他民族居民的迁入，特别是改土归流后的湖广填四川，有很多汉人迁入后溪地区，形成后溪多民族大杂居、小聚居的局面。后溪地区的土家族及其他居民，在这种长期的杂居和聚居中，形成了异族同构的心理和素养，在文化上并不分你我，而是一种相互通融的现象。即使现在，这种同构、通融的素养依然被人们保持和传承了下来。

LCB（受访者）：

我们这里是一个民族大杂居、小聚居的局面，所以你说哪个项目绝对是哪个民族的是不科学的。因为民族与民族间交流频繁，而这个交流的过程中，就有民族与民族间文化的融合。并且，各民族都在参加、都在共享。

我们这里土家族和苗族的杂居时间相当长、历史久远。据普查和资料显示，1735年前，这里就有土居的土家族人。两个民族在语言、生活习惯、生产方式、宗教礼仪等都没有什么区别，也没有严格地区分你是土家族、我是苗族，大家都融合在了一起，但是不能够同化，你融合我，我融合你，在两个民族间，也没有说苗族认为是苗族的、土家族认为是土家族的这种现象。其实这就是中华悠久"和"文化在两个民族中的融合和结果。就因为有这样长期、悠久上千年的民族融合，两个民族间是非常和谐的。但两者之间在丧葬和节庆之间还是有些不同，比如在祭拜家神上，有的民族居民祭祀品上用竹丫子，有的用猪头等。特别在有大量汉族的地区，其传统祭祀方式又有不同。这就是传统文化融入了不同的文化元素的结果。

就是当地普通百姓也有着相互融合、相互通融的诉求和素养，如来凤居民认为：

> 目前，我们这里跳土家族舞蹈的居多，因为土家族人口居多。但苗族人没有意见，也不感觉自卑，他们认为大家都是一家人了，只是民族身份不同而已。我们喜欢跳传统舞蹈，主要是因为受到周围环境的影响。

舍米湖村居民认为：

> 苗族和土家族及其他少数民族都融合了，民族之间没有分你我，是分不开的，有好多年了，民族与民族间在爱好、生活习惯等上没有好大的差异了。但两个民族间的传统文化还是有一些差异，如苗族的传统文化在文化性上比较强一些，而土家族传统文化在生活习俗上要强一些。

这里的同构还包括人们生活空间的同构。由于乌江流域民族地区山同脉、水同源、民同俗、经同型、文同质，导致各民族居民的日常生活空间具有同构性，各民族居民在商业贸易、生产生活、婚丧嫁娶、时令节日等方面出现很多的相似性和同一性。由于生活空间的同构以及日常交往的频繁，打破了各民族居民在地理区域、民族身份上的不同和限制，各民族居民间的交流和融合显得越发自然，也促成了各民族居民的融合性格和心理，以及在文化上的一种通融、融合心理和态度。在婚丧嫁娶、时令节日等方面，各民族居民相互参与、相互观摩、相互欣赏、相互学习，养成了在文化态度和心理上的通融与融合。特别在商业贸易上，民族居民间的交流与融合既是一种促进力，也是一种平台和载体，在促进民族居民生产生活的交流交往、社会关系的和谐相处、文化的交流通融等方面发挥了重要作用。

如在酉阳后溪，在古代，酉水河是乌江流域重要的交通枢纽和要道，特别在土司制度的中后期，酉东山区产的桐油、茶油、生染、五倍子、棉花、中草药材等土特产全靠船舶沿着酉水河运到湖南、常德、湖北、汉口等地。而京广地区的杂货又沿着酉水河返运回后溪等地区，促进了酉水河流域的后溪等地区贸易物流的繁荣发展，也促进了酉水河流域民族居民的日常往来和文化交流。而随着人们日常生活交流交往的日渐频繁，促进了人们在心理上的相互接纳、认同、交流和融合，各民族居民有了这样的一种民族心理，也必然会促进人们在文化态度上的相互通融、交流与学习。

（四）民族惯习的束成

民族文化间的交往、交流与通融，与人们即文化主体所处的制度惯习文化息息相关，制度惯习文化会让人们在心理、行为及价值取向上形成一种良好的自然态、自觉态和自发态。可以说，人类不仅仅生活在自然、社会环境中，更重要的是在一种制度惯习和秩序中成长、进步，并以此来满足自己的需求、实现自己的愿望。所谓制度，在《古代汉语词典》（1998 年 1 月第 1 版）中具有多重意义：在一定历史条件下形成的法令、礼俗等规范；制定法规；规定；规定品级的服饰；制作；制作方法；规模、样式。而本书侧重于指乌江流域各民族居民在特定历史条件下所形成的法令、礼俗等制度文化，具有高度的自主性、自觉性、约束性和共同性。

首先，乌江流域各民族居民内部有着自己严谨的宗法制度，这种宗法制度不但在维系民族群体的内部关系、约束内部行为上具有非常重要的作用，而且养成了民族居民团结、和谐，以及相互学习这么一种民族性格和惯习。而正是这种民族性格和惯习使得民族居民间在日常交往中会起到一种相互友好、相互和谐、相互学习、相互包容的作用。而也正是这种民族性格和惯习，使得各民族居民在对待外族文化与本族文化时，会持一种包容、和谐、借鉴、融合的态度。譬如摆手舞，在宗族制度下，强调了本民族内部的交流与融合，当然也促进了民族间的交流与融合。

其次，中国有着悠久历史的中央集权制度，也特别重视边疆和多民族地区的稳定与发展。长期以来，这种大一统的管理制度，中国各民族居民自成一家。特别是在乌江流域民族地区，由于还实行了诸多民族优惠政策，在维护民族团结上也有了一些专门的制度法规，促使了乌江流域各民族居民团结、协作、和谐的民族心理和生存制度，各族人民养成了相互学习、相互包容、共存共融的民族性格和惯习，当然也促进了各民族居民在对待民族文化的态度上相互包容、相互融合的态度和心理。特别是土司制度以来，使得乌江流域各少数民族居民在宗法制度下得以进一步形成团结、集体的民族氛围。当然，随着民族团体自身集中性、集体性的增强，民族团体间彼此的文化个性也得以突出。而有突出就有比较，有比较就有选择，有选择就有融合。所以，随着民族团体自身内部制度性的加强，一方面促进了民族团体自身文化的发展繁荣，另一方面也促进了民族团体间文化间的接触、选择和融合。而民族团体间有了文化融合，在文化上就自然地表现为一定的通融性。

PKF（受访者）：

我们这里姓氏家族观念还存在，但在社会矛盾中，即使有矛盾也正是家庭之间的矛盾，而不会有家族与家族之间的矛盾。由于管理制度的约束，民族与民族之间不突出。

（五）人们"融"与"和"的天性

乌江流域各少数民族天生好客和善待接友，至今得以良好传承，充分体现了乌江流域民族居民"融"的传统和性格，以及善于、乐于与其他民族交流、交融、贯通的素养，并促进和养成人们相互交流、交融、贯通的文化态度和行为。因此，正是在这种民族"融"的天性和本真下，促进了民族传统体育文化与区域文化的通融性发展。

> **LZH**（受访者）：
>
> 由于改土归流，湖广填四川等大的文化交流，特别是湖广填四川运动，湖广那边的人把他们的饮食文化、生活文化、体育文化、健身娱乐文化等都带进到我们这个地方，带进来后他要交流、要融合。如果一个民族，不管从哪个角度，他如果不变通、不融合，这个民族就是一个没有发展前途的民族。之所以我们这个土家族民族能够生生不息，除了自身有能够在这个地方生存能力以外，他还是有吸收外来文化的优势，愿意学习。特别是改革开放以来，出去外面打工的就把外面的文化带来了很多。比如婚姻嫁娶，以前就是媒人、亲戚等如背娃娃。但现在就不同了，现在按照外来文化就有健身娱乐的方式了，就是外来与本地的融合。也就是说要融合才能够发展，不融合怎么能够发展呢？
>
> 一个不懂变通融合的民族是一个没有发展前途的民族，中华民族也是一个变通融合的民族，在交流、变通、融合中形成自己的特色。

同时，乌江流域各民族居民天然具有"和"的人文与涵养。"和"是中华民族文化的核心象征，是中华各民族居民共同缔造的一个文化符号和品质。自古以来，中国这个古老的东方大国就以"和"而雄踞于世界、睦邻于周边，华夏五千年文化文明史也贴上了浓墨重彩的"和"字标签。或许，中华儿女百年梦想的北京奥运会一定给人们留下深刻的印象，特别是开幕式上用"大篆""小篆""宋体"三种不同字体来展现的"和"字舞，这不仅仅是一种"和"字的简单艺术设计与舞蹈编排，而是对中国传统文化的核心理念与根本精神，以及中华五千年文化文明精髓——"和"的经典演绎。同时，"和"是中国哲学中一个很重要的概念，也有着非常悠久的历史和非常丰富、深厚的释义，在中国具有非常浓厚的民族基础和人文意蕴。"和"字在《康熙字典》中有"顺也，谐也，不坚不柔也""不刚不柔曰和"的注解。在春秋战国时期中国人就发出了"和为贵"的呼声，并源远流长。如今，"和"字被人们更多地解释为"和谐"并成为时代的主旋律。而就"和谐"二字来讲，在《管子·兵法》里就有"畜之以道则民和。养之以德则民合。和合故而能谐，谐故能辑。谐辑以悉，莫之能伤。"的记载，或许这也是"和谐"二字的最早出处。不可否认，正是这个"和"字，养成了中华儿女的一种民族性格和民族精神，铸就了各族人民的一种处世态度、行为示范和内在准则。也正是这种性格、精神、态度和行为，使得民族居民在文化的选择、保护与发展时，养成了一种学习、交流、包容、融合的文化态度。

　　PKF（受访者）：

　　我们这里的歌曲有挖苦歌、农事歌、叙事歌、哭嫁歌、苦情歌、休闲歌等。特别在挖苦歌中，虽然相互挖苦，但都不得生气、冒火。

经他讲，《挖苦歌》是土家山寨里的已婚男女在茶余饭后、生产劳作之余不当着老人、小孩的面而相互开玩笑、相互挖苦（骂人）所唱的一种山歌。这类歌比较粗俗，主要是看谁挖苦对方越厉害、越有趣，谁就占了上风。但是谁输了也不会生气和介意，相互唱个高兴，唱个愉快得了，这其实就是一个民族之间的开放、欢快与和谐。而正是这种"和"的民族心理和涵养，使得人们在彼此面对文化时，更多地表现为一种包容、开放、和谐与融合，在文化保护、传承与发展的选择上，养成一种相互学习、相互交流、相互融合的态度，也成为各民族文化发展的一种本质要求和根本方法。在田野访谈中，发现当地很多居民认为要相互学习、相互融合，但各有各的特色，要保持好自己的特色，在保护民族传统体育文化时必须要保护好其他一些民族传统文化。

三　文化环境机理

（一）地理区域的整体性和通道性

乌江流域还有一个典型的特征，就是以乌江流域、武陵山系为主体骨架而连接形成的一个"流域山系"自然区域整体，使乌江流域具有典型的山同脉、水同源、民同俗、经同型、文同质的"同一性"特征。同时，就是这种区域的多元同一性，以及山地、河流所自然形成的一些小的整体格局，导致乌江流域区域文化呈现出"小独立、大整体"的空间结构，形成了乌江流域区域文化以及民族传统体育文化的多元性和相似性。即在山系、水域的影响下，乌江流域形成了大小不一、相对封闭和独立的区域地理单元。但在乌江流域武陵山山脉，以及乌江流域水系的整体性下形成了相对独立而又整体联系的地理空间结构，使民族传统体育文化既有个性又有相似之处，既能够独立又能够通融。

而山脉水系的整体性，为民族居民的迁徙、交流等提供方便和空间，特别是经济类型、生活方式、民族习俗等方面的相似性，导致区域里的各民族居民在文化上形成交流、融合的常态化、生活化和自然化。也正是这种山脉水系的同一性，导致各民族居民在性格和心理上的相似甚至同质，在保护与发展包括民族传统体育在内的传统文化上必然会有一种通融的性格、心理和态度。另外，各民族居民在长期的繁衍生息中所共同养成和适应的乡土意识，也是加剧各民族传统文化形成的重要文化背景，是推进多元文化之间相互通融、相互联系乃至一体化的内生动力。

（二）节日信仰的同态

这里的"态"，主要是指"时间态""场域态"。乌江流域各民族居民有着共同的崇拜祭祀信仰习惯，并且很多民族的节日文化、信仰活动的时间几乎都很接近，场域空间几乎同一，真所谓"百花齐放、百家争鸣"。而在这种状态下，由于各民族居民长期所形成的山同脉、水同源的同一化格局，必然导致各民族居民在对待民族文化上是一种相互通融、融合与学习的过程和现象。研究发现，乌江流域各少数民族居民在与汉人共同过着如春节、清明、端午、中元、中秋等外，还有自己丰富多彩、别具一格的本民族传统节日文化。如土家族有土家年，时间比汉族新年提前1—7天不等，一般从农历腊月二十三开始准备；二月二，有的地方称为土地节，有的地方称为龙抬头、有的地方称为社日；三月三，情人节；牛王节，时间是农历的四月十八；六月六，有称晒龙袍、尝新节、向王节等；七月半，有称为鬼节、亡人节，时间是农历七月十四、十五等；寒衣节，时间是农历十月初一；十月十六，有称为寒婆婆打柴；腊月初八，称为腊八糟等。

羌族的传统节日有羌历新年，时间是农历十月初一，一般为3—5天，以祭祀祖先和天神；"祭山会"（敬山节、祭天会），时间是农历三月至六月各不相同，通常时间为农历四月十二，一年举行1—3次；领歌节，每年农历五月初五举行，只有妇女参加；端午节，每年农历五月初五举行；牛王会，每年农历十一月一日举行；妇女节，农历五月初五举行，连续4天；春节，该节日不是羌族本民族的传统节日，但羌族把羌年节的内容移入汉族的春节中，增添了节日特色；三月三，已婚妇女每年敬娘娘菩萨；三月十二，"青苗会"；七月七，未婚妇女"巧牙会"；十一月一日，"牛王会"；观音会，一年3次，依次是三月十九日、六月十九日、九月十九日；川主会，每年六月二十四；祭天会，传统时间是农历六月二十四日，后因受汉文化影响，将六月二十四日合并祭天会、玉皇会、川主会，还有妇女敬神节与汉传娘娘会合并进行①。

毛南族有分龙节，时间是夏至后；中元节，从农历七月初七到十五早上；"南瓜节"，在农历九月九日；端午找草药，农历五月初五；放鸟飞，正月十五。满族有添仓节，农历正月二十五日；太阳日，农历二月初一；龙抬头，农历二月初二；结缘日，农历四月初八；民俗

① 《贵州民族文化网—羌族传统节日》，http：//www.gzmzwhw.cn/culturepalace/ContentA.jspe？sp＝S402881903ce5bbb1013ce5e2b9d7000e，2013－02－17。

节，农历四月初八日之后的第一个周六；虫王节，农历六月初六；马王节，农历六月二十三日；颁金节，农历十月十三日；走百病，正月十六日；大祭，没有固定日期，一般在腊月举行，连祭三日；药香节，五月初五。

苗族有赶苗场，每年农历二月十三日和七月三日举行两次；赠带节，每年农历二月初五日举行；羊马节，每年农历四月二十六至二十八日举行；赶秋节，每年立秋日举行；苗年，一般以农历十一月三十日为除夕，次日起为过年；吃新节，没有统一的规定日期，一般在收获的季节里；四月八，农历四月初八，纪念古代英雄"亚努"；捕鱼节，时期各地不一，从三月到六月，由各寨善捕鱼而有威信的"渔头"商定；吃信节在每年的农历六月"信"（戊）日（根据干支纪年计算），历时四天；花山节，日期不尽相同，在农历正月、五月、六月、八月下旬不等；砍火星节，大致为七月、八月和九月二十七日不等；客家年，在农历三十晚上；晾桥节，农历二月初二；爬山节，农历三月十九日；祭鼓节，12 年一大祭，六七年一小祭；跳花节，多在正月举行，为期 3 天左右；拉鼓节，每 13 年举行一次，时间在农历十月；跳花，时间多在正二月；芦笙节，每年阴历正月十六至二十一日举行；姊妹饭节，时间在三月十五日或二月十五日；龙舟节，时间在五月廿四至廿七这四天水族有祭天节（又叫祭龙节），时间是三月三；祭山林节，时间是六月六和六月二十四日；端节，主要活动为祭祀和赛马，时间为农历初一；卯节，日期在插秧结束之后的水历九月、十月（阴历五、六月）的卯日，并以辛卯日为上吉日，忌丁卯属火的凶日；苏宁喜节，时间在农历十二月五日；额节，在水历正月的酉亥日。

仫佬族有婆王节（又称小儿节），时间是三月初三；牛节，时间是四月初八；端午节，时间是五月初五；后生节，时间是八月十五；依饭节，三年一大庆、一年一小庆，时间是立冬后的"吉日"举行。

不难发现，在这些节日文化里，在活动时间、活动目的等上都极其相似，所以在这种民俗文化几乎同一化的时空环境里，各民族居民会相互感化，很容易养成在文化态度上的相互学习、模仿、交流，乃至包容、和谐的民族性格。包括各民族居民在对待民族文化的创造、保护与发展上，也相互形成了一种融合、通融的共生和谐局面。由此也可以认为，特别在乌江流域"蛮不出境、汉不入内"的年代里，各民族居民在信息极其封闭的环境里所创造的文化既有自己的特色，又有极为相似和有共通之处，形成各民族居民在习俗活动的时间节点上相近、内容形式上相仿，这无疑不是文化之间相互通融发展、相互交融涵化的结果表象。而这一结果表象也正是各民族居民在节日信仰习俗同态支配下所自然促成的结果。

第四节　民族传统体育与区域文化通融发展的特性

一　多元性

摆手舞文化形成的过程就是摆手舞与区域文化通融发展的过程，摆手舞就是区域文化通融发展的结晶。由此可以说，民族传统体育文化与区域文化通融发展是一个多元文化融合的过程和结果。比如摆手舞活动中的农事生产、渔猎等动作，反映了摆手舞与自然山水、土壤、气候等环境文化的融合，也反映了摆手舞与土家居民生产方式、生活习惯、生存法则等文化的融合；摆手舞在丧葬祭祀、通婚嫁娶、修房造屋等活动中的表演，反映了摆手舞与土家居民的风俗习惯、宗教礼仪等文化的融合；摆手舞动作中的单摆、双摆等动作，反映了摆手舞与自然生态环境、人们的行为习惯等文化的融合；摆手舞活动中的同心圆队列队形，以及唱词等，反映了摆手舞与人们的民族心理、民族精神等的融合；摆手舞活动中音乐、道具、服饰、饰品等，反映了摆手舞与民族居民的艺术、性格等文化的融合；摆手舞由"祖先崇拜"到"土王崇拜"和"土老司崇拜"，反映了摆手舞与区域政治文化、制度文化的融合；摆手舞活动由祭神、祭祖到今天的娱人、娱神，以及健身、休闲等，反映出摆手舞与区域现代文化、现代主流文化的融合。

不难看出，摆手舞在与区域文化的通融发展中，与区域里的自然生态文化、物质文化、精神文化、制度文化等息息相融，呈现出明显的多元化特征（见图4-3）。

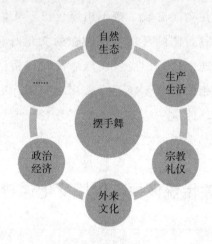

图4-3　摆手舞与区域多元文化因子的通融

二　通融性

　　民族传统体育文化与区域文化的通融性是一种双驱互动、多维互融的过程。民族传统体育文化本身也就是一种区域文化，在这种大文化空间内部结构中，要素之间必然存在着相互联系的现象和事实。而这种联系尤其以相互通融为主要特征，在民族传统体育文化空间或文化体中有区域文化的因子，在区域里的其他文化事象空间或文化体中也有民族传统体育文化的色素，区域文化为民族传统体育文化增加了养分、土壤和色彩，民族传统体育文化为区域文化增添了光点和内容，相互间着色添彩、滋润给养。

　　这里的互通互融，一是指民族传统体育文化在区域文化空间中的生存观，也就是说民族传统体育文化的生存发展是在与区域文化进行不停的互通互融中实现的。如摆手舞文化是在伴随着后溪地区的自然生态文化、政治经济文化，以及人们的生产生活文化、风俗礼仪文化、宗教祭祀文化、建筑艺术文化等区域文化的存在中逐渐形成的，摆手舞文化的发展过程其实就是摆手舞文化与区域文化互通互融的过程。

同时，这些区域文化的彰显和存在需要借助摆手舞等传统体育文化为平台和载体，也通过借助摆手舞等这么一种体育活动方式更深刻和活鲜地将区域文化与人们的心理、生活等紧密结合起来，促进了区域文化的繁荣发展。

二是指民族传统体育文化生存发展的运动观。民族传统体育文化的形成发展过程是一个永恒的运动现象和过程，而在这个运动现象和过程中，与区域文化的互通互融是一个重要的内容和形式。或者可以说，民族传统体育文化与区域文化之间时刻都处于不停的互通互融运动中，也正是因为这种运动现象才促使民族传统体育文化与区域文化美美与共、共同发展。如后溪摆手舞总是与后溪自然生态文化、传统节日、生产方式、生活习惯、礼仪交往、宗族信仰、文娱艺术、民间文学等民俗文化处在一个不断的互通互融的运动状态或者联系状态中，促进和实现着摆手舞与以上这些区域文化的美美与共、共同发展。试想，假如文化之间没有这种现象，就像人们之间互不来往、互不交流、互不认知、互不贡献，那文化何有生气与活力、何有价值与体态可言。

三　互利性

民族传统体育文化与区域文化的通融性发展是一个互惠互利的过程，民族传统体育文化与区域文化的通融性发展，都极大地促进了民族传统体育文化与区域文化的繁荣发展。如土家摆手舞的动作内容、价值理念、服装道具等，都是在融汇借鉴了区域文化的基础上而形成的，摆手舞通过与区域文化的通融发展获取了很多价值元素，从而促成了自身的形成与发展。而很多宗教活动、祭祀活动等区域文化的形成、发展与彰显，又必须借助摆手舞等传统体育文化为载体、为平台、为内容、为方式、为手段。同时，人们通过摆手舞等传统体育文化活动的参与从而对区域文化产生认同与接纳，区域文化也随着在人们心理和认知上的深化而变得更加丰富和赋有意义与内涵。

四 适应性

民族传统体育文化与区域文化的融合，可以说是民族传统体育文化和区域文化在时空环境变迁中基于自我存续和满足人们需求的一种自我调适过程和结果。区域文化是一个不断变化的文化系统，在这个文化系统中无时无刻不在发生着新文化的渗入和旧文化的革新，也正是区域文化系统这种不断渗入与革新的运动促进了区域文化的发展和人类的适应性生存。借此，区域文化不是一成不变的，总是在文化系统中不断发生着变革而趋于更加适应。这里适应主要就是适应社会的发展，适应人类的需要。

就摆手舞而言，摆手舞经历了从"图腾崇拜→祖先崇拜→土王崇拜→土老司崇拜"的变迁过程，这其实就是摆手舞文化与区域文化在通融发展过程中所存在和表现出来的一种适应性现象。比如在五代时期，乌江流域民族地区实行了土司制度，土司文化形成了很重要的一种区域文化，人们也逐渐形成了对土司王的崇拜，也由此当地居民不得不习惯性地通过摆手舞活动祭祀和崇拜自己的土司王。同时，基于摆手舞的生存发展而言，在土司文化盛行和强势的区域文化中，摆手舞不得不与土司文化进行通融而获得自身的发展。

五 扩散性

根据文化发生学相关理论，每一种文化都有一个最初或最原始的基点或中心，然后随着文化主体的适应性需求与改变而逐渐扩散和放大，这个逐渐放大和扩散的过程就是文化通融发展的过程。就摆手舞等传统体育文化而言，摆手舞文化的形成就是摆手舞文化与区域文化通融发展而逐渐扩散和放大的结果。比如后溪摆手舞随着后溪自然、经济、社会、文化、政治和通道环境的改变，以及人们意识形态、风俗信仰的丰富与发展，其人文内涵、内容体系、表现形式、时令场域、人群主体等都会相应地发生不同程度的深化和扩散。而正是通过这种适应性的深化和扩散，摆手舞文化逐渐形成和成熟，摆手舞文化体系和架构日渐丰富和稳定，促进了摆手舞文化的适应性生存和源远流长。

六　持续性

　　民族传统体育文化与区域文化的通融性发展是一个周而复始、螺旋式上升的现象和过程。因为区域总是处于一种"不平衡—平衡—不平衡……"的变化发展状态中，区域文化系统总是被不断更新、平衡结构所打破。就民族传统体育文化而言，其周围的文化环境无时无刻不在发生着新的变化，民族传统体育文化面临着新的环境竞争生存和满足人们日益变化的文化需求的双重驱动。因此，民族传统体育文化为了赢得自己的生存空间和满足主体的文化需求，必须不断地与区域文化发生通融性发展，不断调整自己的文化构架和文化内涵、文化样式以及文化场域。而这种通融性不是一时间就能完成和实现的，而是通过长时期不间断的一种潜移默化的结果。所以，民族传统体育文化与区域文化的通融性发展是一个比较隐形的持续、渐进过程，并且是永恒的。比如我们在对后溪土家摆手舞的研究发现，摆手舞文化与区域文化的通融性发展，我们根本无法或不可能穷尽到底摆手舞文化与多少区域文化进行了通融性发展，也无法或不可能发现这种通融性发展运动何时停止过、何时能够停止。但可以肯定的是，摆手舞文化与区域文化的通融性发展，总是处于一种没有范围、没有边界、没有时限、没有程度的整合和融合变迁中（见图4－4）。

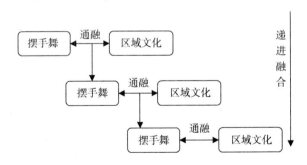

图4－4　摆手舞与区域文化通融发展的递进螺旋式轨迹

七　复合性

文化之间的通融性现象一般表现为渐变式、突变式、对抗式、冲突式，民族传统体育文化与区域文化的通融性现象也具有这几种形式。通过对后溪土家摆手舞研究发现，摆手舞的形成与发展是一个不断与区域里自然地理文化，以及人们的生产生活文化、宗教信仰文化、服饰穿戴文化、建筑艺术文化等长期通融发展的过程，从历时性的视角审视摆手舞与区域文化的通融性发展现象，总体表现为渐变式。但在一定的时期或共时性里，又突出表现为突变式、对抗式和冲突式。比如在土司制度时期，摆手舞被赋予浓厚的土司文化、祠堂文化；在改土归流时期，摆手舞又被赋予浓厚的汉文化、流官文化，在崇拜上也由祖先崇拜发展成为土王崇拜；而从民国时期到改革开放前，摆手舞文化被逐渐削弱和静止。这些都反映出摆手舞文化与区域文化的突变式、对抗式、冲突式通融发展。

第五章　乌江流域民族传统体育与区域文化通融发展的价值诉求

第一节　民族传统体育的保护

一　为民族传统体育提供生存环境和载体

笔者多次对区域文化能够为民族传统体育文化的生存与发展提供必要的土壤、环境和载体这一命题进行了探究和阐释①。根据文化生态学理论，民族传统体育文化的形成、产生与发展与区域文化要素是极其相关的，区域文化是民族传统体育文化所依托的重要环境物和载体物。因此要想保护好民族传统体育文化就必须保护好与它"根"和"源"休戚相关的区域文化依存要素，即所谓"皮之不存，毛将焉附"。所谓依存要素，是指与某一民族传统体育文化事象的生存与发展具有一定关联性的要素，这种关联性主要表现为一种生产关系、载现关系、依附关系和基础关系，是文化产生、发展的一种内部需求和贡献关系。所谓"依"字，作动词时是依靠、依傍、依附、凭借、依赖、依从等意思，如在甲骨文里的本义是靠着。作形容词时，是指茂盛的样子。借此含义，民族传统体育文化事象本体必须要依靠、依附和凭借相应的要素才得以生存与发展，同时必须依从要素的本质或本色所赋予的一种意义性或秩序性而存在。同时，文化本体必须要有一

---

① 张世威：《基于文化空间理论的体育非物质文化遗产保护研究》，博士学位论文，北京体育大学，2014 年。

定的依存要素才使得自身变得繁荣、茂盛。所谓"存"，是指存在、保留的意思，指客观事物持续地占据着一定的时间和空间。因此，民族传统体育文化的区域文化依存要素是客观存在的、真实的，也是原始的、原生的并得以保留的。

这里需要特别指出的是，虽然民族传统体育文化的生存与发展与它所处的外部如政治、经济、文化、社会环境等要素有关，但这不是民族传统体育文化产生和依存的本源及本源要素。而该研究是强调民族传统体育文化生存与发展的一种内部性依存关系，是基于民族传统体育文化所产生、形成和载现的本源要素，强调文化的产生之初和形成以后都不能够脱离这些要素所形成的一种"母体"环境和载体。因为这个"母体"是民族传统体育文化事象生存或依存的土壤和环境，离开这个"母体"环境或者说脱离这些本源要素，民族传统体育文化事象就会变得无依无靠、无根无缘、缺枝少叶，这个文化就会没有来龙去脉，甚至是一种神秘的、虚无缥缈的、不真实的文化。文化一不真实，没有了来龙去脉，必将失去归宿、失去主人而沦为一个文化弃儿。同时，文化失去了本源，失去了"根"和"源"，失去了主人，就会被人们进行无规范、无参考、无标准的任意发展和运用，甚至是被肆无忌惮地改变、篡改而变得面目全非，导致文化本真的失范。

同时，从系统科学论认为，任何系统都是由相关要素所形成的一个有机整体，整体离不开要素，要素离不开整体。而要素是整体中的要素，具有整体特征的要素，因为整体的存在才使得单个要素的存在和有意义。就区域文化中的民族传统体育文化而言，区域文化是一个整体，民族传统体育文化与其他区域文化因子形成一个有机的区域文化整体。因此，民族传统体育文化离不开区域文化这个整体，区域文化也离不开民族传统体育这个文化因子。在民族传统体育文化的保护实践中，需要对区域文化这个有机整体中的各要素进行完整性保护，即把与民族传统体育文化相依存的区域文化要素全部保护下来，使各要素完整地呈现在特定的系统中，凸显民族传统体育区域文化因子的全面反映和整体观照。如白晋湘所认为："民族、民间传统体育文化生长发育的人文环境和自然环境是其作为遗产的整体价值所在，传统体育文化具有其自身的表现形式与精神内涵和意境相结合的内在整体性，和自身与一定民族或地域文化相结合的外在整体性，传统体育文化失去了这种内在整体性和外在整体性，等于脱离了原来的文化背景和失去存在的土壤与意义。"① 由此提出将传统体育文化及其相关的生存环境和文化背景一同进行整体性保护的观点。

所谓整体性保护，是指对民族传统体育文化生存发展的相关区域文化要素进行全面性保护，防止局部化、个别化、碎片化、零散化保护。整体性就是一种系统的逻辑观点，强调全面性要素在一种逻辑关系中形成一种集中力量和态势，也强调要素离开系统将失去其本身的意义。整体性保护就是要建构各要素在整体性结构上的一种逻辑联系，呈现一种整体性状态，发挥一种整体性效果。全面性是一种"元"独立的平面结构，而整体性是一种"元"关联的立体结构和空间结构。民族传统体育文化在区域文化中的整体性，不是一种平面或简单的线性组合，而是一种以文化事象本体为核心，具有时间、空间、地理等区域文化要素的立体空间结构，强调区域文化要素之间的逻辑秩序和所形成的整体力量和载体势能。同时，整体性保护既是一个共时性概念，也是一个历时性范畴。所谓共时性概念，是指民族传统体育文化事象在某一个时期或时间内由一定的区域文化要素共同作用而产生和形成，并强调这些要素的共同存在。而文化是一个逐渐发展和丰富的过程，所以我们必须从历史变迁的思维来审视和认知民族传统体育文化事象所依存的区域文化要素的发展和更新现象。同时，有可能在一定时期里曾经所生存与发展的区域文化依存要素面临着糟粕而淘汰，如很多民族传统体育文化活动中的祭祀、鬼神崇拜等。

因此，从民族传统体育文化的保护而言，民族传统体育文化与区域文化之间的关系是相互依存、"生死相依"的，民族传统体育文化事象的生存与发展，离不开具有本源性、传统性、原始性、原生性的

---

① 白晋湘：《非物质文化遗产与我国传统体育文化保护》，《体育科学》2008 年第 1 期。

区域文化要素作为依存环境和载体，需要对这些区域文化要素进行完整性认知和保护，与这些区域文化要素进行通融性发展，才能够为民族传统体育文化事象的生存发展建构出整体性的依存环境和载体。

而当前及未来一段时间内，乌江流域无论是民族传统体育文化还是其他民族传统文化等区域文化的生存发展都面临着极大的困境，很多民族传统体育文化及其他区域传统文化、民族文化仍旧面临破坏、消失和濒危的境遇。因此，基于乌江流域民族传统体育文化而言，在这种面临母体环境、载体要素日渐消失和现代文化侵蚀的双重"厄运"下，其生存与发展实为艰难。而民族传统体育与区域文化的通融性发展，这一方面会直接起到保护与发展民族传统体育文化的作用，同时也起到了促进区域传统文化、民族文化的保护、传承，以及构建民族传统体育区域母体文化环境和载体的作用。因为民族传统体育文化本身就是传承传统文化、彰显民族性格、载现区域民族精神的一个重要载体，通过一些简单的身体活动就能够积极彰显一个民族的思想、教化人们的行为、规范人们的道德准则，唤起人们对传统文化、民族文化的珍惜、保留和传承，在很大程度上起到传承、振兴传统文化的作用。

二 建构和彰显民族传统体育的文化性

民族传统体育文化的生存发展，离不开自身所赋有的文化性，民族传统体育文化与区域文化的通融性发展，可以在很大程度上丰富、建构和彰显民族传统体育文化事象的文化性①。

（一）内涵性

文化的内涵性是显示文化价值和文化功能，以及文化生命力和文化张力的重要因素，也是决定其文化事象本身发展的前景和原动力。所谓文化的内涵性，是基于人们对文化事象相关要素的全面、深刻认知而形成的一种普遍文化心理和认同感。也只有充分、全面、深刻认

---

① 张世威：《基于文化空间理论的体育非物质文化遗产保护研究》，博士学位论文，北京体育大学，2014年。

识文化事象的相关传统文化要素及逻辑联系，以及该文化事象的来龙去脉、精神内涵，才能够形成一种真正的文化内涵和心理认同。而区域文化是民族传统体育文化得以孕育的"母体"和存活的"命脉"与"根基"，民族传统体育文化有没有文化内涵，有一个什么样的文化内涵，主要依靠和通过所蕴含的区域文化因子来反映。同时，需要用联系的观点来审视这些区域文化因子，才能够真正解读到、认知到民族传统体育文化的文化内涵。

而民族传统体育文化与区域文化的通融性发展，既是促进民族传统体育文化内涵增强的一种根本方法，也是建立、彰显民族传统体育文化与区域文化联系性强弱的重要方式。通过民族传统体育文化与区域文化的通融性发展，既能够增强民族传统体育文化的内涵性，又能够为人们在认知、解读民族传统体育文化的内涵性上提供帮助。因为人们通过对民族传统体育文化相关区域文化的观察、审视和解析，就可以或能够知道该项民族传统体育文化事象的来龙去脉、发展历程、人文内核、精神价值，达到对民族传统体育文化事象的一个整体性认识。也通过这些区域文化的阅读和审视，进而认知出民族传统体育文化事象的文化厚度和文化底蕴。因此，当我们在保护某一民族传统体育文化事象时，要强化文化事象与区域文化的通融性发展，积极建构和彰显出民族传统体育文化事象的文化内涵。

（二）原真性

民族文化的原真性是民族自信、民族归属和民族认同的心理本位，保持和突出民族文化的原真性，探究、了解、找准民族文化的"根"和"源"，事关民族发展、文化繁荣的核心问题。在历史及现实中，常有国家与国家、地区与地区、民族与民族间，因文化的起源问题发生过争吵和冲突，这其实就是一个民族文化的原真性问题，或文化的本源性问题。而民族传统体育文化是民族文化的重要内容，因此如何彰显、认知民族传统体育文化的原真性，对促进民族传统体育文化的保护与发展，增强民族居民的民族自信、民族归属和民族认同，以及民族居民的和谐发展都具有非常重要的作用。

而民族传统体育文化与其他民族文化事象一样，其原真性依附于区域文化要素的综合彰显、还原和说明，因为区域文化是民族传统体育文化事象的"根"和"源"，可以在很大程度上解决民族传统体育文化是怎么产生、姓甚名谁等问题。民族传统体育文化的原真性使文化事象与区域其他文化事象之间既建构了联系又划清了边界。在当下，由于我国对民族传统体育文化整体保护的不力和断层现象，许多民族传统体育文化是基于研究者们一种努力想象中的还原物，人们只是在努力用一种设想和探究，来还原或者说来建构其事象物，因此更多的是一种主观臆想物，难免会导致文化事象本来面目的失真。而通过民族传统体育文化事象与区域文化的通融性发展，可以促进人们透过或通过区域文化来更加全面、更加深刻地认知民族传统体育文化的本来面目，能够更好地让人们知道这个民族传统体育文化事象是怎么生根发芽的，有一个什么样的来龙去脉，有一个什么样的家族基因，能够更好地促进民族传统体育文化事象彰显其原真性。

（三）整体性

民族传统体育文化是区域文化这个具有一定整体性特征和形态的重要内容，当然区域文化里的很多文化因子也是民族传统体育文化事象这个单一文化体的重要组成部分，因此民族传统体育文化本身也具有一定的包含区域文化因子在内的整体性特征。而整体性是显示一个民族传统体育文化事象的主要特征，文化只有被整体性认知和保护才是一个健全的文化，才是一个有机并赋有活力的文化。如果某一文化事象没有被整体性认知和保护，就犹如一个残缺不全的身体。今天我们的很多民族传统体育文化认知保护现状，其实就是抱残守缺，被单一、片面、分割的碎片化保护与发展概貌，缺乏整体性。其实，如前所述，区域文化各文化因子也是一种独立的文化体，很多民族传统体育文化事象也就是由这些独立的文化体通过一定的发生链形成的文化共同体。文化的整体性固然是局部的有机结合，包含局部文化的意蕴。但任何局部绝不能够代替整体，而我国常常对很多民族传统体育文化的认知保护只重视事象本身，缺乏对其他相关局部因素或区域文化要素的整体性认知和保护，只能是"管中窥豹，只见一斑"。

因此，民族传统体育文化的保护，必须强化民族传统体育文化事象与区域文化的通融性发展，以此便于人们对与民族传统体育文化事象产生、形成与发展休戚相关的区域文化要素进行整体性认知和保护，保证该文化事象与相关区域文化因子相互依存，共同构成民族传统体育文化事象和区域文化。不能够破坏和漠视民族传统体育文化与区域文化固有的整体性依存关系、系统性特征和共生风貌。可以这样认为，区域文化其实就是一个文化整体，加强民族传统体育文化与区域文化的通融性发展，就是加强区域文化和民族传统体育文化的整体性丰富与发展，这对于人们全面认知、保护、发展民族传统体育文化和区域文化都是非常具有重要意义的。

（四）生态性

文化的生态性关系到文化的生存性、发展性和活态性。文化生态学认为，文化是一个集自然环境、社会环境、文化环境等为一体的动态生命体和有机生态系统。其系统诸因子及与文化整体之间存在着相互依存、相互影响、共同发展的共生关系。文化生态学强调各文化因子之间的整体和谐、动态开放、协调更新的螺旋式持续发展[1]。有学者指出，文化系统有其赖以生存的文化生态环境[2]，如山脉、河流、海洋、居住地、环境、社会观念等，都给文化的产生和发展提供了特殊的、独一无二的场合和情境[3]。其实，以上这些要素都是区域文化的重要内容。而就民族传统体育文化而言，也有其自身的文化生态系统，同样受到物质、制度、精神、地理、气候、生物、科技、生产生活、组织、思想、山脉、河流、海洋、居住地、社会观念等区域文化的影响。根据系统科学论，如果这些要素中的单个或某些要素发生变

---

① 唐建军：《文化生态学视野下遗产旅游地的可持续发展研究》，《东岳论丛》2011 年第 1 期。

② 刘世文：《非物质文化遗产研究的文化生态学方法论及其意义》，《商业文化》（上半月）2011 年第 9 期。

③ 张开城：《重视文化生态和文化生态学学科建设——读戢斗勇的〈文化生态学〉》，《文史博览》（理论）2007 年第 9 期。

异或处于一种无序状态，必然导致民族传统体育文化事象的生态性、整体性、本真性受到破坏。因此，加强民族传统体育文化与相关的如物质、制度、精神、地理、生物、生产生活方式、民间信仰、山脉、河流、村落等区域文化要素的通融性发展，是促进和保护民族传统体育文化生态性的重要方法和必要手段。

（五）本土性

文化的本土性是反映文化身份的重要因素，其显著特征就是本土个性。每一种艺术活动或文化的创作与发展都离不开它赖以生存的文化背景，是在与地域文化的交融与吸收中逐渐发育成长起来的，具有地域文化的乳味。作为一个民族文化而言，是这个民族在接受家族文化、地域文化、民族文化的教育和塑造过程中，按照自身民族信仰和地方民俗文化的习惯，通过感知、认识、创造和记忆，从而形成某种鲜明个性的意识结构和思维方式，从而建构具有一定地域文化特质的民族文化心理结构和基本框架。所谓"千里不同风，百里不同俗"，就是文化具有本土性的缘故。文化的本土性可以说是文化差异性的代名词，由于地域的差异性和特殊性，产生了文化的差异性。文化的本土性，不仅表明文化的地域、族群、风格和特色属性，更多地体现了人们对文化的认知、情感、归属和定位，以及确认和取信自己身份和位置不可忽视的存在[1]。真可谓是一方水土育一方文化，养一方人。犹如说"本土对于人们的意义并不仅限于经验和生存的范围，而是超出本土和地点的物质含义，成为一种提供归属感、认同感、安全感和身份意识的依据，成为人类由此出发甚至于叶落归根的原点"[2]。

可以说，在当今西方文化全球化扩张和世界文化一体化格局推进的今天，保持民族文化的本土性，是对民族文化保护与发展的一大应对策略和拯救措施。而民族传统体育文化的本土性主要依靠区域文化要素来塑造，也正是因为区域文化要素才会产生出不同的文

---

① 邵培仁、夏源：《文化本土性特点、危机及其生态重建——以媒介地理学为分析视野》，《当代传播》2012 年第 2 期。

② 同上。

化本色，即文化的本土性。同时，每一项文化事象都有各自的生存土壤和环境，即赖以生存的区域文化空间，"正是由于各民族在历史过程中思维意识、价值判断、经济水平、社会结构、地理环境、气候条件均不尽相同，孕育于这些不同文化生态空间而生的民族传统体育才形态各异、绚丽多姿"①。因此，加强民族传统体育文化与区域文化的通融性发展，是塑造和强化民族传统体育文化事象本土性的重要方法。

（六）活态性

活态性是民族传统体育文化事象呈现在人们生活世界中的一种必要方式，也是当前民族传统体育文化保护的一种重要观点和方法途径，犹如说"非物质文化遗产的最大特点是不脱离民族特殊的生活生产方式，是民族（群体）个性、民族（群体）审美习惯'活'的体现。它依托于人的本身而存在，以声音、形象和技艺为表现手段，并以身口相传作为文化链而得以延续"②。这说明民族传统体育文化要在人们的现实生活中得以活态延续，强调"活态"对民族传统体育文化生命力的重要性。而民族传统体育文化的活态性，不仅要保证该文化事象那些相关的原始文化基因的全部存在，而且要活态地呈现在人们的生活世界中。因此，促进民族传统体育文化事象与区域文化的通融性发展，使与该文化事象相关的区域传统文化基因得以全部存在，并呈现在人们的视线、认识、思维和生活中，这无疑有益于民族传统体育文化事象的活态性存在与保护发展。

三　民族传统体育与区域文化的共生性

共生（Symbiosis）是生物科学中一个重要的基本概念，由德国微生物学家德贝里于 1879 年首次提出，是指两种不同生物之间所形成的

---

① 王晓：《非物质文化遗产视野下民族传统体育保护的若干思考》，《上海体育学院学报》2007 年第 1 期。

② 南文渊：《藏族传统文化生态概说》，引自马子富《西部开发与多民族文化》，华夏出版社 2003 年版，第 164 页。

紧密互利关系①。共生理论发展到今天，已经在社会学、人类学、文化学、管理学等多个领域得到广泛运用。"共生理论里有一个核心理念就是共进化理念，即指共生系统内的共生单元之间、共生单元与共生系统之间存在一种相互促进、相互激发的作用，这种作用可加速共生单元、共生系统的进化创新，提高其生存和繁殖能力"②，其哲学核心是"双赢""和谐"和"共存"。因此，该研究中所说的共生，是指民族传统体育文化与区域文化之间形成的共生互存关系，民族传统体育文化与区域文化具有互通共融的生存本性。

FSG（受访者）：

区域传统体育文化的发展，都是区域文化大系统发展的内容与形式之一。反过来，区域文化大系统的发展，也会为传统体育文化的发展提供新的动力、环境、土壤和条件。

区域文化与该区域内的传统体育在构成因子上，有很多相同及相似的内容，这不仅使两者在文化风格、文化特征上具有很多同一性和相似性，而且这些共有的文化因子，无论是在区域文化大系统中得到发展，或是在传统体育文化中得到体现，都会自然而然地向另一方迁移，促进另一方的发展。但是，从整体上说来是区域文化大系统对作为子系统文化的传统体育的影响更大。

传统体育文化总是主要以与区域文化大系统中的其他诸如宗教文化、民俗文化、节庆文化等多种子系统文化交织共生的方式而存在，不仅各子系统文化都给传统体育文化的发展提供机会和平台，传统体育文化也为这些子系统文化的更好开展注入了活力。

就乌江流域而言，特别是进入 21 世纪以来，该地区日益开放并遭受全球化的强势影响，乌江流域的传统社会经济和民族传统生态文化

---

① 袁年兴、许宪隆：《民族共生理论：散杂居民族关系及目标范示研究》，《青海民族研究》2009 年第 1 期。

② 同上。

空间结构逐渐被改变。整个社会经济结构从传统性向现代性转变，乌江流域原有的传统生态经济社会文化结构被消解，传统性、民族性、生态性、区域性逐渐被模糊。也由此人们的思想、意识和眼球被现代性所侵染和吸引，民族传统文化被日渐淡化和消失，就连曾经具有典型代表性的民族传统文化事象也逐渐变得无人问津。久而久之，即使一些民族传统文化被人们所提及和想起，但昔日那种浓浓的、独具特色的传统性、民族性、地方性色彩和味道已不复存在。

同时，由于现代文化的强势冲击，导致乌江流域民族地区经济社会文化的传统性、民族性、地方性日益消失和平淡。再加上人们对传统文化保护意识的淡薄和我国整体传统文化保护理论与方法上的不足，人们并没有担心或忧虑过传统文化、民族文化的生态存续安全问题。反而是极力鼓吹、学习、借鉴现代文化，以此来促进本区域人们与外面区域的均衡发展。因此，在民族传统体育文化和整体区域文化受到强烈现代文化冲击和渲染的情况下，如果不加强民族传统体育文化与区域文化的通融性发展，以此既丰富发展区域文化的同时又促进民族传统体育文化的传统性，是很难将民族传统体育等区域文化、传统文化保护与发展下去的。从片面的视角来保护与发展民族传统体育文化是不合乎文化生态规律的，这必将受到相应的惩罚和遭受巨大的损失。

因此，加强民族传统体育文化与区域文化的通融性发展，是保护区域民族传统体育文化与区域文化生态共生的本质要求和根本方法。

四　民族传统体育中区域文化要素的未来资源性

正如在访谈中 FSG 所强调的那样，由于我们认知能力、发现问题的局限性，资料保存的破坏性和可读性、可视性模糊甚至缺乏，以及事物信息本身的隐蔽性，和人们对文化认知的选择性，我们并不能够完全知道事物是由哪些要素构成的。对于民族传统体育文化而言，我们并不知道民族传统体育文化所蕴含和依存的哪些区域文化要素对现在和未来有用。尤其对现在有用的我们或许还能够发现，但对于目前没有用的，或许我们还发现不了它。如果我们丢失一部分或有选择性地去掉一部分的话，我们就有可能把将来有用的东西丢掉了。因此，我们不能够用今天的价值标准或取向来评价民族传统体育文化所蕴含和通融的哪些区域文化要素是没有价值的，哪些因素是没有用的，而把觉得有用的东西或有价值的东西保护下来，而把觉得没有用或没有价值的东西舍去乃至丢掉，这将会犯历史性的错误。

因为在人类的未来发展中，或许由于人们认知水平的提高、研究方法和手段的进步、研究视野的创新、科学水平的提高，以及社会进步的需求等，人们还会从民族传统体育文化所蕴含和依存的区域文化要素中发现、挖掘出很多有用、有价值的东西。而这些东西无论对于其他领域还是民族传统体育文化事象本身的发展与研究而言，都是很有用的。比如很多学者从地域内的建筑、风俗文化、行为习惯、生产方式、古籍文献、遗址、故事传说、文物、文字、地理、气候等维度来对民族传统体育进行研究，这其实就是一个不断对民族传统体育文化所蕴含和依存的区域文化要素进行挖掘、发现、认知和丰富的过程[①]。

就以摆手舞为例，摆手舞文化在改革开放后能够得以重生，能够重现历史印迹，找回民族记忆，得到人们认同，就是人们通过在后溪民间对土家传统风俗习惯、民族信仰的考察，对后溪自然山水赋予土家人生存哲理的解读，对老年人的访问，对碑记、赋词、歌词、音乐等文本书籍的整理分析，以及对如摆手堂、祠堂、寺庙等文物的考证所获得的信息而进行综合加工还原型塑出来的。

因此，应该强化民族传统体育文化与区域文化的通融性发展，将民族传统体育文化所蕴含和依存的区域文化要素都保护下来，这不仅仅是可以加强民族传统体育文化资源的保护与发展，更为重要的是能够保护好区域文化资源，以备人类的永续利用。

---

① 张世威：《基于文化空间理论的体育非物质文化遗产保护研究》，博士学位论文，北京体育大学，2014 年。

五 民族传统体育在人们生活中的不可替代性

人们对文化的创造、享乐与消费，都必须得以社会经济发展为基础。乌江流域由于特殊的地理自然环境条件，其经济社会发展长期处于一种落后状态。历时性分析乌江流域民族居民对文化的创造、享乐与消费现状，发现人们为有效保护、传承和发展民族传统体育文化，在历史上主要是借助与地方、区域里的母体文化的协同发展而发展、协同演绎而演绎。由此可以推断，就是今天乃至未来几十年内，由于乌江流域经济社会发展水平仍旧落后，其民族传统体育文化的保护、传承和发展都必须将与传统文化以通融式的协同发展作为主要方式和手段。同时，生活在这里的人们很多都无法像城市居民一样去单纯地参与体育健身、享受体育运动。由此，伴随在宗教活动、民俗活动、节庆活动之中的民族传统体育活动仍旧是他们的主要体育选择和主要活动方式，民族传统体育文化在人们的生活娱乐中具有不可替代性。

FSG（受访者）：

不仅在过去漫长的历史发展中，而且就是今天及未来几十年内，对乌江流域尤其是居住于农村的广大少数民族群众来说，社会经济的发展水平不足以使广大群众有条件经常去从事和享受以单纯体育方式而存在的体育生活。因为在乌江流域少数民族聚居区内，至今及未来几十年内经济发展水平都会仍然较低，解决物质生活资料问题，解决住房、医疗、子女教育、养老等问题，依然是他们生存生活中最为突出的首要问题。在这种经济发展水平下，完全的、自觉的、目标仅仅具有体育价值追求的单纯的体育活动，不可能如经济发展水平较高的城市一样普及，只能零星地、偶然地出现在极少数成年人中，或出现在生产劳动责任、养家糊口责任压力不大，而又极富追求游戏天性的部分孩子中。也正是这一原因，使得此区域内，试图以舶来的现代体育方式为手段，而较大幅度地促进农村体育人口增长的努力难见成效。于是，不仅历史上，而且在今天及未来几十年内，此区域内的少数民族传统体育，都只能主要在本民族的宗教活动、民俗活动、节庆活动中，与这些活动相伴共生而存在。在上述宗教活动、民俗活动、节庆活动之外，很少见到这些少数民族传统体育活动的身影。

尤其是要旗帜鲜明地反对某些学者提出的借助现代体育的立场、观点和方法，对少数民族传统体育进行改造，使之从这种共生状态中剥离出来，使其如舶来的现代体育般地成为体育特征更为突出、更为单纯的体育活动。这种使此区域内的少数民族传统体育与上述的宗教活动、民俗活动、节庆活动中剥离出来的决策和措施，如果达成，则将使少数民族传统体育失去存在的基础，失去开展的必要的场合，也将失去最为广大的少数民族群众的参与，只能促使其走向消亡。所以，促进和加强此区域内传统体育文化与区域文化之间的通融性发展，不仅是很重要的保护方式、最为有效的传承发展方式，而且还是必须的、最为主要的方式。并且正如漫长历史已经证实的，这是一种完全可行的方式。

六　强化和引领人们的传统文化意识和观念

民族传统体育文化的生存与重构危机，其中一个重要原因就是人们在对待传统文化和现代文化的观念和态度上出现了严重偏失，即用现代性的审美来评判民族传统体育文化。而我国民族传统体育项目与现代体育活动、现代文化相比，无论在规则性、审美性、趣味性、观赏性上可以说具有普遍的不足。而当下人们总是用现代性的文化标杆来适应和选择文化，也因此在传统文化断裂、传统文化思想基础出现严重塌陷的境况下，来对民族传统体育文化进行认同、选择、坚持和重构是极其困难的。

因此，必须强化民族传统体育文化与区域传统文化的通融性发展，通过这种机制培养人们的传统文化意识和观念，通过这种氛围、这种方式来引领人们对民族传统体育文化的尊重和喜好。特别是要通过民族传统体育文化与区域文化的通融性发展机制，建构人们对民族传统体育等区域文化的审美意识和观念，树立传统与现代各美其美、美美与共的文化意识、观念和态度。只有文化主体有了这样的意识、思想和思维，才能使人们能够用辩证的思维、辩证的观点来对民族传统体育文化进行选择、保护、传承和发展，进而转化为人类进步、社会发展、文化繁荣的价值资源。正如"影响和束缚我们民族传统体育发展的主因是我们自身。我们总是认为我国的民族传统体育不具有独立完整的体育体系，总是习惯用审视西方体育的标准来审视民族传统体育，经过这样的裁定，我们的民族传统体育不仅丧失了它原有的本质，而且完全失去了我们自己所特有的存在价值和意义"①。

> FSG（受访者）：
>
> 我们不要以现在的眼光，或者是用现代人的观点，或者是为了发展经济、旅游而去保护民族传统体育文化，保护的真正目的是为这个民族的传承发展服务。在保护中一定要强调它的文化价值，就是这个民族祖祖辈辈传承下来的思维方式、行为方式，以及他们的生活态度、世界观、价值取向等，保护了这些，就能保护这个民族的世界观、价值观、道德观、生活态度。

第二节　民族主体的发展

一　民族主体的身份性

文化符号是一个民族存在的根本依据和重要标签。乌江流域丰富多彩的少数民族传统体育等民族传统文化，是乌江流域各民族及民族群体赖以存在的重要文化符号和遗产资源，是各民族及民族群体生存发展的活字典、活化石。在这些民族传统体育等民族文化中，蕴含了

---

① 蔡晓楠：《后奥运时代中国传统体育文化与世界体育文化的融合》，《沈阳工程学院学报》（社会科学版）2010年第1期。

极为丰富的人文理论与人文方法，并各具民族特色地构成乌江流域各民族群体、各民族地区，乃至中华民族的优秀精神文化家园。这些民族传统体育文化，成为各民族群体共同欢愉、交流、交往和沟通的方式，缔造各民族群体情感认同、骨肉相依、同根同源的文化符号，以及彰显民族文化特征、传承民族文化的共同载体。

因而，民族传统体育文化与区域文化的通融性发展，及其所表现出来的通融性特征和通融性整体形貌，能够更加强化各民族群体的民族身份。特别是在民族传统体育文化与区域文化的通融性发展中，通过身体活动和文化信仰的共同演绎，显示和实证着各民族群体的民族性、民族文化及民族信仰的存在，进而强化和影响着民族群体信仰和心理的凝聚，促进民族群体的团结统一。所以，强调民族传统体育文化与区域文化的通融性发展，保护、继承和发扬民族传统体育等民族文化，是强化民族群体民族文化认同、民族文化自尊、民族文化自觉、民族文化自信，以及维护民族存在发展的必然诉求和根本方法。

二　民族主体的族群性

（一）强化民族认同

所谓民族认同，主要指民族居民个体在语言、习惯、生活方式，以及情感、思想和行为方式上与本民族的主流特点保持一致。通过民族传统体育活动与宗教活动、民俗活动、节庆活动的互动融合，能够让所有活动参加者都会获得和内化更为丰富、更为情感的本民族文化信息，都会在思维、行为、情感和理性上更具有民族性、认同性，从而强化人们的民族认同情感和体验、提升人们的民族认同程度和质量。而更为重要的是，这种多元文化背景和场域下的大众民族文化活动，能够强化和激发更多人的民族认同意识和民族认同情感。

因此，通过民族传统体育文化与区域文化的通融性发展，必然会促进人们对本民族如风俗信仰、人文历史、宗教习惯等多民族文化信息的认知和了解，增强人们的民族情感、民族情怀，促进民族居民对本民族的认同、归属和自信。

LZH（受访者）：

作为一个民族人，当不知道或不会自己的民族文化时，自己是会感觉到一些自卑的。比如我的孩子在读大学期间，有些少数民族就跳他们少数民族的舞蹈，别人说你是土家族，那能否跳一下摆手舞给我们看一看，但我的女儿不会，所以她就感觉到有些自卑。所以我建议摆手舞进课堂、进军营、进学校、进工厂、进机关，这也是我在当政协委员时的一个提案，这个提案也被采纳了。如果要消除在其他民族人的前面的自卑感，也可以主动参与、融合到其他少数民族传统体育活动中，这也是一个很好的方法。

（二）促进民族团结

人们在多种民族文化活动中进行"手舞足蹈"，能够激发和增强人们的集体民族认同意识和认同情感，促进民族团结。

FSG（受访者）：

人们在民族传统体育与多种文化活动的交织共生的身体活动中，一边愉悦着身心，一边在不知不觉中认可和内化着本民族的诸多文化，加深着民族情感。这就有效地促进了本民族文化同一性水平的提高，强化了更多个体的民族认同意识，加深了本民族内部的情感关联。把一个个支系、血缘宗族及个体效果显著地凝聚成一个团结统一的民族整体。而且在组织和开展民族传统体育活动时，前述的多民族共享、通融的方式，使得这种区域里民族传统体育的开展，不仅促进了同一民族内部的团结和统一，而且促进了相邻而居的不同民族之间的大团结。

LZH（受访者）：

传统体育文化逐渐的互动对民族和谐作用是非常大的，比如我们这里的划龙船，不管你从哪里来，大家邀约在一起，有一个同心协力、协同性、民族团结互动与和谐在里面。

一位看起来非常朴实的来凤居民也说出了他的心声和感触：

如果两个民族的传统文化相互交流，人们相互学习和交流，对促进人们的和谐是有用的，文化是共享的，我们这里的苗族有跳藏族舞的、其他民族舞的。因为民族文化本身就是倡导和谐的这么一种理念，一种文化。现在社会在追求和谐，跳舞本身就是一种和谐。

人们在传统体育文化的相互交流交往中，对促进人们的和谐是很明显的。比如在通过这种活动中相互间哪怕相视一笑，即使相互间有一些矛盾，但就是在这种活动方式中，大家不用讲明，矛盾就会烟消云散了，这就是一种不言而喻的化解矛盾的一种方式。

PCJ（受访者）：

比如我们这里大概相距10公里远的湖南的一个地方，两地可能有了10年的矛盾，我作为一名干部，我觉得应该把关系搞和谐，我们恰恰有一个好机会，我决定坚决不会放弃这个机会。就是和那边的政府有一个偶然之交，我们在谈话中他就说能否把你们的摆手舞带过来我们这里表演，让我们看一看、学一学你们的摆手舞，促进我们的交流，我就觉得这是一个天大的好事和机遇，于是决定无论如何也要跳。然后把时间一定，我就带着我们的人过去跳。而通过摆手舞一跳，大家非常兴奋，这就是通过摆手舞促进了人们的和谐。其实我们也想引荐给他们，因为特别是大型活动中，我们人员不够，想把他们拉拢过来。

从来凤来讲，从政府全面推行摆手舞文化以来，在县城、乡镇、农村等人都比较喜欢跳，也通过摆手舞把土家族、苗族、汉族等其他民族居民吸引在了一起，给民族间的交流提供了交流的机会，也通过这种活动活跃了民族文化氛围，增进了民族居民间的感情，促进了民族居民间的和谐。

由此看来，加强民族传统体育文化与区域文化的通融性发展，在促进民族居民间的和谐、团结关系上是很明显的，也是很有必要的。

（三）丰富族群生活

乌江流域由于特殊的地理条件和民族人口特征，其社会发展经过了漫长的传统农业经济时代，生产力发展水平落后，物质生活水平较低，精神文化内容单调。即使是生活在同寨的同族居民的人们，其相互之间交往交流的内容、方式、机会和平台也较少，社会活动空间封闭、狭窄和有限。因而，人们的生活内容往往很单调重复、枯燥乏味，缺乏生活情趣。在这种生存生活状态下，由民族居民所组织开展的民族传统体育与宗教、民俗、节庆等多种文化的交融互动活动，为人们的交流交往提供了方式、机会和平台，为人们的生活增添了内容和情趣。于是就吸引更多的人前来参与，四面八方的乡寨居民都聚在一起"手之舞之、足之蹈之"。长此以往，便形成为人们的一种生存文化范式和生活习惯方式，也更加丰富了人们的生活内容和精神情感。

而在当今及未来社会发展里，特别是由于我国进入了老年化社会，很多老年人子女又不在身边，所以从他们心理来讲是很孤单、很孤独的。特别是现代化来得如此突然和猛烈，人们的生活时空被现代文化所急剧同化和侵蚀，而由于这些老年人长期所养成和形成的一种民族习惯和民族传统，因此老年人似乎感到在文化上的一种不适应，甚至是一种失落、一种边缘和一种空白。因此，特别是政府如果通过在区域传统文化、民族文化活动中开展民族传统体育文化活动，或者凭借民族传统体育文化活动开展其他传统文化、民族文化活动，可以促进老年人群的参与，给老年人群创造一个聚集健身娱乐、交流交往的平台和载体，将在很大程度上排除老年人在现代生活中文化娱乐生活的枯燥、孤独和失落，丰富老年人群的精神生活，提高老年人群的生活质量。

同时，通过开展这种文化活动，能够让人们在文化消费、文化态度上有一种公平公正，平衡不同群体、城乡之间在文化消费上的不公平、不均衡现象，在一定程度上化解人们在文化生活和心理上的怨气和不平衡。这既可以促进一个村寨、一个乡村、一个乡镇、一个社区，乃至城乡之间人们的和谐，也可以促进不同民族、不同群体之间在日常生活中的交往交流，调适着人们生活文化的和谐。因为传统文化除了健身娱乐外，还有一种浓烈的民族情感、民族情怀，而这种情感、情怀是如现代篮球、羽毛球等体育活动项目所无法具有和无法替代的。所以，特别是民族间通过民族传统体育文化与区域文化的通融性发展和互动，除了能够增进民族群体健身娱乐外，还能够激发各民族群体的民族情怀和民族情感，促进民族间的和谐与交流交往，丰富各民族居民群体的精神生活。同时，各民族居民在这种文化通融互动中，由于基于一种和谐的民族情怀，民族间又愿意相互沟通、相互交流、相互学习，从而促进民族间文化的互通互融，进而促进各自民族文化、区域文化的繁荣发展，以及促进民族群体间的和谐与友谊。特别是像如摆手舞等活动场面比较壮观、参与人数和活动规则不受限制、动作大方粗犷等这类民族传统体育项目，更加能够激发人们的民族情感和民族情怀，促进人们的自由参与，丰富人们的娱乐生活。

（四）强化族内交流

民族传统体育与区域文化的互动共融和交织共生，极大地丰富发展了人们的文娱生活内容和氛围，增加了民族居民的文娱生活方式。同时，为人们的交流交往增加了时间、空间和机会，促进了族内居民的自然交流。因为就乌江流域而言，包括民族传统体育在内的很多传统文化活动都是一项群体项目，其目的就是追求一种群体教育、群体娱乐、群体欢快，具有很强的集群性、开放性和群欢性。

不言而喻，通过这些具有集群性、开放性和群欢性的民族传统体育文化与区域传统文化的互动融合活动，无疑将会在很大程度上促进本民族、本区域的人们聚在一起进行交流，进行群体欢乐，在欢乐中更加促进相互间的交流与友谊。

FSG（受访者）：

历史上但凡开展与少数民族传统体育交织共生的多种文化活

动时，都是把本民族大众尽可能多地聚集在了一起，并从事着令人欢愉的身体活动。于是，这种活动必然为本民族内部众多个体提供了交往面大、情感氛围良好的交往环境，有效地促进了同一民族不同个体之间的相互交往，促进了社会化程度的提高。以至不少本民族青年的自由择偶，都主要借助这些活动的开展机会才得以顺畅地进行。

三　民族主体的个体性

（一）个体的成人性

无论是作为协作游戏、竞争对抗的民族传统体育文化活动，还是作为自由群欢、竞赛表演的民族传统文化活动，都蕴含着本民族多种不同的人文内涵与精神品质。由此，加强民族传统体育文化与区域文化的通融性发展，促进民族传统体育文化与区域文化的交织共生，必然会更加强化人们对民族文化的认同共鸣和情感激荡与深化。更能够让人们秉持一种自信与自觉的民族心理，保持一种民族人及民族生命的敬畏，保持一种群体协作与群体规范的基本态度，形成一种民族归属、认同、自信的理解与看法。

同时，民族居民所表现出来的民族智慧、民族心理、民族行为和民族文化特征，都比在单一的民族传统体育文化活动或其他传统文化活动中表现得更为充分、丰富和全面。也就是说，由于人们在民族传统体育文化活动中的民族文化、民族情感氛围较浓，这些文化信息、民族情感又往往更为容易使人们在不知不觉中、在欢愉的情感体验中被理解、内化和升华，并转化为一种新的民族情感力、自信心和自觉性，教化着人们的思想、认知、情感和行为，引导和匡扶着民族居民的民族本性与文明成长，即促进个体的民族性内化和"成人"。

（二）个体的社会性

所谓社会化，在《现代汉语词典》中将其定义为："指经过个体与社会环境的交互作用而实现的发展自我、改变自我的过程。"有两个方面的含义：一指个人学习社会的知识、技能和规范，取得参与社会生活的资格，发展自己的社会性的过程；二指社会按其文化价值标准把一个新生儿培养、教化并塑造成符合社会要求的社会分子的过程。内容包括生活技能、社会价值、道德规范、理想目标以及预期的社会角色的教育和培养。而人们在传统文化活动中开展民族传统体育文化活动，或者在民族传统体育文化活动中开展其他传统文化活动，其本身就是一个个体与社会环境、民族环境相互作用与影响的过程，也是一个自我发展、自我改变的方式和过程。在这个方式过程中，强化着民族居民的日常社会交往和民族制度情感，消除民族居民内心的寂寞与孤独，促进民族居民在日常社会生活中的民族互助、共赢与自信，满足民族居民在日常社会生活中的相识、交往，以及融入社会的情感和生存需求，促进民族居民个体社会化的形成和程度的提高。

FSG（受访者）：

乌江流域各少数民族居民在区域传统文化、民族文化活动中开展传统体育文化活动，或者凭借区域传统文化、民族文化活动开展传统体育文化活动，使得平时交往机会不多的同族或不同族民众，有了参与人数众多和规模巨大的交往场面，增强了人们的交往机会。而且由于是在区域传统文化、民族文化活动中开展的促进人身心健康快乐的多种身体活动，因而整个氛围轻松、欢快，有效地消除了在一些特殊传统文化、民族文化活动中人们无法自由、轻松、愉快交往的多种障碍。也即是在这种活动中，往往较多的民族居民，总以习惯方式而特别允许或赋予参与活动的人们可以采用平时不得采用的某些交往方式，进行深入的人际交往。因而这种场合下，大大降低了同族或不同族群之间交往的门槛、制度，有效地扩展了交往的空间、增加了交往的方式，使得人们在活动中极为有效地展开了人际交往。这种拓展了的人际交往，在本质上也是一种社会交往，通过这种交往，将使参与者在传统体育活动之外，保持着友谊与情义，促进人们在其他领域的合作。

（三）个体的健康性

无论是民族传统体育文化活动，还是其他传统文化活动，对人们的身心健康都是极其有利和有帮助的。人们在民族传统体育文化活动与传统文化的交融互动中进行生命的"跳动"，进而陶冶着情操、净化着心灵、文明着行为、增强着体质、愉悦着身心。特别是在过去人们身心健康活动内容极其匮乏的年代时空里，简直就是一种极其少有和难得的手段与方式，即使在现代文化极为丰富多彩的今天，也独有一种民族情怀和民族风味。

　　FSG（受访者）：

　　过去，人们不仅能像今天的都市人一样，可以通过参加群体性体育活动而获得身心与精神的享受。尤其值得我们关注的是，由于乌江流域各少数民族居民交往频度较低、封闭性突出，生活更为单调重复。而此类聚集大众、共同欢愉的传统体育活动，无疑是那个历史阶段各少数民族个体获得身心健康与精神享受的不可多得的机会与方式，尤其对少数民族情感与心灵的正面作用，还可能远远超越现代体育对今天都市人的重要性。

　　如果失却和放弃乌江流域传统体育文化的历史积累，不仅将在体育领域失去这一区域体育的民族性，丢失这一区域内各少数民族体育创造、体育发展的历史前提，而且将减损人类体育文化的多样性，将弱化各少数民族及整个人类体育文化健康发展的基础。更为重要的是，这一区域内的少数民族传统体育的一个十分重要、又区别于源自欧美的现代竞技体育的显著特征，就是以追求群欢，追求参与者的身心健康、快乐为根本目标。在这种体育中，人们并不过分看重，甚至是很不重视竞争，不在意锦标的争夺，充满了以人为核心、体育为人服务的体育人文精神。这一文化特征，对纠正当下竞技体育以争夺锦标为根本目标，以至于忽视人的需求、忽视人的全面发展，使人在某种意义上沦落为体育的奴隶的、背离体育本原精神的错误，具有十分重要的意义。因而，不断保护、传承和发展这一区域内的少数民族传统体育，不仅是该区域自身发展的需要，也是促进人类体育文化健康发展的需要。

第三节　民族社会的发展

一　民族文化传承

民族传统体育文化与区域文化的通融性发展，是一个民族文化不断融合与不断创新的过程和现象，既传承了民族文化又创新了民族文化。或者说民族传统体育文化与区域文化的通融性发展，必然会带来民族传统体育文化及区域文化的创新发展。而民族文化的传承与创新对于一个民族的发展至关重要，有民族文化的传承才有民族文明的积淀与灵魂，有民族文化的创新才有民族进步的动力与方向。借此，民族传统体育文化与区域文化的通融性发展，在传承创新了民族文化的同时，也必然促进了民族群体、民主社会的发展。

FSG（受访者）：

乌江流域的少数民族传统体育，大多是以与本民族的宗教、民俗、节庆活动交织共生的状态而存在。于是在开展这种民族传统体育活动的大多数场合中就自然而然地促进了宗教的、民俗的、节庆的，以及蕴藏于这些活动中的本民族多种文化的传承与发展。加之这些活动大多是居住较近的本民族男女老少几乎全部主动参加，因而参与者众多。这就使得在这些活动的开展中，生动、有趣、潜移默化、高效地促进了本民族多种文化在本民族大众中的保护与发展。但同时，在这些活动中或凭借这些活动开展民族传统体育文化活动，自然而然地促进了民族传统体育文化与区域文化的通融性发展，也就自然而然地促进了民族传统体育文化及区域文化的创新发展，从而促进了区域民族文化的发展，以及促进了民族的延续和进步。

二　民族村寨建设

民族村寨是民族社会发展的一个缩影。民族传统体育文化与区域文化的交融互动发展，可以保护与改善民族村寨的乡土风貌、基础设施建设，以及人们的心理、行为和认知，促进民族村寨的健康发展。

FSG（受访者）：

乌江流域内的少数民族传统体育，由于都是在经济发展水平更低、物质生活更为匮乏的历史深处逐步产生，并在这些少数民族村寨经历了一代又一代的不断传承和创新的漫长历程发展而来。同时，这些传统体育往往对场地、器材等物质条件没有过高要求，与当地自然环境之间有高度的协调性和契合性，并深受当地少数民族群众的喜爱，易于和便于在民族村寨中广泛开展。而且，由于少数民族村寨的物质条件与现代体育之间的不协调，使少数民族传统体育成了这些村寨建设必不可少和无可替代的主要的体育文化资源，必将在促进民族村寨社会、经济、文化、民生等的发展方面发挥重要作用。

PCJ（受访者）：

摆手舞的保护与发展，对村的贡献体现在如公路、基根道改造等基础建设，都是通过依托和发展摆手舞，打造名副其实的土家山寨所获得的。通过新修公路、基根道改造等，改良当地居民的出行和劳动生产，减轻人们的劳动负担和强度，促进人们的生产方式向现代性转化。如改变了人们过去那种用牛耕地、用锄挖地、肩挑背磨等生产方式，而现在是骑摩托、用机器耕地、用车拉等；发展了农家乐，把土家文化进行了推广和传播等。促进了人们的和谐，如通过在北京、上海、周边区县等跳舞和参加活动，把人们聚集在了一起，人们也感觉天天在一起，包括吃、住、行等，促进了人们的融合，犹如亲兄弟关系。以前，人们在日常生活中比如争水、争土等矛盾确实很多，相互扯皮，而最近几年通过摆手舞活动，确实大家很和谐了，整个村庄、村寨面貌也发生了巨大的变化。

三　民族社会管理

保护、发展地方文化本身就是地方政府的一项重要职能，在一些地区还是一项重要的绩效考核指标内容。在调查中发现，乌江流域很多地方的政府部门为了响应和落实上级领导的工作要求，以及不断发展、利用传统体育等民族传统文化资源发展地方旅游经济，把保护与发展传统体育等民族传统文化当成一项重要的工作来抓。省与省、县与县、乡与乡、村与村之间经常开展民族传统体育文化交流活动，相互学习、相互交流成为一种常态。比如乌江流域特别是酉水河一带的酉阳县、利川县、来凤县、恩施市、沿河县等，由于居住的大部分居民是土家族，而又有着共同的摆手舞，于是他们经常借助一些传统节日活动、庆典仪式活动来表演摆手舞，甚至还专门组织摆手舞竞赛表演活动。这不仅促进了摆手舞等传统体育文化与区域文化的交流融合，同时还提高了地方政府对传统体育等民族传统文化保护与发展的管理水平。

同时，人们在传统文化与民族传统体育交融互动中进行身心愉悦，这本身就在很大程度上促进了人们的文化文明程度，丰富了人们的文娱生活，调适了人们的心情，增强了人们的民族情感和民族情怀。整体上促进民族个体的文明、民族群体的和睦、民族区域的和谐。可以说，民族传统体育文化与区域文化的交融互动，成为促进民族社会管理的一种特殊而重要的手段和方式。

PKF（受访者）：

地区与地区在文化之间的交流，从管理者的角度而言，想探索、了解其他地方是怎么保护、发展和传承传统体育文化的。从老百姓角度讲，作为一种娱乐进行交流。对政府与政府、地区与地区、居民与居民之间有着明显的和谐价值和功能。

后溪镇每年春节都举行体育活动，在体育活动中，有现代篮球、羽毛球、乒乓球运动，还有如低腰劲、扭扁担、背媳妇等传统体育项目，并且在奖金上，传统体育项目的奖金数额还要大些，其目的就是要传承、保护好传统体育文化。如果不搞，人们就不知道了，就要失传。如果奖金不高，人们又不喜欢参与。

四　民族社会声誉

民族传统体育文化与区域文化的融合互动发展，既丰富发展了民族传统体育文化及其他区域文化，树立了区域民族文化品牌和标签，宣扬了民族社会声誉，又因为文化整体间的融合互动而激发了区域民族文化的内部活力、整体张力和影响力。比如乌江流域重庆的酉阳、黔江，湖北的来凤、恩施、利川，贵州的沿河、印江等县，都对摆手舞文化的打造付出了巨大的行动，都投入了大量的人力、物力和资金来对摆手舞文化进行收集、整理与创编，重构土家文化特色，营造土家文化氛围，从而使得这些地方都以摆手舞为文化品牌和地方招牌，吸引着八方游客前来观看和欣赏摆手舞。而人们在观看、欣赏摆手舞时，他们所获得的不仅仅是认知了摆手舞文化，还知晓了丰富多彩、玄妙多姿的土家文化、地方文化，从而提升了地方的影响力，以及地方的民族声誉、文化声誉和社会声誉。

PCJ（受访者）：

摆手舞活动及摆手堂建筑文物，一是为人们提供了娱乐，不管是跳的、看的、打鼓的，等等，都感觉到很高兴。二是宣传了我们这地方，有很多外地人专程来看这个摆手堂和摆手舞活动。

第六章 乌江流域民族传统体育与区域文化通融发展的现状、困境和机遇

第一节 乌江流域民族传统体育与区域文化通融发展的现状

关于乌江流域民族传统体育与区域文化的通融性发展现状，近年来笔者一直在持续地关注着①。就从乌江流域土家族摆手舞文化的形成过程来看，在土司制度前，摆手舞文化就融入了土家先民的图腾崇拜、自然崇拜、祖先崇拜等宗教信仰活动，以及正月、三月、六月等传统时间和时令文化。特别在殷商时期，摆手舞与游冥、观花、跳神、还傩愿、打绕棺等巫傩文化通融发展。尔后，在东晋时期融入了佛教，唐高宗年间融入了道教，包括寺庙、宫观建筑文化。因此，可以说，到宋代的土司制之前，摆手舞在乌江流域的后溪等地区就与当地居民的宗教活动、祭祀活动，以及自然生态环境、音乐及唱词艺术等融合为一体。

在土司时期，摆手舞与土司文化通融发展，包括一些新修的如"三抚庙""土王庙""爵主宫"等寺庙、祠堂等，成为土家族摆手舞文化和区域文化的主要象征，在仪式上也出现了"土王崇拜"和"摆手祭祖"。

---

① 张世威：《基于文化空间理论的体育非物质文化遗产保护研究》，博士学位论文，北京体育大学，2014 年。

在五代时期，后溪摆手舞又融入了梯玛文化，摆手舞所蕴含的崇拜文化也开始演化为祖先崇拜、土王崇拜，包括与春节、冬至会等传统节日文化的通融发展和演绎。同时，摆手舞文化开始受到汉文化的影响，出现了与诗歌、词作等的通融发展。如"官厅堡上人如潮，雪花又伴歌声飘；村姑摆手口吹管，后生实姐身梱草""新春上社进彭宫，唯有土家人不同；各唱也嗬齐摆手，歌声又伴'呆呆嘟'""福石城中锦作窝，土王宫畔水生波；红灯万点人千叠，一片缠绵摆手歌""讲古根来唱古根，讲起土家有原因……山寨修建土王庙，摆脚摆手进庙庭""me^{55}ni^{21}nie^{55}，si^{55}pau^{55}jia^{21}；tshe^{35}ni^{21}nie^{55}，ti^{53}pau^{55}jia^{21}；zo^{53}ni^{21}nie^{55}，xu^{55}pau^{55}jia^{21}；se^{53}wai^{53}nie^{53}，se^{53}khu^{53}sa^{21}（土家语大摆手歌《梭尺卡》）"等①。同时，摆手舞融通于外来的道教、天主教文化，并借助当地宗教文化、祭祀活动予以表现出来，如在至今的道场、绕棺等祭祀文化中就有摆手舞动作。但同时汉人也参与到摆手舞活动中，将摆手舞与区域汉文化的融合发展表现得淋漓尽致。

"改土归流"后，由于大量的汉人迁入定居并与当地田、彭、白等姓氏居民通婚结义和睦相处，并共同集资修造了如万寿宫、禹王宫、宗祠、摆手堂等，使得后溪的宗教信仰活动变得丰富活跃起来，在这些活动中也融入了摆手舞活动。但与摆手舞文化相关的如"三抚庙""土王庙""爵主宫"等文化元素被破坏和消失②，摆手舞等少数民族文化慢慢地受到官方的控制，整体表现为摆手舞被汉文化同化。

从民国到"文化大革命"时期，摆手舞处于破坏消失的阶段，区域文化中特别是传统文化、民族文化等也被破坏和消失。

从改革开放到现在，西阳后溪土家摆手舞等传统文化得到了一定程度的保护与重构发展。可以说，当地政府和人们为了拯救与保护摆手舞等民族传统文化，通过各种方式和多方力量重构了摆手舞文化生存发展的文化空间。包括传统建筑的恢复重建、破旧文物的修缮与保

---

① 陈东：《土家语摆手歌的艺术特征及其人文价值研究》，《音乐探索》2012年第4期。

② 《西阳县政府公众信息网—土家摆手舞》，http://www.youyang.gov.cn/yyly/tjbsw/10372.htm，2009 – 06 – 17。

存、村寨自然生态的保护、民风习俗的恢复与倡导等。同时，还充分结合现代政治、经济、社会、文化等制度安排和诉求，促进了摆手舞文化与区域传统文化、现代文化、生态文化的通融性演绎、共存与适应。如在调查中发现，当地政府和人们为了融合现代健身文化、广场文化，把摆手舞创编成为广场摆手舞、摆手操。还经常举行和参加各种赛事活动，在道具、音乐、服饰、动作内容上也进行了改编和创新。相传为摆手舞发源地的后溪古镇、河湾村、河湾山寨等被重庆市政府批准列入了《重庆市历史文化名镇保护规划》中，强调要对这些地方的总体风貌、建筑特色、街巷尺度、民风民俗和自然环境等进行综合保护①。后溪镇的主街道、河湾村居民楼等按照传统土家特色进行了修缮和保存，河湾村中的彭氏祠堂、白氏祠堂等还得以保留，其中一项重要的建筑遗址——摆手堂也得以幸存。一些传统民风习俗，如游冥、观花、打绕棺、做道场等巫傩文化，春节、端午、清明、月半节等传统节日被保存了下来。另外，在河湾村，摆手舞还与现代农家乐文化、旅游文化等进行了融合。可以说，摆手舞现在基本上是一种"农家乐"式的生存发展，当地很多农家乐都打出了"摆手舞"这张牌，特别是在游客较多的时候和在游客要求的情况下，他们还会组织员工跳上一阵子摆手舞。

为了重塑摆手舞生存发展的区域文化空间元素，2013 年 4 月，酉阳中国土家文化研究院提出了将摆手堂设置为"摆手舞陈列馆"的建议。酉阳中国土家文化研究院，是由中央民族大学与重庆市酉阳土家族苗族自治县共同组建的专门从事酉阳土家文化研究的一个学术机构，通过课题合作的形式，加强酉阳土家族文化的研究。其宗旨是"助推酉阳土家文化的挖掘、整理、研究和传承，把酉阳打造为土家文化学术研究中心，进而辐射整个武陵地区乃至全国"②。酉阳中国土家文化

---

① 《重庆—政府信息—重庆市人民政府关于重庆市历史文化名镇后溪镇保护规划的批复》（渝府〔2012〕94），http：//www.cq.gov.cn/gw/FaguiQuery/GwShowWithLogo.aspx? gwz = 渝府 & gwnh = 2012 & g wqh = 94，2012 – 11 – 16。

② 杨明聪：《中国土家文化高峰论坛在重庆酉阳举办》，《中国民族报》2010 年 8 月 17 日。

研究院于 2010 年 8 月正式挂牌成立，由中央民族大学人类学研究所副所长潘守永教授担任第一任院长，北京大学社会学人类学研究所研究员潘乃谷 10 余位国内外知名专家学者被聘为特邀顾问，张海洋、庄孔韶、段超、罗二虎、杨正文等 20 余位专家教授被聘请为特邀研究员①。建议整个摆手堂布展要以实物为主，文字、图片相结合，凸显土家族文化品位，其具体内容如下②：

1. 在摆手堂前坝子，竖立一根用水泥制作、表面通过仿古处理的旗杆，旗杆顶端上挂一面龙凤大旗。

2. 在摆手堂的农耕房里，存放一些如铧口、舂臼、锄头、风车、搭斗、背篼、箩篼、镰刀、碾盖、扁担、木桶、粪桶、蓑衣、斗笠、石磨、簸箕、筛箕、晒席、渔具、猎具等农事渔猎用具，要求按照类别进行分类布展。

3. 在过道左右两侧，各放 3 把太师椅，雕花板等。

4. 丰富摆手情布展。恢复牌匾及辞赋（福石城中锦作窝，土王官畔水生波，红灯万盏人千叠，一片缠绵摆手歌）；酉阳摆手舞介绍及相关传说、故事等；摆手歌、梯玛歌、木叶情歌曲谱及歌词等音乐布展；八仙、三眼跑、长号、牛角号、莽号、大鼓、大锣、鼓槌、锣槌、唢呐等乐器布展；面具、木鱼、师刀、八卦铜铃等道具布展；摆手舞男子服装、女子服装、梯玛服装，茅古斯服装等服饰布展；摆手舞动作分解图、摆手舞传承人介绍及图片、摆手舞重大活动或影响事件记录及照片，虎钮錞于图文等布展。

5. 工艺坊。布展西兰卡普、柚子龟、绣花布鞋、绣花鞋垫、根雕、木雕等。

6. 摆手堂。摆手堂介绍，梯玛、摆手堂老照片，摆手堂新照

①　杨明聪：《中国土家文化高峰论坛在重庆酉阳举办》，《中国民族报》2010 年 8 月 17 日。
②　河湾村村长白俊周供稿：《酉阳中国土家文化研究院关于西水河镇摆手堂陈列布展的建议》，2013 年 4 月 13 日。

片，摆手堂区域功能等布展。

7. 土王居。6 张床、绣花铺盖、梳洗台、脸盆等布展。

8. 锦绣苑。后溪镇、酉水河、河湾山寨等介绍和图片等布展。

9. 火铺房。灶、火铺、腊肉、草凳、吹火筒、饮食文化图文等布展。

10. 德贤堂。彭公爵主生平及功绩、彭公爵主照片，后溪土司遗址介绍及照片、后溪土司遗址出土文物等布展。

11. 议政厅。正中挂"议政堂"牌匾，正下方摆一张八仙桌，两张太师椅。左右两侧各放 3 把太师椅及桌子等布展。

12. 曲艺轩。木叶、咚咚喹、哭嫁歌、薅草锣鼓、黄杨扁担、送郎歌、酉水船工号子等民族音乐布展；民族舞蹈、茅古斯舞、花灯等民族舞蹈布展；面具阳戏、打绕棺、三棒鼓、汉戏等戏曲布展。

通过现场考察发现，在摆手堂内已经陈列布展了部分器物饰品和图片画展，将摆手堂分为了祠堂文化、名歌山歌、睡房等文化区域，综合呈现出了摆手堂、摆手舞及土家族灿烂厚重的文化底蕴和文化色彩。同时，与摆手舞起源传说以及舞前祭祀的说白和古歌，得到了一定的搜集、整理与存档，一些鼓、锣、龙凤旗、法器等实物道具得到了实物保存或图片保存（见图 6-1、图 6-2）[1]。

在酉阳县城的桃花源广场及附近桥梁的石栏杆上，也刻有摆手舞动作雕塑图（见图 6-3）。整个县城也是回荡着诸如摆手歌、木叶情歌等山歌、民歌音乐，具有浓郁的土家民族风情，实在让人对摆手舞等传统文化有些沉醉和流连忘返。同时，摆手舞与现代电子科技文化融合发展，摆手舞不仅逐渐被文字记录了下来，还出现了如《土家摆手舞（简化、学教）》《可大老人摆手舞》《土家摆手舞（广场、学教）》等数码光碟。

---

① 苏丹：《立—教—演：重庆酉阳县土家族摆手舞的田野观察与研究》，硕士学位论文，中央民族大学，2011 年。

图 6 - 1 后溪镇河湾村摆手堂内服饰陈列布展

图 6 - 2 后溪镇河湾村摆手堂内农事生产用具陈列布展

图 6 - 3 桃花源广场及周围栏杆摆手舞雕塑、摆手舞火炬

因此从摆手舞个案而言，无论是从历时性还是共时性上，摆手舞文化总是与区域文化相融相通的，也因此，民族传统体育文化项目的发展过程就是与区域文化相融相通的过程。同时，不但民族传统体育文化的发展离不开区域文化，很多区域文化的开展也离不开民族传统体育文化活动。比如在本研究中多次提到，过去人们在祭祀、宗教活动中，就主要是凭借民族传统体育文化活动而得以开展。而环顾当下，在现代区域里的旅游文化、节日庆典、文娱健身文化活动中，也大量融入和借鉴了民族传统体育文化活动。但是，由于种种原因，乌江流域民族传统体育文化与区域文化的通融性发展仍旧存在和面临着诸多亟待解决的现实困境和难题。

第二节 乌江流域民族传统体育与区域
文化通融发展的现实困境

一 区域文化的缺失

在早期，乌江流域里的民族传统体育文化就是与该区域里的区域文化相生相伴、相依相存的。但随着乌江流域时空环境的日益开放，现代文化和现代信息的无缝传播与侵袭，再加上在民国到"文化大革命"时期乌江流域的许多民风习俗文化被禁止、被破坏，导致乌江流域原本非常浓厚的传统文化、民族文化变得极为稀少，只有在那些极为偏僻、极为封闭、极为不发达的地区才有可能闻到传统文化的一丝气息。

同时，由于当今人们生活在一种日渐开放的时空环境里，人们的思想、意识、生活、生存等似乎早已摆脱和超越了传统区域文化环境的束缚、禁锢与依恋，反而在极力主动寻求与适应现代文化与外来文化。区域及区域文化也从过去的封闭性、传统性转变为如今的开放性、现代性，现代文化广泛而频繁地侵袭和传播着，并日渐繁盛和活跃，导致区域传统文化被充斥得烟消云散，日渐消亡，与民族传统体育文化与生俱来、朝夕相处的区域传统文化很多都不复存在了。因此，要在这种区域传统文化缺失、区域文化泛现代化的环境中促进和达成民族传统体育文化与区域文化的通融性发展，却实为"通之无物"。

二 民族传统体育遭到现代体育的充斥

民族传统体育与现代体育都属于体育这个文化范畴，相互之间极易发生关联，特别在矛盾与冲突中很有可能是弱势一方的消亡或被取代。事实证明，由于现代体育竞技性、娱乐性、观赏性强，正好迎合人们对健身、休闲、娱乐等的心理和需求，再加上现代体育的强势传播和渲染，导致现代体育文化弥漫在乌江流域的每一个角落，形成对民族传统体育文化的一种强烈淹没与吞噬之势。可以说，乌江流域凡是有体育活动的地方就一定有现代体育活动，但不一定有民族传统体育的身影和印迹。

同时，现代体育与我国很多民族传统体育似乎本身就有一定的差异，在人们的认知和态度上似乎天然就形成一种冲突。如现代体育强调对身体的刺激，注重展现个体能量、激发个性张扬、促进个性全面发展，追求和崇尚公平、公正、平等、正义观等。而我国很多民族传统体育文化强调的是一种"天人合一、顺应自然"的伦理观，注重"内外兼修、形神统一、以德为先"，具有严格的宗法等级制度和中庸思想，强调群体和谐、群体力量和群体发展。虽然现代体育与我国很多民族传统体育又有很多天然融合的地方，如现代体育中的"更高、更快、更强""和平、友谊、团结、进步""超越自然""教育人生"和我国民族传统体育文化中的"自强不息""世界大同""修其身、正其心"等①，但这些都是一种隐形的，需要用心灵才能够体会得到的，很难像现代体育一样，能使人产生一种强烈的视觉冲击和身体感受。长此以往，很多民族传统体育文化就不被人们所参与和喜好，只有在边缘与冷漠中被渐渐淡忘和消失退却。

三 主体地位和意识的缺失

这里的主体主要是指民族文化的主人即民族主体。改革开放以来，由于我国执行的是地方政府管理制度，家庭乃至个人受国家、政府的管理，包括经济、社会、文化、人口、教育等。就民族传统体育文化而言，其挖掘、保护、传承与发展都是由政府说了算，真正的文化主体即民族群体成为看客，没有了管理主体资格和决策参与机会，民族群体的主体身份被日益淡出，民族传统文化在当地民族居民的日常生活中开始变得陌生、排斥、分外与遗忘，以至于在人们的心理出现反感和冲突。

---

① 池秋平：《现代奥林匹克与我国传统体育伦理精神的冲突与融合》，《内江师范学院学报》2007年第4期。

另外，追溯到"文化大革命"时期，包括民族传统体育文化在内的民族传统文化遭到极大的破坏，很多传统文化活动被禁止，相关文物被毁坏，人们也由此渐渐失去了一种传统文化思维和意识。如今，虽然人们在极力倡导和践行传统文化的保护、传承与发展，但人们并没有对传统文化所遭受到的侵蚀有一个及时的防备，甚至可以说在根本上就缺乏防备意识，当然就更别谈用好的方法来应对、处理与化解民族传统体育文化的保护与发展，以及与区域文化通融发展的困境与难题了。虽然有很多志士仁人为我国民族传统体育文化的保护与发展进行了很多理论研究和行动实践，但整体上我国民族传统体育文化相关理论还比较薄弱，在保护与发展的行动实践上其经验还不够丰富成熟、方法上还不够先进体系，这也是导致我国民族传统体育文化的保护与发展依然是一个老大难问题的原因之一。特别是民众意识觉悟不高，导致民族传统体育文化的保护与发展失去了一种根基和根本。

> PCJ（受访者）：
>
> 同时，我们这里跳得好的人被外面请出去教。当政府组织跳的时候，大家都去，但很多人都是基于有钱有饷这么一种心理和诉求。即使在节日村长、书记组织活动时，由于没有钱，所以很多人还是不愿意去跳，就连有时看都不喜欢去看。

这说明人们对民族文化保护、传承与参与的自觉性还比较差。但所幸的是，还是有少许当地老年人表示，如果逢年过节他们的孩子在家，他们还是支持孩子们去参与跳摆手舞，传承摆手舞文化。

四 民族传统体育与区域文化通融的失范

如前所述，由于人们在对民族传统体育文化保护、传承的理论和方法上的不足，再加上政府主体在民族传统体育文化生态保护、传承与发展的生态价值取向上的偏离，乌江流域民族传统体育文化等传统文化的保护与发展出现了诸多失范现象。很多地方政府都是极力把一些有地方代表性的民族传统体育文化打造成为一种能够产生较大经济、社会效应的文化品牌，于是就将只要能够增强民族传统体育文化观赏性、娱乐性、审美性的，只要能够吸引人们眼球、吸引游客喜欢的现代元素都加进去。还有的地方为了推广这一民族传统体育文化活动，扩大其影响力，申请成为文化遗产，把民族传统体育文化项目进行了创意改编，将摆手舞改编成为广场摆手舞、摆手操、摆手绳等。

而本书认为，为了民族传统体育文化更能够适应和满足现代人的需求，可以在保持本真、本色的基础上进行适当的、适应性的创编发展，这倒也符合文化发展的规律和事实。但如果舍本求末、弃真求欢，即使赢得观众、游客的青睐，但未必能够得到当地百姓、民族文化主人的认可。而通过创编改良却没有得到当地百姓、民族文化主人认可的传统文化，已经失去了他原有和应有的本真与本色，可以说已经不是传统文化了。如我们在酉阳、来凤等地考察访谈时，发现有很多的当地百姓对改良创新后的摆手舞就非常不认可、不接受，认为被政府所谓改良创新后的摆手舞与传统摆手舞完全是两回事，认为现在在旅游景区、在舞台表演的摆手舞不能够叫摆手舞了，应该是一种新的舞蹈或其他什么的了。同时，有的地方为了比赛，为了能够在比赛中便于评判和分出个胜负，于是就对民族传统体育项目的动作内容、动作方法进行了简化与统一规定与处理。但殊不知这恰恰使民族传统体育文化项目失去了它原本的特色，使原本各乡镇、各村寨各有特色、各有样式的民族传统体育文化趋于同一化格局，区域里民族传统体育文化的多样性被破坏，甚至出现了极为严重的异化现象。这不得不承认是摆手舞等民族传统体育与区域文化通融发展的一种失范。

当然，这里的失范还包括整个区域里民族传统文化的失范。如在乌江流域很多少数民族的葬礼中就加入了很多现代文化元素。不言而喻，如果将都是被改造失范的传统文化进行通融性发展，这无疑将是区域文化里一个非常严重的文化变异和文化灾难。

第三节　乌江流域民族传统体育与区域文化通融发展的现实机遇

一　政府的重视与支持

（一）文化遗产保护政策的出台

遗产分为物质文化遗产和非物质文化遗产，而民族传统体育文化与区域文化的通融性发展，表面上看是一种非物质文化遗产事象中的通融发展问题，但实质上是一个既涉及物质文化遗产又涉及非物质文化遗产的问题。如研究内容中所多次提到和强调的那样，民族传统体育文化与区域文化的通融性发展，不仅说明和强调民族传统体育文化的生存发展与区域里人们的生产方式、生活习惯、宗教信仰、礼仪交往、民族性格等息息相关，还与区域里的自然环境、建筑环境、风貌环境等息息相关。

回顾我国文化遗产保护历程，特别是随着 2003 年第 32 届联合国教科文组织大会通过的《保护非物质文化遗产公约》以后，我国政府特别是针对乌江流域等民族地区文化遗产保护相继出台了很多政策文件，并投入了大量的人力、物力、财力、智力等进行支持。如就以非物质文化遗产保护政策而言，国家出台了如《国务院办公厅关于加强我国非物质文化遗产保护工作的意见》（国办发〔2005〕18 号）、《国家级非物质文化遗产保护与管理暂行办法》（文化部令第 39 号）、《国家级非物质文化遗产项目代表性传承人认定与管理暂行办法》（文化部令第 45 号）、《文化部关于加强国家级文化生态保护区建设的指导意见》《中华人民共和国非物质文化遗产法》（2011年 2 月 25 日第十一届全国人民代表大会常务委员会第十九次会议通过）、《四部委关于加强中国传统村落保护的指导意见》（建村〔2014〕61 号）等。

在地方上，各地根据自己的实际情况也制定了政策措施。如乌江流域的贵州省出台了《贵州省非物质文化遗产保护条例》（2012年3月30日贵州省第十一届人民代表大会常务委员会第二十七次会议通过）、《贵州省民族民间文化保护条例》等；湖北恩施出台了《恩施土家族苗族自治州民族文化遗产保护条例》（恩施土家族苗族自治州第五届人民代表大会第三次会议于2005年3月1日通过，湖北省第十届人民代表大会常务委员会第十四次会议于2005年3月1日批准）；酉阳政府出台了《酉阳土家族苗族自治县非物质文化遗产保护条例》等。这些政策内容里面，都要求对地方非物质文化遗产、物质文化遗产，以及乡村风貌、建筑遗址等进行全面、一同保护，而这种全面保护的过程其实就是或包括民族传统体育文化与区域文化的通融性发展过程。另外，在一些如文化、体育、旅游等发展规划制度文件中，也都要求要与民族传统体育等传统文化、民族文化、地方文化相结合。如在酉阳，政府就要求将摆手舞活动与人们的健身娱乐、旅游、学校教育、竞技体育、全民健身、职工单位体育等相融合，要把摆手舞活动作为一项重要的内容进行开展和实施。

（二）综合保护规划的设制

比如酉阳，第一是县政府为了保护摆手舞等民族文化而成立了"酉阳中国土家文化研究院"，其宗旨是助推酉阳土家文化的挖掘、整理、研究和传承。第二是酉阳县政府将保护摆手舞等民族文化提升到增强民族凝聚力，促进酉阳"三个文明"建设的战略高度。要求持续对摆手舞等民族文化开展普查工作，特别在可大乡和后溪镇对摆手舞进行深入抢救、挖掘，对口述和表演资料进行记录和数码处理，如说白、古歌等，摸清摆手舞的历史脉络和传承情况。第三是建立后溪镇长潭村和可大乡客寨村摆手舞文化生态保护村，原件征集、整理与保存相关实物道具①。第四是创编广场摆手舞和健身摆手舞，在渝、鄂、湘、黔地区推广。从这些规划和做法来看，都突出强调了摆手舞与其

---

① 苏丹：《立一教一演：重庆酉阳县土家族摆手舞的田野观察与研究》，硕士学位论文，中央民族大学，2011年。

他文化遗产的一同保护，当然也反映出了摆手舞与区域文化的通融性保护与发展。

（三）经验的积累

以酉阳摆手舞为例，酉阳政府在 2007 年前申报摆手舞国家级非物质文化遗产名录时，一是采取了很多保护措施，如在 1982 年酉阳县文化主管部门及业务部门就启动了挖掘、整理摆手舞工程，并连续用了 4 年时间在全县 50 多个乡镇进行普查、收集与整理。在 1994 年，创编广场摆手舞，举办摆手舞学习班，由各系统和小学选派骨干参加集中培训，再通过已辅导的摆手舞骨干在单位、学校、社区、村委会等进行教授。县委、县政府通过思想上"定根"、班子内"定人"、文化中"定位"、决策上"定项"、经费上"定额"，形成民族文化工作制度，打造国家级摆手舞之乡特色文化品牌，举办跨省市的摆手舞邀请赛。二是投入了大量的资金，如在 1982—1986 年 5 年间的普查、整理工作中共耗资 1 万元，举办摆手舞培训班投入资金 5 万元，从 2005 年起每年划拨 2 万元的专款[1]。另外，酉阳县收集和命名了多项县级非物质文化遗产名录和多项非物质文化遗产的传承人，如酉阳县收集命名的第三批县级非物质文化遗产名录达到 123 项[2]（见表 6 - 1），确定了 63 人为酉阳自治县县级非物质文化遗产项目代表性传承人[3]（见表 6 - 2）。这些非物质文化遗产和传承人的保护，构建了酉阳区域民族传统文化的生态环境，为摆手舞等民族传统体育文化与区域文化的通融性发展提供了传承人这一重要的人力基础和资源要素。

---

① 苏丹：《立—教—演：重庆酉阳县土家族摆手舞的田野观察与研究》，硕士学位论文，中央民族大学，2011 年。

② 《酉阳政府网—关于公布第三批县级非物质文化遗产名录的通知》，http：//www. youyang. gov. cn/zfxx/zfgw/22063. htm，2013 - 08 - 09。

③ 同上。

表6-1   **酉阳县第三批县级非物质文化遗产名录**

一、民间文学

序号	编号	项目名称	申报单位
1	01-1	白果树的传说	双泉乡
2	01-2	仙人湖的传说	双泉乡
3	01-3	卵玉射日	全县各乡镇
4	01-4	端午节门上挂菖蒲	全县各乡镇
5	01-5	庙溪福诗	庙溪乡
6	01-6	宝剑碑的故事	黑水镇
7	01-7	北斗山的故事	黑水镇
8	01-8	梯玛神歌	偏柏乡、可大乡、五福乡、西酬镇、大溪镇、西水河镇
9	01-9	布所和雍妮	西酬镇、大溪镇、西水河镇、偏柏乡、可大乡、五福乡
10	01-10	公公树与婆婆树	西酬镇、大溪镇、西水河镇、偏柏乡、可大乡、五福乡
11	01-11	犀牛洞的传说	可大乡
12	01-12	五龙洞的传说	可大乡
13	01-13	土家神树的传说	可大乡
14	01-14	强盗岩的传说	可大乡
15	01-15	背子岩的传说	可大乡
16	01-16	金头和尚郎个死的	龚滩镇
17	01-17	救兵粮（红籽泡）	龚滩镇
18	01-18	马桑树长齐天高	五福乡
19	01-19	唐大马棒趣事	桃花源镇
20	01-20	酉阳教案	桃花源镇
21	01-21	苦媳妇	全县各乡镇
22	01-22	陈小二祠堂	李溪镇
23	01-23	洪福山传说	李溪镇
24	01-24	升财有道	李溪镇
25	01-25	猫猫山起义	南腰界乡
26	01-26	镇魂碑	南腰界乡
27	01-27	秦牯牛	南腰界乡
28	01-28	赵世炎的故事	龙潭镇

续表

序号	编号	项目名称	申报单位
29	01－29	贺龙招"神兵"的故事	南腰界乡
30	01－30	清官图	浪坪乡

二、传统音乐

序号	编号	项目名称	申报单位
31	02－1	赌钱歌	全县各乡镇
32	02－2	拗岩号子	全县各乡镇
33	02－3	打夯号子	全县各乡镇
34	02－4	石工号子	全县各乡镇
35	02－5	礼俗歌	全县各乡镇
36	02－6	孝歌	全县各乡镇
37	02－7	福事歌	全县各乡镇
38	02－8	吴幺姑	浪坪乡、庙溪乡、清泉乡、苍岭镇、兴隆镇、木叶乡
39	02－9	娇阿窝	苍岭镇、庙溪乡、浪坪乡
40	02－10	说嫂嫂	黑水镇
41	02－11	田间号子	黑水镇
42	02－12	乌江号子	龚滩镇、万木乡、清泉乡
43	02－13	抬工号子	龚滩镇、西水河镇、清泉乡、桃花源镇、龙潭镇、苍岭镇
44	02－14	苦根歌	可大乡
45	02－15	大理吹打	龚滩镇
46	02－16	苦竹娘	全县各乡镇
47	02－17	五福吹打	五福乡
48	02－18	锄草歌	后坪乡
49	02－19	西水号子	西水河镇
50	02－20	龙灯锣鼓	桃花源镇
51	02－21	划拳歌	桃花源镇
52	02－22	薅草歌	丁市镇
53	02－23	香灯歌	龙潭镇
54	02－24	薅草锣鼓	板溪镇
55	02－25	浪坪吹打	浪坪乡

续表

序号	编号	项目名称	申报单位
56	02－26	梁山伯与祝英台	浪坪乡
57	02－27	南溪号子	苍岭镇
58	02－28	采茶调	木叶乡
59	02－29	两罾吹打	两罾乡
60	02－30	宜居吹打	宜居乡
61	02－31	楠木打闹	楠木乡
62	02－32	楠木山歌	楠木乡
63	02－33	十八啰哩车	丁市镇
64	02－34	土家族孝歌	李溪镇
65	02－35	苦媳妇	全县各乡镇
66	02－36	唢呐套打	西酬镇
67	02－37	节气歌	全县各乡镇
68	02－38	劝赌歌	全县各乡镇
69	02－39	跳粉墙	丁市镇、兴隆镇

三、民间舞蹈

序号	编号	项目名称	申报单位
70	03－1	香灯舞	龙潭镇
71	03－2	秧歌	官清乡

四、传统戏剧

序号	编号	项目名称	申报单位
72	04－1	花灯	全县各乡镇
73	04－2	川剧	龙潭镇、龚滩镇

五、游艺、传统体育与竞技

序号	编号	项目名称	申报单位
74	05－1	龙灯舞	全县各乡镇
75	05－2	狮灯舞	全县各乡镇
76	05－3	划龙船	龙潭镇、西酬镇、西水河镇、清泉乡
77	05－4	高台狮舞	可大乡、天馆乡
78	05－5	煞铧	丁市镇、涂市乡、木叶乡
79	05－6	下油锅	苍岭镇、涂市乡、木叶乡
80	05－7	玄心吊斗	苍岭镇、黑水镇、涂市乡

续表

序号	编号	项目名称	申报单位
81	05－8	发油火	五福乡
82	05－9	化符喝水	五福乡
83	05－10	砍二十八宿	苍岭镇

六、传统技艺

序号	编号	项目名称	申报单位
84	06－1	荞面制作技艺	庙溪乡、清泉乡、天馆乡、龚滩镇、丁市镇、后坪乡
85	06－2	莲花茶制作技艺	黑水镇
86	06－3	平地坝酒制作技艺	黑水镇
87	06－4	皮蛋制作技艺	全县各乡镇
88	06－5	纸盒制作技艺	黑水镇
89	06－6	竹编	清泉乡
90	06－7	母合酒制作技艺	清泉乡、万木乡、后坪乡
91	06－8	龚滩酥食制作技艺	龚滩镇
92	06－9	母子酒制作技艺	后坪乡
93	06－10	铸铧	酉水河镇
94	06－11	李氏松花皮蛋制作技艺	桃花源镇
95	06－12	马打滚制作技艺	龙潭镇
96	06－13	梅树鞭炮制作工艺	龙潭镇
97	06－14	辣茶制作技艺	龙潭镇
98	06－15	龙灯扎制技艺	全县各乡镇
99	06－16	红井手工茶制作技艺	铜鼓乡
100	06－17	清泉村石雕	铜鼓乡
101	06－18	黑面条制作技艺	铜鼓乡
102	06－19	土家手工布鞋制作技艺	浪坪乡
103	06－20	传统榨油制作技艺	全县各乡镇
104	06－21	麻旺醋制作技艺	麻旺镇
105	06－22	莓茶手工制作技艺	兴隆镇
106	06－23	造木船技艺	西酬镇
107	06－24	米豆腐制作技艺	西酬镇
108	06－25	菜豆腐制作技艺	西酬镇、大溪镇

序号	编号	项目名称	申报单位
109	06-26	传统酿米酒技艺	全县各乡镇
110	06-27	传统霉豆腐制作技艺	全县各乡镇
111	06-28	土茶制作技艺	全县各乡镇
112	06-29	土家走马转角翘檐吊脚楼营造技艺	酉水河镇
113	06-30	铜鼓村剪纸	铜鼓乡
114	06-31	海椒粑制作技艺	可大乡
115	06-32	米茶制作技艺	偏柏乡
116	06-33	打糍粑技艺	全县各乡镇

七、传统医药

序号	编号	项目名称	申报单位
117	07-1	治蛇毒	五福乡
118	07-2	接骨疗伤	五福乡
119	07-3	田氏治疽肿	酉水河镇
120	07-4	化符剂疮	黑水镇
121	07-5	咒语治毒疮	李溪镇

八、民俗

序号	编号	项目名称	申报单位
122	08-1	社饭	龙潭镇
123	08-2	观花	涂市乡、铜鼓乡

表6-2　酉阳自治县县级非物质文化遗产项目代表性传承人名单

一、高台狮舞

姓名	性别	民族	出生年月	地址
李世荣	男	土家族	1935年2月	可大乡七分村5组
李勇军	男	土家族	1974年6月	可大乡七分村5组
杨正奎	男	土家族	1963年8月	可大乡七分村5组
李世勇	男	土家族	1968年9月	可大乡七分村5组

二、上刀山

姓名	性别	民族	出生年月	地址
冉启国	男	土家族	1955年2月	苍岭镇苍坝村1组

续表

姓名	性别	民族	出生年月	地址
简宗平	男	土家族	1950 年 10 月	苍岭镇苍坝村 1 组
吴少强	男	土家族	1977 年 9 月	苍岭镇苍岭村 3 组
罗培芝	男	土家族	1965 年 8 月	天馆乡核桃村 2 组
冉永军	男	土家族	1986 年 4 月	天馆乡核桃村 2 组
冉华	男	土家族	1986 年 9 月	苍岭镇苍坝村 1 组

三、哭嫁

姓名	性别	民族	出生年月	地址
罗素英	女	土家族	1963 年 11 月	清泉乡清溪村 2 组
张宗香	女	土家族	1948 年 2 月	浪坪乡浪水坝村 9 组
倪月娥	女	土家族	1940 年 1 月	庙溪乡柚木村 3 组
杨翠平	女	土家族	1949 年 9 月	木叶乡木叶村 2 组
秦礼兰	女	土家族	1971 年 7 月	清泉乡清溪村 2 组
罗时平	女	土家族	1949 年 9 月	清泉乡清溪村 2 组
谭金香	女	土家族	1947 年 5 月	兴隆镇积谷坝村 10 组
王玉平	女	土家族	1960 年 10 月	苍岭镇南溪村 5 组
田维翠	女	土家族	1953 年 4 月	可大乡新溪村 2 组
李珍玉	女	土家族	1938 年 6 月	可大乡七分村油房坪 4 组
田维菊	女	土家族	1958 年 10 月	可大乡新溪村 2 组
刘桂英	女	土家族	1962 年 9 月	可大乡新溪村 2 组
罗会香	女	土家族	1956 年 9 月	清泉乡清溪村 2 组
冉平英	女	土家族	1951 年 12 月	李溪镇大池村 6 组
倪月英	女	土家族	1944 年 5 月	浪坪乡官楠村 2 组

四、酉阳耍锣鼓

姓名	性别	民族	出生年月	地址
冉文章	男	土家族	1953 年 10 月	龚滩镇大理村 6 组
张宗华	男	土家族	1946 年 3 月	龚滩镇大理村 7 组
张国昌	男	土家族	1972 年 12 月	龚滩镇大理村 7 组
冉景胜	男	土家族	1964 年 6 月	龚滩镇大理村 7 组
冉小强	男	土家族	1975 年 6 月	龚滩镇大理村 6 组
冉暮全	男	土家族	1972 年 4 月	龚滩镇大理村 6 组
冯川明	男	土家族	1964 年 8 月	龚滩镇大理村 7 组
董世明	男	土家族	1951 年 9 月	龚滩镇艾坝村 5 组
田景禄	男	土家族	1968 年 9 月	龚滩镇艾坝村 5 组

姓名	性别	民族	出生年月	地址
齐书昌	男	苗族	1975 年 6 月	龚滩镇大理村 6 组
齐贵武	男	苗族	1965 年 3 月	龚滩镇大理村 7 组
齐富强	男	苗族	1971 年 9 月	龚滩镇大理村 7 组
齐贵安	男	苗族	1953 年 4 月	龚滩镇大理村 7 组

五、酉阳花灯

姓名	性别	民族	出生年月	地址
宁清勇	男	土家族	1958 年 4 月	楠木乡红旗村 2 组宁家坡
宁清武	男	土家族	1958 年 5 月	楠木乡红旗村 2 组宁家坡
宁清凡	男	土家族	1951 年 1 月	楠木乡红旗村 2 组宁家坡
宁清碧	男	土家族	1952 年 5 月	楠木乡红旗村 2 组宁家坡
冉余光	男	土家族	1950 年 8 月	宜居乡宜居村 6 组
冉俊光	男	土家族	1952 年 11 月	宜居乡宜居村 6 组
冉海扬	男	土家族	1964 年 2 月	宜居乡宜居村 6 组
冉景扬	男	土家族	1965 年 5 月	宜居乡宜居村 6 组
李洪江	男	汉族	1944 年 1 月	李溪镇天台村 8 组
李大亮	男	汉族	1964 年 11 月	李溪镇天台村 8 组
李大安	男	汉族	1964 年 6 月	李溪镇天台村 8 组
李大力	男	汉族	1962 年 6 月	李溪镇天台村 8 组
李玲	男	汉族	1988 年 6 月	李溪镇天台村 8 组
李建会	男	汉族	1972 年 12 月	李溪镇天台村 8 组
李兴	男	汉族	1995 年 11 月	李溪镇天台村 8 组
石邦兴	男	汉族	1924 年 9 月	李溪镇让坪村 7 组
董永高	男	土家族	1938 年 8 月	天馆乡魏市村 1 组
陈代华	男	土家族	1969 年 7 月	天馆乡魏市村 1 组
杨薄江	男	土家族	1941 年 4 月	天馆乡魏市村 1 组
罗喜昌	男	土家族	1968 年 10 月	小河镇小岗村 7 组
罗忠庭	男	土家族	1947 年 8 月	小河镇小岗村 7 组
秦志仁	男	土家族	1944 年 11 月	小河镇小岗村 7 组
左国太	男	土家族	1949 年 2 月	小河镇小岗村 7 组（现居住地）
罗育昌	男	土家族	1938 年 8 月	小河镇小岗村 7 组
罗国昌	男	土家族	1944 年 4 月	小河镇小岗村 7 组

（四）民族特色村寨的建设

2014 年 9 月 23 日，国家民委发布了《关于命名首批中国少数民族特色村寨的通知》，全国共有 340 个村寨被作为首批"中国少数民族特色村寨"予以命名挂牌①。据统计，在这次国家级少数民族特色村寨名录中，属于乌江流域地区的就有 70 个左右（见表 6 - 3）。在《国家民委关于印发少数民族特色村寨保护与发展规划纲要（2011—2015 年）的通知》中，强调保护民族特色村寨的乡土文化，就是保护民族文化的活水之源。要求"加强集中体现民族特色、地方特色的标志性公共建筑，如寨门、戏台、鼓楼、风雨桥、凉亭、民俗馆、文化广场、文化长廊等的建设，为各族群众提供充足的公共文化活动空间。着力加强对民族文化的抢救与保护，积极做好本地区民间文化遗产的普查、搜集、整理、出版和研究，并归类建档、妥善保存。重点抓好民族文化的静态保护、活态传承。通过文化室静态展示传统生产工具、生活用具、民族服饰、乐器、手工艺品，保存民族记忆。鼓励、引导村民将民族语言、歌舞、生产技术和工艺、节日庆典、婚丧习俗融入日常生活，活态展示民风、民俗，传承民族记忆"②。

表 6 - 3 乌江流域少数民族特色村寨

省市	村名
湖北	恩施土家族苗族自治州恩施市白杨坪乡熊家岩村
	恩施土家族苗族自治州恩施市白杨坪乡麂子渡村
	恩施土家族苗族自治州恩施市三岔乡莲花池村
	恩施土家族苗族自治州恩施市芭蕉侗族乡戽口村
	恩施土家族苗族自治州恩施市芭蕉侗族乡高拱桥村
	恩施土家族苗族自治州建始县高坪镇大店子村
	恩施土家族苗族自治州巴东县水布垭镇围龙坝村
	恩施土家族苗族自治州巴东县野三关镇石桥坪村
	恩施土家族苗族自治州宣恩县彭家寨
	恩施土家族苗族自治州咸丰县黄金洞乡麻柳溪村
	恩施土家族苗族自治州来凤县三湖乡黄柏村

---

① 《国家民委门户网—国家民委命名首批"中国少数民族特色村寨"》，http://www.seac.gov.cn/art/2014/9/26/art_ 31_ 215257. htm. l，2014 - 09 - 23。
② 《国家民委门户网—国家民委关于印发少数民族特色村寨保护与发展规划纲要（2011—2015年）的通知》，http://www.seac.gov.cn/art/2012/12/7/art_ 149_ 172616. htm. l，2012 - 12 - 07。

续表

省市	村名
湖北	恩施土家族苗族自治州来凤县百福司镇南河村
	恩施土家族苗族自治州鹤峰县中营镇大路坪村
	恩施土家族苗族自治州鹤峰县五里乡南村村
	恩施土家族苗族自治州鹤峰县邬阳乡斑竹村
重庆	黔江区小南海镇板夹溪十三寨
	石柱土家族自治县冷水镇八龙山寨
	彭水苗族土家族自治县鞍子镇罗家坨苗寨
	酉阳土家族苗族自治县酉水河镇河湾山寨
	秀山土家族苗族自治县海洋乡岩院古寨
贵州	贵阳市乌当区偏坡乡偏坡村
	贵阳市乌当区王岗村
	遵义市赤水市大同镇民族村
	遵义市遵义县平正仡佬族乡红心村
	遵义市习水县桑木镇土河村
	遵义市道真仡佬族苗族自治县玉溪镇桑木坝村
	遵义市务川仡佬族苗族自治县大坪镇龙潭村
	安顺市经济技术开发区幺铺镇尚兴村
	安顺市关岭布依族苗族自治县断桥镇木城村
	安顺市镇宁布依族苗族自治县城关镇高荡村
	安顺市黄果树风景名胜区黄果树镇石头寨村
	安顺市黄果树风景名胜区白水镇滑石哨村
	毕节市黔西县百里杜鹃管委会金坡彝族苗族满族乡附源村
	毕节市赫章县朱市乡韭菜坪村
	毕节市威宁彝族回族苗族自治县板底乡板底村
	铜仁市万山区高楼坪乡青年湖村
	铜仁市江口县太平镇梵净山村寨沙侗寨
	铜仁市江口县太平镇云舍村
	铜仁市石阡县坪山乡尧上村
	铜仁市石阡县国荣乡楼上村
	铜仁市石阡县枫香乡鸳鸯湖村
	铜仁市印江土家族苗族自治县永义县团龙村

续表

省市	村名
贵州	铜仁市沿河土家族自治县沙子镇南庄村
	铜仁市松桃苗族自治县正大乡薅菜村
	铜仁市松桃苗族自治县盘信镇大湾村
	铜仁市松桃苗族自治县盘石镇响水洞村
	黔东南苗族侗族自治州凯里市三棵树镇乌利寨
	黔东南苗族侗族自治州天柱县坌处镇三门塘村
	黔东南苗族侗族自治州锦屏县隆里乡隆里所村
	黔东南苗族侗族自治州剑河县革东镇屯州村
	黔东南苗族侗族自治州台江县南宫乡交宫村
	黔东南苗族侗族自治州黎平县肇兴镇肇兴侗寨
	黔东南苗族侗族自治州黎平县双江镇四寨村
	黔东南苗族侗族自治州黎平县岩洞镇铜关村
	黔东南苗族侗族自治州榕江县平阳乡小丹江村
	黔东南苗族侗族自治州雷山县西江镇西江村
	黔东南苗族侗族自治州麻江县龙山镇复兴村
	黔东南苗族侗族自治州麻江县杏山镇六堡村
	黔东南苗族侗族自治州丹寨县龙泉镇卡拉村
	黔东南苗族侗族自治州丹寨县南皋乡石桥村
	黔南布依族苗族自治州都匀市经济开发区坝固镇坝固村坡脚寨
	黔南布依族苗族自治州福泉市黄丝镇黄丝村
	黔南布依族苗族自治州荔波县瑶山乡拉片村
	黔南布依族苗族自治州贵定县盘江镇音寨村
	黔南布依族苗族自治州独山县影山镇翁奇村
	黔南布依族苗族自治州平塘县卡蒲乡场河村
	黔南布依族苗族自治州惠水县好花红乡好花红村
	黔南布依族苗族自治州惠水县大龙乡九龙村
	黔南布依族苗族自治州三都水族自治县三合镇姑挂村
	黔西南布依族苗族自治州兴义市万峰林街道办事处纳灰村
	黔西南布依族苗族自治州兴义市义龙新区顶效镇楼纳村
	黔西南布依族苗族自治州兴义市义龙新区郑屯镇民族村
	黔西南布依族苗族自治州兴仁县屯脚镇鲤鱼坝村

续表

省市	村名
贵州	黔西南布依族苗族自治州兴仁县鲁础营回族乡鲁础营村
	黔西南布依族苗族自治州兴仁县李关乡鹧鸪园村
	黔西南布依族苗族自治州贞丰县者相镇纳孔村
	黔西南布依族苗族自治州安龙县钱相乡打凼村

重庆酉阳在 2013 年就将何家岩村列为少数民族特色村寨进行保护与发展，要求深入挖掘古寨文化内涵，突出古寨的家族、建筑、民俗、饮食、民间工艺、生态文化特色，将何家古寨的民居建筑风格艺术、民风民俗文化及自然生态环境等进行有机整合，计划用 5 年时间建成集观光、养生、休闲、游乐、文化体验、度假于一体的原生态休闲度假胜地。另外，在国家"十二五"时期全国少数民族特色村寨保护与发展名录中，酉阳县有 22 个村寨成功入选，分别是苍岭镇大河口村、龚滩镇红花村、龚滩镇马鞍城村、官清乡官清坝村、花田乡何家岩村、可大乡客寨村、木叶乡大坂营村、南腰界乡南界村、楠木乡红庄村、双泉乡永祥村、天馆乡古寨村、宜居乡矿沿村、西酬镇古田村、酉水河镇长潭村、酉水河镇长远村、腴地乡上腴村、板桥乡景园村、可大乡七分村、浪平乡浪水坝村、小河镇桃坡村、宜居乡楼房村、西酬镇江西村①。

国家民委及地方政府所建设的民族特色村寨，无疑为民族传统体育文化与区域文化的通融性发展提供了重要的实践平台，也印证和强调了保护与发展民族传统体育文化必须重视保护区域传统文化这一根本要求与方法。

二 主体意识的回暖

民族传统体育等区域传统文化的保护，关键还是要看民族居民的意愿和意识，任何文化的产生、形成、发展与传播，都是以民族居民为根本载体、为根本动力的。笔者在田野调查中，就专门对包括民族

① 《酉阳县公众信息网—我县大河口等 22 个村寨入选全国少数民族特色村寨保护与发展名录》，http：//youy. cq. gov. cn/zfxx/bmdt/23945. htm，2014 - 09 - 26。

传统体育等传统文化保护的民众意识和意愿进行了考察。总体而言，在传统文化保护开展得好的地方，人们对民族传统体育文化保护的意识要强一些。如当地居民认为人们对传统文化保护的意识比以前有所提升，人们意识到传统文化保护能够为地方、为自己带来一些好处，有了传统文化这个"引子"，就多了一条经济命脉，比如旅游、政府投资开发等。就政府主体而言，开展得好的地方其政府主体的意识非常强烈，或许是他们尝到了保护传统文化所带来的一系列好处。这不仅盘活了一个地方的经济、打造了一张地方名片、宣传了一个民族文明，而且还为自己的政绩增加了很多的砝码。而在其他相对开展得比较差的地方，政府主体非常希望向其他开展得好的地方学习、交流，希望上级政府给予他们重视和支持，也想通过民族传统文化来开发本地和本辖区的民族文化旅游经济、打造本辖区的地方名片。希望通过民族文化产业的开发，为当地居民、为地方政府带来一些实实在在的利益。可以说，在乌江流域形成了一种对民族文化、地方文化"抢申报""抢保护"的局面，很多地方还积极申报特色文化村寨、历史文化古镇等。

在访谈中，很多当地百姓都表示希望能够把摆手舞等传统文化一直保护与传承下去。

PKF（受访者）：

摆手舞文化代表了我们民族的过去、民族的生存和民族与自然的关系。虽然我们不提倡祭祀这么一种活动，但是我们还是要了解我们的先祖是怎么样的，传承下来有利于表现出我们这个民族的过去是什么样。如果不传了，我们民族的"根"和"本"就找不到了，因此我们要保护下来。

我们人之有种嘛，应该知道我们先民过去是一种什么样的情况，我们是怎么来的，怎么变化到今天的。如果不把这些东西保护下来，人们就会忘记历史，忘记历史就等于说是一种背叛。

现在只能利用学校、幼儿园等进行传承。如果不通过办会办节的话，摆手舞很容易失传。我们在中学都搞了讲座，让他们学习摆手舞的动作。在民间呢，搞了几个民间文艺队，靠这样来传承。如果把传统节气兴起来了，各个土家山寨大家都在这个节气中来跳摆手舞，一代代传承下去，那又要好一点。

我们几个老年人有这个倡议，建议政府能否把原来的一些如三月三、六月六、舍巴节等定为我们土家人的节日，大家到这个时间来跳摆手舞。因为自治县你可以制定一定的政策法规，在不违背中央大政策的前提下。

问他们（指现在的年轻人）是什么民族他说他们是土家族，问他知不知道摆手舞，他说不知道，所以我感觉到很悲哀。我们作为一个民族的主人应该知道自己的民族文化，而他们不了解我们这个民族在武陵山区的生存，不了解我们民族的祖先千百年来传授下来的丰富多彩的民族文化，区别不了什么叫土家文化，不知道自己的文化是什么，不知道自己的民族文化是什么，区分不开自己文化的民族性和地域性。

LZH（受访者）：

摆手舞中有如拉弓射箭、猴子上树的动作，而这些是一些习武的动作，这些尚武精神应该得到传承。但现在的人不知道这些，这是一个文化的核心，是一个民族的精髓，精神都不知道，那传承什么呢？以前摆手舞是一种祭祀活动，这既是一种平安吉祥的追求，同时也是一种祭祖敬宗的美德。

把祠堂、庙宇保护下来后，对摆手舞的延续会起到很好的保护作用。虽然修建这些时只是起一个血缘家族关系、举行家族活动的场所，但摆手舞是当时一项重要的家族活动，每年的冬至都有很多人聚集在祠堂搞宗教活动、跳摆手舞。因此，保护这些对保护摆手舞是一个非常必要的物的见证。

因为跳摆手舞就是唤起一种民族认同感，这些传统节日应该保护下来，应该恢复传统的节日。因为原始摆手舞并不是平时都跳的，而是在冬至会、正月初一到十五、舍巴节或者有重大宗教活动时人们才跳摆手舞，并不是今天人们天天跳摆手舞。

YWJ（受访者）：

应该让人们对自己的母体文化有一个了解，作为一个民族人，应该弄懂这个民族文化的来龙去脉，应该知道哪些文化值得去传承，不能够只是把动作跳了就完成传承了，要传承文化内涵。

NJS（受访者）：

我现在非常担心这个摆手舞到底来怎么个传承法，年轻人都不会，都不愿意学，并且都出去打工去了，我们这些老的又跳不动了。如果我们这些老家伙都不在了，那摆手舞就没有人传了。

不难发现，当地百姓不但希望把摆手舞保护传承好，还应该把与摆手舞相关的民族传统文化保护传承下去，这无疑反映出民族居民对摆手舞与区域文化通融性发展的一种诉求。

三　乡土文化旅游的兴起

随着 21 世纪休闲时代的来临，人们对旅游的需求多样变换。特别是近年来很多城市人在生活、工作竞争中日渐疲劳和困乏，便开始步入农村寻找乡土文化旅游进行休闲、放松和娱乐。于是，很多乡土文化保持较为完好、民族文化底蕴深厚、内容丰富的地方便顺势而为，加快了地方传统文化、民族文化的保护、传承与开发，这不仅促进了民族传统体育等区域文化文化的保护、传承与发展，还促进了民族传统体育文化与区域文化的通融性发展。

以酉阳而言，酉阳就是一个依靠地方民族文化所兴起的一个乡土文化旅游胜地，在 2011 年酉阳县荣获"国家旅游名片""中国最具国际影响力旅游目的地""中国最具投资价值旅游县""中国最佳休闲度假旅游胜地""中国最佳生态宜居旅游胜地"等荣誉称号。2011 年共接待游客 261 万人次，实现旅游收入 8.34 亿元，分别较上年增长 157.9% 和 160.6%[①]。特别在很多旅游景区都有摆手舞表演活动，后

---

① 《酉阳县公众信息网—酉阳自治县 2011 年国民经济和社会发展统计公报》，http://www.youyang.gov.cn/zfxx/tjfx/20310.htm，2012 – 04 – 15。

溪镇的河湾村——摆手舞发源地（摆手堂遗址地）就是依靠摆手舞而带动起来的一个旅游休闲地。据河湾村村长介绍，现在河湾村有户籍人口 2800 余人，农家乐有 10 余家，平均每年整个河湾村因摆手舞吸引来的游客和研究者、参观者等达 30 余万人次，全年毛收入达 300 余万元，解决就业 100 余人。现在河湾村已经成为"中国最美土家山寨"，而根据酉阳自治县旅游局所提供的数据显示，河湾山寨 2010 年全年共接待中外游客 20 万余人次，年收入高达 2500 多万元，人均纯收入 3394 元，超过全县平均水平 10%。2012 年仅国庆、中秋"双节"期间，河湾山寨就接待游客 1.16 万人次，实现旅游收入 466.3 万元。

不难发现，随着这种乡土文化旅游的兴起，不但带动了民族传统体育文化的保护与发展，还促进了区域传统文化、生态文化的保护与建设，当然也促进了民族传统体育文化与区域文化的通融性保护与发展。

PKF（受访者）：

摆手舞的传承与发展借助旅游为载体和平台还是起到了很好的宣传、开发和保护的作用，在我们后溪镇已经组建了几个文化艺术团，属于一种自发的民间组织。其目的就是通过对土家摆手舞的开发和设计，为旅游团的旅游者提供旅游需求，以及为政府、企事业提供接待表演，或者代表村或镇参加各种比赛、交流活动。旅游团或政府给予一定的资金支持，每年艺术团的收入大概在 5 万元。各艺术团为了扩大自己的影响力和利益收入，也都对摆手舞进行了不同程度的竞相创新和开发。

BJZ（受访者）：

我们这里的摆手舞基本上是以一种"农家乐"的方式在进行艰难发展。现在我们这里已经成为酉阳的一个农家乐旅游胜地，在游客较多的时候和在游客要求的情况下，我们都会组织起来跳摆手舞的。但由于各农家乐生意不一样，一些好，一些比较差，而差的人就不愿意来配合，所以现在这种表演一般都是各家管各家的，现在集体上的活动基本上都要搞垮了。

由此看来，乡土旅游文化的兴起为摆手舞文化的保护与发展带来了机遇，当然也还存在诸多需要协调解决的问题。

第七章 乌江流域民族传统体育与区域文化通融发展的动态机制与对策

第一节 乌江流域民族传统体育与区域文化通融发展的模型框架

乌江流域民族传统体育与区域文化的通融性发展，本书提出了构建民族传统体育文化事象区域文化空间体模型的构想，并主要从模型构建的思想渊源、文化空间模型变量的构建，以及文化空间模型构建的价值回应这几个方面予以剖析和论释①。

一 模型构建的目的和依据

民族传统体育与区域文化的通融性发展，这既是一个比较抽象的概念问题，又是一个需要具体操作的实践问题，其过程和现象都必须得可视化、可具体化和可操作化。为此，本书提出了构建"民族传统体育区域文化空间"模型的构想。所谓民族传统体育区域文化空间，就是构建一个将民族传统体育文化事象及其与该文化事象通融发展的区域文化因子聚合在一起的文化空间体。

民族传统体育区域文化空间模型的构建，其思想主要源于对非物质文化遗产研究领域中"文化空间"概念及相关理论的演绎、升华和

---

① 张世威：《基于文化空间理论的体育非物质文化遗产保护研究》，博士学位论文，北京体育大学，2014年。

运用。关于文化空间的概念，可以说是众说纷纭，在官方和学术界中都有比较明确、广泛和深入的探讨和阐释。就官方而言，联合国教科文组织在 1997 年召开的第 29 届成员国大会上就首次将文化空间定义为："是指民间或传统文化活动的集中地域，但也可确定为具有周期性或事件性的特定时间，这段时间和这一地点的存在取决于按传统方式进行的文化活动本身的存在。"1998 年，联合国教科文组织在拟定的《宣布人类口头和非物质遗产代表作条例》中，又明确将"文化空间"指定为非物质文化遗产的重要形态，并将"文化空间"定义为："一个集中了民间和传统文化活动的地点，但也被确定为一般以某一周期（周期、季节、日程表等）或是一事件为特点的一段时间。这段时间和这一地点的存在取决于按传统方式进行的文化活动本身的存在"，接着联合国教科文组织专员爱德蒙·木卡拉（Edmond Moukala）进一步对"文化空间"的概念做了更具体的解释，并定义为："文化空间指的是某个民间或传统文化活动集中的地区，或某种特定的、定期的文化事件所选的时间。"① 2005 年，在国务院办公厅《关于加强我国非物质文化遗产保护工作的意见》之附件《国家级非物质文化遗产代表作申报评定暂行办法》中，明确把"文化空间"定义为"定期举行传统文化活动或集中展现传统文化表现形式的场所，兼具空间性和时间性"，并强调"文化空间"作为非物质文化遗产的一个基本类别。

在学术界中，如向云驹认为，文化空间由与文化遗产相关的场所、场景、景观、意义符号、价值载体等共同构成②；张晓萍等认为，文化空间是由特定群体举行的一种文化特性活动，在这个活动中，集中体现了该群体的传统习俗、价值观念、宗教信仰、行为艺术等③；阚如良等认为，文化空间为非物质文化遗产的生存、发展与延续提供文

---

①　《中国社会科学院民族文学研究所——贺中国社会科学院民族文学研究所口头传统研究中心成立》，http://iel. cass. cn/news_ show. asp? newsid = 1164，2003 – 09 – 18。

②　向云驹：《论"文化空间"》，《中央民族大学学报》（哲学社会科学版）2008 年第 3 期。

③　张晓萍、李鑫：《基于文化空间理论的非物质文化遗产保护与旅游化生存实践》，《学术探索》2010 年第 6 期。

化土壤、环境和载体，非物质文化遗产脱离了文化空间就如无水之
鱼①；张艳玲等认为，文化空间是非物质文化遗产赖以生存的物质载
体和孕育原创的舞台，非物质文化遗产失去了"文化空间"，就会失
去物质载体和孕育表现舞台而黯然失色②；杨宪武认为，文化空间是
一个有形的群众文化活动和载体，是能够看得见、摸得着的文化环境，
为非物质文化遗产的生存及其传承、发展和保护提供土壤及其可能
性③。在体育类非物质文化遗产研究中，如陈麦池认为，文化空间是
体育非物质文化遗产赖以存在的社会文化"土壤"，文化空间的保护，
有利于体育非物质文化遗产的完整性保护和传承④；王晓认为，"文化
空间"是孕育民族传统体育的母体，文化空间是由影响、制约民族传
统体育产生发展的自然地理、社会经济结构、社会人文价值、民族伦
理与心理等因素所形成的综合体，是民族传统体育文化赖以生存的文
化整体生态环境，强调保护民族传统体育重中之重在于保护生它养它
的"文化空间"⑤。

　　不难发现，随着人们研究的深入，"文化空间"的概念和范围从
地理学、人类学到非物质文化遗产学领域拓展，其意义从文化本体延
伸到了具有时间和空间的时空性意义。"文化空间"不仅是指某一文
化事象的相关场所或时间，还包括这一场所或时间里与该文化事象相
关的诸如自然、物质、制度、文化、主体、精神等要素的集合，并成
为一种理论和方法体系即文化空间理论在非物质文化遗产研究领域中
被广为运用和发展（见图 7 - 1）。本书在综合梳理文化空间理论相关
研究的基础上，将文化空间定义为："是指一定区域里某一文化事象

---

　　① 阚如良、汪胜华、梅雪：《非物质文化遗产的文化空间分级保护初探》，《商业时代》
2010 年第 34 期。
　　② 张艳玲、肖大威：《历史文化村镇文化空间保护研究》，《华中建筑》2010 年第 7 期。
　　③ 杨宪武：《对非物质文化遗产中"文化空间"的认识——以孔府饮食为例》，《山西师大
学报》（社会科学版）2011 年第 4 期。
　　④ 陈麦池：《基于文化空间的民族体育节事可持续发展论》，《首都师范大学学报》（自然
科学版）2013 年第 1 期。
　　⑤ 王晓：《非物质文化遗产视野下民族传统体育保护的若干思考》，《上海体育学院学报》
2007 年第 1 期。

及其相关有形无形依存要素所形成的时空聚合体。"

地理学

人类学

非物质文化遗产学
（联合国教科文组
织定义内）

非物质文化遗产学
（现代广泛意义下
的研究）

图 7 - 1　文化空间概念的演化

　　根据文化空间理论，"文化空间"是由文化事象及其相关依存物所形成的一个时空关系体、整合体和聚合体。"文化空间"将文化事象及其相关依存要素整体性、关联性、共存性地聚合在了一起，强调文化事象的整体性、关联性、共存性生存状态、功能特质和保护诉求。"文化空间"是文化事象的诞生之母、生命之源和生存之基，是文化事象生存发展的环境、土壤和载体，强调和凸显文化事象与相关依存要素在"文化空间"中的关联性、范围性和共存性。保护文化事象必须保护"文化空间"，保护住了"文化空间"就保护住了文化事象。而民族传统体育文化与区域文化的通融性发展研究，其核心和本质就是回答和解决民族传统体育文化事象如何与相关区域文化要素一同进行关联保护和通融发展的问题，也就是如何将民族传统体育文化事象与相关区域文化要素整合在一起并相互通融共存，以及借助一个什么样的平台、载体和环境来予以实现和达成。借此，本书借助文化空间理论，提出构建民族传统体育文化与区域文化通融发展的文化空间体模型的构想。拟通过建构的文化空间体，将民族传统体育文化与通融发展的区域文化要素聚合在一起，并成为一个可视、可感和可操作的立体空间体。使之比较系统地、清晰地呈现出与民族传统体育文化通融发展的区域文化要素到底有哪些，以及有一种什么样的共存通融逻辑关系，为民族传统体育文化与区域文化的通融性发展构建发生的平台、载体和环境，为人们对民族传统体育与区域文化通融性发展的认知和实践提供理论和方法指导。

二 模型构建的变量和方法

根据文化空间理论及其民族传统体育文化的一般特性，模拟构建出了民族传统体育文化事象与区域中关联文化因子所形成的空间体（见图7-2）。并以摆手舞为个案，建构了摆手舞文化事象的区域文化空间体。在摆手舞区域文化空间里，形成了以摆手舞文化事象为核心，以后溪地表所在的古镇古寨、建筑遗址、自然山水等为地标物的自然生态变量，并在这个区域范围内聚合着与摆手舞文化事象相关的如人们的行为礼仪、生活习惯、生产方式、风俗信仰、伦理规约、节日时令等区域民俗文化变量，和载现着摆手舞文化事象的如文字文本、服饰道具、音乐唱词、图形图像等物态文化变量（见图7-3），以及创造、演绎、传承摆手舞文化事象的民族人口变量。

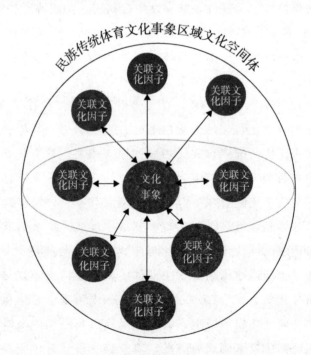

图7-2 民族传统体育文化空间体模型

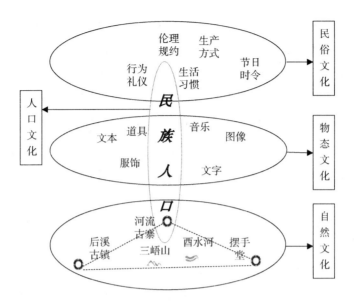

图 7 - 3　摆手舞区域文化空间模拟

（一）区域人口变量

区域人口是摆手舞文化空间体的核心因素，也是摆手舞与区域文化通融性发展的重要内容。基于摆手舞文化事象而言，这里的区域人口主要指摆手舞项目传承人和当地的土家族居民。区域人口也是区域文化的重要内容，可以说，有什么样的民族人口就有什么样的区域文化，有什么样的区域人口才有什么样的区域文化。区域人口是摆手舞文化事象及后溪区域文化的创造者、生产者、传播者、保护者、传承者，以及对后溪区域文化发展的甄别者、鉴定者、选择者和适应者，也是摆手舞文化事象与后溪区域文化通融性发展的设计者、实践者，始终贯穿和活跃于摆手舞文化空间的自然文化层、物质文化层和民俗文化层之间。或者说，摆手舞与区域文化的通融性发展，离不开区域人口这一要素，是摆手舞文化事象及文化空间体存在的根本，民族传统体育文化事象的传承人和族群，主导着民族传统体育文化事象的成长过程和未来走向①，以及如是说"从根本意义上说，无形文化遗产

---

①　李玉臻：《非物质文化遗产视角下的文化空间研究》，《学术论坛》2008 年第 9 期。

的保护，首先应该是对创造、享有和传承者的保护，同时也特别依赖创造、享有和传承这一遗产的群体对这一遗产的切实有效的保护"①。

首先，就传承人而言。传承人是摆手舞文化空间体中的最核心对象，在摆手舞文化空间体中是不可缺少和不可替代的要素，是摆手舞文化事象生存发展及其与区域文化通融性发展的"活字典"，主导着摆手舞文化事象及其与区域文化通融性发展的存在、方向和效能。所以摆手舞与区域文化的通融性发展离不开传承人这一要素，摆手舞与区域文化的通融性发展，最重要的就是要保证有足够数量和足够能力的传承人在。因为传承人具有一种民族权威，而民族文化的传承又离不开民族权威的引领和规范，因此传承人可以说是保护与发展民族传统体育文化，以及实现与区域文化通融性发展的主导者、主心骨。但传承人不仅仅是机械地、照本宣科地将民族传统体育文化传授给人们，他还要对民族传统体育文化事象进行收集、创编、研究，要思考如何将民族传统体育文化传承得下去、传承得更好。因此，传承人在民族传统体育文化保护与发展中担负着重要的职责和作用，民族传统体育文化保护与发展得好不好，民族传统体育文化能否与区域文化进行很好的通融性发展，传承人起着非常重要的作用。试想，如果没有传承人的民族传统体育文化，这个文化事象还能够保护与发展得下去吗？还能够得以规范化地世代传承和活态吗？

其次，摆手舞与区域文化的通融性发展，还必须依靠来自后溪这个地区范围内具有一定数量并具有一定运动技能和认知水平的土家族民族居民。就族群数量而言，一定数量的族群是承载摆手舞与区域文化通融性发展的根本力量，族群人数越多，摆手舞文化事象生存发展的根基就越稳固，摆手舞与区域文化通融性发展的群众基础就越牢固和坚实，所表现的张力和势能就越大，通融性发展的承载力和动力就越强，通融性发展的效果就越明显，也就能更加促进摆手舞的生存发展和民族居民的保护与发展。当然，民族群体本身也是人们解读摆手

---

① 白晋湘：《非物质文化遗产与我国传统体育文化保护》，《体育科学》2008年第1期。

舞文化事象唯一的"活标本"。如通过结合考察他们的日常行为习惯、穿着、行为、生活方式、民族性格等，就可以在一定程度上解读出摆手舞文化事象诸多人类学符号和价值意义，促进人们对摆手舞的认知。也只有通过来自摆手舞文化事象真正民族主人的话语和行为，才能够折射出摆手舞文化事象所蕴含的民族情怀和民族心理。但同时，基于摆手舞等传统体育活动项目而言，这本身就是一项技术活动，因此还必须要求民族居民能够掌握一定的动作内容与技术方法，要保证有足够的居民能够参与，能够懂技术、懂方法、懂规则，具备一定的实践应用能力。试想，若当地居民都不懂活动内容和技术方法，都无法参与到其中进行手舞足蹈，都成为看客，那这样的摆手舞还能够成为一种民族体育活动吗？还能够通过人们的手舞足蹈好好地传承下去吗？还能够活态地呈现在区域文化活动中吗？恐怕这样的摆手舞活动充其量只是传承人一个人所从事的一种表演活动，或者成为一个地方的一个神话、故事、典故被流传而已。

另外，还要求民族居民具有珍惜、保护、传承民族传统文化的认知品格和思想素养，对民族传统体育文化形成自美、自信、自觉的态度和行为，在对待传统文化、现代文化、外来文化与区域文化上具有各美其美、美美与共的接纳、包容态度和思想品格。因为只有民族居民具备了一定的认知素养和品格，才能够形成民族居民的坚定信念和习惯势力，也只有保持在思想上不动摇、不抛弃传统文化，民族居民才能够捍卫自己民族传统文化的神圣地位，才能够促进民族传统体育文化的保护与发展。

因此，民族传统体育文化与区域文化的通融性发展，必须保证有足够数量和足够能力的传承人在，以及保证有来自区域民族内部并具有一定运动技能和认知水平的相当数量的居民存在。这也是民族传统体育文化与区域文化通融性发展的重要内容，也是促进、实现和达成民族传统体育文化与区域文化通融性发展的一种根本要求和方法保证。

FSG（受访者）：

民族传统体育不是一种手艺，不是一种只有个人能够掌握的技艺。如果是一个人能够掌握的技艺，比如是刺绣、蜡染等，或者是一些技术复杂的技艺，它可能需要传承人，就是技术最为精湛的那一位人。而传统体育呢，它是一种大众性参与的活动，只有传承人在，一个人是玩不下去的。没有大众的参与，传统体育就不存在了，只有传承人，传统体育是传承不下去的。

民族传统体育文化活动是由本民族群体大家参与的集体活动，只有族群的大多数人来参与，这个传统体育项目才能够发展，才能够得以存在，才能够以活态的方式传承下去。如果失去了民族群体中大多数的人来参与，也就是哪怕有一个或几个技术多么精湛、能力多么突出的传承人会，这种民族传统体育文化必然是传承不下去的。

（二）自然文化变量

这里的自然文化变量主要指区域里的自然生态环境以及由相关村寨、文物、遗址等所形成的地理性特征物和标志物，如地形地貌、气候、生物、山地、河流、森林、石林，以及当地村寨、建筑、遗址、文物、整体风貌等。常言道，一方水土孕育出一方文化，说明自然生态环境对摆手舞等民族传统体育文化的生存发展具有非常重要的生命性意义。如在摆手舞与区域文化的通融性发展中，无论是摆手舞文化事象本身还是与其通融发展的相关区域文化要素，都离不开区域里的自然生态环境来滋养、彰显和映射。通过这些自然生态环境为摆手舞文化事象的生存发展及其与区域文化的通融性发展提供环境和氛围，以及积极彰显和映射出摆手舞文化事象及其文化空间体的民族性、传统性，以及生态气息和生态场域。特别是自然山水物及一些标志性文物和遗址，为摆手舞及文化空间体型塑了一个活态存在的地理标志，赋予摆手舞文化空间体一种归宿地，使摆手舞文化空间体成为一种可感的实体，由此聚焦人们的眼光，折射出摆手舞文化空间体的轮廓和样态，使摆手舞文化空间体言之有物。

不难发现，自然文化要素是民族传统体育文化空间体中不可缺少的环境物、载体物。民族传统体育文化与区域文化的通融性发展，必须保护民族传统体育文化事象所在地的自然生态文化和环境概貌。

（三）物态文化变量

这里的物态文化变量，主要是指记载、表达、映射摆手舞文化事象的文本文字、歌曲唱词、神像雕塑、服饰道具等，当然也是区域文化的重要内容。保护、呈现这些文化要素，对于保护摆手舞具有非常重要的意义。比如文本文字可以直接呈现出摆手舞的起源、特征、变迁以及人文意义，能够通过文字、书籍记载的方式将摆手舞文化事象进行代代相传，保证摆手舞文化事象不失真、不失传。其实，现在我国很多民族传统体育文化事象消失的一个重要原因就是原始记载资料的缺失。因为特别是很多少数民族居民在古代只有自己的语言而没有自己的文字，民族传统体育文化事象是靠言传身教而一代一代往下传承的，除了语言、身体姿势以外，没有其他方式记载和呈现出民族传统体育文化事象活动的动作内容、动作方法、活动规则以及一些抽象的文化符号。因此，通过文字文本资料将摆手舞的动作内容、动作方法、活动规则以及一些抽象的文化符号进行记载和呈现出来，对保护民族传统体育文化是非常重要的。再比如服饰道具，可以折射出摆手舞等民族传统体育文化事象的人文意蕴和民族色彩、地方色彩，增强民族传统体育文化事象的文化底蕴；歌曲唱词可以折射出摆手舞等民族传统体育文化事象所蕴含的民族情感、心理诉求和民族精神。因此，民族传统体育文化与区域文化的通融性发展，应该保护相应的文本文字、歌曲唱词、神像雕塑、服饰道具等。

（四）民俗文化变量

民俗文化是摆手舞与区域文化通融性发展的主体部分，摆手舞与区域文化的通融性发展，主要就是强调摆手舞与区域民俗文化的通融性发展，实现摆手舞文化事象与区域其他民俗文化事象的互通互融、相依共存。本书多次提及，民族传统体育文化事象的生存、保护与发展，离不开区域民俗文化为载体、为平台、为伙伴。因此，在摆手舞文化事象的文化空间体中，民俗文化是一个重要的变量要素。从很大程度上讲，民俗文化的存在性也将决定其摆手舞文化事象及其文化空间体的存在性。并且，这些民俗文化要素将决定着摆手舞文化事象及其文化空间体的特征和特性。同时，这些民俗文化在很大程度上强化人们的民族心理、行为规范、价值取向，强化着民族居民的民族归属感和对摆手舞的认同感、规范感，有效地管理和约束着各民族居民在参与、对待摆手舞活动中的地位、权利和义务，并在族群中自然形成一种制度秩序，维系着民族居民对摆手舞活动的共同参与和集体认同。

三　模型构建的价值回应

第一，从摆手舞区域文化空间模拟图来看，通过这个文化空间体，使得与摆手舞文化事象通融发展的区域文化要素显得更加清晰化、明朗化、集中化和类目化，为摆手舞与区域文化的通融性发展型塑了一个可视、可读、可感的概念性物理模型和对象物。同时，由于摆手舞文化事象及其通融性发展的区域文化要素的差异性和特色性，型塑了这个文化空间体的边界性、标志性和外显性，由此增强了人们对摆手舞文化事象与区域文化通融性发展的认知性、可视性和可进入性，以及提供了一种有的放矢、有条不紊的理论支持和方法指导。

第二，通过这个文化空间体，将与摆手舞文化事象通融发展的区域文化要素按照一定的属性逻辑聚合在了立体空间中，各区域文化要素在文化空间体的聚合作用下实现了完整性类聚，各区域文化要素借助文化空间体得到了整体性呈现，以及在通融性关系上的强化和彰显。这既凸显了摆手舞文化事象的中心地位，又凸显了相关通融性发展要素和文化空间体所形成的一种整体性环境和载体功能。

第三，通过这个文化空间体，赋予了摆手舞文化事象鲜明的地标性。因为这个文化空间体以区域地面上的自然山水、建筑遗址等为地理标志，赋予了摆手舞文化事象的地理归宿和落脚之处，标明了摆手舞文化事象的生存地、所在地、生命地。再由于这个地标上的人及其行为习惯、风俗信仰、民族心理等，强化着这个地标的人文性、文化性，使摆手舞文化事象具有一个鲜明的地标性、民族性。摆手舞文化事象也因此接地气、有人气和有生气，以及有"根"有"脉"和有"源"。

第四，通过这个文化空间体，将与摆手舞文化事象通融发展的区域文化要素聚合在了这样一个具有独立性、关联性的空间体中。由于各区域文化要素得到了整体聚合和各要素本色的积极彰显，使得摆手舞文化事象及其文化空间体更具有整体性、内涵性、本土性、原真性、生态性、文化性和活态性。特别是在这个文化空间体中为摆手舞文化事象型塑和建构了一个鲜明的乡土地标，并汇聚着当地人们的行为习惯、生产生活方式、思维方式、风俗信仰、民族心理等乡土文化，为摆手舞文化事象及其文化空间体注入了一股实实在在的乡土脉络和地域乳味，滋润和彰显着摆手舞文化事象及其文化空间体的本土个性。形象地说，通过建构而成的"文化空间"体犹如一个实实在在的"文化遗址公园"，在这个"文化遗址公园"里，民族传统体育文化事象及其相关区域文化要素都历历地囊括和显示了出来。

不言而喻，通过民族传统体育区域文化空间体的构建来实现民族传统体育文化与区域文化的通融性发展是可行的、可操作的。

第二节　乌江流域民族传统体育与区域文化通融发展的原则导向

民族传统体育与区域文化通融发展的原则导向，主要包括遵循"变"与"不变"、立足保护着眼发展、民俗为体现代为用、生态为本生产为力、民族主体全民参与等原则[1]：

---

① 张世威：《基于文化空间理论的体育非物质文化遗产保护研究》，博士学位论文，北京体育大学，2014年。

一 遵循"变"与"不变"的原则

民族传统体育与区域文化的通融性发展是一个动态的持续过程，必须把握住"变"与"不变"这一基本原则。这里的"不变"，主要是指要保护、保持其民族传统体育文化里所蕴含的核心文化元素。而所谓的"变"，是指民族传统体育文化在适应时空环境变迁中所必须进行的一种自我生产、自我发展、自我更新和自我向上。从"民族传统体育文化与区域文化的通融性发展"命题中的"民族""传统""区域"三个关键词来讲，就反映出民族传统体育文化一个"不变"的真理，而从通融来讲，其"通""融"本身就是一个动词，因此又反映出一个"变"的真谛。因此，民族传统体育文化与区域文化的通融性发展，科学辩证地把握其"不变"与"变"，这既是一种本质性要求也是一种根本性方法。

就以乌江流域土家族摆手舞而言，和谐、勤劳、勇敢、敬孝、团结、崇拜等是其摆手舞文化的核心精神和核心理念，摆手舞文化在与区域文化的通融发展和共存中是不能够变的，是必须坚持的一个核心内容和核心原则。但同时，要确保摆手舞文化能够在现代环境空间里进行适应性生存发展，还必须要交融现代社会文明中的生命、和谐、认同、健身娱乐、文化经济等理念。同时去掉一些如鬼神崇拜等"糟粕"文化，使得摆手舞文化所蕴含的价值、精神、内涵等在通融性发展中整体被重塑和升华。虽然摆手舞文化在当今社会环境的适应性生存发展中发生了一些变化，甚至是引起了一些变异，但摆手舞中的"摆、沉、顺"等核心动作和基本方法并没有被改变，这也从另外一个层面反映出乌江流域土家居民千百年来所形成和积淀下来的无意识结构得到了很大的留存，反映出土家居民的质朴与坚韧①，也反映出土家居民在对待摆手舞等传统文化与区域文化的通融性发展中对"不变"与"变"的理性选择和适度坚持。这既保持和反映出了摆手舞文

---

① 田珂：《湘西龙山土家族摆手舞的当代特征与功能》，硕士学位论文，上海师范大学，2010年。

化的核心和根本，也体现了摆手舞文化的发展与进步。总体而言，只有保护、保持其"不变"，才能够保护和保存住摆手舞文化的"根"和"据"，才能够保护和保持住摆手舞文化的精髓和核心，以及贯通于摆手舞文化中的"精""气""神"。但是文化要变通才能够发展和进步，要融合才能够进一步涵化和文明，要在顺应时代变迁中保持一种"变"的通融态才能够进行适应性生存和发展。

PKF（受访者）：

传统体育文化与区域文化之间的融合，必须保持传统性，一些传统性的、原汁原味的东西要保持下来。但在融合其他民族文化的时候，我们必须永记自己的民族，要知道自己的民族是一个什么东西，把自己的民族弄懂是一个什么东西，因为我觉得一个民族的文化是自己这个民族立命安身的根本，是这个民族的价值取向。你用别人的东西把自己的东西代替了，我觉得是不行的，是不可以接受的。如果我们把本民族的东西丢掉了，久而久之，自己民族文化濒临消失或者淡化，民族就只是成为一个代名词了。

传统体育文化与区域文化的融合发展，害怕被其他文化取而代之。文化与文化之间的融合，既有好处又要害处。好处是丰富了地方文化和人们的文化生活，不好之处就是我们传统文化的原始、粗犷性等被代替。比如抵扁担，就原始、粗犷，但缺乏现代文化的许多审美元素，包括竞技性、观赏性等。

摆手舞文化与祭祀文化是相通的，人们在很多活动中，都要敬神，求神仙保佑，保佑不出事，保佑成功等。如果脱离敬神等这么一个环节，那摆手舞就失去了一种意义。摆手舞通过变形融入于丧葬舞中，老的少的、远的近的、男的女的大家一起跳，反映出了人们的一种和谐。

LZH（受访者）：

摆手舞不管怎样借鉴和融合，必须要体现"摆手"这两个字，如果说这个标志都融合得没有了、不在了，摆手舞就没有民族性了，所以精华必须要保留住，别人一说起土家族，就知道是一个会摆手的民族，跳摆手舞的民族。不管加什么动作，就连单摆、双摆都丢了后，这个民族就在这个民族文化中找不到自己的民族文化元素了。

一位来凤居民认为：

> 人们跳的舞种很多，主要自己觉得好看、好玩就去跳。但是文化要融合发展，这里的融合，就是既要保留传统或者在保留传统的基础上进行适应性发展。比如摆手舞中的同边手，就是一个典型的传统特色。但在保持传统文化中，不仅仅是要保护与发展好动作形式、动作路线、动作方法，更要传承动作的文化意义、动作的来源。我们这里的人们都觉得，作为一个民族后代，应该知道前人所创造的传统文化的内涵和意义，很多传统体育文化活动小孩都会玩的，比如摆手舞，人们在家庭里也要传承摆手舞，教孩子们怎么跳、是什么意义等。主要是学校在进行传承，包括幼儿园也在教摆手舞。

遵循"变"与"不变"这一原则导向的核心就是避免通融性变异。因为民族传统体育文化与区域文化的通融性发展所面临的另外一种生存性灾难就是变异。即为了发展而失去核心的东西和内容，在名义上是民族传统体育文化，而在内容、形式上则与民族传统体育的原生态是格格不入、大相径庭的。目前，摆手舞就面临着被规则所异化和扭曲的现状，因为很多区县在举行摆手舞等民族传统体育活动交流赛时，组织者都要制定一些严格的统一规则，比如要有多少个造型等。这其实更多的是在按照现代竞赛规则来评价没有规则的民族传统体育文化项目，为了人们好评判、好娱乐、好交流、好传承而被改变得失去了传统，要是对原始摆、传统摆手舞不了解的人，还会误认为摆手舞原来就有如此多的造型。但人们为了在新环境、新时代下拯救、保护、发展民族传统体育文化，似乎很多根本、原则的东西都无法或来不及顾及，只要能够想得到的、做得到的都统统往里边揉，结果造成民族传统体育文化项目似古非古、似传统而又非传统、似民族而又非民族，改变了民族传统体育文化的本真特质和原生态概貌。

LZH（受访者）：

过去后溪这个地方民族与民族之间并没有就某一传统体育文化项目的起源发生过争执。而现在人们基于一种商业利益，比如申请成为文化遗产名录，就会得到国家的经费支持，以及发展成为一种旅游产业带动地方经济社会的发展，这样一种趋势。

但发现，现在还是有很多人在争执看哪里要跳得原始一些。比如酉阳摆手舞国家级传承人就认为，他们可大乡的摆手舞要原始一些，后溪摆手舞都是他们那里传过去的。

LZH（受访者）：

最早酉阳为了成立自治县，就先搞了民族普查，当时人们思想非常淡化，并不浓，并没有享受到民族政策的好处，人们只是相信薅锄、种地。而最初挖掘摆手舞文化还是可大乡的客寨村，全县摆手舞是从那里挖掘出来的。当时的文艺工作者认为后溪的居民能歌善舞，在 20 世纪 80 年代，后溪根本不存在什么返璞归真、原生态这一说法。通过文艺工作者将那边的摆手舞挖掘过来后，在县政府的组织下形成一套，把很多原生态的东西，他们认为是糟粕的东西丢了，只是把插秧打谷、农事活动、祭祀活动等保留了下来。然后就在后溪镇召集年轻人学习训练去参加表演，所以田××说后溪是学他们的是一点也没有错。就是可大的原生态而言，其实也不原始了，也是从其他元素融合而来的。比如可大摆手舞中的很多动作，都是县里面组织人员到湖北去学习交流后，将湖北那边摆手舞的一些元素融入了可大摆手舞中。

由此可以认为，民族传统体育文化的发展可以说是一直处于认同、融合发展中，真正的原生态、原始的东西是微乎其微的，甚至说很多民族传统体育文化项目已经没有什么原生态、原始性了，但原生态还是存在的。

LZH（受访者）：

传统体育文化的保护与发展应该要融合和借鉴，他才有前途，才留得下来，但是与保留原生态是有冲突的。同时，原生态和原汁原味的东西只有通过改变融合到舞蹈里面去体会他，你如果想完全表现或了解整个章节是看不到的。

在长期的生产生活中逐渐相互融合，摆手舞与其他文化之间不能互相取代，是互相融合的过程。其实祭祀文化体现在摆手舞中是非常明显的，比如人死后的打绕棺，就有摆手舞的动作，打绕棺中也有摆手舞动作。

来凤居民认为：

现在的摆手舞是经过改编的，改编的目的就是便于全民推广。现在叫健身摆手舞。但在改编的过程中，来凤主要保留了来源于生活的如播种、插秧、推磨等，传统元素没有否定，动作让人们一看就知道是什么意思，这是基本的。

摆手舞的改造要得到大家的认同，我们才可以接受。认同的标准主要看是否与地域文化能够融合。融合一种文化的推广，主要是看能否得到大多数人的认同，至少80%的人认同吧。

另外，当问及摆手舞传承人PCJ"你们到酉阳区交流过，是你们的要好一些，还是他们的要好一些？"问题时，他说道：

他们没有锣、没有鼓，要么是腰上别一部手机，放着音乐跳。

但我们没有音乐，要用鼓锣来进行指挥。但他们认为还是我们这个真一些，传承和保护得还是要好一些。我觉得还是要传统一些好些，创新也可以，但要在原来的基础上进行适当创新，不能够把一些有特殊意义的动作和内容去掉了、改编了，那就失去传统意义和民族意义了。因为摆手舞在我们土家族文化中是一个非常具有代表性的传统文化，摆手舞是要代表我们这个民族的。其实很多文化者包括文化管理部门都不懂这么一点，他们在挖掘、创编摆手舞的过程中都要咨询我，我也必须表达出这样的观点，或者说提出一些合理的建议。但是摆手舞在很长一段时间里被失传了，已经没有了，为了成立民族自治州，找一个民族特色，然后就选择了土家摆手舞。在很多活动中都请我当编导，我就把最原始、最传统的东西，包括道具、音乐等全部整合、集中在了一起。

目前，我们这里的摆手舞本身全套下来要 1.5 小时，所以就没有融合其他文化。我们这里的摆手舞与县城里的摆手操是有很大区别的，但他们那种改法我是不赞同的。他搞他们的，我搞我们的，我又不能够去直接反对他。如果进行乱改、乱传承，特别是一些老年人是非常生气的，特别是向改编者、组织者反映时，就会发生一些冲突，因此应加强内涵建设、传统特色保护。在一些通婚嫁娶中，有的还要跳摆手舞，特别是要求新郎官要跳摆手舞。当然这完全就是一种娱乐。但可以认为，摆手舞以另外一种方式融合于现代通婚嫁娶文化活动中。

二　立足保护着眼发展的原则

民族传统体育文化研究的核心问题或者焦点问题就是如何保护的问题，由此可以说保护是根本、是目的。所谓保护，在《新华字典》中的基本释义是"尽力照顾，使不受损害"，或者是"爱护使免受可能遇到的伤害、破坏或有害的影响"，因此对于民族传统体育文化等非物质文化遗产的保护而言，在保护的过程中，使文化事象不会被消失，文化事象的原真性、原始性生态概貌免受可能的伤害、破坏或者受到有害的影响，这是一个最基本的原则要求，也是一个最根本的目的导向。而如前所述，民族传统体育文化与区域文化的通融性发展，其实就是一个研究解决如何保护、怎么保护民族传统体育文化的问题，因此在民族传统体育文化与区域文化的通融性发展中，其保护民族传统体育文化是根本、是目的、是核心、是立足点，保证民族传统体育文化事象不被消失，文化事象的原真性、原始性生态概貌免受可能的伤害、破坏或者受到有害的影响。

但是，民族传统体育文化需要根据人类的需求变化进而适应性变迁，要适时发展与发现，以此适应在社会环境中的生存和人们生活中的需要，才能够保证不会被人们所淘汰和抛弃。所谓发展，在《新华字典》中的基本解释是："事物由小到大、由简单到复杂、由低级到高级的变化；扩大（组织、规模等）"，而本研究中的发展主要是指民族传统体育文化由低级到高级变化的过程和现象。所谓发现，在《新华字典》中是指经过研究、探索等，看到或找到前人没有看到的事物或规律等。而在本研究中是指为了民族传统体育文化的适应生存，基于时代变迁和社会现实需求而研究、探索民族传统体育文化所蕴含和潜在的时代价值元素，但这些价值元素是民族传统体育文化事象本身所具有的，只是一种挖掘、发现而已。发现是发展的基础和内容，发展是发现的目的和运用。因此，发展与发现是保护民族传统体育文化的一种方法、方式和途径，同时也是保护民族传统体育文化的一种必然要求。但是发展、发现的目的是为了保护，在发展过程和结果评价中，要以不影响、不损害、不伤害、不破坏民族传统体育文化的原真性、原始性生态概貌为根本原则和核心要求。

因此，民族传统体育文化与区域文化的通融性发展要重在保护，但也要发展。如果不立足于保护，一定会造成民族传统体育文化及区域文化很多原始元素的被破坏和消失，乃至出现被改造失范等问题。但在保护中要进行适度的优化发展，通过发展促进其保护，但是要避免发展中的完全革新或革命，或者无原则地变通发展，甚至把传统的、原始的东西都改掉。但同时，如果仅仅是一种原始守旧、故步照搬的保护，也不能够实现民族传统体育文化的发展性和适应性，故步自封终将被社会发展所抛弃。因此，民族传统体育文化与区域文化的通融性发展，要对一些原始的、传统的但不适应现代时空环境的要素进行变通发展。既体现传统又彰显发展，既立足保护为主题，又着眼发展为导向。

三　民俗为体现代为用的原则

民族传统体育文化与区域文化的通融性发展，要遵循以"民俗为体、现代为用"的原则思想。所谓"民俗为体、现代为用"，是强调民族传统体育文化与区域文化的通融性发展中，要始终坚持贯彻以民族传统体育文化及区域文化本有或固有的民俗性为核心根本和核心依据，突出强调和彰显民族传统体育文化及区域文化的民俗性。"现代为用"，是主张采用现代文化中的一些平台、模式、方式，以及现代科学技术，效仿现代文化在人们社会生活中生存、发展、展示和传播等方面的一些具体模式、方法与措施，开展民族传统体育文化与区域文化的通融性发展活动，以此拯救、挽回民族传统体育文化在现当代社会发展中的颓势。

民族传统体育文化与区域文化的通融性发展，既要充分体现出民族传统体育文化的民俗性，同时又要借以现代性文化元素来丰富、发展民族传统体育文化，以及借现代文化活动为载体、为平台。在民族传统体育文化与区域文化的通融性保护与发展过程和结果中，必须始终保持民族传统体育文化的民俗性，这也是根本、是本质、是核心。要始终保持民族传统体育文化在内质、外貌上都要充分体现出民族传统体育文化事象原本所固有的民俗性特征，民族传统体育文化的原始性民俗风貌和特征不能够被现代性文化所抹灭和泛化。

这里的民族传统体育文化与区域文化通融性发展的民俗性，不仅仅是要求在这个通融保护与发展过程和结果中要保持民族传统体育文化事象原本的民俗性特征，而且还指这种通融性发展的场域、过程、形式等也要体现出一种民俗性。因为民族传统体育文化活动其本身就是一项民俗活动，民俗性是民族传统体育文化的一个重要特征和符号标签。同时，民族传统体育文化通过民俗性彰显能够使文化事象在形式、内容、内涵上给人们带来一种与现代文化不同的民族心理、民族情怀和接纳态度。保持民族传统体育文化的民俗性特征，有利于凸显民族传统体育文化的生活性和亲民性，容易被人们在一种民族情怀、民族情感、民族自信和民族自觉中所接纳和参与，更容易渗透在民族居民的生活世界和情感世界中，当然也就有利于民族居民的自觉保护、坚守与传承，让民族传统体育文化始终与民族居民的生活形影不离。

　　但是，由于随着人类社会的发展和社会环境的变迁，民族传统体育文化原有的生态场域、平台载体发生了巨大的变化、变异或消失，民族传统体育文化事象原有的生存环境已不复存在。同时，自然社会生态环境的变迁不可逆势还原，也不可按照原样得以重构，民族传统体育文化的生存及与区域文化的通融性发展还必须依靠或借助现代文化中的一些平台、模式、方式、措施以及科学技术等。同时，要把民族传统体育文化、区域文化作为人们文化需求的一项重要内容而融入人们的现代文化体系建设与供给中，满足人们对文化多样性、日益增长性需求，以及要把民族传统体育文化与区域文化的通融性发展看成是满足人们现代生活中文化需求的一种方法与途径。但是必须明确，这里的"现代为用"必须突出一个"用"字，现代文化只是作为一种手段、一种方式、一种方法、一种平台、一种载体，而不是在民族传统体育文化与区域文化的通融性发展过程或结果中，改变民族传统体育文化原有的、原始的传统文化因子结构，特别是在民族传统体育文化活动内容上无原则、无规范地加入一些现代文化因子。但如在场景设置、道具制作、服饰原材料，以及现代声光电、计算机技术、现代文娱活动等上进行借鉴和运用是可以的。

四　生态为本生产为力的原则

　　民族传统体育文化与区域文化的通融性发展，必然会引起民族传统体育文化无论在形式、内容等上的变迁和变化。如本书中多次提到的那样，文化并不是在一种孤立、独立环境中所存在和发展的，也不是静止、一成不变的，而都是在一种文化圈里共存和相互影响，并都处在一个永不停息的变迁、变化的运动发展过程中。通融只是在这种运动现象或过程中的一种发生方式、一个永远存在并无限延伸的轨迹或现象而已。但这种生产过程或生产现象，必然会导致或引起民族传统体育文化原始的生态概貌、生态特征发生变化，因此必须遵循坚持和坚守民族传统体育文化原有的、原始的生态概貌和生态特征这一根本原则。

为此，民族传统体育文化与区域文化的通融性发展，要透视和尊重民族传统体育文化的原生性。虽然民族传统体育文化在不断地与区域文化发生着这样那样的互通互融关系，但要确保无论经过了多少岁月，经过多少次通融性发展，或者是一些什么样的通融性发展，民族传统体育文化事象都仍然能够保持其原有的传统特征和传统概貌，确保民族传统体育文化在历史长河中始终保持一种生态稳定性和传统性，不因区域文化的多元渗透和通融而变质变异。所谓原生性，"是指某一族群最初创造的文化事象，虽然经过了漫长的历史演进，但仍能保持其本质特征和基本状态"[1]。文化原生性的提出，是人类在从原始文明到农业文明再到工业文明时代，由于人类生存的生态环境受到极大破坏后，人们期望尽快结束工业文明时代而进入生态文明时期，以文化促进环境改善，加强文化生态文明建设的现实诉求。基于民族传统体育文化与区域文化的通融性而言，是指民族传统体育文化与区域文化的通融性发展过程和结果中，始终要保持民族传统体育文化事象地方性、民族性、原貌性的保护，保留和保持着文化事象初始的基本态势。

而要确保民族传统体育文化的生态性，必须明确民族传统体育文化所在或所有的生态位。生态位概念是由 1910 年美国学者 R. H. 约翰逊（R. H. Joinson）首次提出的，并将其表述为"同一地区的不同物种可以占据环境中的不同生态位"[2]。而在 1917 年，J. 格林内尔（Crin-

---

① 傅安辉：《论族群的原生性文化》，《吉首大学学报》（社会科学版）2012 年第 1 期。
② 朱春全：《生态位理论及其在森林生态学研究中的应用》，《生态学杂志》1993 年第 4 期。

nel）"把生态位定义为生物种在生物群落中所占据的最后分布单元，每一个物种在分布单元中因其结构和功能上的特殊性而得以保持生态位界限"①。我国有学者将生态位定义为，"有机体在特定生物群落中的时间和空间位置及功能关系"②。本书基于以上相关文化生态位理论，认为民族传统体育文化与区域文化的通融性发展，要充分考虑民族传统体育文化的原本各要素在文化事象系统中的位置、属性和功能，注意之间的联系和意义的相似与包罗万象，防止无限扩大或放大。同时要处理好与区域其他文化之间的联系，要优化文化事象生态位的宽度，分清与其他文化事象的关系，防止机械的、任意的套用和移植，使民族传统体育文化事象既能够体现一种独立的文化形态又能够与区域其他文化形成一种协调的融合关系，形成"你中有我、我中有你、你我有别、和合你我"的文化生态样式。

但是，民族传统体育文化与区域文化的融合，其目的就是增强民族传统体育文化的适应性，满足人类在环境变化中的适应性需求。而文化的适应性，主要是通过文化事象自身的生产、以不同的产品形式来满足于人类的需求。因此，民族传统体育文化与区域文化的融合，必须以满足人类的适应性需求为根本动力和发展生产力，同时也以此为生产力、促进力，促进民族传统体育文化与区域文化的通融性发展。因为基于民族传统体育等区域传统文化而言，由于其自身的一些原生性、传统性与人们的现实生活需求和社会潮流有着一定的差距，与现代人们的城市生活方式有些格格不入，但是原生性文化所蕴藏的人文特质和生活理念恰恰是现实社会所欠缺的，是现代社会所需要的。因此，我们必须要有着一种文化生产性的准备和观念，即与生产性保护结合起来。

"生产"是马克思主义哲学中的一个重要概念，马克思从人类学本体论意义指出生产不仅包括物质生产，还包括精神文化的生产。列斐伏尔也把生产的概念从时间拓展到了空间，并认为空间就是产品，空间的生产就是空间被开发、设计、使用和改造的全过程，文化的生

---

① 冯淑华：《传统村落文化生态空间演化论》，科学出版社 2011 年版，第 26 页。
② 姜汉侨：《植物生态学》（第 2 版），高等教育出版社 2010 年版，第 210 页。

产理念是保证文化可持续发展的关键①。我国文化部前副部长周和平也肯定了非物质文化遗产生产性保护的必要性和可行性，强调了非物质文化遗产生产性保护要适应时代的要求。文化部非物质文化遗产司前副司长马盛德也曾经将生产性保护作为中国实施非物质文化遗产保护中的重要方式之一②。为此，民族传统体育文化与区域文化的通融性发展，要将民族传统体育文化资源通过生产、流通、销售等方式，转化为生产力和产品，使民族传统体育文化资源在人们的生产实践中得到积极保护③，如表演、实物展示、旅游体验等。同时，要通过不断改变民族传统体育文化的表现或表演形式，丰富、涵化民族传统体育文化的时代内涵，提升和丰富民族传统体育文化的产品性和价值链，增强民族传统体育文化的生产力、生活力、再生力，防止民族传统体育文化被边缘化。

五　民族主体全民参与的原则

民族传统体育文化与区域文化如何进行通融性发展，如何对其通融性发展过程和结果进行决策、控制、选择和评价，主要取决于文化主体的认知、态度和行为，都必须是由文化主体来完成。而这里的文化主体主要指本民族居民和其他民族居民。首先，就民族传统体育文化而言，归根结底是长期居住在一定区域里的某一族群的一项民族传统文化，它不能超越或脱离族群而存在。虽然民族传统体育文化事象的承载主体可以是其他族群或大众共同体，但真正能够对某一民族传统体育文化事象具有责任感、使命感、归属感的主体，一定是文化事象的本民族群体。因为只有本民族群体居民才能够真正从内心深处感知或领悟到民族传统体育文化事象与区域文化通融性发展的价值诉求和选择评价；只有本民族居民才能够知道自己需要什么，包括需要一

---

① 朴松爱、樊友猛：《文化空间理论与大遗址旅游资源保护开发——以曲阜片区大遗址为例》，《旅游学刊》2012 年第 4 期。

② 宋俊华：《文化生产与非物质文化遗产生产性保护》，《文化遗产》2012 年第 1 期。

③ 安葵：《传统戏剧的生产性保护》，《中国文化报》2009 年 11 月 27 日。

个什么样的通融性发展状态等。事实上，如果我们站在族外人的角度，用族外人的眼光来校正、来左右其他民族关于民族传统体育文化与区域文化的通融性发展问题，就会犯民族中心主义错误，即以自我文化为中心，这本身就是不公平和不正确的①。

另外，民族传统体育文化与区域文化的通融性发展，必须赋予和强调其民族性。因为民族性是民族传统体育文化的重要内涵、特征和标志，可以说，民族性是民族传统体育文化的重要生存制度。如有学者指出的那样："文化的民族性具有与该民族共存亡的超时代性，是文化在历时性嬗变中始终保持自身同一性的倾向。民族性构成文化演化的内在基因，表现着文化在历史发展中呈现出来的普遍性和一元性特征。民族性具有沟通全民族心灵的普遍性特点，成为沟通和协调全体成员的天然纽带，它在世代传承中积累和发展，具有稳定性和历史延续性。"② 同时，民族群体是赋予民族传统体育文化民族性的重要力量和身份标志，民族传统体育文化的传承保护以及与区域文化的通融性发展，需要一定的族群数量来承载，失去了民族群体，文化事象固然会失去活态的民族性和民族力量。

由此可以说，民族传统体育文化事象与民族群体的关系犹如舟与水的关系。民族传统体育文化与区域文化的通融性发展不能够忽视其民族群体性，如果失去民族群体性，文化事象将是无水之舟，或者将成为一个文化弃儿。因此，要集中体现民族群体属性，这也是体现民族传统体育文化的"根"与"魂"的重要前提和根本要求。民族传统体育文化与区域文化的通融性发展要充分尊重当地民族居民的民族情怀和民族历史，反映民族群体的文化"源""流"和人文内涵，以及生存智慧和劳动创造。以此强化民族传统体育文化与区域文化通融性发展的民族力量和民族"精""气""意""神"，给予民族居民一种油然而生的民族自信和文化自觉，也能给外族居民一种欣然接受和怡然体会的情感张力和认同态度。

---

① 胡小明：《拓展民族传统体育赖以生存的理论空间》，《体育学刊》2003 年第 5 期。
② 李庆宗：《文化的民族性、时代性与文化模式的选择》，《理论学刊》2000 年第 3 期。

但是，民族传统体育文化的传承保护以及与区域文化的通融性发展，特别是在当今区域日益开放、社会急剧变迁的时空环境里，仅仅依靠本民族群体是不可能的。特别在与区域文化的通融性发展中，更需要其他民族的参与、包容、鼓励与接纳。要把关门自赏和开门共赏有机地结合起来，形成一个民族共同体，促进和提高人们在民族传统体育文化与区域文化通融性发展中的鉴别力、鉴赏力和承载力，建立广泛意义上的民族群体，促进民族传统体育文化的民族共建、民族共享，促进民族群体对民族传统体育文化的传播力、传承力、保护力、通融力和生存力。当然，有了更多民族群体的参与，也提高了民族传统体育文化自身及与区域文化通融性发展的生产力，以及民族传统体育文化本身以及在与区域文化的通融性发展中所产生和表现出来的文化张力和文化势能。

基于这一原则要求，本书提出"型塑民族共同体"的构想。也就是说，民族传统体育文化与区域文化的通融性发展要型塑一个相互和谐、相互包容的民族共同体来共同承载。特别是今天各民族居民人口流动比较频繁、人口迁徙时空比较开放、区域民族人口数量极不稳定，因此，如果不型塑一个民族共同体，很多民族传统体育文化是无法开展和传承的。同时，型塑一个民族共同体，这本身就有利于民族居民相互和谐、相互接纳、相互包容。有了这样的基础、这样的氛围，才能更好地促进民族传统体育文化与区域文化的通融性发展。因此，要通过积极的民族政策，引导各民族居民形成民族共同体，在思想上给予启发，在制度上给予引领，使区域民族形成一个整体，共同用同等的态度、认识、责任、义务、思想和情怀来传承区域民族传统体育文化，促进民族传统体育文化与区域文化的通融性发展。

比如在访谈中，当向当地居民问到"是否应该民族之间不分你我，大家都可以相互学习、相互参与"时，有很多人就认为参加民族传统体育活动应该不分什么民族，是不是本民族没有关系，只要喜欢都可以参加。认为即使在过去民族之间不能够同场参加一些传统体育文化活动，但是可以作为一个旁观者、欣赏者。其实这也是一种参与的方式，但绝没有这个民族看不起那个民族的文化的现象，说明当地人们在对待民族文化的态度上是相互包容的、相互认同的，已经形成了一种民族共同体、文化共同体。

LCB（受访者）：

在平时训练中，没有对民族身份进行要求，在平时的活动组织中，也没有区分和限制民族身份。这种不分族别、不分民族身份对促进民族间的和谐是很有用的，如果把民族身份分得过细反而还不好，在比赛中都是以行政区划地域为单位的。如果你分了民族，就会形成人为地将两个民族分开了，那如果是苗族项目，土家族人就不可以、不愿意参加，相同，如果是土家族项目，苗族人就不可以、不愿意参加，这样就会形成民族之间的距离。如果政府只重视一个民族的传统体育文化，那还会引起其他民族对政府的不满，因为他们感觉到了有一种民族偏见或歧视。所以在一些大型比赛交流活动中，其冠名就是如摔跤、摆手舞等活动，前面是不加什么民族的。这样，各民族的人都可以参加，也都乐意参加。

另外，当地居民非常反对有民族偏见的人。比如笔者在对湖北来凤居民的访谈中，笔者假以苗族的身份和当地居民进行了关于摆手舞文化的归属问题进行了对话，就说摆手舞是苗族的，不是他们土家族的。当时居民就很反感，说摆手舞是他们土家族的，其他苗族不可以有，虽然文化可以共享，我们不分你我，但摆手舞还是应该有一个准确的民族归属。还说苗族有苗族的舞蹈，如铃铛舞。如果苗族有摆手舞，那是苗族摆手舞，不是他们土家族摆手舞。当问及是苗族的摆手舞好看还是土家族的摆手舞好看时，当地居民说还是他们土家族的摆手舞好看。她还说道：

那我不喜欢你这个人，因为你不喜欢我们的摆手舞，你有民族偏见。

这反映出民族居民对自己文化的坚守和自信，同时也反映出彼此
之间对民族文化的相互包容与认同。

来凤当地居民还讲道：

> 我们这里的摆手舞，他不是我们单纯来凤的摆手舞，而是有
> 龙山的、贵州的、酉阳的等酉水流域这一带民族的东西都加进去
> 了，是一个地域文化融合的结果。

当问及为什么要融合其他地方的摆手舞文化时，他们说：

> 因为我们都是土家族嘛，所以不能够单纯地保护与发展我们
> 来凤的，我们要学习融合其他地方我们这个民族的文化。

所以不难看出土家族人的和谐、团结与包容，他们这种民族大局
观值得人们赞赏。也正是因为他们有这种民族大局观，才会有与其他
民族的交流与融合。

> **PCJ**（受访者）：
> 在传承保护摆手舞文化活动中，每个居民应该从自身做起，
> 比如有人向我请教或者我向别人学习，都要互相之间的学习和
> 交流。
> 当地我们有一个人，在记者采访他的时候，他就说摆手舞是
> 他们那里的，然后我说这个摆手舞既不是你的，也不是我的，是
> 整个武陵山区土家儿女的，你怎么那么自私呢？那个人很不好意
> 思地说了是自己讲错了，以后他也不敢乱讲了。所以这也是一种
> 冲突，有的人想把摆手舞据为本地所有。

由此，特别要处理好和充分利用好当地居民大杂居、小聚居这么一种生存生活制度和现状。特别是今天的新农村建设，将很多居民集中安置在交通便利、地势平坦开阔的地方，一定要注意既要形成一定的杂居，又要保证民族居民的一定数量，形成和谐民族共同体局面。

六 自组织机制原则

民族传统体育文化事象及所构成的区域文化空间，以及民族传统体育与区域文化的通融性发展都是一个自组织开放系统，其保护和建构不仅需要外部力量的推动，更需要内部因素的自组织张力，因此必须遵循自组织原则。而目前我国民族传统体育文化保护还是一种完全借助外力的强制性推动或干预，其内部自组织处于失灵状态，民族传统体育文化缺乏自组织生存力。借此，本书提出了民族传统体育区域文化空间建构的自组织原则，并从内容自组织和主体自组织进行论述。

首先，内容体系的自组织。通过大量的文献资料梳理，自组织理论是 20 世纪 60 年代末开始建立并形成发展的一种系统理论群，包括耗散结构论、协同学论、突变论等。"自组织理论强调系统的内在活力和系统自组织的内在动力机制，即系统在自组织衍化过程中，是在没有外部力量强行驱使的情况下，通过与外界进行物质、能量和信息的交换，使系统内部各要素协调动作，导致空间的、时间的或功能上的联合行动，进而出现有序的活的结构。"[1] 自组织理论最早创立于自然科学领域，后被逐渐运用于哲学、社会学、生物学、经济学乃至体育学等领域。如普里戈金用自组织理论解释了白蚁筑巢、觅食的自发汇聚现象；埃伦结合自组织理论的观点阐释了城市耗散结构现象。在我国，自组织理论也广泛运用于多学科领域。就体育研究领域而言，如将自组织理论运用于社区体育中，指出社区体育呈现出明显的"被组织"色彩，缺乏内在自我发展机制[2]。在民族传统体育方面，如认

---

① 许国志：《系统科学大辞典》，云南科技出版社 1994 年版，第 695 页。
② 陈美丽：《基于自组织理论的我国社区体育的可持续发展机制研究》，硕士学位论文，山东大学，2008 年。

为内生型"自组织"是推动民族传统体育文化发展的重要力量，如何充分发挥内生型"自组织"作用是一个新的课题①；在社会时代变迁中，需要新生的社会组织来承担相应的社会功能，强调民族村寨传统政治工作朝着适应村民自治的方向调整尤为重要，传统体育不能脱离村落社会结构的内外部环境，其保护主要依靠当地群众的文化自觉，并将经济、政治、文化等诸要素有机的结合，形成传统体育保护的内在循环系统②；目前传统体育保护工作仍旧停留在政府行政力量推行局面，民间社会组织的灵活性和动力性不足，直接制约着传统体育保护的可持续发展，由此提出了以村民自治为核心的"立体化"社会建构保护模式③；只有形成自组织系统民俗体育才是可持续发展的，传统体育文化具备自组织的条件，能够在外部环境和内部子系统相互作用下自我演化、自我发展，不断由无序走向有序，从简单走向复杂④。

综合上述梳理，自组织强调从内外部结构和有序化来把握事物，作为一种理论与方法，已被运用于包括民族传统体育学在内的多学科领域，基于民族传统体育区域文化空间开放系统而言，可以通过创造和满足自组织条件与方法促进其建构保护的有序化和自觉化。因此，应该遵循自组织原则，即把民族传统体育区域文化空间看成是一个开放的耗散结构系统，保持民族传统体育区域文化空间系统内各子系统和谐有序、相互耦合。同时，民族传统体育区域文化空间与外界环境同水平、同趋势、同步调变化，并充分发挥组织内部系统的自组织通融机制，同时与外界保持和谐、可持续的物质、能量和信息交换。但由于我国民族传统体育文化资源分布广泛、形态特征各异、所处环境

①　张萍、王溯、胡小明：《少数民族传统社会组织与发展村寨传统体育的关系——广西南丹白裤瑶"油锅"组织的体育人类学考察》，《体育与科学》2012年第1期。
②　万义：《村落社会结构变迁中传统体育的非物质文化遗产保护——以弥勒县可邑村彝族阿细跳月为例》，《体育科学》2011年第2期。
③　白晋湘：《少数民族聚居区传统体育非物质文化遗产保护的社会建构研究——以湘西大兴寨苗族抢狮习俗为例》，《体育科学》2012年第8期。
④　戴维红：《自组织视野下民俗体育的演化》，硕士学位论文，福建师范大学，2008年。

差异较大，各民族传统体育文化所处的区域文化要素是不同的。因此，各民族传统体育区域文化空间的特性也是不同的，要具体问题具体分析，充分运用文化空间理论、自组织理论，从文化生态观、整体观出发，研究本地域、本区域内某民族传统体育文化事象产生、依存、变迁与发展的生态要素，探析民族传统体育区域文化空间自组织产生的内外部环境因素和条件，探索民族传统体育区域文化空间自组织衍化的过程、特点、机理、形式、内容和存在问题，探究民族传统体育区域文化空间所受到的不同内外部动力影响因素，解构出民族传统体育区域文化空间建构保护的自组织序参量，进而促进民族传统体育区域文化空间建构保护的顺利进行。

其次，主体的自组织。主要是指他组织与自组织的有机结合。民族传统体育文化与区域文化的通融性发展关联于一个综合的内外主体，内主体可以说是民族居民和村委会，外主体主要是政府。民族传统体育文化与区域文化的通融性发展不仅仅是民族居民的一种潜意识思想、认知和行为，还要依靠政府的保障与支持。而就乌江流域而言，这两个主体都显得不足，不仅在单方面显得不够，特别在有效结合上也显得极为不足。

LZH（受访者）：

民族间传统体育文化之间的融合对族群之间的和谐是有很大的促进作用。文化活动的组织和交流如果没有政府的支持和组织，很多传统体育文化项目的开展全靠居民来组织是不可能的。而唯有不需要政府组织，人们自发组织的传统体育文化活动就是我们的端午，比如爬龙船，就是各村的自由组合聚在一起进行交流比赛，不用搞宣传，完全是自发组织。在参与活动的过程中，参与者感觉酣畅淋漓，对身体有好处，有一种民族自豪感，感觉到男儿汉大丈夫在河里的那种粗犷、豪放，以及胜者的忘我天下那种感觉，感觉很舒服。

过年过节、政府组织的文体活动中有传统体育文化活动的交流。比如后溪 30 年前没有围棋，我引进来后现在每年还组织围棋赛，其实这就是与汉文化的融合发展，这其实就是一个交流，还要发奖。但相对来说以政府组织为主，民间自发的越来越少了。以前民间自发组织的玩龙灯等传统体育文化项目，现在几乎都没有了。连扎龙灯这个活动都没有了，因为在外面能够买得到了。但政府也搞得少了，因为一搞就怕是四风，怕说成是奢靡之风，所以政府也成为看守政府了。还涉及交通、食宿等安全问题，所以政府也不敢搞了。现在虽然我们也成立了龙舟协会，但成立的目的更多的是想从上面要钱。以前原生态的爬龙舟就是一个木船，没有龙头龙尾，中间一个打鼓的，一个掌铙的。改革开放后，人们觉得外面的好看好玩，有龙头龙尾，于是最初就通过竹子进行编扎，再糊上纸。但通过长期发现，这种容易烂和破，经不起雨淋水泡。然后请匠人用钢筋烧制，但又发现重，于是才搞成塑料的，这其实就是当地与外来的交流、融合，最后达成一种共识。其实龙舟文化在文化的交流融合上体现得多一些。

来凤居民认为：

现在是县乡（镇）都在开展摆手舞活动，并且这种组织基本上都是自发的，政府没有花多大的力。但是还是有一个组织者，但组织者都是免费的，包括音箱等都是我们学员自己筹钱来买的，但还是希望得到政府的支持和部分帮助。

说明政府与居民要能够有机结合，但正如 LCB 所讲到的那样：

但由于政府官员的管理，在传统体育文化项目挖掘中，就会被政府官员的意志所左右，真正的族民没有话语权，民族的本来意愿得不到表达。所以从很大的程度上来说，民族传统体育文化的传统核心价值和传统核心元素就会受到组织文化、政治文化、管理文化的融入、干扰而变异、丢失。

比如在自由式摔跤即摔抱跟中，现在人们不敢开展就是怕受伤，怕出伤害事故，所以政府、学校就进行了改变，特别在规则上进行了修改。但这种摔抱跟确实反映了一个民族勇敢、顽强、智慧的民族精神。特别在大型比赛中，本来各山寨摔抱跟的方式方法以及规则就不相同，但为了比赛，为了赢得比赛，政府或者组织者就必须得规定动作，于是各村寨的摔抱跟规则就被统一了。因此，各村寨原来的摔抱跟就被改变，相互间失去了特色，必然会失去传统。因此，可以说，随着现代竞技规则文化的融入，摔抱跟等传统体育文化在规则文化的驱使下被同化，虽然增强了传统文化的竞技性、观赏性和发展性，但作为区域文化而言却失去了满足传统文化的本真性、原真性、多元性和多样性。比如在抵棍中，有用肚子、用腹部、用手、用下颌等进行相互抵，还有相互间在较劲时，选择不同部位进行抵，这就是一个只有双赢这个简单规则的竞赛娱乐活动。如果在正规比赛中，就由于比赛的公平公正性而会列出很多规则，这本身来讲在一方面降低了竞技性、挑战性，因为没有用下颌挑战对方肚子、手臂这样一些挑战性。另一方面，久而久之，就因为比赛规则的约束和引导，导致大家都用腹部、肚子、手臂等进行同部位对抗竞技，就失去了抵棍的多样性、传统性、地域性、差异性等。

这其实也是一个文化的融合问题，但这种融合具有两面性。一面是顺应了管理者的意志而得到了保护与发展，也丰富发展了区域文化，增加了传统文化的亮点，丰富了人们的娱乐文化生活。同时，民族居民似乎也有了一种民族自豪感、自信感。另一面却是传统元素的丢失，传统文化本真的失范和变异，导致整个民族文化的"根""本"发生变化，现实中的传统文化在很大程度上已经不是传统文化了。

目前，乌江流域很多地方民族传统体育的管理发展主体有体育局、民宗局、文化局、旅游局等，但各自的出发点不同。据介绍，体育局主要是为了金牌，为了比赛名次和荣誉；民宗局是为了保护、传承、挖掘、整理；文化局是为了城乡文化建设，丰富人们的文娱生活；旅游局是为了发展旅游经济，吸引游客，打造地方旅游特色。但主体间有合作，比如民宗局为了保护、传承民族传统体育文化，然后请文体局等专家人员就项目进行编排、动作场景设计、规则整理等，然后通过组织一些交流、展示、传承和保护活动。但当地居民的参与机会和能力是有限的。

PCJ（受访者）：

我想把大家组织起来交流交流、学习学习这个事情已经有10多年了，包括到酉阳、秀山等地方，将这些地方的传统体育文化全部汇集起来搞一个民族大戏，但是在费用上硬是找不到着落，如果用百姓来筹钱做这个事情，我不会做。因为百姓的钱确实不容易，如果投入少了还不要紧，如果投入多了而回收慢了，那我在他们的心目中就变成罪人了，所以我一直在想办法将这个想法立一个项目，来找相关的部门支持经费，但我立了两次都没有成功，所以政府相关部门是不支持我的这样一个做法。政府说你把你那里组织好、宣传好，就是你尽到最大的努力了。

其实我通过招商引资也搞过，但几个都失败了。最近每年有100多万投资，包括基础设施建设、危房建筑、吊脚楼等，都是专项资金。修房子都是政府统一规定的，只能够修土家特色的木架房子，不能够修水泥房子，修了就会被政府拆掉，已经使用文件规定的。修了后政府有一定的补贴，其目的一是为了保护摆手舞，二是保护土家吊脚楼样式，要保持土家的民风民俗。

所以不难发现，民族群体在现实中的地位和力量是极其有限的，有些势单力薄、力不从心，需要政府的支持。但是为了避免主体的失范，应该进行分类保护。

LZH（受访者）：

摆手舞属于地方音乐、舞蹈的范畴，但含有更多体育文化元素在里面。我认为摆手舞保护中，搞原生态、搞商业的、搞普及的、搞融合的等各是一批人，摆手舞才有发展的前途，通过国家拨钱来养活原生态的，因为原生态的经济价值不会高。比如我的柚子龟，我通过融合中国的中国结传统元素，做成汽车的挂件，就变成产业化了，但不是原生态的。要立足于原生态元素，这是一个传统文化的根。如果我们什么都融合了，把原生态的都去掉了，那就不是原生态了。

同时，文化或民族主体要有一个正确的价值取向、规范制度与行为。

LCB（受访者）：

搞传统文化活动的目的，一是我们的文化是靠口口相传，横向是要普及传统体育文化，纵向是要挖掘、整理、传承传统体育文化。如果不挖掘整理就会失传，目前特别是我们搞文化工作的还比较知道，但在很多成年人中，他们对传统体育文化知道的就微乎其微了，如果我们不挖掘、保护和传承下去，那在不久的将来，这些传统体育文化活动是肯定会失传的，所以我们的职责就是挖掘、整理和传承。二是要用民族语言，用老百姓的话语和名词进行表述出来，做成为规范的文本、教材后在中小学进行活动开展和传承，还成立了民族传统体育文化训练基地。

笔者在实地访谈中有一个新的启示和发现，那就是民族传统体育文化与区域文化的通融性发展要强调其主体的实践性和生活性，特别是在动作形式、动作方法的创编中，其创编者最好是有一定的亲身体验、亲身经历者为好。或者在创编过程中先到实地进行体验、实验后再对动作方法、动作形式进行创编，这样才能够真正保证动作的真实性、模仿性。因为在与当地居民的访谈中，就摆手舞中的一个挖土动作引起了我们很大的怀疑，应该说这个挖土动作已经是很生活化了，应该是能够让人一眼就可以看出是劳动生产中的挖土动作。但通过当地人们所创编、设计和表演的摆手舞挖土动作，与劳动生产中真正的挖土动作极为不相似、不相仿。如果我们当时不向他们咨询这个动作的表意，是根本不会知道这个动作就是劳动生产中用锄头挖土垦地的动作。于是就问她们挖过土没有，她们却说从来没有挖过土，只是看过，但她们极力坚持称那就是挖土动作。所以，在民族传统体育活动项目的创编、设计中，如果是让没有生活实践的人来对其动作方法、动作形式进行创编、设计，是很容易失真的。但是，当我们在问及当地居民"你觉得传统体育文化是让别人一看就知道什么动作好一些，还是要更艺术化让别人看不懂好一些？"时，其中一位居民的回答让我们觉得很有问题性和哲理性。她说：

> 如果外人都看懂了，那动作、舞蹈就不美了。

诚然，文化确实要有美感，要能够给人带来一种美的享受，这既是一个哲理，也是一个诉求。但问题是：民族传统体育文化既要保持原始性、传统性，又要具有现代性，要保证民族传统体育文化既不失本色也不乏现代美感，这本身确实也是一个现实难题。因此，这就要求无论是民族传统体育文化的管理主体、民族居民主体，还是研究主体，都需要一个科学合理的价值取向和制度规范，各主体要形成一种开放、交换、协调与和谐的自组织结构关系和自组织行为，实现民族传统体育文化与区域文化通融性发展的生态协调。

七　共生一体原则

民族传统体育文化与区域文化的通融性发展，其实这是一个"双需"和"双赢"的过程和现象。民族传统体育文化与区域文化的通融性发展，首先需要各相关区域文化因子的存在，而这个通融性过程，又可以促进各相关区域文化因子的同时存在。同时，根据构建的民族传统体育文化事象区域文化空间体来看，各相关变量即区域文化因子之间也是互通互融的，一变量因子的变化和存在将影响其他相关变量因子及整个通融性发展的变化和存在，是谁也离不开谁。为此，本书提出了变量共生一体的原则。

所谓共生一体原则，是指在民族传统体育区域文化空间中，民族传统体育文化事象与通融发展的各区域文化因子要保持和谐相处、共生共存的生存样态，民族传统体育文化事象与通融发展的各区域文化因子之间形成"你中有我、我中有你、你我有别、合合你我、你我共存"的通融状态，保持民族传统体育文化事象与通融发展的各区域文化因子的多元共生一体化态势。在民族传统体育区域文化空间中，必须强调各文化因子没有主次之分、主从之分，任何一个文化因子都在这个区域文化空间中具有同等重要的存在意义，只是各文化因子在这个文化空间中所表现的关系作用大小不同而已，但都是不可或缺的。同时，要促进文化空间体中各文化因子之间的相互关联、相互协调、相互促进和相互存在，形成民族传统体育文化与区域文化之间共休戚、共存亡、共命运的一体化样态。

八 适应变迁原则

文化发展的最终目的和导向是适应和满足人们的文化心理和文化需求，民族传统体育文化与区域文化的通融性发展依然离不开这一主导。如考察中，湖北来凤居民认为：

> 跳自己民族的舞蹈感觉自信、自豪，我们这里有 5 支队伍每天晚上都在跳，只要好看我们都跳。
>
> 舞蹈来源于生活，但要高于生活，如果就是按照生活动作本身就没有美感。

这说明，人们在喜好传统文化时，又有一种现实美的诉求，或者说人们在追求现代文娱生活时也喜欢民族传统体育文化。这其实本身既是民族传统体育文化与区域现代文化融合的一种表象，又突出表现了人们对民族传统体育文化与现代文化融合的民族心理。但通过湖北来凤居民所创编的摆手操里面也保留了很多传统元素，特别是在这5支跳摆手舞的队伍中，有些就跳得比较原始一些。当问及"你跳原始的要好一些，还是跳现代改编过的要好一些？"时，他们却几乎一致地认为：

> 还是跳原始的比较好些，特别是从民族情感、民族心理上感觉要好得多。但现在的要锻炼身体一些。

又问到："你喜欢跳现代舞还是传统舞蹈？"其中一位就说道：

> 我都喜欢，比如可以让毛泽东时代的物质文化借助摆手舞的形式流传下去，觉得传统文化不能够遗忘，如果别人把摆手舞文化改编得三不像，传统不像传统，现代不像现代，把摆手舞改编得面目全非的，当地居民也不喜欢，也不接受，但是我们这里年纪大一点的还是喜欢传统文化一些，而年轻人还是要喜欢现代文化一些。

为此笔者有这样一种认为，即当下年轻人不喜欢传统文化似乎是一件很正常的事情。试想，如果一个民族、一个社会不去创造、不去学习、不去尝试、不去适应新的文化，而始终保持一种传统、守旧的思想，那这个民族、这个社会是不能够向前发展的，是不能够取得进步的。因此，只要年轻人对传统文化不一味地否认、拒绝，有保护、传承传统文化的认知、态度就已经够了。同时，人总是有从少年到青年到中年到老年的这样一个过程，只要有老年人在喜欢传统文化，现在的少年、青年、中年也会到老年的时候，到时，或许他们也会喜欢传统文化的。并且，只要有老年人在跳传统舞蹈，在积极参与民族传统体育文化活动，这本身也就是一个传承的社会过程和社会现象。年轻人有年轻人的思想，年轻人有新时代、新环境的文化诉求和心理，如果一味地强调、促使他们都喜欢传统文化，这是不现实的，也是不应该的。但我们必须教育、倡导年轻人要知道、认知、珍惜、传承、保护我们的民族文化，在尽可能的情况下做一个保护、传承与发展自己民族文化的社会共同体人，其实这也充分体现了人类对传统文化的适应变迁。

民族传统体育文化与区域文化通融发展的适应变迁原则，其核心就是民族传统体育文化要与区域里人们的普遍文化相适应、相契合。所谓普遍文化，是区域里的人们基于生存生活基本需要的相同，而所创造出来的具有一定共有特色或特征的文化样式或模式。比如区域里的人们由于地理条件的限制和相同，在很大程度上决定了区域里的人们在生活方式、生活来源、生产方式等方面是基本相同的，即区域里的人们在吃、穿、住、行、乐等方面相互影响、彼此趋同，形成民族文化同一化样态和格局。因此，民族传统体育文化与区域文化的通融性发展，必须瞄准和契合于区域里人们的普遍文化模式，要在与人们的普遍心理、道德伦理、思想价值、生活行为文化的适应变迁中相契合、相融合。

第三节　乌江流域民族传统体育与区域文化通融发展的内容与方法

由于本书提出了民族传统体育文化与区域文化通融发展的"民族传统体育文化事象区域文化空间"模型，因此民族传统体育文化与区域文化通融发展的内容与方法，主要就是围绕如何构建"民族传统体育文化事象区域文化空间"这一问题展开讨论，或者说如何构建民族传统体育文化事象区域文化空间变量的问题。在研究访谈中，专家们认为乌江流域民族传统体育文化与区域文化的通融性发展，应当引导、扶持、资助域内各少数民族按自己的民族习惯和已有的文化运行制度，定期组织合法的宗教活动、健康的民俗活动和节庆活动。以便在这些活动中，既使民族传统体育获得更多的存在与开展机会，促进民族传统体育的传承发展，又通过民族传统体育而使这些活动能更具有吸引力、召唤力，从而能更为有效、更为广泛地得到开展，促进这些活动中表现出来的本民族众多文化的传承和发展，以便收获民族传统体育与此域内母体文化共进性发展。本书将从以下几个方面予以阐释①。

一　民俗文化

民俗文化是民族传统体育与区域文化通融发展的主体部分，民族传统体育与区域民风民俗文化的通融发展，从理论上讲，最主要的就是与人们生活中的风土人情、婚丧嫁娶、宗教信仰、习惯习俗、节日庆典等活动相融会贯通，把民族传统体育与这些区域民风民俗紧密地结合起来。但我们必须得遵循"弃其糟粕取其精华"这一自然法则和文化态度，在实践中总不能为了保护发展传统体育而把那些不合时宜，甚至落后、封建的传统文化进行硬生生的、绑架式的重拾和恢复，这是极为不科学的，也是行不通的。但是一些优秀的传统文化和成功做法我们应该继承和借鉴。譬如传统节日，这是很多民族一直继承和延续的一个成功做法，如彝族的火把节、蒙古族的那达慕节、瑶族的达努节，以及春节、元宵节、清明节、端午节、中秋节等。不但这些传统节日得到了传承，而且人们借助这些传统节日开展了丰富多彩的传统文化活动。

因此，应该充分发挥和依托一些传统节日，积极鼓励、引导各民族居民开展丰富多彩的传统文化活动，重构、保持各民族居民传统文化、民族文化"百花齐放、百家争鸣"的同态概貌。因为传统节日能够让人们周而复始、年复一年地使民族传统体育文化活动有节律性地

---

① 张世威：《基于文化空间理论的体育非物质文化遗产保护研究》，博士学位论文，北京体育大学，2014 年。

开展和传承下去，是一个重要的传承制度。如河湾村各民族居民都有
丰富多彩的传统节日文化，很多居民除了过与全国人民一样的春节、
清明节、端午节外，还有自己的一些传统节日，成为河湾村重要的区
域文化。特别是如传统的"正月堂""二月堂""三月堂""六月堂"
"十月堂""腊月堂"和婚、丧、寿等，土家人都要在摆手堂或草坪、
院坝跳摆手舞。因此，应该恢复这些代表性的传统节日，在这些传统
节日里让人们自由地举行摆手舞活动及其他传统文化活动，促进摆手
舞与区域传统节日民俗文化的通融发展。

同时，加强对民族传统体育文化与传统节日及其他民俗文化通融
的挖掘与整理，探究和建构民族传统体育文化与传统节日及其他民俗
文化的交融点，不断从传统节日及其他民俗文化中丰富发展民族传统
体育文化的动作内容和人文内涵。以及通过民族传统体育文化解读出
更多的民俗文化内涵，丰富发展其区域民俗文化，深化民族传统体育
文化与传统节日及其他民俗文化之间的通融性。事实上，而今很多民
族传统体育的动作内容和人文内涵都是人们通过对传统文化事象、古
籍文献资料的不断挖掘、不断发现所创编整理而成的。如河湾村摆手
舞，是当地政府组织专门的研究考察队伍通过多次全面普查、摸底、
采风和编排创作而成的，摆手舞很多动作内容和人文内涵都来源于对
当地传统节日及其他民风民俗的挖掘、发现和整理。

另外，可以充分依托和发挥居民的闲暇时间，特别是茶余饭后、
农闲季节等开展民族传统体育文化活动。因为很多民族传统体育文化
活动项目已经由过去有特定时间、特定地点的活动转变为当下无特定
时间、无特定地点的一种自由式、休闲式、娱乐式、开放式的生活文
化。事实上，很多地方的人们在茶余饭后、农闲季节积极开展和参加
了各种民族传统体育文化活动，人们已经把民族传统体育看成是生活
中不可或缺的重要文化内容。比如笔者多次在酉阳、来凤、印江等地
考察发现，在城市文化广场每天都有居民跳广场舞、坝坝舞，而在这
些舞蹈中都有摆手舞的身影，特别是来凤还有只跳摆手舞的。另外，
抽陀螺、摔跤、扭扁担、踢毽子等也成为人们茶余饭后、农闲季节的

一项重要健身活动。所以应该提倡、鼓励人们在茶余饭后、农闲季节开展丰富多彩的民族传统体育活动，充分利用和适应人们的传统文化生活习惯，将民族传统体育与区域文化进行生活休闲化、闲暇娱乐化、开放惯习化的通融发展。

再者，可以与乡村旅游休闲相通融。近年来，乡村生态旅游日益兴起，在保护发展乡村生态文化和促进地方经济发展上发挥了重要作用。而在很多旅游景区也都出现了地方传统文化、民族文化的表演，说明传统文化、民族文化和乡村旅游休闲得到了很好的通融性发展。比如后溪河湾村就是依靠土家文化而兴起的一个民族文化旅游村寨，看和跳土家族摆手舞已经成为游客的一大目的，成为当地旅游、农家乐的一大招牌活动。这显然是摆手舞与河湾乡村旅游文化的一种通融发展，既保护发展了摆手舞文化，丰富发展了区域乡村旅游文化，还带动了地方经济、人口健康的发展。

二　人口文化

如前所述，民族传统体育文化与区域文化的通融性发展，最重要的、最核心的就是要保护区域内民族居民的大量存在，其中包括传承人。因此，民族传统体育文化与区域文化的通融性发展，关键是要保护好区域里的民族人口，不仅要保证区域里有大量的民族居民存在，还要保证民族居民具备一定的参与技能、参与地位、参与认知和参与自觉、参与自信。

首先，要通过建立相应的培养制度、保障制度、传承制度和筛选制度，保证传承人有保障、传承链不断裂。要选出在族民中具有良好威信、身体健康、阅历丰富、文化水平较高、精通民族传统体育文化事象并且有一定资历的本民族的人来担当传承人。要求传承人要树立和养成一种民族责任、民族情感、民族自信和民族自觉，自觉践行对民族传统文化传承保护的职责。如通过田野普查、讲座、论坛、专门培训等，跨区域、跨项目对传承人进行培养培训，包括传承理念、动作内容与方法、组织管理等，提高传承人的学习、传承、组织与管理综合能力，丰富传承人相关理论知识。做到传承人既能通过动作演示又能够进行理论讲解说明，既能够组织管理又能够策划实施，既是项目传承人又是民族文化领导者。在经济上要给予传承人一定的补贴或相关优惠政策，为传承人提供办公场所和条件。为传承人提供项目传承保护专项资金，用于相关设施设备和器材资料的购买、活动赛会的组织与交流，资料的收集与购买，项目的普查、编创与推广，以及普及读物资料的录制、编撰、出版等。在地位上赋予传承人权利，给予传承人最大合理化、正当化传承空间，让传承人能够真正做主，能够真正参与到管理部门、地方政府的有关决策行动中，并具有一定的决策权力。但传承人必须自觉接受政府管理和民族居民的监督，力所能及地做好政府与民族居民间的桥梁和纽带，能够热心倾听民族居民的呼声诉求，能够尊重大多数民族居民的意愿。同时，传承人可以实行任期制，引入竞争机制，由民族居民投票推举产生。对有失职行为的传承人，可以根据本人及民族居民意愿，以及事件影响结果程度，进行选择性的说服教育，乃至取消、终止传承人资格。以此树立传承人威严神圣的传承职责，提高传承人地位，也养成民族居民对传承人的尊重和敬仰。

其次，要保证区域内民族居民的大量存在，保证民族居民的主流地位，防止本民族居民过度外移、其他民族过度迁入。特别在乌江流域以农业经济为主要经济来源的民族地区，要着力提高当地居民的经济收入，充分利用和依托当地自然山水、土地气候等资源，大力发展新型农业生态、农事休闲体验、传统节日文化、传统文化观光等旅游产业经济，开发区域农业产品和民族文化产品，提高区域当地自然经济的自身造血功能。同时，可以利用项目开发、扶持扶贫等手段加大对民族居民的扶持力度，提高居民的经济收入水平和生活幸福指数，防止当地民族居民外流和促进外出居民回流，保证区域里有一定数量并全年常驻相对比较稳定的民族居民。另外，要引导、树立和培养民族居民的自觉性格，相关政府主体通过举办讲座、培训班；利用表演活动、参赛交流活动、节日喜庆活动；利用电视、光盘、书籍文本、网络媒体；利用全民健身、休闲娱乐活动；利用农家乐、院坝、广场、学校，以及进机关、进单位、进社区、进学校、进工厂等方式，传授、普及和提高民族居民的传统体育文化活动参与技能。

但是，族群的建构要随着时代的发展而发生适应性变化，比如以后溪镇而言，后溪区域人口流动比较频繁，人口的大量外出和迁入已经改变了后溪原来的人口民族结构，如果现在仍旧把摆手舞等民族传统体育文化的民族群体仅仅依附于原住土家居民是很不现实的，不利于摆手舞等民族传统体育文化的保护与发展。而笔者在调查研究中发现，现在居住和工作在后溪的各族居民已经自然地融为一体了，人们在民族身份、民族文化上不分彼此、不分伯仲，人们已经把摆手舞等民族传统体育文化当成地方文化，属于民族共享，但也仍旧流传着摆手舞是后溪土家族传统文化这一说法。特别是其他民族居民，也自愿加入保护摆手舞、宣传摆手舞、传承摆手舞的行动中，构成了摆手舞等区域文化民族共同体。因此，从这个自然现象中可知，民族群体固然很重要，但随着时代的变迁发展构建一个什么样的民族群体更重要。为此本研究提出应该不分民族、不分当地居民和外来居民，建构一个区域民族文化体即异族同构，以区域民族文化为资源纽带，将区域各民族居民团结在一起。民族传统体育文化等区域文化既是原始民族居民的遗产文化，当然也是区域人们的共同财富和精神纽带，在保持民族传统体育文化等区域文化"根"的同时又要体现出包容、发展与共享。特别是今天区域人口变化复杂和快速，以区域里的整体人口为民族传统体育文化等区域文化的民族主体是一个很好的思维和办法。

最后，有了传承人，有了族群，关键还要保证民族传统体育文化事象能够在这些人群的组织、带领和自觉参与下进行演绎和呈现，保证民族传统体育文化活动能够在一些日常生活中得到活态开展，保证民族传统体育文化的活态化。而要保证民族传统体育文化事象的活态化存在和呈现，依旧可以充分发挥和依托传统的民间口传身授机制。因为传统文化的口传身授本来就是区域里的一种传统教育方式和教育文化，也是传统文化活态化存在的一种方式和表现。可以说，传统文化、民族文化之所以能够千年承传，能够活态化存在，其中一个重要原因就是民族居民在日常生活中的一种非正规化、非正式化、非程序化的口传身授承传机制。所谓口传身授，就是人们通过边口述、边讲解、边示范进行传授，这种传授方式比较灵活、随意、开放，能够在不同的时空环境下进行。同时，传授活动自由、有趣，容易被人们所接受和形成一种集体氛围。

因此，民族传统体育文化与区域文化的通融性发展，要充分发挥民间群体在日常生活中的口传身授传承机制。要抓住几个骨干，发挥民族居民中的威望人物，通过灵活多样、自由开放的口传身授，口述地方性的一些传统文化、民族文化，口述当地民族居民的来龙去脉、繁衍迁徙，以及当地民族传统文化的根源故事、文化内涵等。如今，乌江流域很多民族居民仍旧有聚在一起唠唠嗑、摆摆龙门阵等民族生活习惯，人们依旧在用口传身授的方式口述和传承、传播着民族传统文化，这当然也是民族传统体育文化与区域文化通融发展的最好例证。把民族传统文化用文字、用书本的记录式保护与发展固然重要，但这样的方式只是作为一种现在或未来的资料而已，真正的活态保护与发展还是要回归到自由的生活状态中，回归到口传身授的传统中。因此，民族传统体育文化与区域文化的通融性发展，要沿袭和发挥好民族居民口传身授这么一种生活习惯和文化传承方式。

三 自然生态文化

民族传统体育区域自然生态文化的建构，首先需要建构出民族传统体育文化事象所在地的地理标志和地标中心，然后以此为基础和中心点建构出民族传统体育区域文化空间，以至能清楚地呈现出民族传统体育文化事象及文化空间体的场域空间和地理所在。民族传统体育区域文化空间地理标志，是指在民族传统体育文化事象起源地选取一个有代表性的地理位置作为空间地标。在地理含义上，它代表民族传统体育文化事象起源地和归宿地的精确位置，并以此为中心点形成一定地理区域。在文化含义上，它反映的是民族传统体育文化事象的地域特点和历史文脉，是民族传统体育区域文化空间重要的标志性景观，也是民族传统体育文化事象历史发展的一个整体依附和真实缩影。事实上，保护地理标志本身就是文化遗产保护的一个重要内容和重要方法，也是民族传统体育文化事象与区域自然生态文化通融发展的一个重要内容。保护民族传统体育文化事象，必须保护其相关的自然生态环境，要把相关的地理物、自然生态物视为民族传统体育文化事象的内容体系进行认知和保护。

　　民族传统体育文化事象区域文化空间地标的建构，应以文化所在地并与文化事象具有一定缘由关系的山、河、石、树等自然物，以及具有和反映民族特征的建筑、村寨、文物等自然物为主要标志。然后以这些标志物所构成的一体性区域为地标区域，以民族居民集中居住地的可视范围为空间区域，整合为民族传统体育文化事象文化空间的平面地标空间（见图 7 - 4）。

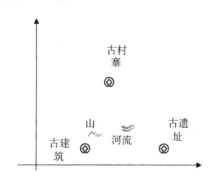

图 7 - 4　民族传统体育文化空间地标空间模拟

　　然后在这个地标空间中保护、重构文化事象所在地的自然山水、空气、植被等，使文化事象所在地呈现出原生态的自然生态气息，使民族传统体育文化事象与原生态的自然生态环境共存。因为任何传统文化、地方文化都与该地域里的自然环境是息息相关的，特别是民族传统体育等传统民族文化必须要附有鲜活的民族特色和传统特色才可以称之为民族传统文化，而与之相适应或者以之为载体、为环境、为氛围的必须是自然生态文化。也就是说，民族传统体育文化与区域文化的通融性发展，需要原生态、传统态、民族态、风俗态的自然环境来孕育、来滋养、来衬托。

PKF（受访者）：

保护摆手舞，必须保护生态环境，现在已经向山寨发展了，现在已经报了第一批全国传统村落，就是后溪。现在还报了孔府溪，比河湾山寨要小，但要原始一些，那里适合摆手舞的保护与发展。因为对于这个边缘的山寨来说，摆手舞是一个新的东西，人们愿意传承和学习。

因此，需要政府主体和当地居民，通过一定的制度规范和自觉性，围绕空间地标保护好这里的山、河、气候等自然生态环境。包括山上的植被、森林、古遗址、山体、岩石等，不得进行人为破坏；保护河流水质、河堤、河岸及其沿岸植被和荒地，以及河中的水生物产品；严禁污染物排放，保护好空气质量等。同时，要充分利用当地自然山水、土地气候等资源，大力发展当地农业生态旅游、农事休闲体验旅游、传统节日文化旅游、传统文化观光旅游等产业，保持当地原生态的农耕生产方式，这也是保护当地自然生态环境的重要部分。

四　物质文化

民族传统体育文化与区域文化的通融性发展，必须保证与文化事象相关的村寨风貌，古建筑、古街道、古院坝等建筑遗址，以及文字、图像、文本、音乐等图文资料的存在。特别是一些标志性、象征性的建筑文物要进行专门保护。如以重庆酉阳后溪镇摆手舞和湖北来凤舍米湖摆手舞而言，其留存下来的摆手堂建筑物就是摆手舞文化事象保护的重点。可以说，有摆手堂的存在，既反映了摆手舞深厚的文化底蕴和民族特色，也印证了摆手舞文化的留存。所以，摆手舞与区域文化的通融性发展，必须保证摆手堂的存在，必须保护好摆手堂等这些具有核心地标和核心象征的建筑遗址。

LZH（受访者）：

但是后溪还残存的几个祠堂，要千方百计地保存下来，因为祠堂文化内容是很丰富的，以前中央集权政府，他的意志、他的政策必须通过宗族文化来传达、来贯彻。所以祠堂文化是很重要的文化。

在保护摆手堂等建筑文物时，要防止一些自然因素所引起的破坏，包括防卫、防漏、防蛀等。要保持好民族山寨、古镇的原始风貌，包括古建筑、古街道、古院坝等，如祠堂、民居楼、庙宇及遗址、古地名、古街道等。对于一些破坏严重或处于危旧的遗产文物，要进行原貌修缮和管理。同时，保护好相关的文字文本、图形图像、道具音乐、服饰等都应该保护下来。当然，最好的方式就是通过博物馆、陈列馆的方式进行集中保护比较好，将这些书籍文本、服饰道具，包括人们的劳动生产工具等一同进行陈列。

PKF（受访者）：

将一些诗词保护下来是很好的，如"福石城中锦作窝，土王宫畔水生波，红灯万盏人千叠，一片缠绵摆手歌"、"摆手堂前艳会多，姑娘联袂缓行歌。咚咚鼓杂喃喃语，煞尾一声嗬也嗬"、"千秋铜柱壮边睡，旧姓流传十八司。相约新年同摆手，春风先到土王祠"，这些歌词呀，都反映出了摆手舞的一种传统，一种历史。还有，摆手舞中的打击乐——｜咚咚喤｜咚咚喤｜咚喤｜咚喤｜咚咚喤｜，以及《梭尺卡》中的歌词 'me^{55}ni^{21}nie^{55}，si^{55}pau^{55}jia^{21}；tshe^{35}ni^{21}nie^{55}，ti^{53}pau^{55}jia^{21}；zo^{53}ni^{21}nie^{55}，xu^{55}pau^{55}jia^{21}；se^{53}wai^{53}nie^{53}，se^{53}khu^{53}sa^{21}'，这些都是很好的历史资料，把这些东西进行保护和传唱呀，对摆手舞的保护都是很好的。

但是，在保持民居村寨传统风貌时还是要持一种保持与变通的态度和思维。

LZH（受访者）：

城乡统筹还是要考虑和尊重农村的传统风貌、传统文化。但是有矛盾，比如总是那个木房子，人们还是感觉在活动空间、美观、舒适度上等还是有一些差距。比如到河湾山寨考察，人们看的主要还是民居楼，从民居楼解读、联想摆手舞等土家族传统文化。现在后溪本身就是多民族聚居之地，正宗的土家族居民最多只能是占到40%，因此，要想外来民族统一形成像河湾村那种民居风貌和样式是肯定不可能的。比如20世纪70年代外移来的居民，当时基本上都是木房子结构，但当时没有自来水、没有电，特别是热天一到傍晚人们就把凉席床搬到街上去乘凉。而现在，这些人还愿不愿意回到原来那个生活年代，肯定是不愿意的。所以人们总是在随着社会整体环境的变化而变化的，而一味地守旧与传统，势必会影响着人类的发展。

所以，在保护这些民居风貌时，必须要随着社会的发展而适应性地改变，这就是文化融合的要求和本质所在。只能说在建设过程中，政府要倡导、要引导人们朝着有民族特色的方面去做，如把钢筋混凝土房子与土家特色有机结合起来，通过仿古处理，既体现出民居传统风貌，又体现出融合与发展。但据介绍，目前人们有一种依赖，就是依赖政府出钱，自己一分钱也不想拿，有的居民连水电都不提供，所以现在很多人修造为水泥房后就等着政府来出钱来进行外包装，通过仿木仿古处理，显示出土家族建筑文化特征和特色。而目前政府也正在采取部门"一对一"帮扶的方式，就是要求某一个政府部门联系几家当地住户，要求在办公经费中进行节俭，来扶持、帮扶他们对房屋进行本土化、传统式的包装打造。

第四节　乌江流域民族传统体育与区域文化通融发展的保障机制

一　责任主体的多元自觉

民族传统体育等区域文化的保护、传承与发展离不开特定的责任主体，民族传统体育文化保护及与区域文化的通融性发展是一个系统工程，需要相关责任主体联合进行组织、引导、监管和运作。这里的责任主体要突出两个核心关键词。一是多元协调。因为民族传统体育文化与区域文化的通融性发展，从领域而言涉及文化、教育、旅游、经济，以及城乡建设规划、扶贫开发、社会治理等。从项目实施过程而言，涉及规划、决策、执行、监管、组织、评估，以及资金、技术、信息等。从管理主体而言，涉及民宗局、教育局、文化局、体育局、旅游局、城乡建设规划等部门，在层级关系上涉及县级、镇（乡）级，以及村（居）委会等。所以，民族传统体育文化与区域文化的通融性发展是一个涉及多元领域多元主体的系统工程，固然需要多元责任主体的相互支持、协调配合，形成合力和拳头。

二是责任自觉。各主体要主动担负起民族传统体育文化保护及与区域文化通融性发展的责任重担，并上升为一种自觉态度和自觉行为。各主体不仅是要树立责任意识，关键是要养成一种自觉习惯，充分发挥主人翁精神和自觉性，在实际行动中自觉、自然、自发地成为行动主角和主人。

本书基于乌江流域社会、政治、经济、民族概况，以及相关管理机制和体制，提出了政府、村（居）委会、民族居民"三位一体"的责任主体机制。由政府、村（居）委会、民族居民各派代表组成委员会，各主体在委员会的组织、决策和管理下行使权利和履行相应义务。这里的政府主要指县级及乡（镇）人民政府，县级政府包括民宗局、教育局、文化局、体育局、旅游局、城乡建设规划等部门。其中，政府主体是主导，主要解决"干什么和怎么干"的问题；村（居）委会是解决"谁来组织干"的问题；民族居民是解决"谁来干"的问题。

（一）政府

长期以来，我国民族传统体育文化保护与发展的责任主体都是政府，由政府来决策、执行、出资、管理，在很大程度上促进了我国民族传统体育文化的保护与发展。虽然现在人们在极力呼吁契入市场机制、社会机制，但完全市场化、社会化还不符合我国的基本国情，很多问题仍旧需要政府为责任主体，并担负起主要职能职责，需要政府给予一定的主导、支持和维护。但是政府作为责任主体在民族传统体育文化保护与发展事务中所表现出来的弊端或不足也是很明显的、很现实的，也是很深刻的。如权力过于垄断、集中，民族居民和社会呼声与诉求无法得到合理的表达、采纳和运用；政府不作为、乱作为、烂作为；民俗变为"官俗"；相互间推诿、观望；以政绩利益为导向等，这些都会导致民族传统体育文化的保护与发展走向扭曲，甚至是灾难性后果。因此，需要政府转变职能但不是卸掉职能，需要政府从绝对的管理型向服务型转变，从绝对主体角色向相对主体角色的转变，从单一主体向多元主体融合的转变。并形成持续改进和转变机制，适时变革和适应自身的角色、身份与定位，充分遵循和适应经济社会发展形势潮流和民族传统文化适应变迁与生存发展的自身规律，促进民族传统体育文化等民族传统文化的生态性保护、生存与发展，以及传统体育与区域文化的通融性发展。

1. 在思想和态度上。政府作为主要主体，在保护与发展民族传统体育文化时必须清晰地认识到要保护民族传统体育文化就必须同时保护区域内的其他民族传统文化，要充分认识到民族传统体育文化与区域文化的共生共存机理。要把民族传统体育文化看成是一种民族传统文化，看成是展示、演绎民族文化，讲述民族发展历程，展现地方传统文明的一项文化活动，而不是一种简单的身体活动或艺术活动。要把民族传统体育文化与当地民族居民的民族情结、民族信仰、民族文化、民族心理等结合起来，要充分认识到民族传统体育文化的保护与发展必须要与区域文化互通互融。在挖掘、传承民族传统体育文化的活动中，不仅仅是挖掘、传承其动作方法，更主要的还是要挖掘、传承其文化内涵，以及与区域文化之间的依存发展关系。

近年来，乌江流域的很多地方政府为了保护、传承、传播地方民族传统体育文化采取了很多举措，但更多情况下却是硬生生地将民族传统体育文化朝着舞台化、表演化、艺术化的方向创编设计，在实践中根本没有注意对自然生态文化、村寨风貌、风土人情等进行综合保护。这如果从宣传、展示一个地方的民族文化而言无可厚非，但如果从保护、传承而言，由于脱离相关的民族符号、文化底蕴、文化原真性，其效果必然会是单调枯萎、苍白无力的。因此，政府主体要从自身的思想意识和态度层面做起，要把保护民族传统体育文化必须保护区域文化或与区域文化进行通融性发展作为重要的思想指导、理论根据和实践原则。

2. 在行动和职责上。第一，政府集主导与服务为一体。政府应根据民族居民意愿，汇集、组织民族居民、相关专家群体及专门人员对地方区域文化进行全面普查、收集、采风、摸排和整理。将民族传统体育文化及其他区域文化要素进行分门别类的记载、整理和分析，形成区域文化资源库、资料库，并对保护流存现状进行评估和鉴定，按照安全、威胁、濒危、消失等程度进行分类呈现。同时，组织相关专家，以及依托或成立社会科研人群、科研院所、科研团体、科研机构，对收集到的民族传统体育文化等区域文化资源进行深入研究，从历时性、共时性的视角解析出区域文化在促进区域政治、经济、社会、文化、人口、民族等综合发展中的作用与价值贡献。厘析出民族传统体育文化等区域文化资源所彰显和潜在的人文意义、经济价值、国家贡献、民生利益等，形成区域文化价值资源库，从而引领、激发人们对民族传统体育文化等区域文化资源的持续性、永久性保护、传承、开发与利用。

第二，政府根据民族传统体育文化和区域文化具体情况，以及区域地理、地方发展等相关因素，拟定民族传统体育文化等区域文化保护，以及与区域文化通融性发展的中长期发展规划和实施方案。通过制定相应的管理制度，针对一些普遍存在和潜在的威胁问题进行治理和防范，强化人们对区域文化合理、科学、规范地管理、保护与发展。

第三，政府通过各种渠道提供相应的资金支持、政策保障，强化、引领和规范地方民族传统文化、地方文化的生态性保护、传承与发展。特别是加强民族传统村寨、乡镇民族风貌的管理与保护，包括民族传统性建筑、街道、文物、遗迹、风貌、人口、风土人情等，都要进行统一保护规划与管理。

第四，政府根据当前民族居民普遍意识偏弱、自觉性不强，以及有局部破坏等现象，加强民族居民对地方文化、区域文化保护与发展意识的培养与引领。帮助民族居民树信心、鼓勇气，做民族居民的坚强后盾和有力支持者。让民族居民真正感受到、回归到民族文化的主人地位和主体地位。特别是要引导民族居民如何在现代文化与传统习惯、民族信仰之间进行甄别和选择。要让民族居民充分认识到在对待传统文化时，其甄别和选择的标准不能够与现代文化同等对待和取舍，要更多地从民族情感、民族人文、民族历史的视角来进行阅读和审视。要让民族居民自觉地养成一种民族文化主人的态度和品德，不嫌弃、不抛弃自己的民族传统文化。要引导民族居民自觉、主动把传统文化、民族文化与自己的民族历史、生活内容，乃至民族危机与安全等紧密结合起来，树立一种民族历史、民族文化、民族信仰、民族习惯，乃至民族安全的责任态度。

第五，通过各种方式大力弘扬和宣传民族文化、地方文化，积极营造区域民族传统文化氛围，充分尊重民族习惯和民族习俗。如通过举办民族文化传统节、民族文化交流活动、民族文化文娱活动，以及民族文化产品开发等，积极营造区域民族文化氛围和环境，彰显地方区域民俗文化、传统文化符号。使民俗活动得以活态演绎，民俗符号得以活态永存。

（二）村（居）委会

笔者在田野调查中发现，第一，村（居）委会在促进地方区域文化发展中具有举足轻重的作用，因为村（居）委会直接管理民族居民，有的村（居）委会干部其本身就是民族文化主人，甚至是传承人，理应有保护与发展民族文化的一种主人意识和主体自觉性。第二，村（居）委会最能够理解民情、了解地情、了解区域文化，能够根据民情、地情提出最切合实际的发展意愿、发展诉求和发展规划。第三，村（居）委会便于对民族居民的沟通、交流和管理，便于在区域文化活动中进行组织，包括人员培训、日常活动开展，以及与民族居民的交心谈心等。能够及时方便发现、协调、解决民族居民在民族传统体育文化与区域文化通融性发展过程中所出现的一些不和谐问题。第四，村（居）委会是民族居民与政府之间交流沟通的基础桥梁和纽带，能够广泛收集民族居民对民族传统体育文化与区域文化通融性发展的意见和诉求，并向民族居民传达上级政府意见和指示精神，以及向政府及时汇报民族居民意愿和民族传统体育文化与区域文化通融性发展情况。因此，村（居）委会的职责主要是负责对上级决策的组织与实施，负责组织与领导民族居民对相关行动计划与方案的实施、落实和管理，向民族居民传达上级有关决议、政策和精神，以及向上级汇报民族居民意愿、诉求以及实际落实情况。

（三）民族居民

民族居民是区域文化的主人，是民族传统体育文化与区域文化通融性发展的主力军、生力军，是区域民族文化繁荣发展的重要载体。民族居民在民族文化活动中常常表现出朴实、简单、自觉、忠诚的性格、心理与素养，因此他们便于组织和管理。也只有他们的行动，才是真正源于和触及内心的，才是真正意义上的主动与自觉，也只有这样品质的自愿、自觉才会是永恒的、持续的。同时，特别是基于民族文化保护与发展而言，也只有他们的表达和诉求最能够反映现实、最能够反映本质。所以，民族居民是区域文化保护与发展中不可或缺的重要主体，要重构、回归民族居民在民族文化保护与发展事务中的主体性，提高民族居民的参与性、权利性、行动性和实践性。充分发挥民族居民的主动性、主体性，让民族居民能够充分自觉、自愿与自发地维护自己的民族文化尊严和主体地位，充分履行保护实践义务。但目前民族居民无论在认知、思想、行动、态度、认同上，还是在能力、方法上都还存在诸多不足。因此，需要政府及村（居）委会加强引导、教育与支持。

二　信仰习惯的制度维继

民族传统文化活动的自发性、持续性、规律性，主要是来自民族居民在长期的日常生活中所形成的一种信仰习惯，或称之为信仰力、习惯力、制度力。我们翻开历史不难发现，没有哪一项民族传统文化不是依靠人们的信仰、习惯制度所自然产生、形成、发展和世代沿袭传承的。可以说，民族居民在信仰习惯制度力支配下对民族传统文化发展与传承所表现、表达出来的态度和行为，是任何外加势力都不能够等效实现和替代的。

如前所述，民族传统体育文化与区域文化的通融性发展，其实质就是如何保护民族传统体育文化、如何保护区域文化、如何促进两者之间的通融性发展。归根结底就是一个民族传统文化的保护与发展问题。因此，无论是保护民族传统体育文化，还是保护区域文化，还是促进二者之间的通融性发展，必然要求和依靠民族居民所形成的一种具有持续性、自觉性的信仰制度、习惯制度。如果民族居民没有保护民族传统体育文化、保护区域文化的信仰和习惯，没有一种自觉性、自然性、自由性和主动性制度，那这样的保护必然是不能够经常性、持续性地进行下去的。因此，要实现和促进民族传统文化长效的、持续的保护与发展，必然要求民族居民长期所形成的信仰、习惯必须延续和保持下去，并融入人们的日常生活中。把民族传统体育文化与区域文化的通融性发展作为保护与发展民族传统体育文化的一种信仰制度、一种习惯方式，或者说作为一种生活习惯、民族信仰传承化下去、制度化下去。

而当前，乌江流域各民族居民的传统信仰和习惯都发生了很大的变化，整体上表现出极大的传承危机，乃至是一种日渐消失的趋势。

所以，保留、振兴或重塑乌江流域各民族居民的传统信仰和习惯制度实乃当务之急，也是保护民族传统体育等区域文化，促进民族传统体育文化与区域文化通融性发展的根本要求和长效之策。借此，要长期树立和培养民族居民对民族信仰、民族习惯的一种危机意识、安全意识。有了这样的意识，人们才会去思考、去识别、去防范，才会自觉地去珍惜、去保护、去传承、去发展自己的民族传统文化，并形成一种信仰习惯、自觉意识。当然，也要求民族居民把民族传统体育文化与区域文化进行通融性发展，保护民族传统体育文化必须保护区域文化，民族传统体育必须与区域文化相生相融、互通共存等视为保护民族传统体育文化的一种安全方式，并形成一种信仰、一种习惯，在日常生活中潜意识、自然地养成、渗透和传承着。要让民族居民自觉地在生活中、信仰中、习惯中将民族传统体育文化与区域文化进行互通互融、相生共存的认知、发展和演绎，将民族传统体育文化与区域文化视为一个有机的生命整体和通融系统。

三　人文法制的双驱治理

民族传统体育文化与区域文化的通融性发展，这无论是保护也好、传承也好，还是发展也罢，都离不开"管理"。但是，民族传统文化都是民族居民在长期的日常生活和繁衍生息中所产生的诸多心理、情感，通过逐渐积淀、汇集后所形成的一种意识产物，所以民族传统文化赋有深厚的民族情感和浓郁的民族人文色彩。并且，民族传统文化更多的就是在一种人文制度、人文情感的约束和自觉中得以产生、形成和升华，在一种"人文"法的促使下形成的一种习惯、一种节律、一种信仰、一种自觉、一种态度和一种文化。因此，民族传统文化的现代保护依然离不开一种人文关怀、民族情感的倾注与尊重，需要给民族居民一种感情沟通、一种友情渗入，要充分赋予一种"人性"的引导和管理，并且是一个长期的、持续的过程。通过"人文"法形成一种软法则、软控制，引导、激励和匡扶着民族居民对民族传统文化保护与发展的自觉践行。

但是，随着乌江流域时空环境的日益开放，曾经封闭、原始的地方也被现代文化所笼罩，即使深入"最原始"的地方也很难寻找到曾经的传统、民族的记忆、遗产的符号和文物的遗迹了。特别是过去民族居民所赋有的"人文"制度、"人文"素养、"人文"法在当今的民族居民身上也表现得相当扭曲、异化、匮乏和缺失。所谓的"人文"软法则、软控制已经在很多人的意识形态里、行为习惯上不那么具备、不那么遵循、不那么自觉、不那么自律、不那么有力。所以，需要相关主体通过戒律、条规、发文等进行规约治理。当然，这里的规约治理，一是要保证民族居民的民族传统文化遗产利益不受外来不利因素的影响、破坏和侵害；二是要防范和制止民族居民自身在对待和处理民族传统文化上一些错误思想、不良言论和不当行为的发生、蔓延与破坏。

因此，就民族传统体育文化与区域文化的通融性发展而言，特别是政府主体要通过相关制度文件、红条规约等，对民族传统体育文化所在地的自然地理生态、传统民族建筑风貌和街巷格局、民风习俗、宗教信仰等的原生态、综合性保护，对历史文物古迹的保护管理、保存修缮等进行立法、立规、立约和设限。为民族传统体育文化及其与区域文化的通融性发展营造、建构一个生态良好的、传统民族风气浓厚的"法制"环境，真正做到有法可依、有章可循、有规可治、有理可据、有违必治。同时，以制度法规的形式引领、激烈和规范当地居民常年多形式、多渠道开展各种传统文化休闲娱乐活动、民族文化赛会交流与展示活动，支持、倡导区域内外民族居民间民族文化活动的互动、渗透与融合，营造区域民族文化繁盛氛围。

基于此，无论是保护民族传统体育文化、保护区域文化，还是促进民族传统体育文化与区域文化的通融性发展，必须强调区域民族政策的继续实施，强化民族政策在民族文化、地方文化、区域文化中的引领、规范和管理，营造区域民族文化整体环境和氛围。因为民族区域自治政策既充分体现了对民族居民利益、尊严、风俗习惯的维护和尊重，又体现出对民族居民的治理规范，赋予民族居民权利、义务和责任；既充满着对民族居民的人性关怀，又有着对民族居民的"人文"约束和制度规范，具有人文、法治的双驱作用。因此，要充分实施和彰显出民族区域自治制度的政治氛围、管理氛围和人文情怀，从国家层面、管理者层面体现出尊重民族实情、尊重民族情感、尊重与保护民族资源的人文情怀。让民族居民充分享受到和感受到民族政策的惠及和规制，体会到民族文化主人的荣耀和职责，让民族居民明白哪些是必须自觉去做的，哪些是不可以和不能做的。只有这样才能够培养人们的民族情怀，养成一种"民族"习惯、"民族"尊重、"民族"规矩，以及激发民族激情，最终形成一种"民族"自信、"民族"自觉和"民族"力量。

四　场域方式的多元开放

民族传统体育等区域文化的保护与发展，以及民族传统体育文化与区域文化的通融性发展，需要在场域上、方式上进行多元化、开放化。比如乌江流域很多地区通过进校园、进社区、进机关、进单位、进企业、进家庭；通过竞赛表演、旅游休闲、文娱健身；通过婚丧嫁娶、传统节日、活动庆典；通过申报建设历史文化名镇（村）、民族特色村寨、生态保护区等，对民族传统体育文化进行了保护、传承与资源开发，促进了区域里包括民族传统体育文化在内的传统文化之间的通融性发展。特别是历史文化名镇（村）、民族特色村寨、生态保护区等对保护区域文化，以及促进民族传统体育文化与区域文化的通融性发展，都发挥了极其重要的作用。一个相对比较独立的历史文化名镇（村）、民族特色村寨或生态保护区，就犹如一个文化空间体。因此，要促进和实现民族传统体育文化与区域文化的通融性发展，必须要把民族传统体育文化事象所在地当成历史文化名镇（村）、民族特色村寨或生态保护区一样来进行整体性、生态性、全面性保护，保护和保持其区域文化之所在。有了区域文化，民族传统体育文化才有融合发展的伙伴、载体，才能够谈及与区域文化的通融性发展。其次，通过乌江流域丰富多彩的传统时令、婚丧嫁娶、节日庆典、健身休闲等活动，将民族传统体育文化与区域文化进行很好的互通互融。

另外，在田野考察中发现，乌江流域很多地方都将民族传统体育文化进校园写进了制度文件中，要求中心小学校根据自己的实际情况将一些趣味性强、场地器材简单、适合学校教学教育规律等的民族传统体育文化项目进行校本化课程开发。将民族传统体育文化作为中小学生课堂教学、课间操活动、课余训练、学校特色课程建设、学校校园文化建设等的重要内容。这的确不仅仅是保护与发展了民族传统体育文化，也丰富发展了乌江流域民族地区的学校教育教学内容体系，打造了学校文化特色、文化品牌和育人品牌，也保护与发展了区域文化。

毋庸置疑，学校教育永远是人类文化加工和生产的主阵地，通过学校教育可以促进和实现不同民族、不同地域的文化进行持续性的、传承式的碰撞与交融，可以多层次、经常性地让学生了解他们的民族传统文化，培养学生的民族传统文化意识、情感和性格，塑造学生的民族传统文化素养、心理和情怀，从而对民族传统文化形成一种人文底蕴和文化惯习。这无论是对保护与发展民族传统体育文化、区域文化，还是促进民族传统体育文化与区域文化的通融性发展，都是一种很好的方式和场域。

因此，学校要长期坚持开展民族传统体育文化教育教学和文娱表演与竞赛活动，相关管理部门要充分利用好、发挥好学校教育这一场域阵地。特别是学校在开展地方民族传统体育文化活动时，要树立一种民族传统体育文化与区域文化通融共存与发展的文化整体思想、理念、认知和方法。在教学活动中，要将民族传统体育文化所依存的相关的民族传统文化，以及所蕴含的哲学意义、民族精神、场域特征等一同进行介绍和讲解，要让学生知道其文化事象的来龙去脉、哲学意蕴、人文内涵，以及活动形式、服饰、道具等。特别是要让学生明白民族传统体育文化与区域文化共生共融的生存通融哲理，真正理解和认识到区域文化对民族传统体育文化生存发展的载体性、环境性、平台性和依附性。教育学生在保护、传承民族传统体育文化时，不能够

只见树木，不见森林，不能够局限于文化事象本身或本体，要与区域
文化进行共同保护，互通互融。这当然也有利于培养和教会学生的系
统思维观、整体认知观和空间方法观。但是，一个村寨、乡镇的民族
传统体育文化项目或许是很多的，从理论上讲，凡是便于积极开展的
民族传统体育文化项目都应该得以开展、保护与发展。但是一个乡村
（镇）的学校数量、师资、场地器材、资金等是有限的，所以需要进
行一个统筹协调，在哪个学校、哪些年级、哪个学期适宜开展哪些项
目，哪些项目适宜纳入课堂教学、哪些项目适宜竞技训练、哪些项目
适宜课余文娱活动，以及与这些传统体育文化项目所相生相伴、相依
相融的传统文化有哪些，都要进行一个全面性的梳理和科学合理的规
划、统筹和协调。

五　杂居同态的生态保持

乌江流域民族传统体育与区域文化的通融发展，其中一个重要原
因就是民族居民的杂居同构。长期以来，乌江流域形成多民族大杂居、
小聚居的局面，即使在同一个山寨，也有多个姓氏、多个民族的居民
杂居在一起。这种民族居民的长期大杂居、小聚居，促成了民族居民
间在心理、习惯、文化、信仰上出现同构现象，并相互认同、交流与
融合。同时，乌江流域具有典型的山同脉、水同源、民同俗、经同型、
文同质等特征，以及在乌江流域整体山脉、水系的影响下，为民族居
民间的文化交流与融合提供基础、方便和空间，并形成一种通融、融
合、互动的民族心理和性格，以及共同养成一种乡土意识。

另外，由于乌江流域各民族居民在日常生活空间中的同构性，
如商业贸易、生产生活、婚丧嫁娶、时令节日等方面，导致民族居
民间日常交往频繁、自然，打破了地理区域、民族身份上的不同和
限制，促成了各民族居民的融合性格和心理，以及在文化上的通融、
融合心理和态度。而最为主要的原因，还是乌江流域各民族居民在
节日信仰上的同态。即乌江流域各民族居民有着诸多共同的信仰习
惯，很多民族的传统节日时间都很接近、集中。在传统节日里，几

乎所有的民族、所有的山寨都有自己的民族传统体育文化活动。可以说，在同一段时间里各民族、各山寨真正形成民族文化"百花齐放、百家争鸣"的态势和格局。长此以往，必然会导致各民族居民在对待和处理民族文化上相互通融、融合与学习，以及相互效仿、交流，乃至包容、接纳，各民族文化整体上形成相互融合、通融的和谐共生局面。

因此，要整体保持和延续乌江流域民族文化的传统生态概貌，必须保持各民族居民长期所形成的传统杂居局面。特别是在新农村建设中，不得破坏传统山寨的民族生态概貌及民族杂居格局，也不能够改变乌江流域各民族居民长期所形成的依山而居、面水而住、顺水而迁、沿山而徙的传统居住观、生存观、风水观。要根据山脉水域的整体性、流向性、延伸性来顺从、适应民族居民的自然生存法则，尊重民族居民的传统居住习惯和生活习惯。特别是对一些人口数量急剧下降、民族比例逐渐失衡的传统文化极为丰富的多民族杂居山寨，可以通过一些特殊政策、资金支持等手段，维持一定的人口数量和民族比例，始终保持山寨的传统杂居生态。同时，积极鼓励、引导各民族居民开展丰富多彩的传统文化活动，重构、保持各民族居民传统文化、民族文化"百花齐放、百家争鸣"的同态概貌。有了民族居民的杂居同态，才能够保持、保留和延续区域里的传统文化、民族文化，也才能够谈及民族传统体育文化与区域文化的通融性发展。

六 内外环境的协调趋衡

由于区域自然地理、经济社会发展、民族人口、生产生活方式、风土人情、住居建筑等所表现出来的民族性、传统性、地域性特征及差异，使得区域里的民族传统体育文化事象呈现出具有明显差异的内外生存环境空间格局。但是，这两个环境空间是相互影响、相互促进的，内外是否协调、是否均衡，会严重影响民族传统体育文化的保护乃至与区域文化的通融性发展。如果空间内外不平衡、不协调，特别是区域内外的生产力发展水平、人均经济收入、生活幸福指数等存在严重差距和不均衡，必然会影响区域内外环境空间的平衡关系，进而导致区域里民族传统体育文化事象生态环境空间的破坏与不稳定（见图7-5）。

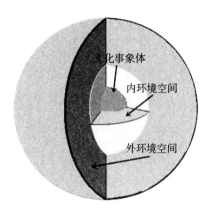

图7-5　民族传统体育文化事象内外环境空间格局示意图

就乌江流域而言，由于经济发展水平较区域外明显落后，于是很多居民外出务工挣钱来养家糊口，他们常年、多年不回家，甚至在外安家，向城市及发达地区搬迁等。导致过去人口数量多、民族杂居繁盛的聚居村寨，如今只留守着为数不多的老人、妇女与儿童，甚至"空心化"，很多民族传统文化活动由于没有了"人"而无法继续开展、保护和传承下去，民族传统体育等传统文化无奈地从自生走向了自灭。

因此，必须保持和优化民族传统体育文化事象内外环境空间格局的均衡态，在政治、经济、文化、民生、娱乐等内容方式上要与外部生存环境空间协调趋衡。特别是要快速改变区域经济发展水平滞后、生存方式落后这一棘手问题。只有区域经济发展水平、生产方式，以及人们的生活水平、生活幸福指数等与外部环境空间趋于均衡，才能够留得住甚至吸引住人。有了人，才能够谈及民族传统体育等传统文化的开展、保护与传承。人们有了生活生命质量，才能够有心思、有诉求、有激情、有志趣去参与、去保护、去传承、去演绎传统体育文化活动。而在发展区域经济、转变生产方式上，要充分依托区域里的自身特色资源优势，把自身的民族文化优势和特色资源转化为一种现实生产力。如大力发展民族文化生态旅游、民族农业观光体验、民族农家休闲、民族传统节日文化，以及民族文化产品、土特产开发等。只有这样，才能够真正形成一种内部动力机制，才能够真正地形成一种持续的生产力和秩序力，维护着区域内部的稳态和外部的均衡，同时又极大地保护与传承了区域文化，助其民族传统体育与区域文化的通融性发展。

结　论

一　乌江流域民族传统体育"百花齐放、百家争鸣"的兴盛与衰竭

乌江流域各少数民族创造的民族传统体育丰富多彩、风格迥异、历史悠久，以其独特性、民族性、地域性等成为中华五千年文化史的光辉一页，并灿烂于今。据不完全统计，乌江流域一些单一民族的传统体育项目数量有近 100 项，在过去可谓是"百花齐放、百家争鸣"。而如今，虽然乌江流域民族传统体育呈现健身娱乐化、艺术表演化、教育科普化、赛事交流化、文物保护化的发展现状，但其项目群数量存续现状和前景令人担忧，整体性保护不理想。即使近年来得到了政府主体的重视与支持，但过去那种"百花齐放、百家争鸣"的盛况已不复存在，整体走向了没落与衰竭。更面临着断"根""缺""养"及复兴认同缺失、政府发展方式缺陷、传承人和继承人断缺、族群基础薄弱、受现代文化冲击等生存困境。

二　乌江流域民族传统体育文化资源价值的多元可持续

乌江流域民族传统体育蕴含着丰富多元的如自然和谐的人本理念、生活本真的艺术创造、质朴敬畏的民族情感、丰富严谨的文化体系、文明教化的道德规制、开放有序的社会关系、本真乐观的生命表达等人文内涵特质。而今，很多民族传统体育文化依旧凭借自身特殊的文化质性、族群承载力、民族生活情感力、主体引导力、区域优势生态

力等而得以生存竞争和世代流传,并凸显民族史的"活化石"、生发和谐正能量、打造地方名片和带动旅游经济发展等时代新元素。

三 乌江流域民族传统体育文化与区域文化的一体共存

乌江流域民族传统体育与区域文化蕴含一体、相依共存。乌江流域民族传统体育文化蕴含着区域里的自然地理生态文化、民族人文历史文化、制度文化以及建筑器物文化,并丰富发展着区域文化体系。乌江流域是一个典型的多民族"大杂居、小聚居"民族居住区,其区域民族人口、自然生态、民俗制度等区域文化极为丰富多彩,是乌江流域民族传统体育生存发展的重要积淀、环境和载体。民族传统体育与区域文化的通融性发展,是民族传统体育保护发展的本质性要求和根本性方法。

四 乌江流域民族传统体育与区域文化通融性发展呈现出"冲突与博弈、互动与和谐、认同与调适"三种关系

(1)冲突与博弈。乌江流域民族传统体育在区域文化生态圈中,由于不同文化在生存发展的动态过程中所表现或释放出来的诸如性质、特征、功能和力量的差异,导致民族传统体育文化事象与其他文化之间在求得自身生存发展的过程中发生互相冲撞和对抗。这种过程或状态其实也就是文化之间的冲突与博弈,这也是民族传统体育文化事象发展的必然过程和特殊运动形式。但也正是通过这种冲突与博弈,才让人们更加强化了对民族传统体育文化事象的认知和保护,才让人们在保护发展过程中既不盲目借鉴也不盲目否定,始终保持警醒、甄别、选择的态度和方法,来对待和处理民族传统体育与区域文化的通融和谐发展问题。

(2)互动与和谐。民族传统体育与区域文化之间接触和交流的范围不断加大、频度不断加强、程度不断加深,文化及主体之间逐渐相互认同、相互包容,彼此之间对抗逐渐弱化和消失并处于互动和谐相处的境况。另外,民族传统体育文化由于自身的局限性,需要借助其他文化为载体、为氛围,需要从其他文化中吸引因子作为养分和色彩。而区域文化也常常需要借助民族传统体育文化活动予以表达和载现。

借此，民族传统体育与区域文化互为依存的载体、平台和内容，并处于互动和谐的发展关系中。

（3）认同与调适。民族传统体育表达、彰显和升华着区域里人们的民族心理、宗教信仰、行为规范、风尚习俗、伦理道德，以及文学艺术、身体文化、饮食服饰、节庆习俗和生产生活文化。这种表达、彰显和升华的过程和现象就是两者之间相互认同与调适的结果。

以上三种关系的发生基于文化共生一体、民族心理载现和强化、文化体自我吸附的价值基础，和两者结构因素、活动方式、人文内涵、场域空间上的契合，以及人们生存空间的移换与开放、民族居民的杂居同构、制度文化的自然束成、中华传统"和"的底蕴、"融"的本真要求、山脉水系的整体性和通道性、人们生活空间的同构、节日信仰的同态机理。并呈现出多元性、互通互融性、互利性、适应性、持续性、无序性、复合性等。

五　乌江流域民族传统体育与区域文化通融发展的现实诉求

区域文化是民族传统体育文化生存发展的环境和载体，是民族传统体育的文化性根源。同时，民族传统体育与区域文化具有互通共融的生存本性，两者都是人类永远的资源财富。再加上由于乌江流域落后的社会经济文化发展现实决定民族传统体育在人们文娱活动中的不可替代，以及民族传统体育文化在现代审视观中的偏失，承载民族传统体育文化的主流意识缺失等，由此强调民族传统体育与区域文化的通融性发展，意旨保护民族传统体育文化资源。同时，促进民族主体的群体性和个体性发展，以及民族社会的发展。

六　乌江流域民族传统体育与区域文化通融发展的"文化空间"机制

民族传统体育文化事象区域文化空间体，载现了民族传统体育与区域文化通融发展的变量要素，并诠释了各变量要素的通融逻辑关系，为民族传统体育与区域文化的通融性发展提供了有的放矢、有条不紊的理论支持和方法指导。民族传统体育与区域文化通融发展的要素主要包括民族人口文化、自然生态文化、物态文化和民俗文化。

（1）民族人口文化。主要指传承人和当地民族居民，是民族传统体育文化事象与区域文化通融性发展的核心因素和重要内容。其中，传承人主导着民族传统体育及其与区域文化通融性发展的存在、方向和效能，族群是民族传统体育与区域文化通融性发展的根本承载力量。因此要保护好传承人，保证有足够数量的区域民族人口存在。

（2）自然生态文化。主要指自然生态环境以及由相关村寨、文物、遗址等所形成的地理性特征物和标志物，对民族传统体育文化事象具有非常重要的生命性意义。因此要保护好区域中的自然环境生态概貌和生态气息。

（3）物态文化。是指记载、表达、映射民族传统体育文化事象的文本文字、歌曲唱词、神像雕塑、服饰道具等，对民族传统体育文化事象具有非常重要的物化载现意义。因此，要保护好区域村寨风貌，古建筑、古街道、古院坝等建筑遗址，以及与文化事象相关的文字、图像、文本、音乐等。

（4）民俗文化。是民族传统体育与区域文化通融性发展的主体要素。民俗文化为民族传统体育文化产生、形成与发展提供环境、载体、平台和土壤。因此，要通过日常生活化、旅游休闲化、赛会舞台化，促进民族传统体育文化与区域文化的通融性发展。

以上四变量保护重构的过程就是民族传统体育与区域文化通融性发展的过程。在这些过程中，应遵循"变"与"不变"、立足保护与着眼发展、民俗为体与现代为用、生态为本与生产为力、民族主体与全民参与等原则，以及自组织原则、共生一体原则和适应变迁原则。

七　乌江流域民族传统体育与区域文化通融发展的保障机制

（1）责任主体的多元自觉。构建政府、村（居）委会、民族居民"三位一体"的多元责任主体机制，强调多元协调，责任自觉。

（2）信仰习惯的制度维继。民族传统体育文化的生命力或根本动力，主要来自民族居民的一种日常生活信仰习惯。因此，民族居民的民族信仰、民族习惯不能够断继，包括民族传统体育与区域文化的通融性发展也要信仰化、习惯化、生活化和制度化。

（3）人文法制的双驱治理。民族传统体育保护需要给民族居民持续的感情沟通、友情渗入，充分赋予人文关怀、情感倾注与民族尊重。同时，政府主体要通过制度规约，为民族传统体育保护及其与区域文化的通融性发展营造一种"法制"环境和秩序。尤其要继续实施区域民族政策，强化民族政策在民族文化、地方文化中的引领、规范和管理。

（4）场域方式的多元开放。民族传统体育与区域文化通融性发展的场域和方式要多元和开放。通过丰富多彩的传统节日、婚丧嫁娶、活动庆典、健身休闲等，将民族传统体育与区域文化进行很好的结合、通融起来。特别要利用好学校教育这一场域和方式，从娃娃抓起培养人们的民族文化情感、民族文化信仰和民族文化习惯。

（5）杂居同态的生态保持。由于乌江流域民族居民的杂居同构和生活空间的同构，以及节日信仰的同态等，促成了民族传统体育与区域文化的通融性发展史。因此，必须保持各民族居民的传统杂居局面，顺从、适应民族居民的自然生存法则，尊重民族居民传统生活习惯。同时，积极鼓励、引导各民族居民开展丰富多彩的传统文化活动，保持、重构乌江流域民族文化的"百花齐放、百家争鸣"。

（6）内外空间的协调趋衡。由于区域民族、人口、地理、文化等特性，民族传统体育文化事象内外环境空间形成明显差异格局，内外是否协调、是否均衡，会严重影响民族传统体育文化的保护乃至与区域文化的通融性发展。因此，要保持和优化民族传统体育文化事象内外环境空间在政治、经济、文化、民生、娱乐等格局上的均衡态。但是，外部可控性小，需要内部的主动适应来维持自身格局的稳定和平衡。特别要快速改变经济差距格局，要把内部民族资源转化为一种现实生产力，真正形成内部动力机制和内部生产力、秩序力。

祈　盼

我国民族种类繁多、分布广域，各民族都在自己的世代生息之地和迁徙繁衍途中创造和留下了丰富多彩的民族传统体育文化，都成为中华文化的美丽音符和动人旋律，并融入了中华文化的血脉，积淀着中华民族的精神基因和创造智慧，滋养着中华民族的文明进步。但或许，这些民族传统体育文化还从来没有像在今天这样的一个时代里被人们所如此担心和焦虑过。因此，我国民族传统体育文化的保护与发展任重而道远，依旧面临着诸如认识不清、方法不妥、理论不深、经验不多、准备不足等重重困阻。因此，我们必须肩负起保护这些民族基因的重任，没有理由也没有时间来怀疑、漠视和懈怠。我们希望有更多的人，就像我们这些后学者一样，能够带着一种民族责任并好好静下心来踏踏实实地做一些研究，不浮躁、不功利，相信民族传统体育文化依然能够灿烂千古。

我们也深知，虽然我们课题组并没有就民族传统体育文化的保护与发展激扬出令大家都叫好的文字和挥洒出令人们都喝彩的笔墨，甚至还存在某些不足。但我们深深祈盼，我们所提交的这份答卷能是一块引玉之砖！同时，我们也恳请社会各界读者朋友和专家学者，能够为我们的研究提出宝贵意见和进行批评指正，我们也将继续努力跟踪研究，以期为民族传统体育文化与区域文化的通融性发展有一个更加全面、深入的研究和了解，为保护与传承我国民族传统体育文化贡献更科学、更全面、更深入的理论与方法。

参 考 文 献

一 专著

[1] 彭开福:《酉水·土家族文化》(电子文稿)(由彭开福提供)。

[2] 邹明星主编:《酉阳土家摆手舞》(电子文稿)(由酉阳文广新局李化提供)。

[3] 李敦礼:《印江土家风情》(第一辑),中国旅游出版社2014年版。

[4] 林继富、覃金福:《民族 村落 家庭——酉水流域土家年研究》,民族出版社2014年版。

[5] 刘礼国:《黔东南苗族侗族斗牛文化研究》,民族出版社2013年版。

[6] 何立高:《黔东北土家族研究文集》,中国文联出版社2013年版。

[7] 廖德根、冉红芳:《恩施民俗》,湖北人民出版社2013年版。

[8] 彭福荣:《乌江流域土司时期文学探赜》,重庆出版社2013年版。

[9] 李良品、彭福荣、余继平:《重庆民族地区非物质文化遗产研究》,重庆出版社2012年版。

[10] 彭武麟:《中国土家族》,宁夏人民出版社2012年版。

[11] 《铜仁年鉴》编辑部:《铜仁年鉴》,九州出版社2012年版。

[12] 松桃苗族自治县志编纂委员会:《松桃苗族自治县县志(1986—2006)》,方志出版社2012年版。

[13] 彭福荣、谭清宣、莫代山:《重庆世居少数民族研究(土家族卷)》,重庆出版社2011年版。

[14] 崔乐泉:《中国少数民族传统体育》,贵州民族出版社2011年版。

［15］冯胜刚：《贵州少数民族传统体育理论与方法》，贵州民族出版社2011年版。

［16］盛琦：《中外体育民俗文化》，北京体育大学出版社2011年版。

［17］李良品、彭福荣、余继平：《重庆民族文化研究》，重庆出版社2010年版。

［18］李良品、莫代山、祝国超：《乌江流域民族史》，重庆出版社2009年版。

［19］贵州省民族事务委员会：《苗族文化大观》，贵州民族出版社2009年版。

［20］王平：《黔东南非物质文化遗产集锦》，贵州民族出版社2008年版。

［21］戴伟、李良品、丁世忠：《乌江流域非物质文化遗产研究》，重庆出版社2008年版。

［22］张朝仙：《走出大山的土家人——印江土家风情第三辑》，新华出版社2007年版。

［23］政协毕节市委员会：《苗族专集》（内部出版），2006年。

［24］徐开芳：《恩施土家族苗族自治县民间舞蹈集》（上、下册），湖北人民出版社2006年版。

［25］曾超：《巴人尚武精神研究》，中国教育文化出版社2006年版。

［26］张万仪、庞国栋：《巴渝文化概论》，重庆出版社2005年版。

［27］张朝仙：《民族文化》，印江报社出版社2005年版。

［28］王岗、王铁新：《民族传统体育发展的文化审视》，北京体育大学出版社2005年版。

［29］贵州省地方志编撰委员会：《民族志》（上、下册），贵州民族出版社1999年版。

［30］田发刚、谭笑：《湘西土家族传统文化概论》，长江文艺出版社1998年版。

［31］威宁彝族回族苗族自治县民族事务委员会：《威宁彝族回族苗族自治县民族志》，贵州民族出版社1997年版。

［32］松桃苗族自治县县志编纂委员会：《松桃苗族自治县县志》，贵

州人民出版社 1996 年版。

二 硕博学位论文

［1］ 栗悦：《基于融合视角下的桂林市文化旅游产业发展研究》，广西师范大学，2014 年。

［2］ 段子玉：《中西文化的碰撞与融合》，武汉体育学院，2014 年。

［3］ 任志君：《张家界市旅游产业与文化创意产业融合发展研究》，吉首大学，2014 年。

［4］ 邓澧雨：《武陵山片区文化产业与旅游产业融合研究》，吉首大学，2014 年。

［5］ 张志贤：《红河流域哈尼族传统体育文化的融合与发展研究》，成都体育学院，2014 年。

［6］ 牟容霞：《摆手舞的传播困境探析》，西南大学，2014 年。

［7］ 唐欢：《恩施州土家族摆手舞开展现状及传承研究》，北京体育大学，2014 年。

［8］ 王竞：《湘西土家族摆手舞的活态传承研究》，湖南师范大学，2014 年。

［9］ 邱泽慧：《现代化进程中印江土家族摆手舞的传承与发展研究》，贵州师范大学，2014 年。

［10］ 辛欣：《文化产业与旅游产业融合研究：机理、路径与模式》，河南大学，2013 年。

［11］ 詹晓菲：《壮汉民族文化融合与广西经济发展关系研究》，中央民族大学，2013 年。

［12］ 侯彩虹：《文化的冲突与融合》，内蒙古大学，2013 年。

［13］ 李霞：《文化创意产业与乡村旅游产业融合发展研究》，河南大学，2013 年。

［14］ 王华东：《贵州省旅游产业与文化产业融合发展研究》，贵州财经大学，2013 年。

［15］ 俞凌艳：《异域文化融合下的历史建筑文化传承与发展城市设计

研究》，安徽建筑大学，2013 年。

［16］熊正贤：《乌江流域民族文化资源开发与文化产业发展研究》，
西南民族大学，2013 年。

［17］陈振国：《和合生一：文化融合造就一体的社会》，华中师范大
学，2012 年。

［18］卞炳生：《基于生态文化视角下科学文化与人文文化融合的研
究》，哈尔滨理工大学，2012 年。

［19］付静：《土家族摆手舞文化的传承与保护》，湖北民族学院，
2012 年。

［20］马宏：《文化冲突与融合》，河北大学，2011 年。

［21］韩爽：《藏彝走廊民族传统体育文化的融合与发展研究》，成都
体育学院，2011 年。

［22］苏丹：《立—教—演：重庆酉阳县土家族摆手舞的田野观察与研
究》，中央民族大学，2011 年。

［23］李君：《土家族摆手舞衍化形态的研究》，中央民族大学，2011 年。

［24］李程：《民族文化与湘西文化产业融合发展研究》，中南大学，
2010 年。

［25］任春香：《人文视域下新疆少数民族传统体育项目流变研究》，
新疆师范大学，2010 年。

［26］鲁智强：《武陵山区土家族非物质文化遗产研究》，重庆师范大
学，2010 年。

［27］张立保：《全球化视域中文化的冲突与融合》，延安大学，2009 年。

［28］李秀焕：《试论我国传统体育伦理思想与现代奥林匹克的冲突与
融合》，重庆大学，2009 年。

［29］杨娇：《旅游产业与文化创意产业融合发展的研究》，浙江工商
大学，2008 年。

［30］齐艳春：《近代中西方体育的冲突与融合》，东北师范大学，
2008 年。

［31］谭涛：《酉阳土家族摆手舞的现状及传承对策研究》，西南大学，

2008 年。

[32] 陶少华：《流域文化旅游开发研究》，四川师范大学，2007 年。

[33] 王焱森：《现代奥林匹克运动文化与高校体育文化融合的研究》，辽宁师范大学，2007 年。

[34] 刘楠楠：《试论土家族摆手舞形态流传与发展》，中央民族大学，2006 年。

[35] 莫丽琴：《中西文化的冲突与融合》，广西师范大学，2006 年。

[36] 刘小兵：《论现代奥林匹克与中国传统体育伦理的冲突和融合》，湖南师范大学，2005 年。

[37] 伍雄武：《论民族文化的多元融合》，云南师范大学，2002 年。

[38] 陈寿彬：《跨文化管理：多元文化的冲突与融合》，苏州大学，2002 年。

[39] 方远平：《多元文化空间冲突与融合的理论分析与区域实证研究》，云南师范大学，2001 年。

[40] 尹小光：《中国传统体育性质与西方体育性质的比较研究》，北京体育大学，2001 年。

三　期刊文献

[1] 杨雨丰：《民族传统体育与高校体育教育的融合与发展》，《赤峰学院学报》（自然科学版）2015 年第 5 期。

[2] 刘志敏、连殿冬：《民族传统体育文化融合与发展模式研究——以阿瓦提县"刀郎体育文化"为例》，《体育研究与教育》2015 年第 1 期。

[3] 赵云书：《乌江流域少数民族体育文化发展与和谐社会之间的关系探究》，《贵州民族研究》2014 年第 12 期。

[4] 汪世蓉：《冲突与融合：跨文化视角下的民族文化研究》，《贵州民族研究》2014 年第 11 期。

[5] 张海龙：《民族传统体育与校本课程资源开发的融合》，《教育与职业》2014 年第 11 期。

［6］周锦：《民族文化与区域文化产业的融合发展研究》，《学术交流》2014 年第 11 期。

［7］熊正贤、吴黎围：《乌江流域文化产业协同创新发展研究》，《贵州民族研究》2014 年第 9 期。

［8］许莉：《广西与东盟民族传统体育的融合与发展研究》，《体育科技》2014 年第 6 期。

［9］高旭、柴娇：《民族传统体育文化与青少年社会主义核心价值观教育的逻辑联系及融合创新》，《思想政治教育研究》2014 年第 5 期。

［10］赵翔宇：《传统的发明与文化的重建——土家族摆手舞传承研究》，《贵州民族研究》2014 年第 4 期。

［11］贺俊、卢立平、刘成毅：《湘西土家族摆手舞的社会功能及价值研究》，《辽宁体育科技》2014 年第 3 期。

［12］廖军华、张建荣：《来凤原生态摆手舞价值取向与核心竞争力培育》，《贵州民族大学学报》（哲学社会科学版）2014 年第 1 期。

［13］秦黔：《从摆手舞试论土家生命力的延续》，《环球人文地理》2014 年第 22 期。

［14］姚大为、王诚民、宋智梁：《民族传统体育文化与高校体育的融合与发展研究》，《内蒙古师范大学学报》（教育科学版）2013 年第 11 期。

［15］陈炜、钟学进、张露露：《基于产业融合的桂滇黔少数民族传统体育文化产业发展模式构建》，《河池学院学报》2013 年第 6 期。

［16］季磊：《蒙古族传统体育文化与高校体育教学相融合的研究》，《赤峰学院学报》（自然科学版）2013 年第 4 期。

［17］陈栋、蒋秋平：《休闲体育时代民族传统体育发展的思考》，《湖北广播电视大学学报》2013 年第 3 期。

［18］尹林：《论传统体育文化与中国古典文学的融合》，《芒种》2013 年第 1 期。

［19］张焕婷：《土家族地区摆手舞在学校体育中的推广》，《当代体育科技》2013 年第 36 期。

[20] 马野、王金萍：《对新疆民族传统体育和高校体育文化融合的思考》，《当代体育科技》2013 年第 25 期。

[21] 何建伟、林伟、吴立清等：《妈祖文化产业中民俗文化与区域文化融合关系研究》，《运动》2013 年第 17 期。

[22] 汤薇：《民族传统体育与新兴产业融合存在的问题及对策》，《商》2013 年第 16 期。

[23] 李海清、李品林：《鄂西土家族舍米湖村摆手舞田野调查——兼论民俗体育在村寨人社会化中的社会功能》，《武汉体育学院学报》2012 年第 11 期。

[24] 敖以深：《乌江中下游地区阳明文化与佛教文化互动研究》，《怀化学院学报》2012 年第 10 期。

[25] 郭风兰：《新疆全民健身活动与少数民族传统体育的融合与互动发展研究》，《搏击》（武术科学）2012 年第 10 期。

[26] 黄友军：《民族传统体育与奥林匹克的融合研究》，《百色学院学报》2012 年第 6 期。

[27] 刘素梅、张同怀：《中华民族传统体育的出路在于中西融合》，《濮阳职业技术学院学报》2012 年第 6 期。

[28] 陆世斌：《试论民族传统体育与社区体育文化的融合》，《体育科技》2012 年第 4 期。

[29] 周勇、卫巍：《从舞龙舞狮谈民族传统体育运动与媒介文化融合》，《四川体育科学》2012 年第 4 期。

[30] 曹月勇：《探析贵州少数民族传统体育与贵州高校体育教学的融合》，《通化师范学院学报》2012 年第 4 期。

[31] 赵翔宇：《从娱神到娱人：土家族摆手舞的功能变迁研究》，《民族艺术研究》2012 年第 4 期。

[32] 熊正贤、吴黎围：《乌江流域民族文化资源的特征分析及开发初探》，《贵州民族研究》2012 年第 3 期。

[33] 路世传、仕康、蒋家芬：《20 世纪 30 年代传统体育与西方体育的斗争与融合》，《长春教育学院学报》2012 年第 2 期。

［34］王剑：《乌江流域少数民族传统节日的民俗审美文化心理研究》，《湖北第二师范学院学报》2011 年第 10 期。

［35］时丹：《论民族传统体育赛事与大众传媒的融合——以广西为例》，《企业科技与发展》2011 年第 5 期。

［36］唐之斌：《融合发展模式中的民族文化与区域文化协调发展——以四川省为例》，《文化学刊》2011 年第 5 期。

［37］云彦华、孟峰年：《少数民族传统体育与学校体育教学的融合》，《中华武术》（研究）2011 年第 4 期。

［38］姜娟：《城镇化进程中满族传统体育传承的困境与出路》，《沈阳体育学院学报》2011 年第 3 期。

［39］夏春秋、文烨：《论我国传统体育文化与西方体育文化的融合》，《大家》2011 年第 3 期。

［40］李良品：《"乌江流域非物质文化遗产抢救与保护"研究》，《重庆三峡学院学报》2011 年第 2 期。

［41］田华银：《乌江流域土家族宗教信仰中的自然生态理念》，《长江师范学院学报》2011 年第 2 期。

［42］覃琛：《武陵山区土家族摆手舞的文化变迁与争论》，《民族艺术研究》2011 年第 2 期。

［43］朱慧芳、张丽君、马晓蔚：《冲突与融合——中国传统体育文化与奥林匹克运动文化的互动发展》，《搏击》（体育论坛）2011 年第 1 期。

［44］王剑：《乌江流域少数民族传统节日特征研究》，《重庆与世界》2011 年第 20 期。

［45］杨全辉：《论土家族摆手舞的现代生存方式及对民族传统体育发展的启示》，《搏击》（武术科学）2010 年第 10 期。

［46］刘治安：《东西方文化冲突与融合中的民族传统体育发展探析》，《运动》2010 年第 8 期。

［47］张俊伟：《冲突中的融合——奥运文化与传统体育精神的发展思考》，《作家》2010 年第 8 期。

［48］ 李芳、史晓惠、谢雪峰：《土家民间舞在健身舞蹈中的运用与开
发研究——以巴山舞、摆手舞为例》，《武汉体育学院学报》2010
年第 5 期。

［49］ 王明明：《篮球运动文化与中国传统体育文化的融合与发展》，
《南昌教育学院学报》2010 年第 4 期。

［50］ 邓清华：《乌江流域少数民族习惯法伦理精神探析》，《黑龙江民
族丛刊》2010 年第 3 期。

［51］ 卢兵：《体育文化视阈下的摆手舞刍议——对湖北省来凤县舍米
湖摆手舞的再认识》，《中南民族大学学报》（人文社会科学版）
2010 年第 3 期。

［52］ 张伟：《渝东南地区民族传统体育与全民健身融合的现状及思
考》，《四川体育科学》2010 年第 2 期。

［53］ 蔡晓楠：《后奥运时代中国传统体育文化与世界体育文化的融
合》，《沈阳工程学院学报》（社会科学版）2010 年第 1 期。

［54］ 胡兆晖：《文化冲突和融合与体育文化发展的关系》，《北京体育
大学学报》2010 年第 1 期。

［55］ 温红叶：《土家族摆手舞的文化内涵及其现状初探》，《民族史研
究》2010 年第 00 期。

［56］ 田华银：《论乌江流域宗教文化的生态伦理效应》，《学理论》
2010 年第 36 期。

［57］ 王玲：《探析乌江流域少数民族服饰与礼俗——以彝族、苗族、
土家族服饰纹样为代表》，《考试周刊》2010 年第 42 期。

［58］ 李航：《论民族传统体育与大学生民族精神教育的融合与发展》，
《成都体育学院学报》2009 年第 7 期。

［59］ 吴兆红：《论民族传统体育与学校体育的融合》，《山西师大体育
学院学报》2009 年第 3 期。

［60］ 牛进平：《论民族传统体育与河南高校体育教育的融合与发展》，
《河南工业大学学报》（社会科学版）2009 年第 2 期。

［61］ 彭福荣：《乌江流域土司时期文化环境审视》，《贵州文史丛刊》

2009 年第 2 期。

[62] 买力开木、张爱民：《哈萨克族传统体育文化与新疆地域文化之间的融合性》，《四川教育学院学报》2009 年第 1 期。

[63] 张伟：《发展乌江流域民族体育文化对建设和谐新农村的促进作用》，《科技信息》2009 年第 31 期。

[64] 韦晓康：《奥林匹克文化·少数民族传统体育文化·差异与融合——福建电视台〈走南闯北〉栏目奥运特别节目"锦绣民族荟"随记》，《搏击》（武术科学）2008 年第 10 期。

[65] 李建平、李再燕：《论土家摆手舞文化生态的保护与发展》，《体育科技文献通报》2008 年第 8 期。

[66] 陈青：《跨文化融合的城市体育文化》，《上海体育学院学报》2008 年第 5 期。

[67] 王希辉：《论乌江流域少数民族文化的开发与保护》，《黑龙江民族丛刊》2008 年第 4 期。

[68] 王先梅：《土家族摆手舞的现状与前瞻》，《湖北经济学院学报》（人文社会科学版）2008 年第 3 期。

[69] 张健、龙佩林：《现代体育与传统体育在西部民族地区的冲突与融合》，《军事体育进修学院学报》2008 年第 3 期。

[70] 陈青：《中原三元文化融合对民族传统体育文化的影响》，《成都体育学院学报》2008 年第 2 期。

[71] 范本祁、杨慧：《民族传统体育与学校体育融合发展研究》，《安徽体育科技》2008 年第 2 期。

[72] 郭庆霞、张学忠：《东北朝鲜民族传统体育文化及其与地域体育文化的融合》，《山西师大体育学院学报》2008 年第 2 期。

[73] 孔建华：《文化经济的融合发展与政府策略——北京文化创意产业发展述评（2006—2007 年）》，《艺术与投资》2008 年第 1 期。

[74] 谢建成、肖宪平：《论民族传统体育与全民健身运动的融合》，《科技信息》（学术研究）2008 年第 18 期。

[75] 朱青华：《奥林匹克与中国传统体育文化的融合》，《考试周刊》

2008 年第 47 期。

[76] 崔乐泉：《从冲突走向融合——近代中国传统体育与奥林匹克运动发展的历史审视》，《体育文化导刊》2007 年第 7 期。

[77] 余万斌：《中国传统体育文化与奥林匹克融合研究》，《宿州教育学院学报》2007 年第 6 期。

[78] 余静、蒋艳阳：《民族传统体育文化与现代奥林匹克文化的融合——奥林匹克文化多样性的研究视角》，《广州体育学院学报》2007 年第 5 期。

[79] 池秋平：《现代奥林匹克与我国传统体育伦理精神的冲突与融合》，《内江师范学院学报》2007 年第 4 期。

[80] 杨频、海刚：《试论我国少数民族传统体育文化与奥林匹克文化的融合》，《怀化学院学报》（自然科学版）2007 年第 4 期。

[81] 钱津：《冲突与融合：奥运文化与中国体育文化》，《福州大学学报》（哲学社会科学版）2007 年第 2 期。

[82] 王卫荣：《试论中国传统体育文化和奥林匹克文化的融合》，《湖北体育科技》2007 年第 2 期。

[83] 易建取、刘英梅、李秋利：《论民族传统体育与全民健身活动的融合及发展契机》，《广州体育学院学报》2007 年第 2 期。

[84] 李伟：《土家族摆手舞的文化生态与文化传承》，《中南民族大学学报》（人文社会科学版）2007 年第 1 期。

[85] 彭福荣、黎燕敏：《乌江流域古代移民与文化多样性述论》，《贵州大学学报》（社会科学版）2007 年第 1 期。

[86] 李伟：《乌江流域的非物质文化遗产及其保护原则》，《重庆社会科学》2006 年第 9 期。

[87] 洪浩：《中西体育文化的四次融合——兼论竞技武术的奥运发展之路》，《体育文化导刊》2006 年第 6 期。

[88] 李良品、彭福荣：《乌江流域民族地区非物质文化遗产的类型、保护与发展》，《民间文化论坛》2006 年第 6 期。

[89] 罗时铭：《试论近代中国民族传统体育与奥林匹克文化的抗争与

融合》,《成都体育学院学报》2006 年第 3 期。

[90] 孟凡强：《中国传统体育文化与现代西方体育文化的融合》,《唐山师范学院学报》2006 年第 2 期。

[91] 杨伟：《奥林匹克与中国传统体育伦理的冲突和融合》,《南京体育学院学报》（社会科学版）2006 年第 2 期。

[92] 张涛、曹丹：《湘、鄂、黔、渝相邻地区土家族"舍巴日"——摆手舞活动研究》,《北京体育大学学报》2005 年第 11 期。

[93] 张伟权：《土家族摆手舞研究》,《湖北民族学院学报》（哲学社会科学版）2005 年第 3 期。

[94] 崔晓宇、陶宏军、曹宣广：《中国传统体育文化及其与现代西方体育文化的融合》,《四川体育科学》2005 年第 2 期。

[95] 李蕾、李效辉、赵发田：《中国民族传统体育的发展过程与未来趋势》,《北京体育大学学报》2004 年第 6 期。

[96] 车英、欧阳云玲：《冲突与融合：全球化语境下跨文化传播的主旋律》,《武汉大学学报》（哲学社会科学版）2004 年第 4 期。

[97] 彭蔚：《湘西土家族摆手舞的艺术特点和文化价值》,《怀化学院学报》2004 年第 4 期。

[98] 张继顺、郝玉峰、陈雪燕等：《论中国传统体育与西方体育文化的分歧与融合》,《武汉体育学院学报》2004 年第 4 期。

[99] 戴岳：《摆手舞与土家族的民族情绪情感》,《民族艺术研究》2004 年第 3 期。

[100] 袁革：《土家族摆手舞源考》,《社会科学家》2004 年第 3 期。

[101] 陈东：《土家族摆手舞中的原始文化意象》,《湖南农业大学学报》（社会科学版）2004 年第 2 期。

[102] 贺泽江：《论土家族摆手舞的发展与前瞻》,《首都体育学院学报》2004 年第 2 期。

[103] 陈平：《多元文化的冲突与融合》,《东北师大学报》2004 年第 1 期。

[104] 茹秀英、王揖涛：《新中国 50 年来中西方体育文化冲突与融合的

历史透视及原因剖析》,《天津体育学院学报》2003 年第 3 期。

[105] 孙葆丽:《奥林匹克体育与中国传统体育之差异》,《北京体育大学学报》2002 年第 5 期。

[106] 郑念军、乔全胜:《分立、碰撞与融合——从中国传统体育文化与西方体育文化之比较,谈世界体育文化的发展》,《山东体育科技》2000 年第 1 期。

[107] 郭晓峰:《试论民族传统体育的融合》,《辽宁体育科技》1999年第 6 期。

四 其他

[1] 刘传勤、张海志、张有明:《和谐视角下民族传统体育与社区体育的融合与发展》,北京欣永顺文化传播有限公司,Proceedings of 2014 International Conference on Global Economy, Finance and Humanities Research (GEFHR 2014),北京欣永顺文化传播有限公司,2014 年 4 月。

[2] 寇晓娜、牛亚莉:《论中国传统体育文化与现代体育精神的融合》,甘肃省委宣传部、甘肃省体育局、甘肃省社科联、甘肃省体育科学学会:《2014 甘肃省体育科学学术论文研讨会论文集》,甘肃省委宣传部、甘肃省体育局、甘肃省社科联、甘肃省体育科学学会,2014 年 3 月。

[3] 龙佩林、陈依:《论传统体育文化遗产保护与全民健身的互动融合》,国家体育总局、中国体育科学学会:《第三届全民健身科学大会论文集》,国家体育总局、中国体育科学学会,2014 年 2 月。

[4] 郭风兰:《新疆全民健身活动与少数民族传统体育的融合与互动发展研究》,国家体育总局 (General Administration of Sport of China)、中国体育科学学会 (China Sport Science Society):《全民健身科学大会论文摘要集》,国家体育总局 (General Administration of Sport of China)、中国体育科学学会 (China Sport Science Society),2009 年 1 月。

[5] 许传明、霍红、赵元吉：《社会变迁背景下黄土高原少数民族传统体育与现代体育融合的发展研究》，中国体育科学学会：《第八届全国体育科学大会论文摘要汇编（二）》，中国体育科学学会，2007 年 1 月。